Frank Lloyd Wright

世界で一番美しい

Mies van der Rohe

建築デザインの

Le Corbusier

教科書

Gerrit Thomas Rietveld

7人の巨匠に学ぶインテリア・家具・建築の基本

Alvar Aalto

著＝鈴木敏彦　松下希和　中山繁信

Jean Prouve

Arne Jacobsen

X-Knowledge

目次

8章 美しい街並みに住む

※本書は建築知識創刊60周年を記念し、ご好評いただいたエクスナレッジムック『世界で一番美しい建築デザインの教科書』(2011年12月発刊)を復刊したものです

Book Design: Hosoyamada Design Office

1章 〇 はじめに

1 建築デザインとは

本書は、従来の、家具・インテリア・建築・都市という領域を横断し、建築を総合的にデザイン（計画）するための教科書である。さまざまな理論を学ぶための教えを乞う教授陣には、近代建築の巨匠7人に登場してもらう。彼らはいずれも、建築をトータルにデザインした建築家たちである。

建築とは、単に構造物を建設することではなく、私たちが生き生きと生活することができる場所をつくりだすことである。その場所は、建築が集まり、並ぶことによって生まれる都市空間と、間仕切り壁や家具によって仕切られ、囲まれて生まれるインテリア空間にある。したがって建築家は、建築のかたちやその配置と同様に、間仕切り壁や家具のかたちや配置をしっかりと計画しなくてはならない。

いままで家具・インテリア・建築・都市という領域は、それぞれ異なる専門性をもって語られてきた。インテリアデザインのプロダクトデザイン学科にはなく、美大のプロダクトデザインコースが建築学科にあるのはそのためである。しかし、建築という総体を考えたとき、専門性の統合

コルビュジエがこの図で示した建築計画は以下のとおり

1) 1人の人間が大地から独立した床の上に立っている
2) 彼の目の前には、全面硝子の窓があり、正しく太陽に向いている
3) 目の前には、広大な空間がある
4) 地上には、樹木と芝生がある。
5) 頭上には、完全に防水された天井がある
6) 住戸の入口は、空中に存在する建築内街路に向けて開かれる
7) 住戸はすべて建築内部街路に沿って隣り合って配置される
8) 人工の土地は創造され、各住戸はすべての条件を満たす

が必要になる。2010年、ついに日本にも建築学部が誕生した。これは、建築が工学部の枠組みから飛び出し、本来の総合的な領域を歩み始めた記念すべき第一歩である。本書は、まさに建築学部の建築計画のための教科書と言えるだろう。

上図は、ル・コルビュジエが建築を計画する際のコンセプトを表したスケッチである。コルビュジエは常に都市からインテリアまで大小さまざまなスケールを念頭においていた。都市には、太陽と緑があり、自動車の道と人の道が分離されている。高層の集合住宅は、地面から持ち上げられ、その下を人々は自由に往来できる。その屋上にはプールのあるルーフ・ガーデンがある。1人の人間が大地から独立した高層階の床の上に立っている。彼の目の前には全面硝子の窓があり、目の前には広大な空間がある。個々の住戸は、内部街路を上下にはさんで一部2階建てとなり、東西の光と眺望を十分に確保している。このように、この1つのスケッチは、建築の内外部空間を総合的に計画している。

2 7人の巨匠の仕事から建築デザインの基礎を学ぶ

ここに登場する7人の建築家は、建築のみならず、家具、プロダクト、インテリア、建築、都市という領域を横断してデザインに取り組んできた。世の中には尊敬すべき建築家が数多く存在するが、この7人は、家具や照明、さらには、フォーク、ナイフ、食器等のテーブルウエアに至るまでデザインしたという点で他の建築家とは一線を画している。インテリアの細部まで取り組む建築家は、人々の日々の生活を詳細に考えた建築家だと言えるだろう。彼らのデザインした家具、インテリア、プロダクトは、現在もなお製品として販売され、私たちの生活に貢献し続けている。

　この世に生を受けた順番で紹介すると、まず始めにアメリカで1867年にフランク・ロイド・ライトが誕生し、約20年後に第二世代の3人が誕生する。1886年にドイツでミース・ファン・デル・ローエ、1887年にスイスでル・コルビュジエ、そして1888年にオランダでヘリット・トーマス・リートフェルトが誕生した。さらに10年をおいて第三世代が登場する。1898年にフィンランドでアルヴァ・アールト、1901年にフランスでジャン・プルーヴェ、そして1902年にデンマークでアルネ・ヤコブセンが誕生した。

　彼らは相互に影響し合っていた。ライトは、特にミースの作品に影響を与えたし、ヤコブセンはミースを尊敬していた。また、リートフェルトとアールトは、コルビュジエと交流があった。そしてコルビュジエはプルーヴェのものづくりを讃えていた。

　以下で、7人の建築家の家具、住宅、集合住宅の代表作を1つずつあげる。

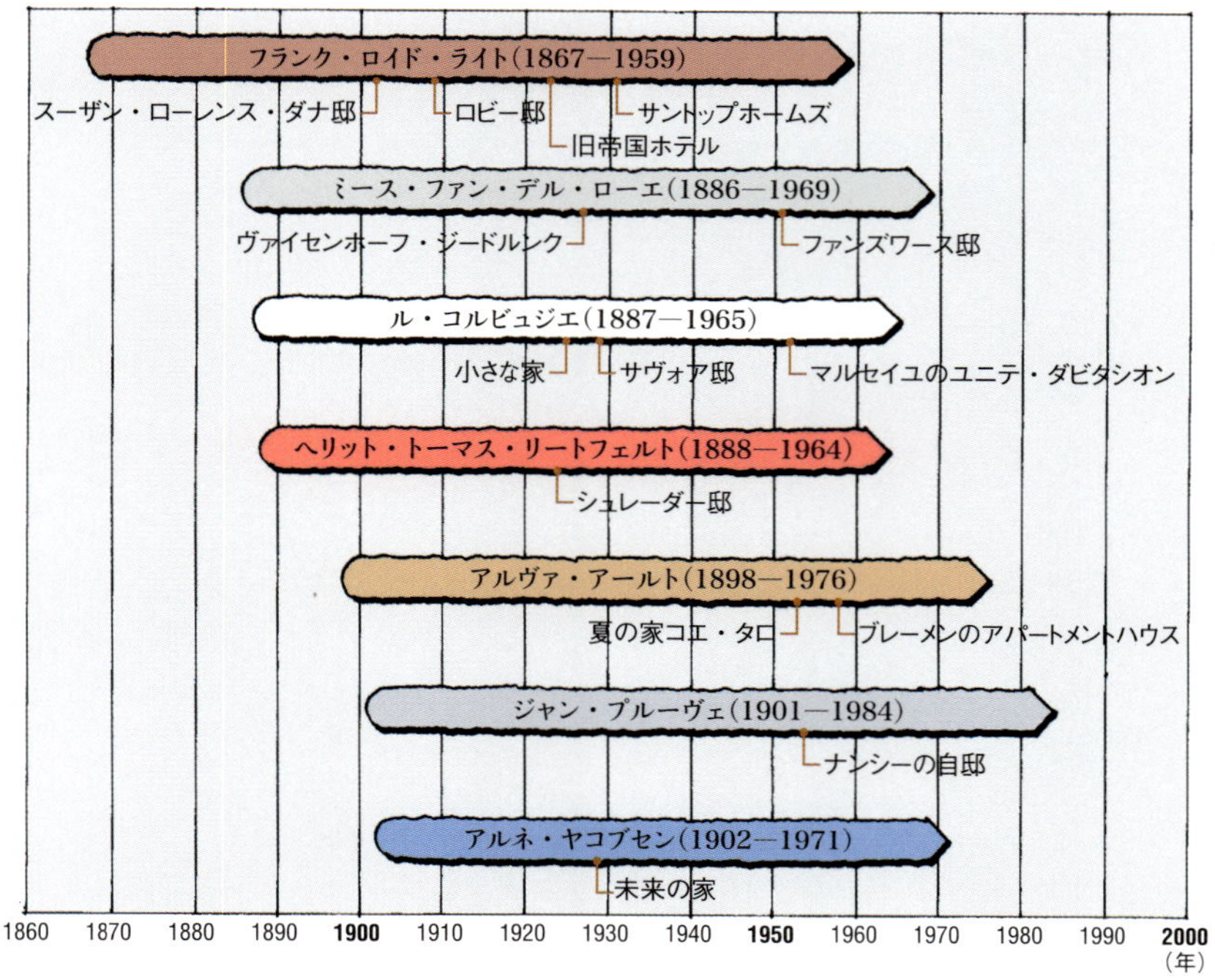

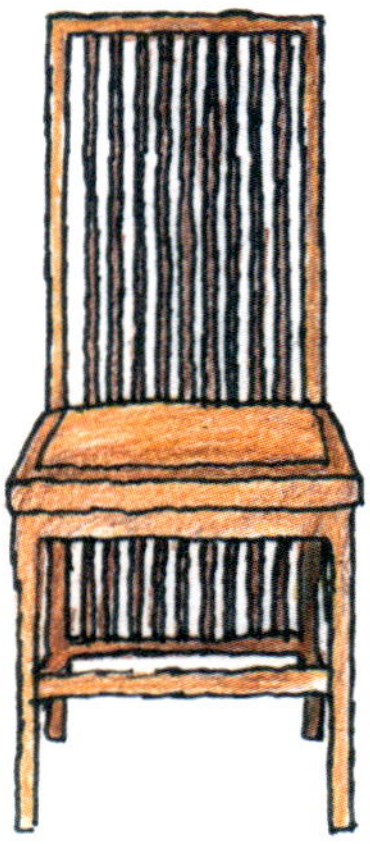

ロビーチェア（1908年）

食卓を囲いこむための家具。背の高い椅子は、プレイリー・スタイルの流動的な空間から家族が食事をする場所を仕切る

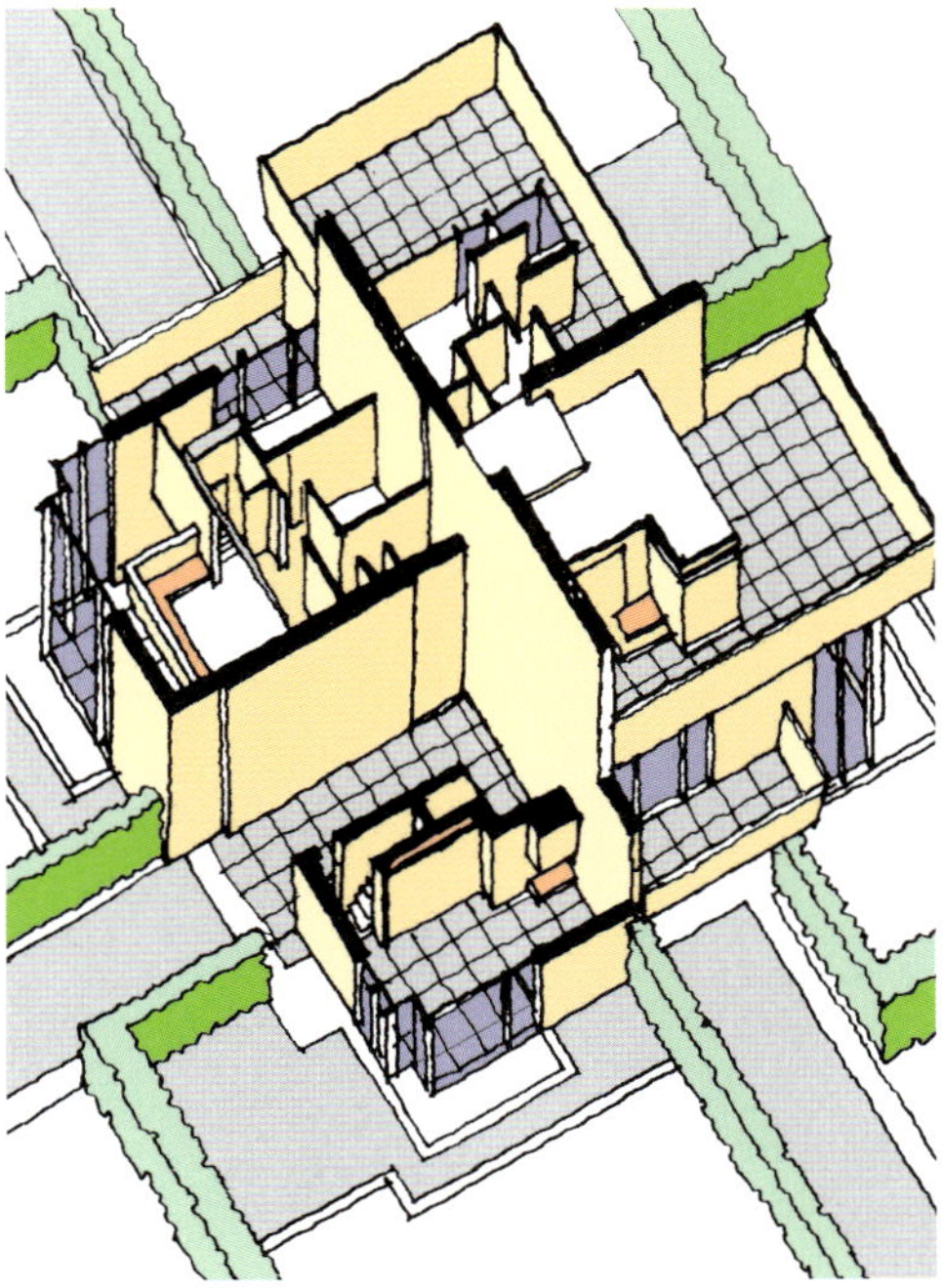

サントップ・ホームズ（1931年）

4戸が卍型に配置されたテラスハウス。吹き抜けによって各階が連続し、ダイニングとキッチンも、壁で分離せず、家具（棚）で間仕切られている

1 Frank Lloyd Wright

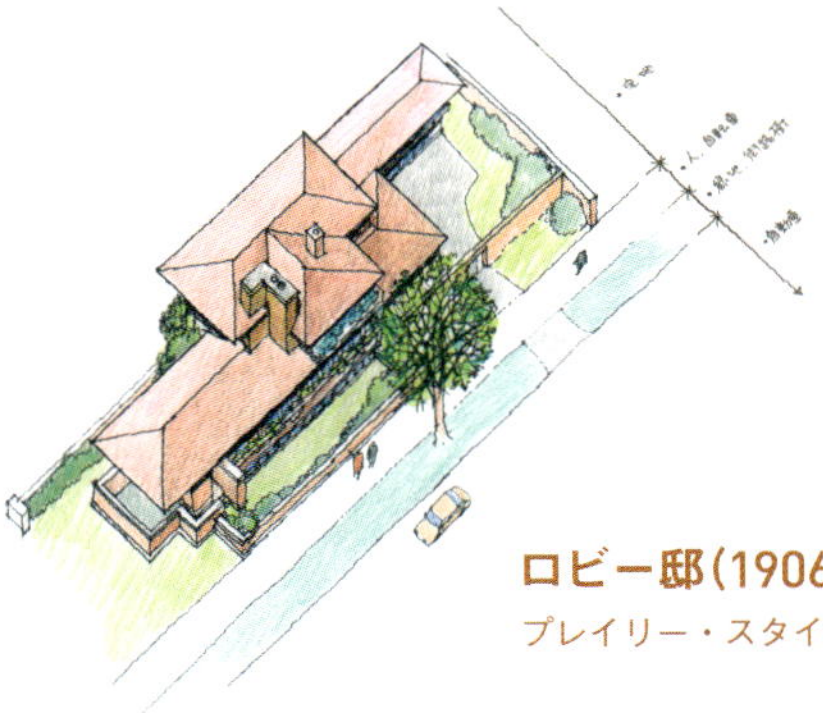

ロビー邸（1906年）

プレイリー・スタイルの代表作

フランク・ロイド・ライト

（1867—1959）
国籍：アメリカ合衆国
生誕：1867年、ウィスコンシン州リッチランドセンター
死没：1959年（満91歳没）、アリゾナ州フェニックス
本書で取り上げる作品：
建築：スーザン・ローレンス・ダナ邸（1902）／CEロバーツのための4棟集合住宅（1903）／ロビー邸（1906）／サントップ・ホームズ（1931）／ジェイコブス邸（1936）／落水荘（1935）
家具・プロダクツ：ロビーチェア（1908）／タリアセン1（1925）／タリアセン3（1925）

フランク・ロイド・ライトは、アドラー・サリヴァン事務所を経て、1893年に独立して事務所を構えた。ライトが初期の住宅設計にて確立したプレイリー・スタイル（草原方式）とは、部屋と部屋を完全に区切ることなく緩やかにつなげる建築スタイルである。この時期の代表作「ロビー邸」（1906年）では水平方向を強調した一室で空間を構成している。1910年にドイツのヴァスムート社から「フランク・ロイド・ライト全作品集」が出版されて以来、プレイリー・スタイルはシカゴの郊外からヨーロッパの各都市へと広がっていき、本書に登場する多くの建築家に影響を与えることになった。

バルセロナ・チェア(1929年)

バルセロナ万国博覧会で建設されたドイツ館（バルセロナ・パビリオン）のためにデザインした椅子

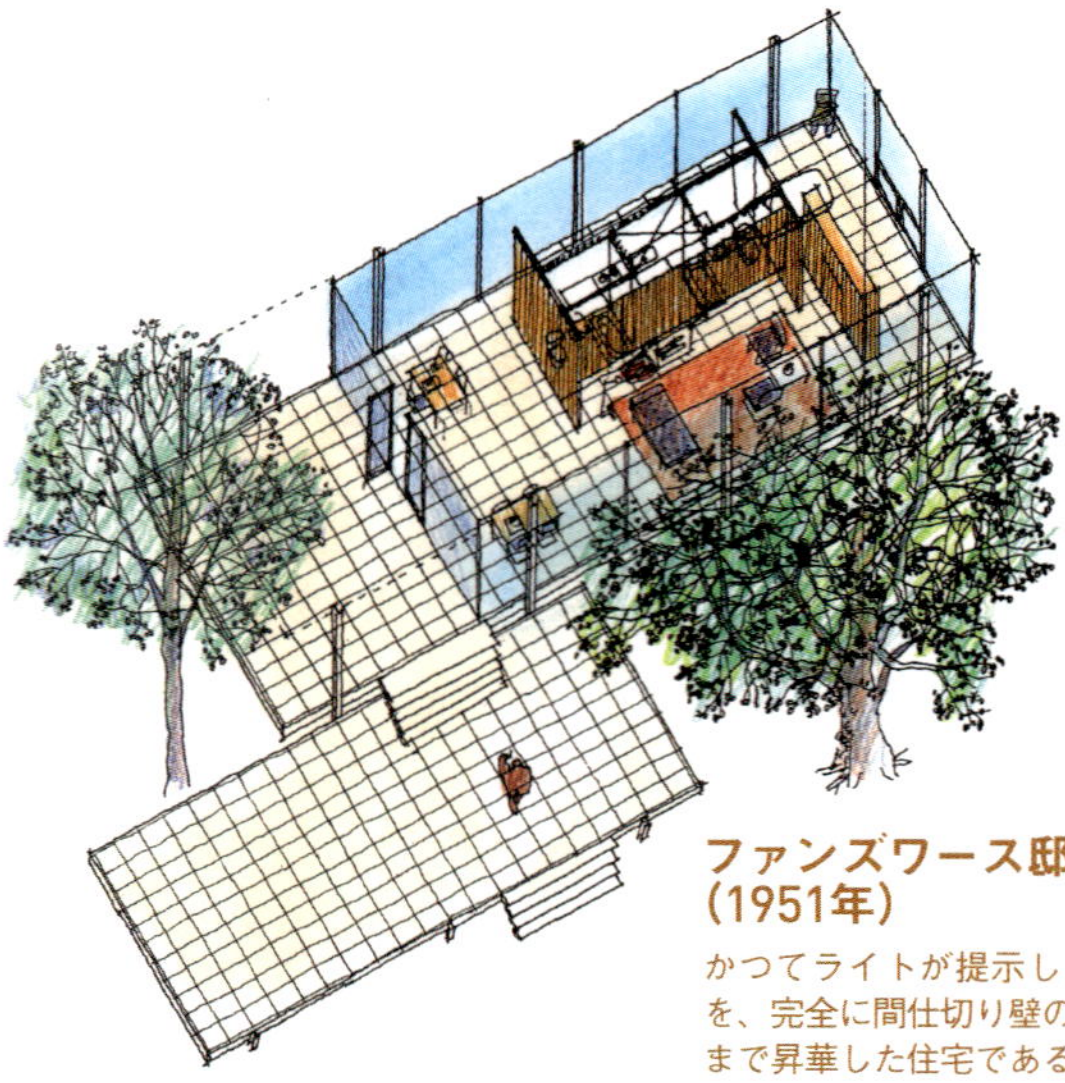

ファンズワース邸(1951年)

かつてライトが提示した流動的な空間を、完全に間仕切り壁のない一室空間にまで昇華した住宅である

2 Mies van der Rohe

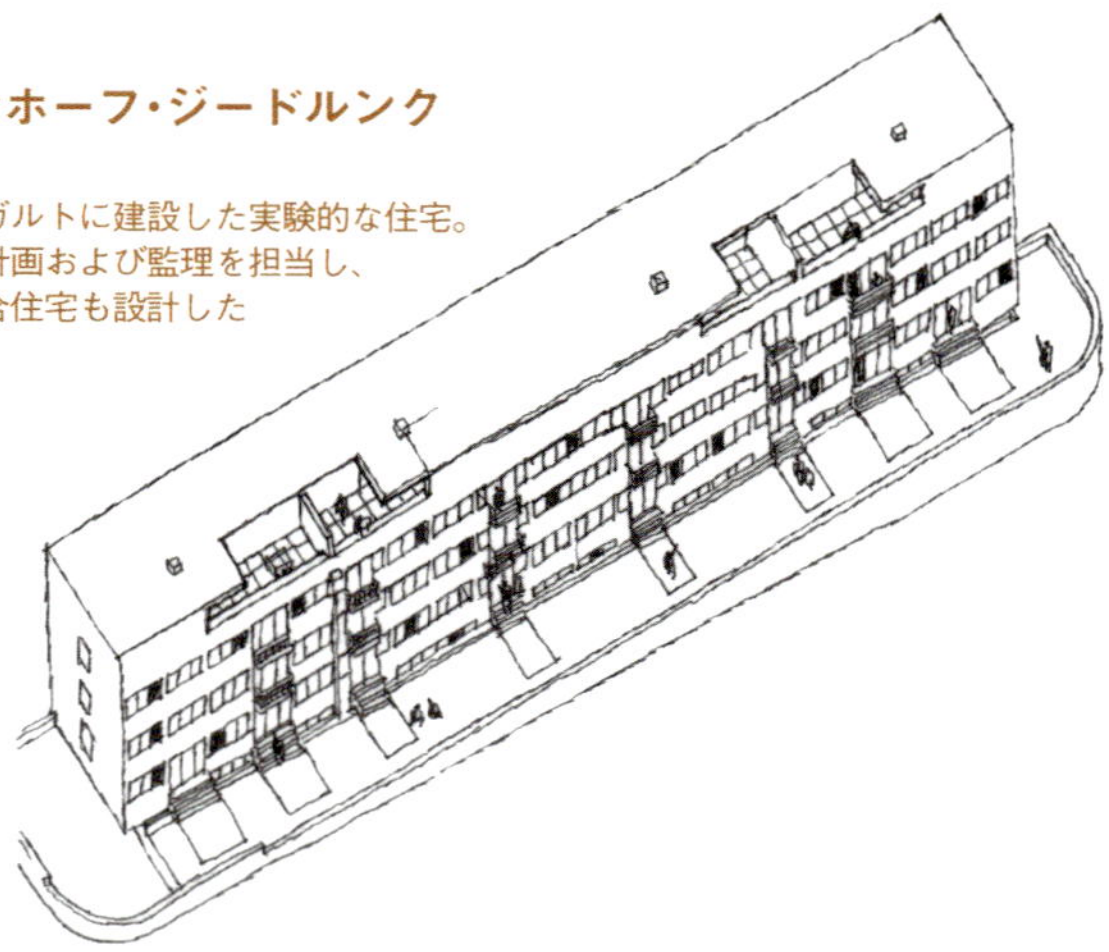

ヴォイセンホーフ・ジードルンク(1927年)

シュトゥットガルトに建設した実験的な住宅。ミースは全体計画および監理を担当し、中心となる集合住宅も設計した

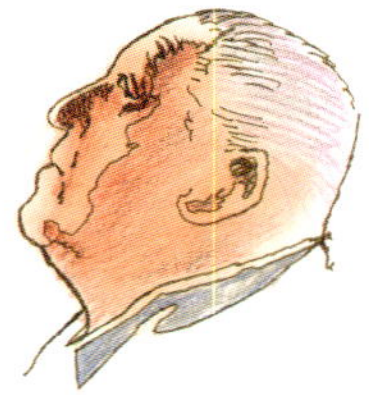

ミース・ファン・デル・ローエ

(1886—1969)

国籍：ドイツ／アメリカ合衆国

生誕：1886年、ドイツ、アーヘン

死没：1969年(満83歳没)、アメリカ合衆国、シカゴ

本書で取り上げる作品：

建築：ヴォイセンホーフ・ジードルンク(1927)／トゥーゲンハット邸(1930)／クロウス・アパートメント(1930)／ファンズワース邸(1951)／レイクショアドライブ・アパートメント(1951)

家具・プロダクツ：バルセロナ・チェア(1929)／バルセロナ・テーブル(1929)／アジャスタブル・シェーズロング(1930)／シーリングライト(1930)／トゥーゲンハット・チェア(1930)／コーヒー・テーブル(1930)／ソファベッド(1930)

ミース・ファン・デル・ローエは、建築家ペーター・ベーレンスの事務所にて建築を学んだ。同事務所には、一時期、ル・コルビュジエも在籍していた。1912年、独立し、事務所を構える。1927年、「シュトゥットガルト住宅展」にドイツ工作連盟会長として参画。1929年、バルセロナパビリオンのため、「バルセロナ・チェア」をデザインした。1930年からバウハウスの第3代校長を勤めたが、1933年にナチスによってバウハウスが閉鎖されてアメリカに亡命。1938年からイリノイ工科大学建築学科の教授を務め、1951年、「ファンズワース邸」を竣工。

3 Le Corbusier

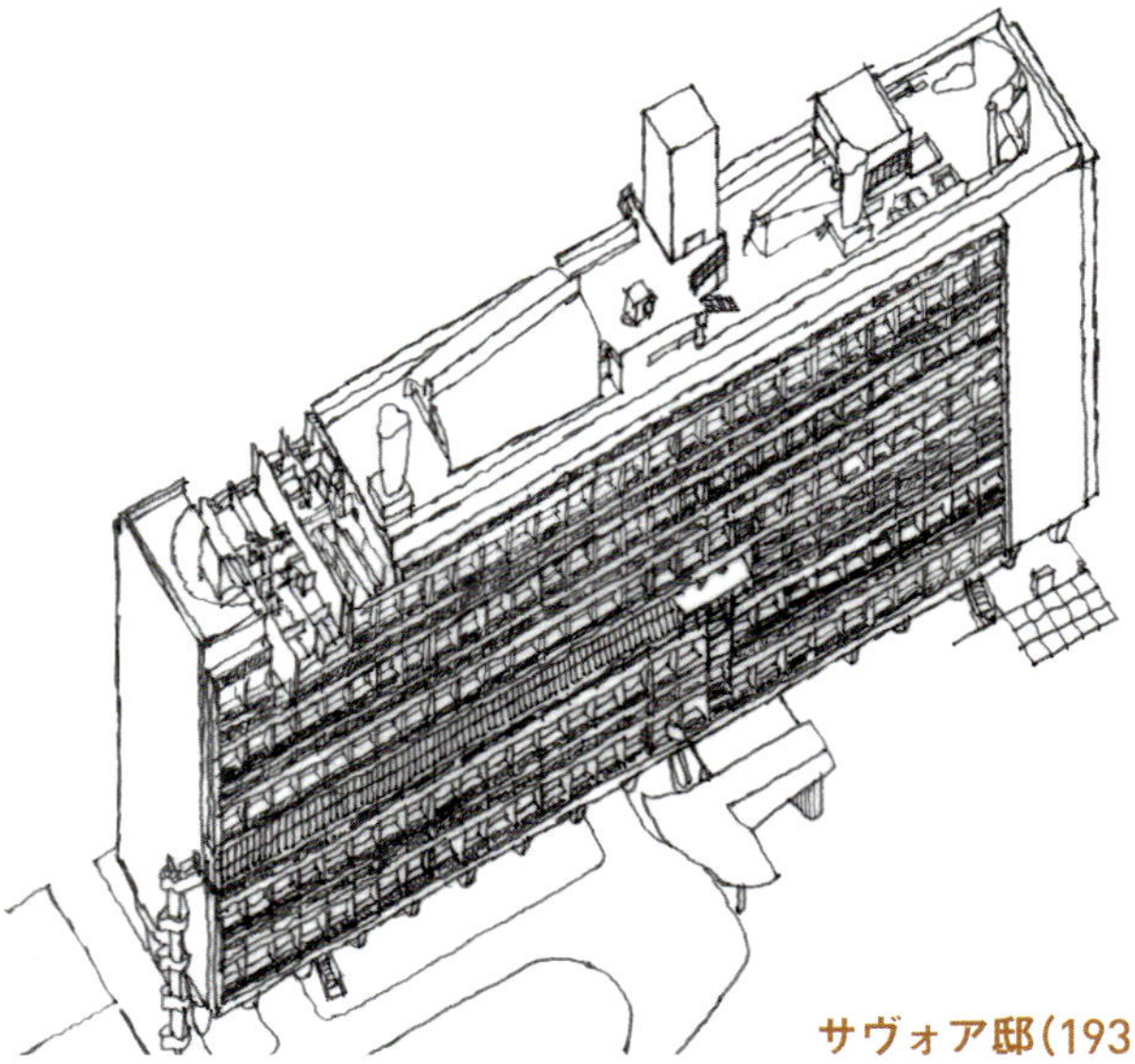

マルセイユのユニテ・ダビタシオン(1952年)

都市を構成する住居単位として設計した。建築物の中層階にはホテル、店舗、郵便局、事務所、屋上には保育園、プール、ランニングトラックがある

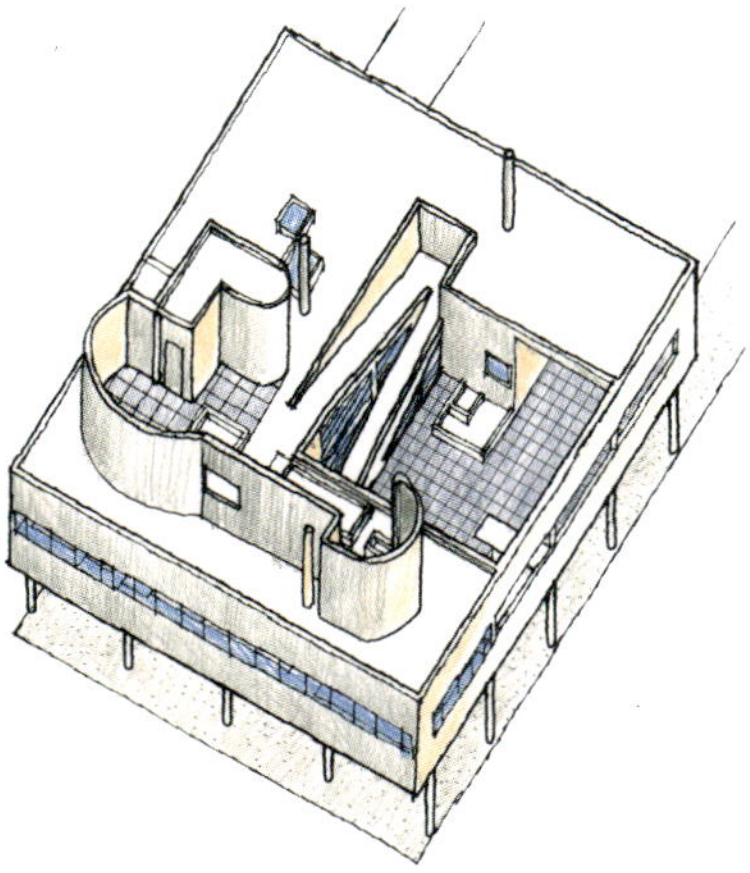

サヴォア邸(1931年)

コルビュジエは自ら提唱した近代建築の五原則をサヴォア邸で実現した。1. ピロティ、2. 屋上庭園、3. 自由な平面、4. 自由な立面、5. 水平連続窓

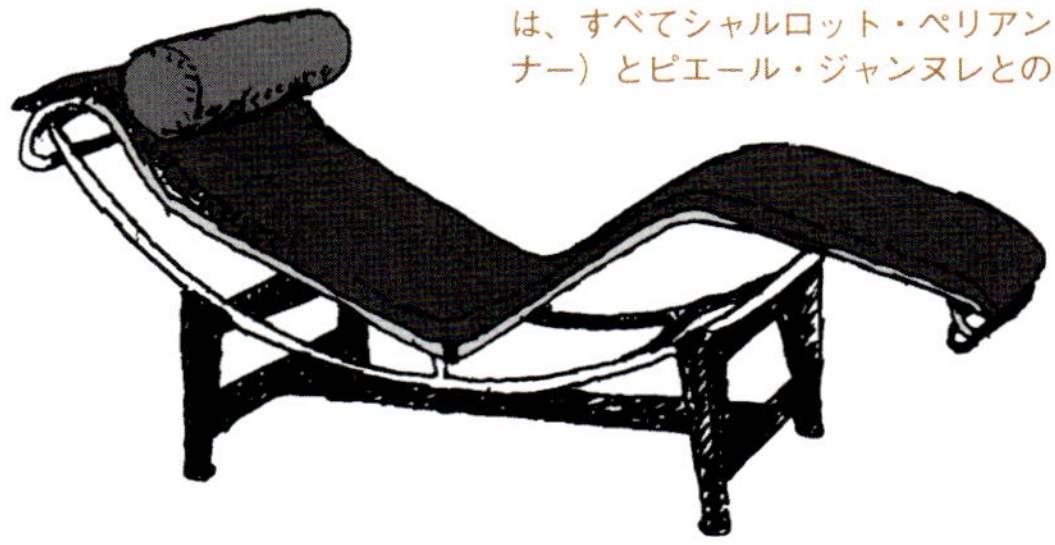

LC4シェーズ・ロング(1928年)

フランス語で長椅子を意味する。コルビュジエの家具は、すべてシャルロット・ペリアン(建築家・デザイナー)とピエール・ジャンヌレとのコラボレーション

ル・コルビュジエ

(1887—1965)
国籍：スイス／フランス
生誕：1887年、スイス、ラ・ショー・ド・フォン
死没：1965年(満77歳没)、フランス、ロクブリュヌ・カップ・マルタン
本書で取り上げる作品：
建築：小さな家(1925)／ラ・ロッシュ・ジャンヌレ邸(1925)／イムーブル・ヴィラ(1925)／ガルシュの家(1927)／シトロエン邸(1927)／サロン・ドートンヌ「生活調度品」展(1929)／サヴォア邸(1931)／マルセイユのユニテ・ダビタシオン(1952)／カップマルタンの休暇小屋(1952)／ロンシャンの礼拝堂(1955)／カルタージュの別荘(第一案)／ル・コルビュジエ・センター(1966)／チャンディガール都市計画(1969)
家具・プロダクツ：LC2ソファ(1928)／LC4シェーズ・ロング(1928)／LC1スリングチェア(1929)／LC6ダイニングテーブル(1929)／LC7スウィベルチェア(1929)／カジエ・スタンダール(1925)

ル・コルビュジエは、パリでオーギュスト・ペレ、ドイツでペーター・ベーレンスの事務所に籍をおき、建築の実務を学んだ。1922年、同じくペレの下で働いていた従兄弟のピエール・ジャンヌレとともに事務所を設立。1928年、「シェーズ・ロング」をはじめとするスチールパイプの機能的家具を発表。1929年、サロン・ドートンヌで「生活調度品」展を企画し、「屋内設備」として家具が創りだす新しい生活イメージを提示した。1931年、「サヴォア邸」を竣工し、自らが主張する「近代建築の五原則」を実現した。1952年、「マルセイユのユニテ・ダビタシオン」を建設した。

エラスムスラーン低層集合住宅(1931年)

シュレーダー夫人が向かいの土地を購入して、リートフェルトと協同で設計した集合住宅。アコーディオン式の可動間仕切りで3分割できるリビングなど、シュレーダー邸で試みた可変空間をさらに発展させている

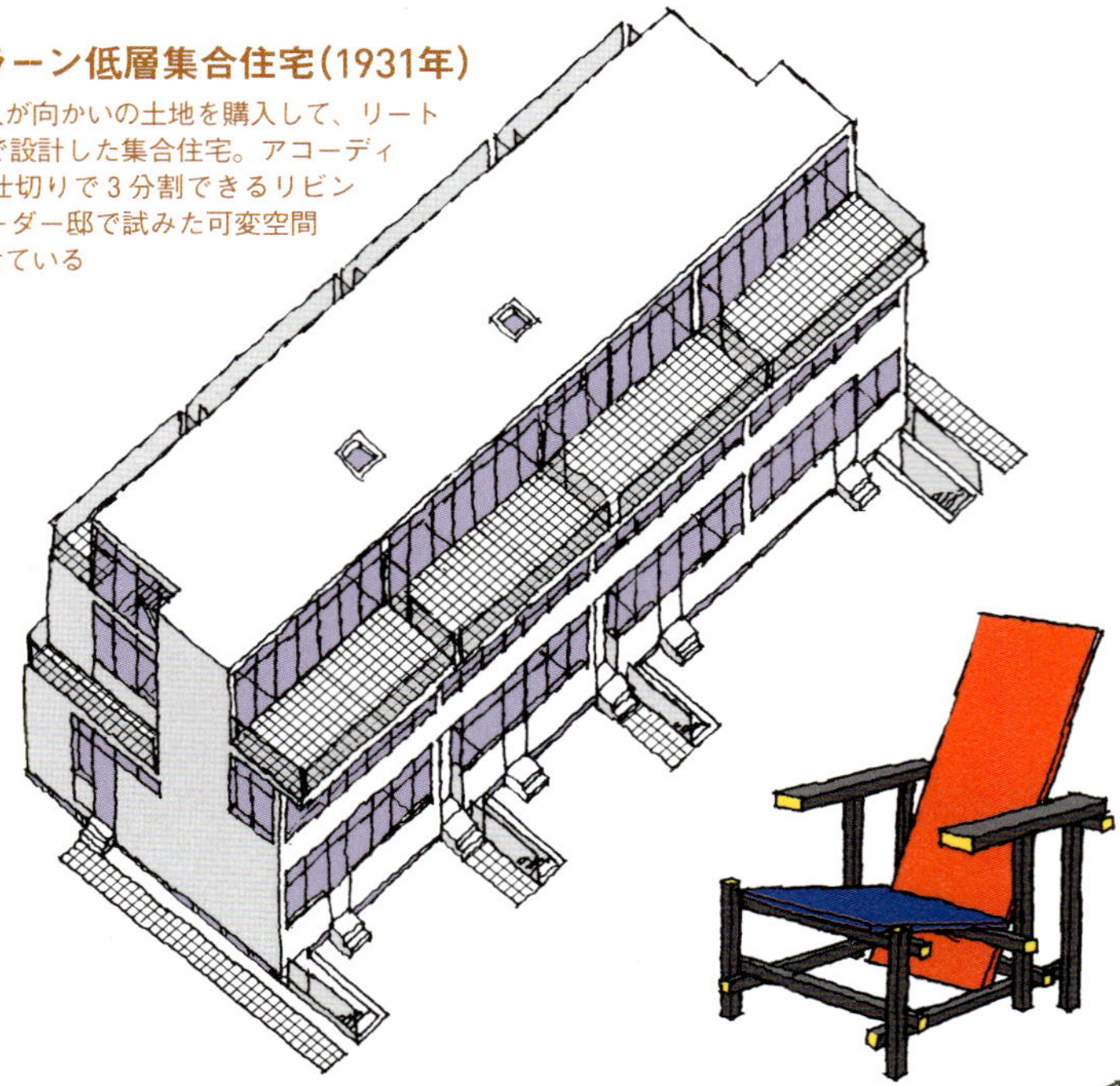

レッド&ブルー・チェア(1923年)

デ・スティルの構成原理にもとづき、線と面の要素で構成し、赤、青、黄の三原色に彩色した。すべての部材は交差すれども独立して全体を構成している

4 Gerrit Thomas Rietveld

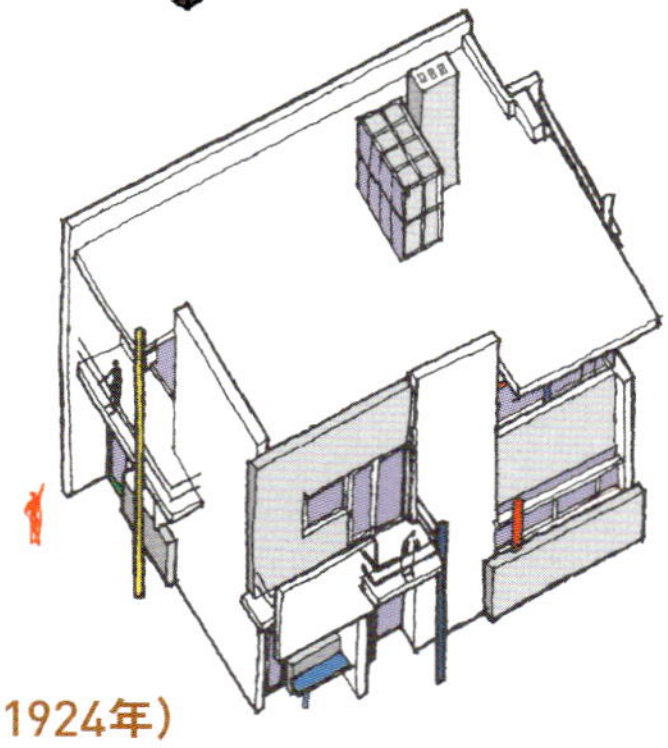

シュレーダー邸(1924年)

建築主のシュレーダー夫人が抱く明確な理想と、デ・スティルの構成原理にもとづき、独特の空間構成が実現した。インテリアの中心にはレッド&ブルー・チェアが置かれている

ヘリット・トーマス・リートフェルト

(1888―1964)
国籍：オランダ
生誕：1888年、オランダ、ユトレヒト
死没：1964年(満76歳没)、オランダ、ユトレヒト
本書で取り上げる作品：
建築：シュレーダー邸(1924)／エラスムスラーン低層集合住宅(1931)
家具・プロダクツ：吊りランプ(1920)／レッド&ブルー・チェア(1923)／ベルリン・チェア(1923)／ミリタリー・チェア(1923)／ミリタリー・テーブル(1923)

ヘリット・トーマス・リートフェルトは、1917年、家具作家として独立し、家具工房を設立した。1919年、建築家のテオ・ファン・ドースブルフに出会い、「デ・スティル」同人となる。デ・スティルとは、ドースブルフが1917年に創刊した雑誌と運動グループの名称。無彩色および青・赤・黄の三原色で彩色し、非対称性やそれぞれの要素の独立性を線や面で構成する。この出会いによって彼の作風は、革新的な展開を遂げる。1923年、レッド&ブルー・チェアを発表。1924年、シュレーダー邸を竣工。1925年、建築家として独立し、設計事務所を構えた。

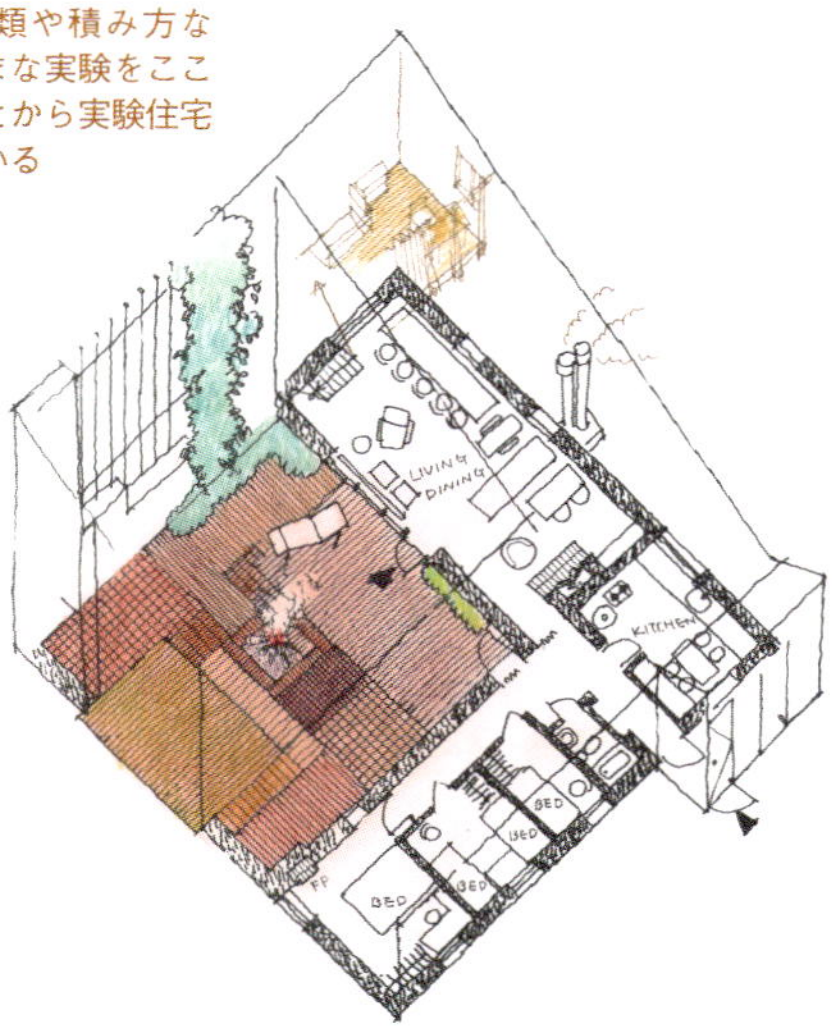

夏の家コエ・タロ（1953年）

レンガの種類や積み方など、さまざまな実験をここで行ったことから実験住宅と呼ばれている

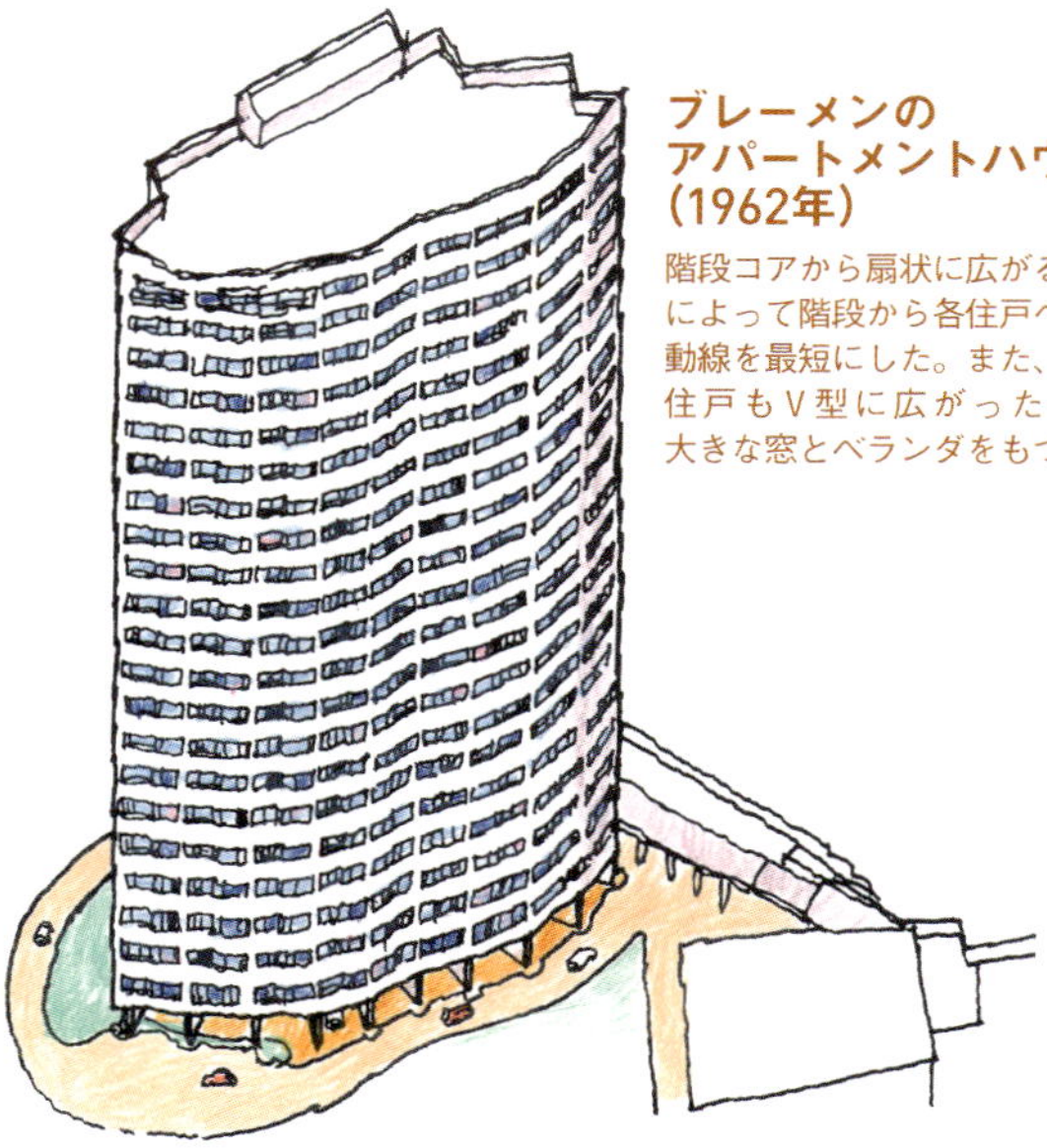

ブレーメンのアパートメントハウス（1962年）

階段コアから扇状に広がる形によって階段から各住戸への動線を最短にした。また、各住戸もV型に広がった分、大きな窓とベランダをもつ

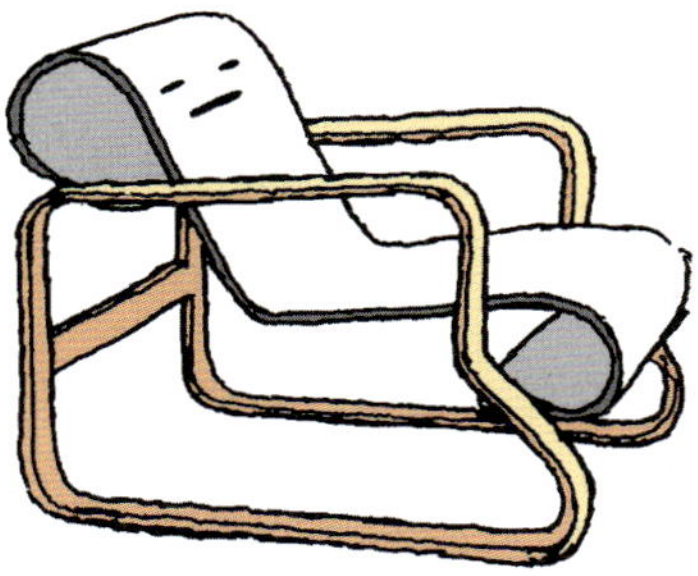

アルテック41（1932年）

パイミオのサナトリウム（1933年）のためにデザインした家具。それまで家具の材料として扱いにくいとされていたフィンランドの木材（バーチ）を成形合板にして座面や脚部に用いた

アルヴァ・アールト

（1898—1976）

国籍：フィンランド

生誕：1898年、フィンランド、クオルタネ

死没：1976年（満78歳没）、フィンランド、ヘルシンキ

本書で取り上げる作品：

建築：パイミオのサナトリウム（1933）／ヴィープリの図書館（1935）／夏の家コエ・タロ（1953）／自邸（1954）／ルイ・カレ邸（1959）／ブレーメンのアパートメントハウス（1962）／ヘルシンキ工科大学図書館（1969）／ウォスブルグの教区センター（1962）

家具・プロダクツ：アルテック41（1932）／アルテック112（1933）／アルテック402（1933）／アルテック400（1935）／Goldbell（1937）／Beehive（1950）／テーブルX800（1950）／玄関取手（1955）／階段の手摺（1956）／アルテック・ビルベリーBILBERRY（照明）（1950年台後半）

5 Alvar Aalto

アルヴァ・アールトは、ヘルシンキ工科大学において建築を学んだ後、1923年に建築設計事務所を開設した。翌年には、パイミオのサナトリウムのコンペで1等を獲得したのをきっかけに、地元の木材を用いた家具「アルテック41」を開発。アールトのインテリアや家具に対する思いは深く、1935年に自身の家具や照明を製作、販売するアルテック社を設立した。1946年から1948年までマサチューセッツ工科大学客員教授として、MIT寄宿舎やベーカーハウスを設計した。1953年に「夏の家コエ・タロ」を、1962年に「ブレーメンのアパートメントハウス」をそれぞれ竣工。

ムードンの集合住宅（1952年）

戦後の住宅供給に応えるための 14 棟のセンター・ポルティーク構造のプレファブ住宅。彼の建築は工業的であっても、工芸的であるが故に空間の豊かさが感じられる

スタンダードチェア（1950年）

当時普及していた鉄パイプの構造をきらい、金属薄板の折り曲げ加工により実現した椅子。脚部の構造的形状が特徴的だ。この独特の形状は以後の彼の建築においても柱の形状にたびたび現れる

6 Jean Prouvé

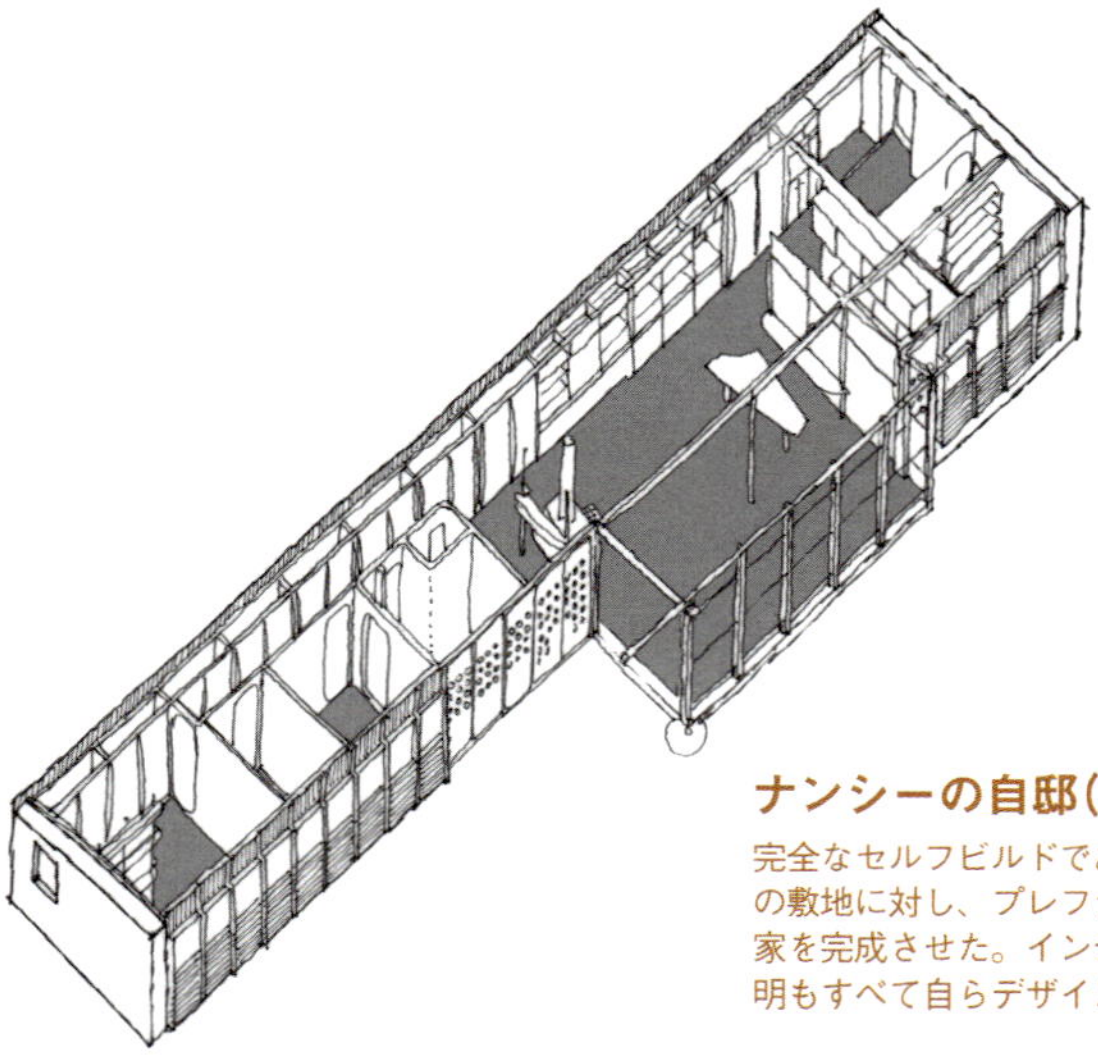

ナンシーの自邸（1954年）

完全なセルフビルドである。車が上がれない斜面の敷地に対し、プレファブリケーションによって家を完成させた。インテリアを構成する家具や照明もすべて自らデザインし制作したもの

ジャン・プルーヴェ

（1901―1984）
国籍：フランス
生誕：1901年、フランス、パリ
死没：1984年（満82歳没）、フランス、ナンシー
本書で取り上げる作品：
建築：ムードンの集合住宅（1952）／国民健康保険所（1952）／ナンシーの自邸（1954）
家具・プロダクツ：シテ・アームチェア（1933）／ビジター・アームチェア（1942）／コーヒー・テーブル（1940-45）／スタンダードチェア（1950）／テーブル（1950）／スイング・ジブ・ランプ（1950）／グレート・ウイング・コンパス・デスク（1958）

ジャン・プルーヴェは、鉄工芸家のエミール・ロベールのアトリエで修行した後、１９２３年に独立。ナンシーにて、最初のアトリエを構える。１９２９年、家具製作を開始。同年、マレ・ステヴァン、ル・コルビュジエ、シャルロット・ペリアンと共に、ＵＡＭ（現代芸術家連盟）を創立。１９４４年、ナンシー市長を務める。１９４７年、マクセヴィルに工場開設。１９５０年、マルセイユのユニテ・ダビタシオンの金属製床構造、階段、キッチンおよびモデルルーム用の家具を製作。１９５２年、工業化量産住宅のムードンの集合住宅。１９５４年、ナンシーの自邸をセルフビルド。

スーホルム集合住宅（1950年）

伝統的な北欧のレンガを用いている。自らもこの集合住宅に住み、事務所も同じ場所に構えた。白い壁を用いたモダニズム様式から一転して北欧の素材に回帰した点では、アールトにも通ずる視点が見られる

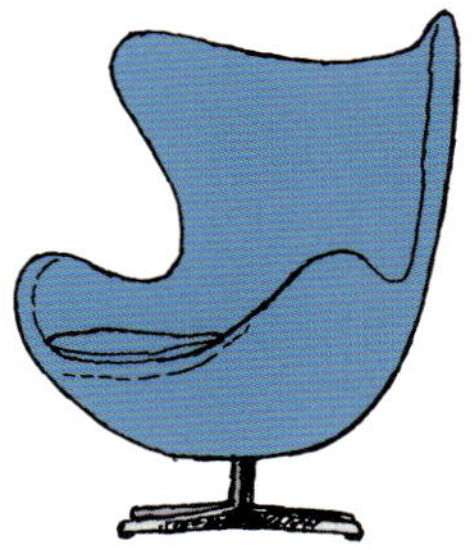

エッグ・チェア（1958年）

プロダクトであると同時に、建築の間仕切りの機能を併せもつ。この椅子に座ると頭の両脇はヘッドレストで覆われ、体全体は卵に包み込まれるようだ。エッグ・チェアの生み出すパーソナルスペースは、広いロビーの中においても落ち着く空間を演出する

7 Arne Jacobsen

未来の家（1929年）

斬新なアイデア満載の住宅。自家用車、ボート、プライベートヘリコプターで、陸と海と空からのアプローチが可能。電気掃除機のように汚れを吸い込む玄関マットなど未来的なインテリアエレメントが盛り込まれている

アルネ・ヤコブセン

（1902―1971）

国籍：デンマーク

生誕：1902年、デンマーク、コペンハーゲン

死没：1971年（満69歳没）、デンマーク、コペンハーゲン

本書で取り上げる作品：

建築：未来の家（1929）／スーホルム集合住宅（1950）／SASロイヤルホテル（1960）

家具・プロダクツ：series3000（1956）／AJロイヤル（1957）／エッグ・チェア（1958）／スワン・チェア（1958）／AJテーブルランプ（1958）／AJフロアーランプ（1958）／グラスウエア／AJディスカス／カトラリー／取手／時計／客室化粧台

アルネ・ヤコブセンは、デンマーク王立芸術アカデミーにて建築を学び、１９２７年、卒業し、コペンハーゲン市の建築局に就職した。１９２９年、フレミング・ラッセンと共同で応募した「未来の家」のコンペで優勝。一躍有名になり事務所を設立する。１９５０年、スーホルム集合住宅が竣工。１９５６年、母校の王立芸術アカデミーの教授就任。１９６０年、デンマーク初の高層建築となるＳＡＳロイヤルホテルを竣工。エッグ・チェア（１９５８年）は、ＳＡＳロイヤルホテルのロビー用にデザインされたもので、現在も同ホテル（現・ラディソンブルーロイヤルホテル）にて使用されている。

3 建築の工程のなかの建築デザインの位置づけ

実際の建築の現場においては、建築計画、建築史、建築法規、建築構造、建築設備、環境工学、建築施工、建築積算そして建築製図等の知識と技術というさまざまな専門性が求められる。その中で建築計画は、企画、設計段階に位置づけられる。それでは、建築の全工程を1軒の住宅を例に挙げて見てみよう。

1

設計依頼

建築の設計は、建築主の依頼からはじまる。建築主にとって住宅は、人生における最も大きな買い物である。最初の話し合いの中で、確かな論理性や信頼性を確認できなければ、建築主はその建築家に設計を依頼しないだろう。この裏付けとなるのが建築計画の知識や理論そして実践経験である。

求められる知識：建築計画、建築史

2

基本設計

建築主の要望を理解し、コミュニケーションを十分にとり、基本的な設計の方向性を合意し、確定する。その際、敷地の与条件を把握し、さまざまな法規制を確認し、建築主に分かりやすく伝えることが求められる。与条件を整理し、できることとできないことを理解し、建築主と共有したうえで、設計の基本的な方向性を確定する。

求められる知識：建築計画、建築法規、建築製図

5

工事契約、着工

工事契約を建築主と施工者との間で締結する。設計者は、工事を監理する立場となる。まず、建築主、設計者、施工者との関係を明確にする。次に、工事工程表を三者で確認し、仮設工事、祭典等の着工準備を進める。

求められる知識：建築施工、建築設備

3

実施設計

実施設計では、建築を実際に施工するために必要なすべての設計図書を作成する。工事の総コストを見積もるための正確な寸法、材料、構造、設備をすべて盛り込んだ図面が求められる。また、確認申請という法律的な建築確認を得るための申請業務も行う。

求められる知識：建築計画、建築法規、建築構造、建築設備、環境工学、建築製図

4

見積もり、工事業者の選定

見積もりでは、材料単価や施工単価が施工面積によって積算される。したがって、見積もり用図面には、施工面積が拾いだせる正確な図面表現が求められる。施工業者の選定にあたっては、まず数社を選定し見積もりを依頼する。次に設計者は、建築主に対してその見積もり金額を査定し、工事業者の実力や特性を総合的にかんがみて施工業者を決定するための助言を行う。

求められる知識：建築積算、建築施工、建築製図

6

竣工検査

施工は、仮設工事、躯体工事（骨組み）、給排水衛生設備工事、電気工事、仕上げ工事（内装、外装）、設備工事（機器の取り付け）、外構工事の順番で進行する。設計者は、契約図面どおりに施工できるように監理する。

求められる知識：建築施工、建築構造、建築設備

7

引き渡し

工事が完了したら、設計者による完了検査を行う。さらに役所の完了検査等の手続きを経て、晴れて竣工した住宅を建築主に引き渡す。

求められる知識：建築施工、建築法規

COLUMN

コルビュジエと近代建築の5原則

ル・コルビュジエは建築界の反逆児だ。コルビュジエがサヴォア邸（1931年竣工）において実証した「近代建築の5原則」は、伝統的な建築の概念をことごとく破壊する提案であった。それは「ピロティ」、「屋上庭園」、「自由な平面」、「自由な立面」、「水平連続窓」の5つの要素から成り、すべてはそれ以前の建築（西欧の伝統的な組積造の建築）に対するアンチテーゼとなった。ピロティとは地面に建てられて当然の建築を、独立柱で浮かせて大地から開放するものだ。また、屋上庭園とは、伝統的な屋根の代わりに、屋上をもう一つの地面として活用するものである。自由な平面とは、従来の壁で囲まれた部屋を間仕切りのない流動的な空間としたもので、壁を構造から開放して、自由な立面とは、外壁を構造から開放して、自由な場所に自由なかたちの開口部を開けることを指す。こうしてファサードという伝統的な様式は消えた。そして最後に、水平連続窓とは、従来の組積造では必然だった縦型の窓を水平に連続した窓に作り変え、空間を均質な明るい光で満たすものだ。

このような大胆な提案はどのようにして可能になったのか。コルビュジエは1914年に鉄筋コンクリート構造による新しい架構形式「ドミノ・システム」を発表している。ドミノ・システムとは、水平なスラブ（床版）を均等に配置した独立柱だけで支え、各階を階段でつなげる構造形式である。壁が構造から開放されるため、自由な平面と自由な立面が可能になる。当然、窓のかたちも自由になり、全面ガラスの壁も可能となった。この方式を根拠として、17年後にコルビュジエはサヴォア邸を実現したのだ。

以降、建築のあり方は劇的に変化した。サヴォア邸が住宅の名作と讃えられる理由は、住宅として優れているだけではなく、近代建築の革新的な理念が建築として純粋に結実したからである。

（鈴木敏彦）

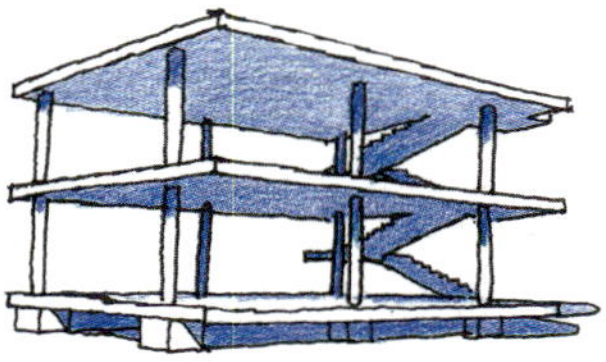

ドミノ・システム

サヴォア邸

2章 モノと空間のかたち

1 かたちの基本
点・線・面・ヴォリューム

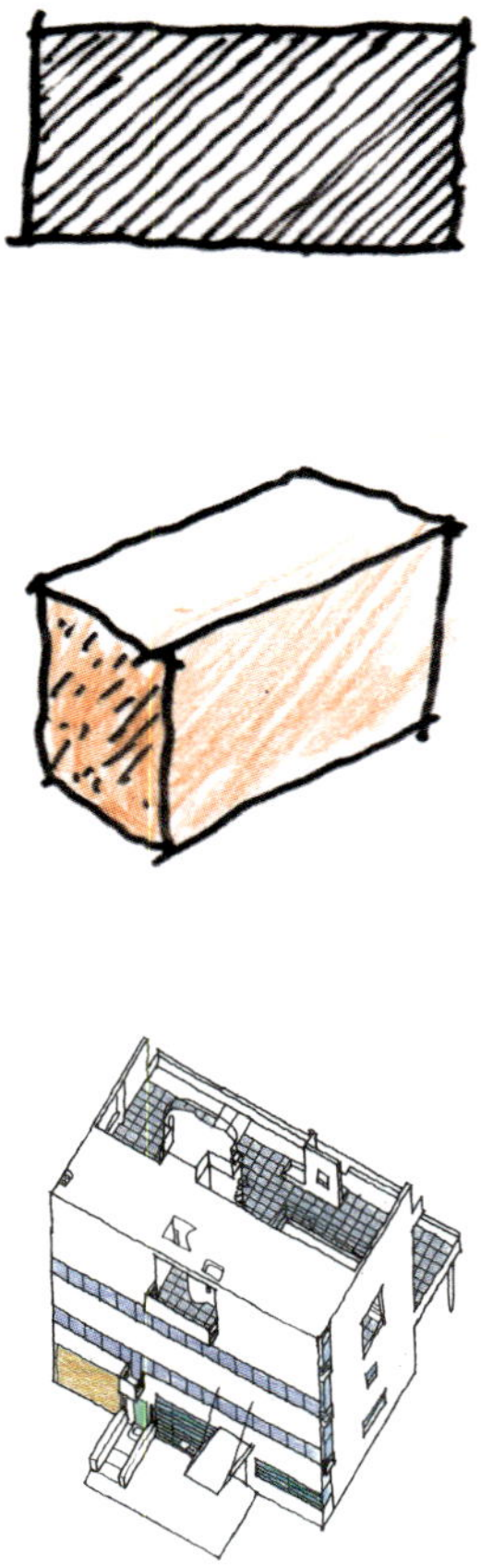

ガルシュの家（1927年）

コルビュジエは「とても難しい」と言った。一見単純な矩形の線に囲まれた平面形状であるが、異なる形状の部屋を純粋な輪郭の中にきれいに収めるのはとても難しいという意味だろう。これに高さが与えられて、純粋直方体のヴォリュームとなる

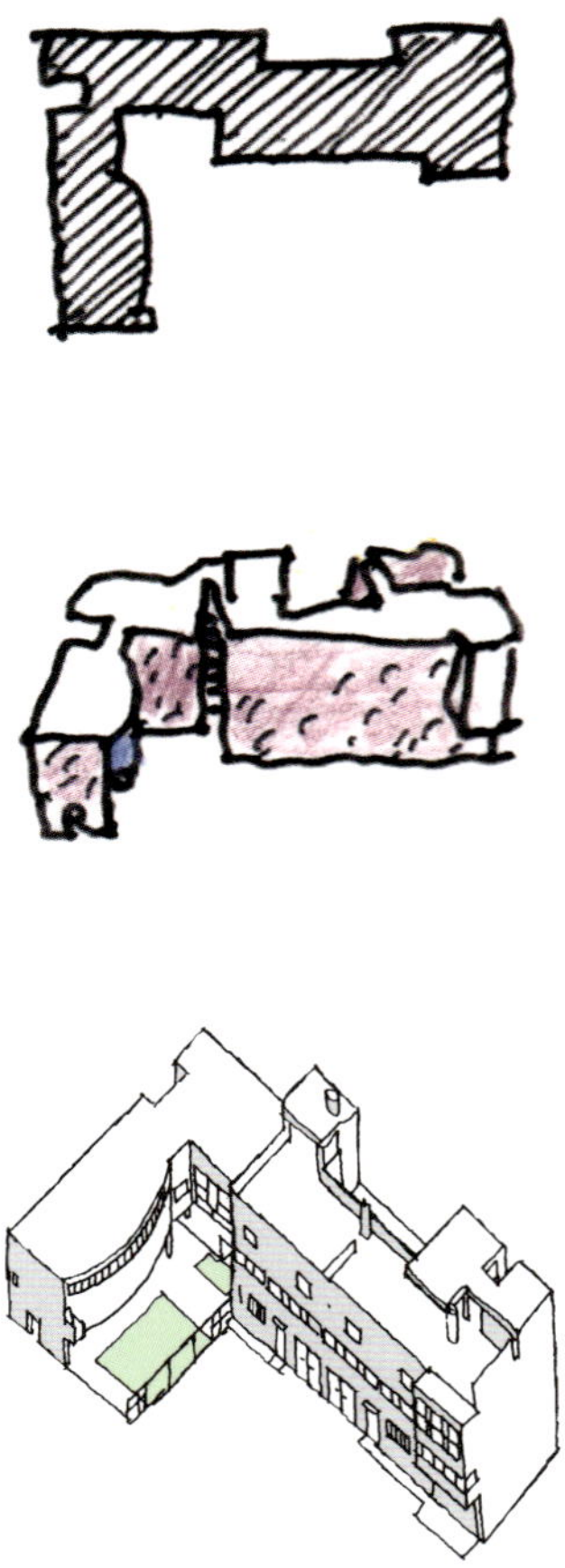

ラ・ロッシュ・ジャンヌレ邸（1925年）

コルビュジエは、このスケッチに「とてもやさしい」と添え書きした。平面形状の線の輪郭はとても複雑に見えるが、異なる内部のヴォリュームをつなげていき、そのままのかたちが外部の凹凸に現れている。線で囲まれた面に高さが与えられて、建築の外観のヴォリュームができた

かたちは、点、線、面、ヴォリュームで表すことができる。

点は1つの位置を示し、2つの点がつながって線となる。線で囲むと面が生まれ、面に高さを与えるとヴォリュームになる。建築、インテリア、モノという3つのスケールで順番に見ていこう。

点は、空間内の位置を示す。建築スケールにおける点は、平面上の柱の位置を示す。この点が並ぶと列柱になる。次に、インテリアレベルにおける点は、部屋の中の家具の配置を示す。例えば、椅子の位置や、時計の位置を抽象化すると点になる。そして、モノレベルにおける点は、床やテーブル上のモノの位置を示す。

線は、モノの輪郭を示す。建築スケールにおける線は、平面上の壁の形と位置を示す。インテリアにおける線は、仕上げの境界線を示す。モノにおける線は、異素材の境界面を示す。

面は、3次元的な空間のヴォリュームを規定する。建築における面は、地盤、壁、屋根の3つがある。これらは囲まれた内部空間を生み出す。インテ

サヴォア邸（1931年）

正方形の中を区切る線は内と外を区分ける壁である。ハッチの面がインテリアで、白地の面が外部テラスとなる。テラスもまた外周の壁に囲まれているため、外部でありながら内部のイメージを醸し出している

カルタージュの別荘（第1案）

均等に配置された点は、柱の位置を示す。この点を避けるように走る線は、壁である。線で囲まれた面が、インテリアそのものとなっている。各層ごとに壁の位置を決められるので自由に構成しやすい

リアにおける面は、床、間仕切り壁、天井である。モノにおける面は、テーブルや椅子の座面、テレビの画面等を指す。

　ヴォリュームは、幅と奥行きと高さを持っている。建築におけるヴォリュームは、外観の塊のかたち、あるいは、その中身の内部空間のかたちを指す。インテリアにおけるボリュームは、各部屋の断面形状に現れる。モノにおけるヴォリュームは、持った感覚や重さを連想させる。

　上図は、ル・コルビュジエの4つの住宅タイプのスケッチである。

2

人間から考える空間の かたち・大きさ・スケール

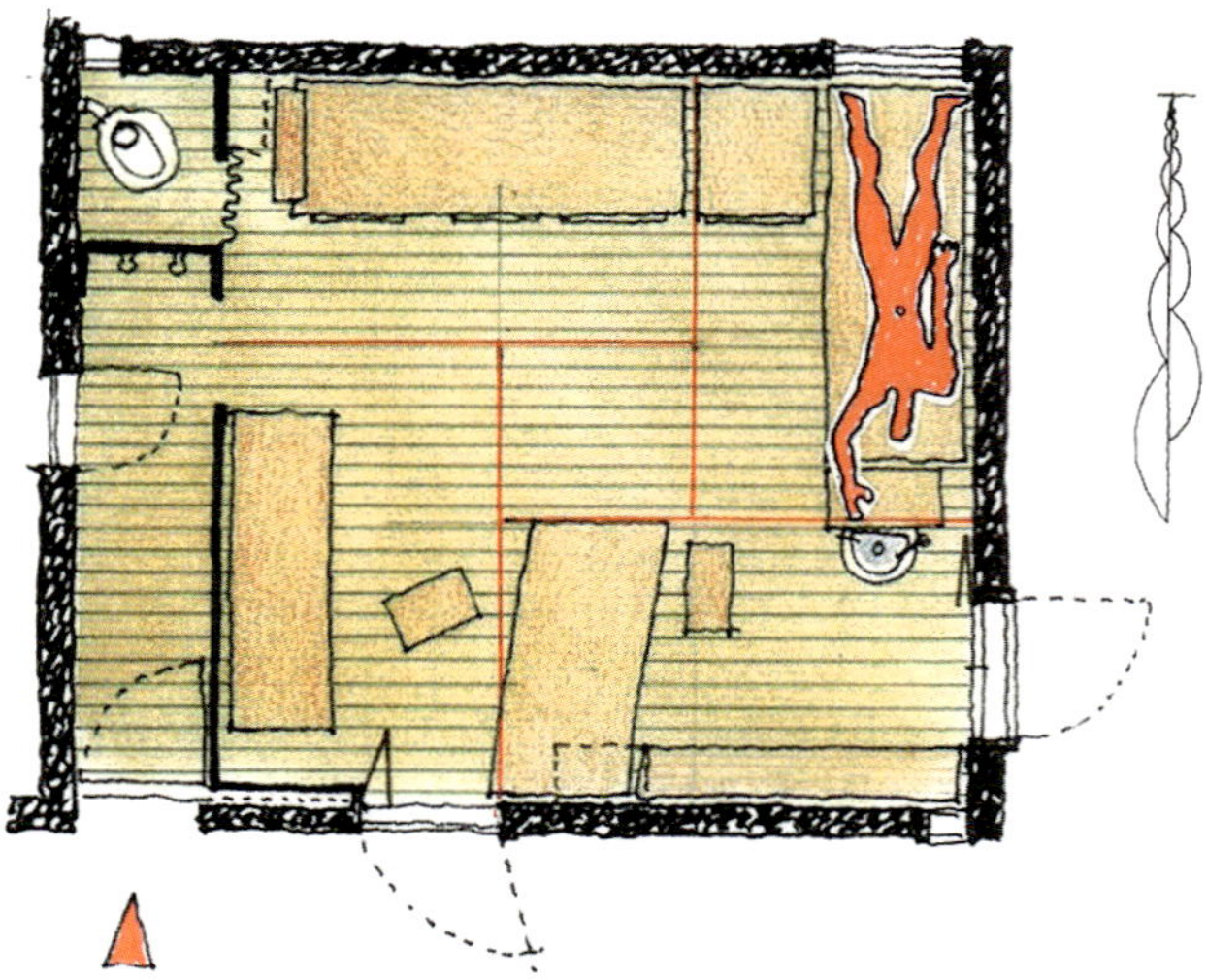

カップマルタンの休暇小屋（1952年）
平面形状、断面形状、家具の大きさ、配置等がすべてモデュロールによって決められている

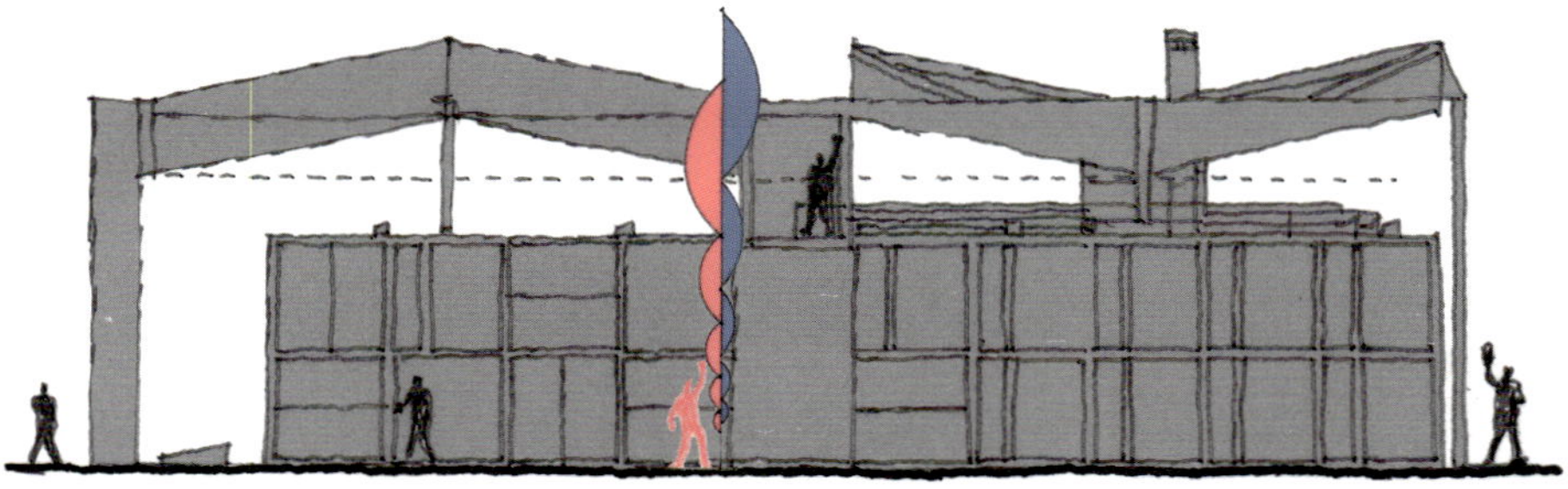

ル・コルビュジエ・センター（1967年）
人間が手を上げた時の高さであるモデュロールの226cmで立法体のスチールフレームを作り、全体を構成している

モノや空間のかたち・大きさ・スケールを秩序立てて、整理し、分類し、構成する秘訣とは何か。その答えは、ヒューマン・スケール（人間的尺度）にある。ヒューマン・スケールとは、人間にふさわしい空間のスケール感である。人間の身体の大きさを基準にして考えると、人間にとって適切な空間の規模やモノの大きさを知ることができる。

たとえば、1／500の都市スケールをデザインしている時に、1／1の家具の接合部を同時に設計することは難しい。しかし都市を歩く人間を実際に思い浮かべ、その人が椅子に座る姿、手の大きさ、目線の高さといった人間的尺度を思い浮かべれば家具のイメージも明確になるだろう。つまり、家具のデザインに取り組む際には、都市的なスケールからプロダクトデザインのスケールへと頭のスイッチを切り替える必要がある。

ル・コルビュジエは、ヒューマン・スケールを重視し、黄金比による人間のための寸法、「モデュロール」を提唱した。彼は、「モデュロール」とは、人間の身体と数学に基づいて寸法を決

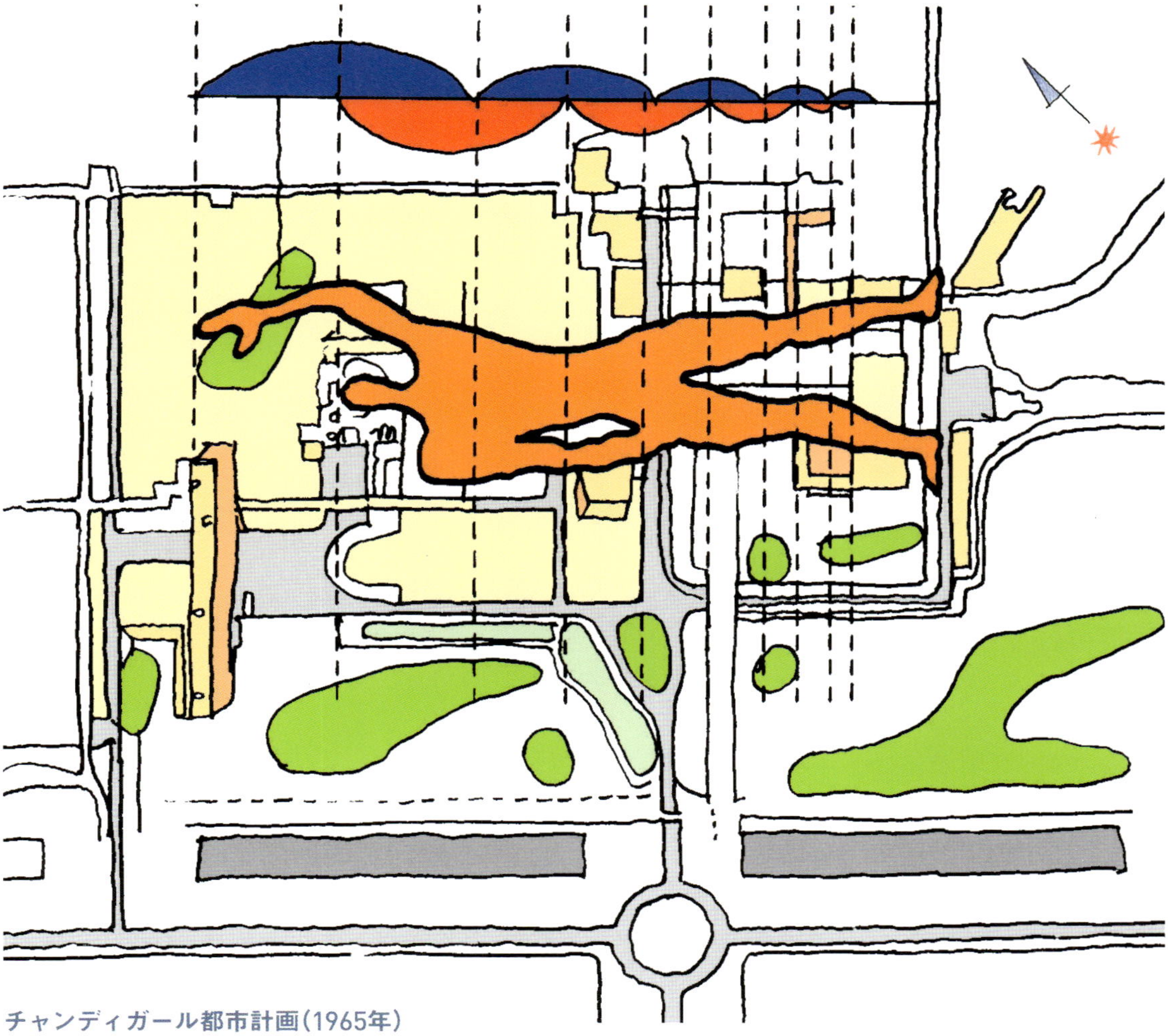

チャンディガール都市計画（1965年）

モデュロールにおける人間の身長183㎝を600mの都市スケールにまで拡大すると、街路や中心施設の配置はすべて、モデュロールと呼応するのがわかるだろう

コルビュジエのモデュロール

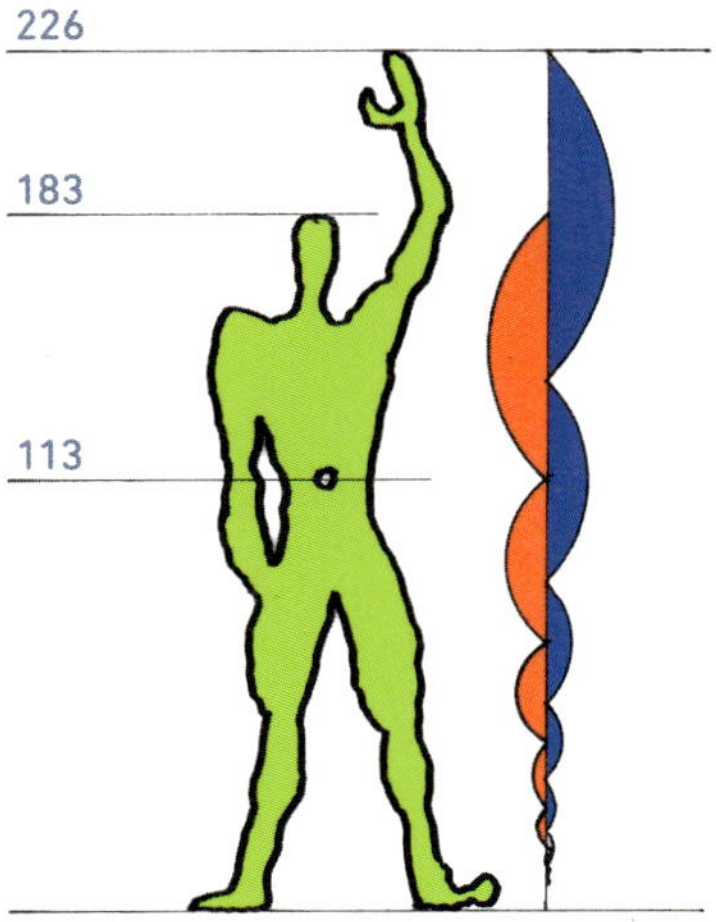

定する道具である」と言っている。具体的に言うと、人間の身長を１８３㎝、手を上げた高さを２２６㎝と仮定し、この2つの寸法を基本に、さらに座った高さ、手をついた高さ、肘をかけた高さ等、人間のいろいろな姿勢の寸法を割り出し、黄金分割と結びつけたのである。これから示す小さな小屋から都市までの作品において、すべてモデュロールによって寸法を決定している。コルビュジエのこの徹底したこだわりは、「私の建築はすべて人間にふさわしい空間のスケール感を持っている」という宣言に他ならない。

3 色・光・テクスチャが建築の見え方を決める

ロンシャンの礼拝堂（1955年）
大きくせり出したコンクリートの打ち放しの屋根を、ざらざらの白いスタッコ仕上げの壁が支え、そこには幾つもの小さな窓が不規則に開けられている。これらの窓は、外観からはアンバランスなほど小さく見えるが、厚い壁の内側ではそれぞれ一回り大きな開口部を持つ。この四角いトンネル状に拡大した窓の断面もざらざらの白いスタッコ仕上げである。このテクスチャが、教会内部に特別な光環境を作り出す役目を果たしている

色もテクスチャも光の下ではじめて特性を発揮する要素であり、いずれも素材の表面の性質に左右される。

ひとにはそれぞれの色の好みがあるため、色の選定は難しい。色を提案する際は、温かい色とか、大人っぽい色といったようにある種の方向性を決めてから、たとえば○○色、と限定した方が受け入れられやすいだろう。天性の色のセンスがある人は別として、色彩感覚に自信がない人でも、配色や、色の持つ固有のイメージや、補色や同系色といった組み合わせの理論を知ると決断が容易になる。

光は、モノのかたちや色、テクスチャ、そして空間を視覚的に存在させる主要なエレメントである。すべてのかたちは、光のデザイン次第で見え方を変える。建築は、昼間は自然光の中で存在し、夜間は人工の光によって照らし出される。照明には、直接光と間接光、全体照明と部分照明、点光源と面光源等の使い方がある。建築家はこの組み合わせによって、空間のかたちと見え方を計画する。

テクスチャとは、素材の表面の固有

ロンシャンの礼拝堂内部

小さな窓にはめ込まれた色ガラスに光が差し込むと、窓の内壁で美しいグラデーションが生まれ、暗い教会の中にはカラフルな四角い光の額縁が幾つも浮かび上がる。この窓の断面の長さ、形状、配置も、コルビュジエはモデュロール寸法で緻密にデザインした。光をデザインするということは、採光部だけでなく光が当たって反射する面をもデザインすることを意味する

の性質を意味する。建築では特に、壁や床等の仕上げの種類をいう。その面的な凹凸の構造は、ざらざら、つるつる、ピカピカ、けばけば、とげとげ等のことば（オノマトペ）で表現される。つるつるの平滑なテクスチャは光を反射し、モノが映り込むイメージ。汚れにくい反面、いったん汚れると跡が目立つ。一方、ざらざらのテクスチャは、汚れが目立ちにくい。凹凸が光を拡散して色の変化を目立たせなくするからである。

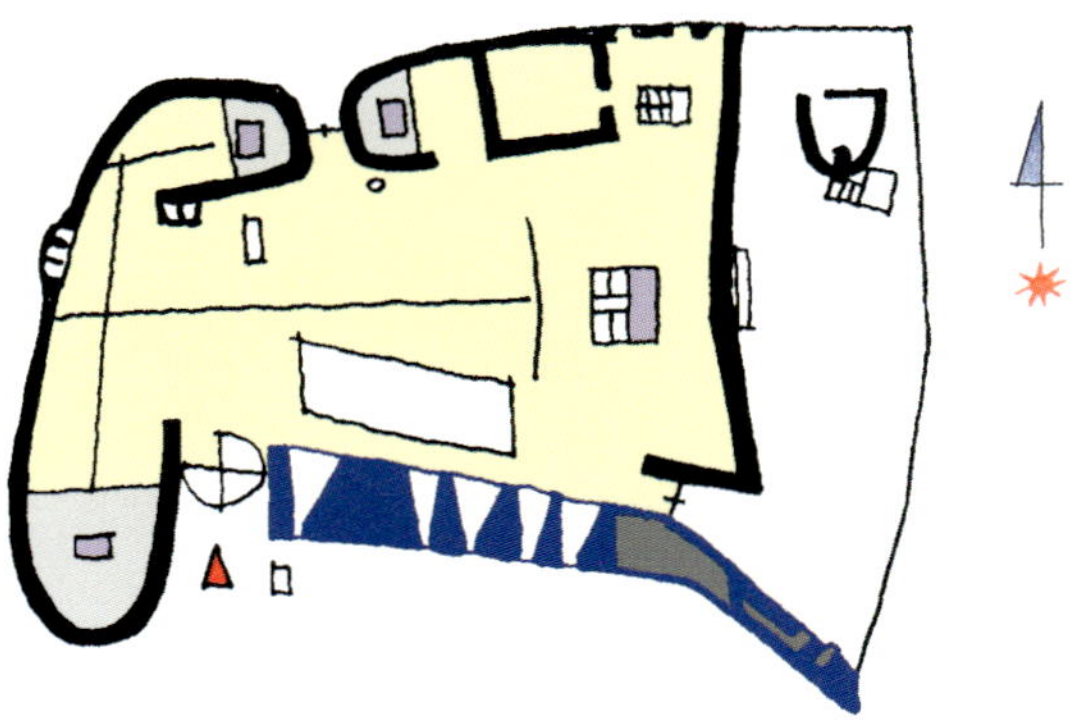

ロンシャンの礼拝堂　平面図

ジャン・プルーヴェとシトロエン2CV

僕が世界で一番受けたい授業は、ジャン・プルーヴェのCNAM（国立工芸院）での講義だ。1948年から1971年までの週2回の夜間の講義には、大学の抽象的な講座に飽き足らない数百人の建築学生たちが集まったという。そこはまるでジャン・プルーヴェ・スクールの様相を呈していた。毎回、構造や素材や接合部のデザインとテクノロジーについて、プルーヴェが黒板にディテールをスケッチし、自らの経験、特に製造や施工の現場で身を以て学んだリアルな知見を惜しみなく語ったという。その熱い講義でのスケッチをまとめた講義録がここにある。スケッチには構造や部品の詳細が立体的に表現してあり、引き出し線でコメントが綴られている。

この本で、とりわけ目を引くのが航空機や車両に関するスケッチである。中でも1948年に発表されたシトロエン2CVに関する記述が熱い。シャーシー、車輪の軸受け、モノコックボディーの詳細等が非凡なデッサンで魅力的に表現されている。この当時の建築家や画家や作家は、誰もが車を熱狂的に賛辞し、車や機械の未来的なイメージに、自らのデザインや作品を重ね合わせた。しかしプルーヴェの場合は少し違った。自ら工場を持ち、鉄板の折り曲げ技術、溶接技術、プレス加工機などを駆使して、2CVのような家具や建築を実際に作ることができたからだ。やがて2CVの車体の板金曲げ加工、ドアの波板加工、リブによる補強、硝子の防水の納まり等の表現は、そのままプルーヴェの実験住宅のディテールに応用された。たとえば、コック型と呼ばれる壁と屋根が放物線状に一体化した屋根形状は、2CVのボンネットを開けたかたちにそっくりだ。

2CVはスタイリッシュな車ではない。豪華なつくりでもない。ただ、合理性が高く、アイデアに満ちて、経済的で、金属加工のディテールには手工芸的な趣がある。今でも熱狂的ファンがいて、ヨーロッパの街中で走っている姿をときどき見かけることができる。ジャン・プルーヴェの建築は、2CVそのものだ。

（鈴木敏彦）

シトロエン2CVは、フランスの国民車として1948年から1990年まで生産された車。「二馬力」という意味

3章 巨匠の家具・インテリア

1 家具・インテリアが空間の質を決める

家具・インテリアエレメントは、室内を構成する各々の要素である。椅子やテーブルなどの家具だけではなく、照明、壁掛け時計、家電、さらには、階段やドアノブ、食器やグラス、蝋燭立て等をも含む。実は、こういったインテリアエレメントのデザインとその配置計画が空間の質を決定づける。本書に登場する7人の建築家が手がけたインテリアエレメントを紹介しよう。

ル・コルビュジエは、「現代住宅の平面計画の改革には、まず家具の問題を解決しなくてはならない」と言った。そして、「さもなければ、現代的な理念をいかに追求しようともまったく無駄になる」とまで考え、家具の概念を一新し、家具という名称を「屋内設備（エキップモン）」と改めた。屋内設備とは、生活の上で必要なさまざまな要素を分類、整理する機能をもつ家具である。後に、ル・コルビュジエは、カジエ・スタンダールという代表的な収納棚のシステムを制作する。

図は、1929年のサロン・ドートンヌでコルビュジエがピエール・ジャンヌレ、シャルロット・ペリアンとと

サロン・ドートンヌ「生活調度品」展（1929年）

1928年、ル・コルビュジエは家具デザイナーのシャルロット・ペリアンをスタッフに加え、家具デザインに本格的に取り組み始めた。家具を屋内設備と位置づけ、新しい生活スタイルを提示したのが、1929年の「生活調度品」展である。コルビュジエの家具の大半は、このときに発表したものである。1937年にペリアンが事務所を去ると、コルビュジエは家具デザインから離れていった。しかし1947年、マルセイユのユニテ・ダビタシオンのプロジェクトにおいて、ふたたびペリアンに家具、インテリアデザインを依頼することになる

もに企画した「生活調度品」展のイメージである。がらんとした空間を屋内設備によって自由に構成するのが特徴である。部屋の左側に壁面を構成するように並べたカジエ・スタンダールは、収納棚であると同時に、間仕切り壁のように空間を仕切る。テーブルや椅子は食事の場所をつくり、安楽椅子はゆったりとくつろぐ場所をつくる。屋内設備が、インテリア空間に間取りを与え、区切られたスペースをつくる事例である。

ル・コルビュジエにとって屋内設備とは生活の道具であり、徹底的に機能を重視してデザインすべきものだった。想像してほしい。まだロココ調様式の家具が主流の時代に、スチールパイプやガラスのテーブル、あらゆる角度に傾きを変えられる長椅子は、まったく新しい時代を予感させるものであっただろう。また、カジエ・スタンダールの特徴は、規格化されたサイズの単位を自由に組み合わせて、間仕切り壁のように空間を分節できる点にある。ル・コルビュジエのインテリアを構成するうえで、自由度こそもっとも重要な視点であった。

2 間仕切れるライトの家具・インテリア

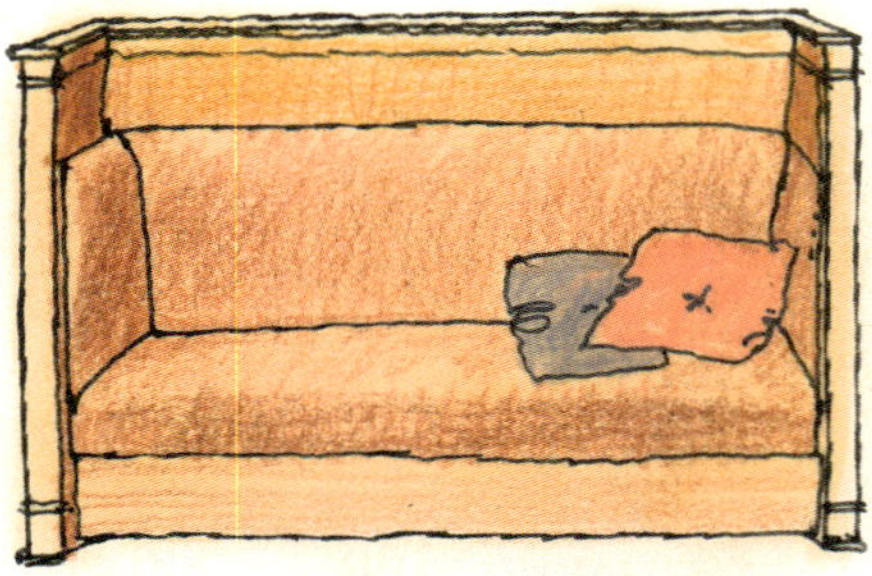

ソファ

座面をコの字型の背もたれが壁のように囲み、仕切りのない流動的な空間の中で落ち着いた場所をつくっている

テーブル

低いパーティションの状態

天板が持ち上げられ、テーブルとなった状態。折り畳まれていた脚が開かれ、天板を支持する

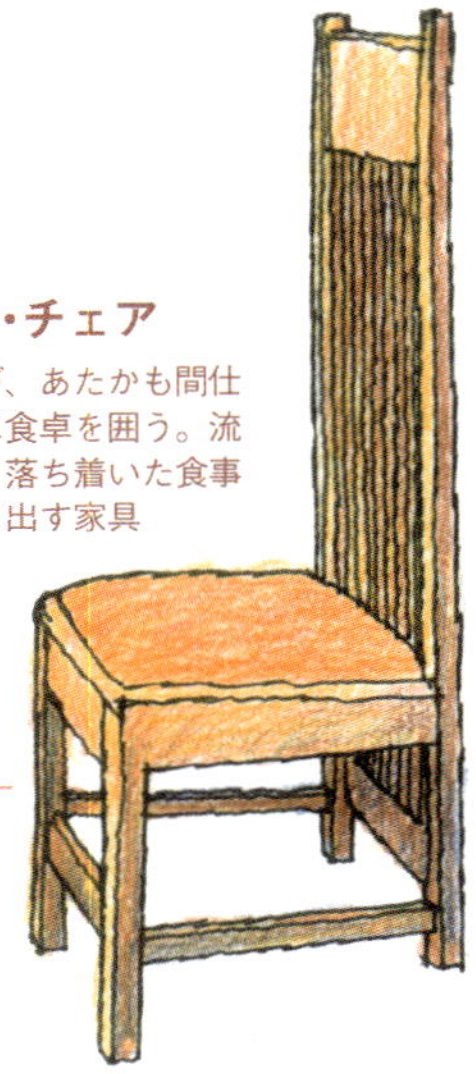

ハイバック・チェア

高い背もたれが、あたかも間仕切り壁のように食卓を囲う。流動的な空間に、落ち着いた食事の場所をつくり出す家具

フランク・ロイド・ライトは、部屋が廊下でつながるような古典的な住宅形式を壊し、部屋を壁で完全には区切らず、緩やかにつなげた空間構成を特徴とするプレイリー・スタイルという住宅形式を確立した。そのインテリアは流動的な一室空間となるため、ライトは間仕切りの機能を併せもつ家具によって空間を分節した。たとえば、ダイニングテーブルを背の高い椅子（ハイバック・チェア）で囲うことによって、家族が食事をする場所を囲うようなスクリーンを形成できると考えた。一室空間を家具によって分節し、間取りを構成できることを発見したのだ。ここにはじめて家具と空間の新しい関係が始まった。

1902年に竣工したスーザン・ローレンス・ダナ邸を見てみよう。ダイニングルームは、天井の高い廊下状の空間の中央に、テーブルとハイバック・チェアが置いてあるだけだ。しかしこの椅子の背は、まるで小さな間仕切りのように食事の空間をつくりだしている。また、食卓の目線の上にはランプを吊り下げて、天井の高さを和らげている。ライトは、ハイバック・チ

スーザン・ローレンス・ダナ邸
(1902年)

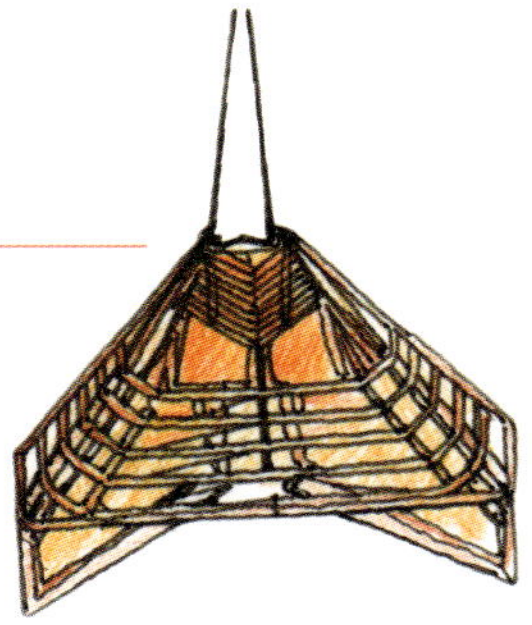

天井吊りランプ

ライトは照明器具を、インテリアを構成する重要な要素の1つだと考えた。ライトのどの建築を見ても、建築全体を構成する幾何学的なデザインモチーフを、照明のシェードや支持部分に徹底的に展開した

エアという平面的な領域をしつらえる家具や、吊り下げランプといった高さの感覚を押さえるインテリアエレメントを用いて、がらんと広がる室内の中に、食事のための適度な大きさの空間を創りだした。

ダイニングから続くギャラリーにおいてもインテリアエレメントが重要な役割を果たす。ここには、ハイバックのソファと2台の折り畳みのテーブルが置かれている。流動的な空間の中に、これらの家具によって領域がつくりだされていることがわかる。背もたれの高いソファは3方向を囲いこみ、落ち着いたくつろぎの場所をつくると同時に、ソファ前の空間を規定する。折り畳み型のテーブルは閉じると低い間仕切りとなり、ソファ前の空間を囲う。開くと展示用のテーブルとなり、囲いが消え、領域が広がる。

このように、近代建築のインテリア空間は、家具やプロダクトで構成してはじめて間取りが機能する。

ライトが試みた家具とインテリア空間の新しい関係性は、このあとの6人の建築家に大きな影響を与えた。

3 家具で用途を決める ミースの空間のつくり方

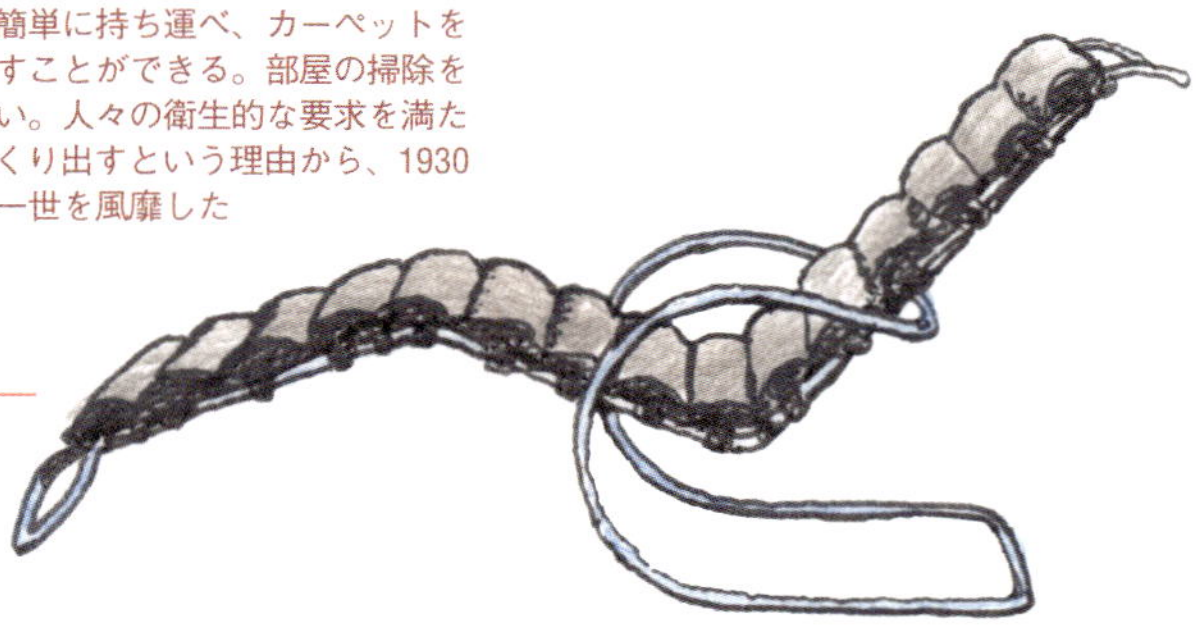

アジャスタブル・シェーズロング（1930年）
ミースの一連のスチールパイプによる家具シリーズの1つ。軽くて大変丈夫である。誰にでも簡単に持ち運べ、カーペットを傷つけることなく床の上を滑らすことができる。部屋の掃除を容易にし、埃溜まりをつくらない。人々の衛生的な要求を満たし、快適で実用的な住まいをつくり出すという理由から、1930年代初頭にはこのような家具が一世を風靡した

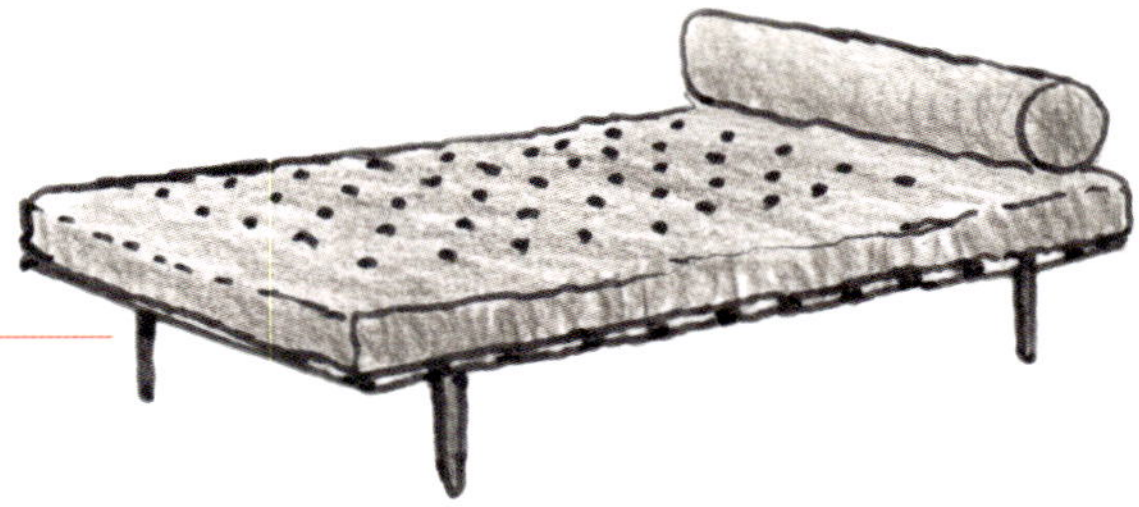

ソファベッド（1930年）
脚はクロームメッキの金属製。トゥーゲンハット・チェアと同様の黒い革クッション

トゥーゲンハット・チェア（1930年）
トゥーゲンハット邸（1930年）のためにデザインされた。カンティレバーの原理を平棒のフレームに適応して弾力性を与えた。バルセロナ・チェアと同じく、クッションがつけられている

ミースは、フランク・ロイド・ライトがロビー邸（1906年）で試みた「部屋と部屋が完全に区切られることなく、緩やかにつながるような流動的な空間構成」に魅せられた1人である。ミースはこの概念をさらに発展させ、まったく仕切りのない一室空間にまで昇華した建築スタイルを築いた。ファンズワース邸（1951年）は、その空間事例の1つである。中央に水廻りのコアを配置し、その周囲には間仕切りもドアも存在しない。生活のための家具を配置したことで、そこは住宅だと分かる。もし同じ場所にオフィス家具を置けば、そこは事務所になるだろう。

ミースは、このような空間を、どんな機能でも受け入れるガランとした寛容な箱であるという意味で、ユニバーサル・スペースと呼んだ。空間の用途は、そこに置かれる家具が規定する。したがって、ミースはインテリアを構成そして成立させるエレメントとして家具を位置づけ、自らデザインした。ミースは自らの空間にふさわしい家具を考え、建築と家具の統一を成し遂げたのだ。

ファンズワース邸
(1951年)

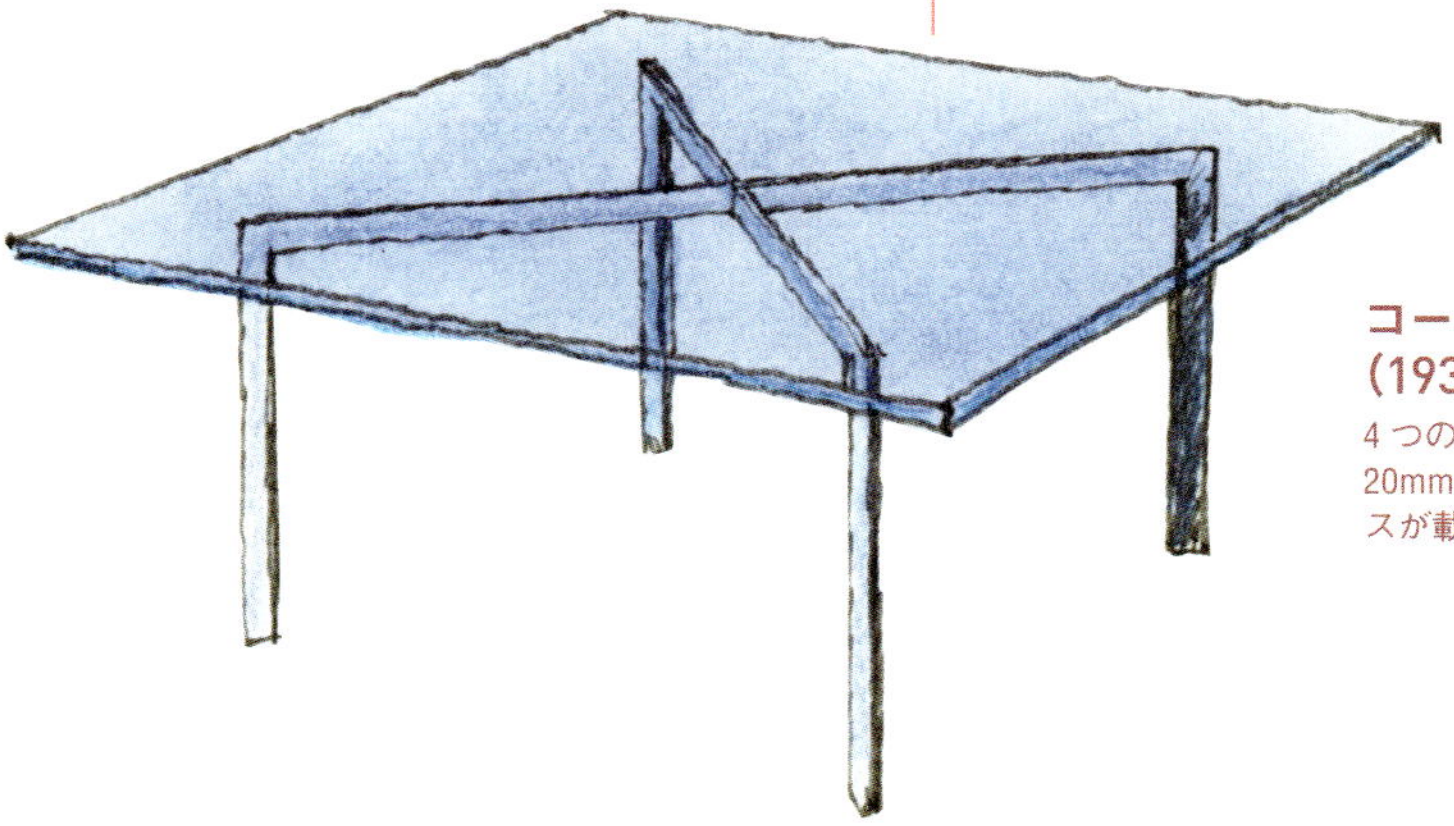

コーヒー・テーブル(1930年)

4つのL型材が交差した上に20mm厚の正方形枠なしガラスが載る

4 コルビュジエの屋内設備

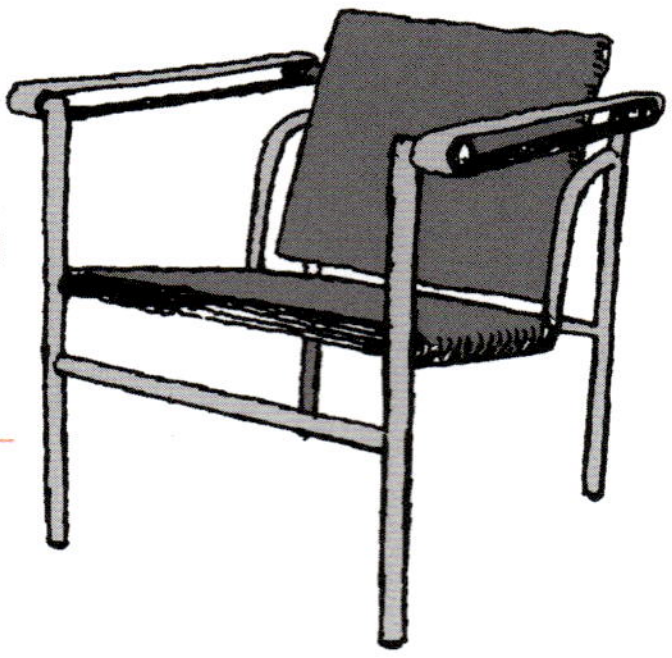

LC1スリングチェア（1929年）
座る人に合わせて背もたれが自由に動く。肘掛けは2点で支持され、回転するベルトがかけられている

LC2ソファ（1928年）
コルビュジエの一連のスチールパイプ家具LCシリーズの中の1つ。構造とクッション部分を明確に分離し、支持するもの（構造）と支持されるもの（仕上げ）を明示している。大きなクッションは、座る人の個体差を吸収し、最大の安らぎを提供する

カジエ・スタンダール（1925年）
収納棚のシステム。コルビュジエは「家庭内の活動に必要なさまざまな要素を分類整理するものである」と説明した。基本は正方形のボックス形状で、自由に並べて空間を構成することができる。部屋の中央に置けば間仕切り壁のように空間を分節し、壁面に組み込めばその場所に必要な機能を付与することができる

コルビュジエもライトやミースと同様に、流動的な空間を志向した。その設計理念は「建築とは、内部を移動しながらシークエンスを体験する建築的プロムナードである」という彼の言葉に表れている。空間を分節し機能を与えるものとして、家具を「屋内設備」と呼び、建築を機能させる設備という意味をこめた。1929年のサロン・ドートンヌでル・コルビュジエ、ピエール・ジャンヌレそしてシャルロット・ペリアンが企画した「生活調度品」展から、彼のめざした屋内設備を見てみよう。

コルビュジエは、すべての家具をシャルロット・ペリアン（建築家・デザイナー）とピエール・ジャンヌレ（コルビュジエの従兄弟）と協同でデザインした。支持するもの（構造）と支持されるもの（仕上げ）の明確な分離が特徴的である。人間の動作や個体差に応じて適応する機能をもたせた。

サロン・ドートンヌ「生活調度品」展
(1929年)

LC7スウィベルチェア
(1929年)

回転機能を備えた肘付きの椅子

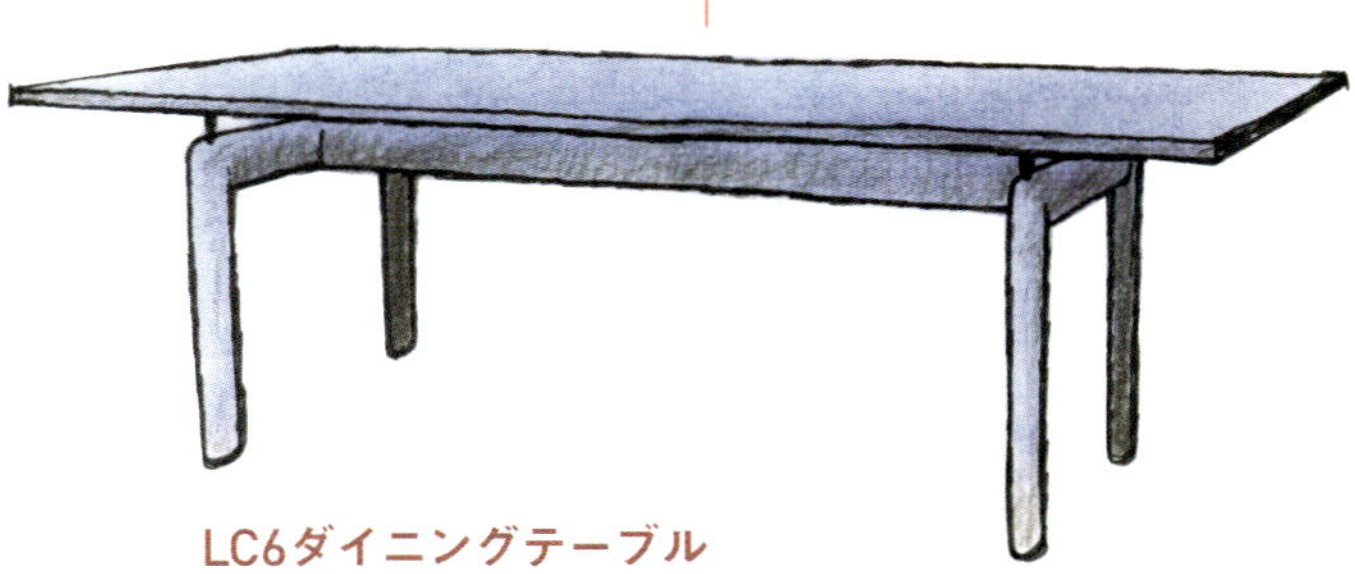

LC6ダイニングテーブル
(1929年)

飛行機用の楕円形断面のパイプを用いている。ここでも脚部と天板の分離が特徴的である。天板の高さを調整できる機能がある

5 リートフェルトの家具＝建築

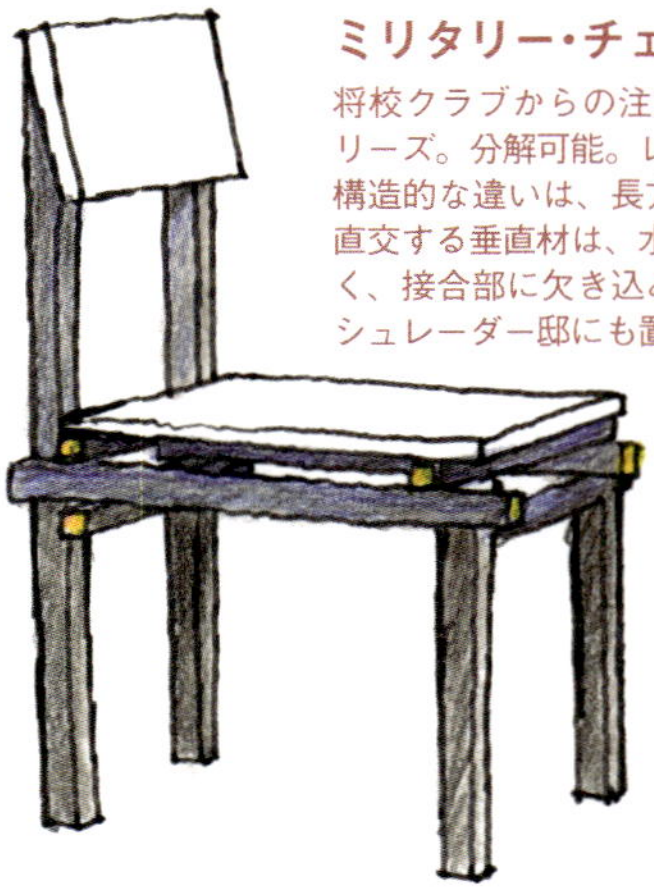

ミリタリー・チェア（1923年）

将校クラブからの注文により製作した家具のシリーズ。分解可能。レッド＆ブルー・チェアとの構造的な違いは、長方形断面を用いていること。直交する垂直材は、水平材との重ね合わせではなく、接合部に欠き込みがある。デザインの翌年、シュレーダー邸にも置かれた

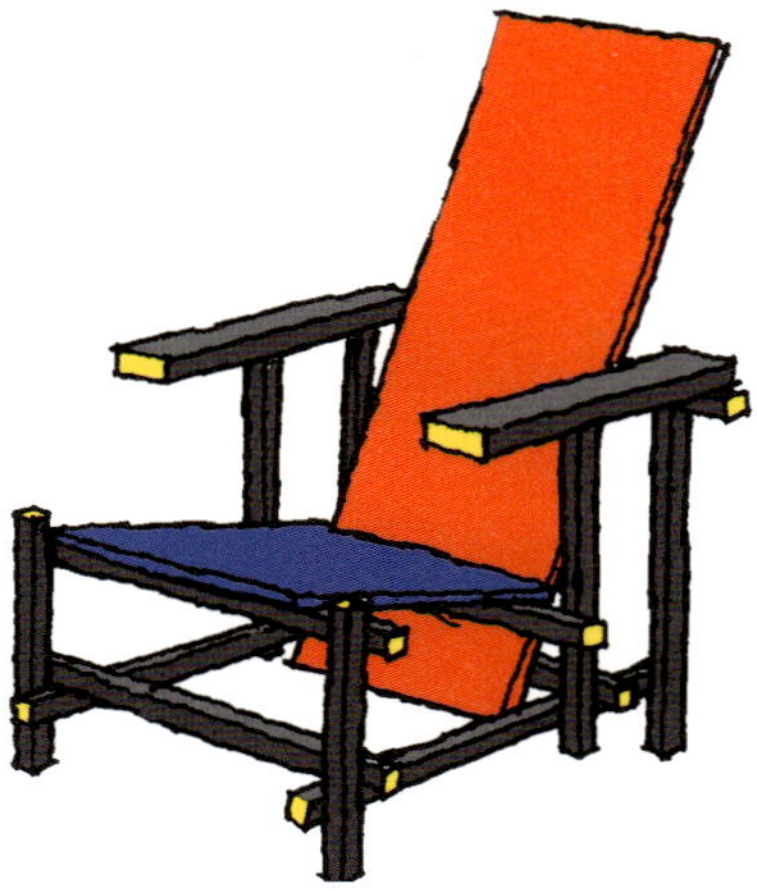

レッド＆ブルー・チェア（1923年）

当初の原型は素地で仕上げ、側面を２枚の板で補強していた。現在の色とかたちに修正したのは、リートフェルトがデ・スティルの同人となった後である

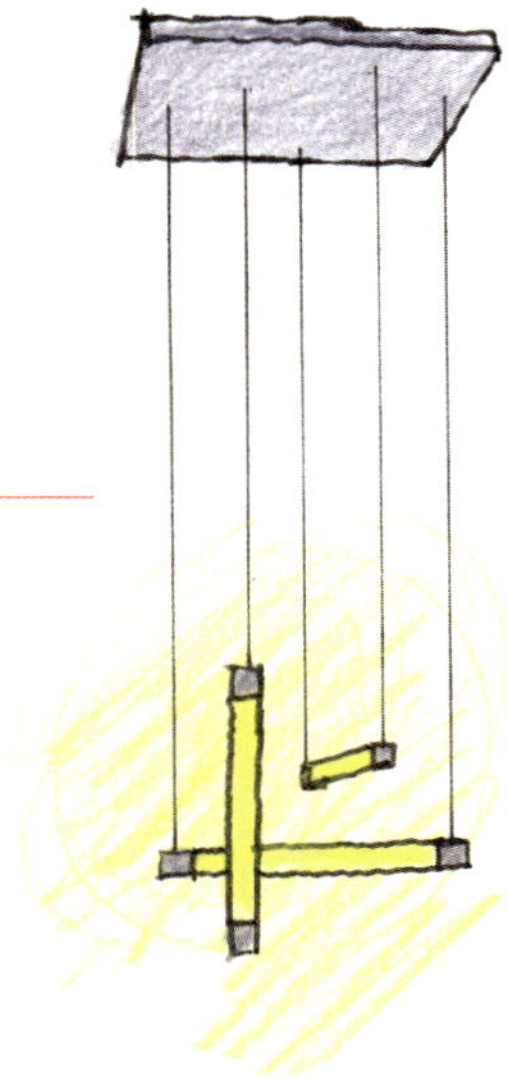

吊りランプ（1920年）

オリジナルのランプは４本のネオン管で構成されていた。シュレーダー邸にはその変形で、３本で構成したものが使用されている

１９１８年、雑誌「デ・スティル」にレッド＆ブルー・チェアの原型となる肘掛け椅子が紹介され、リートフェルトは一躍有名になった。デ・スティルとは、建築家のテオ・ファン・ドースブルフが１９１７年に創刊した雑誌名であり、同誌を拠点とした画家、建築家、デザイナーの純粋抽象造形を目指す活動も指す。彼らの新造形主義では、無彩色と青・赤・黄の３原色による彩色、線と面の要素の構成、非対称、要素の独立性が重んじられた。リートフェルトのレッド＆ブルー・チェアは、各部材が交差すれども交わらず、それぞれ独立しながら全体を構成しているのが特徴的だ。

　１９２４年、リートフェルトは同じ原理に基づきシュレーダー邸を実現した。インテリアの中心に置かれたレッド＆ブルー・チェアは周囲と一体化している。彼にとって家具と建築の区別は存在せず、建築は家具の延長上にあった。リートフェルトはまさに家具と建築の領域を横断する建築家だった。シュレーダー邸を見れば、そのことがはっきりするだろう。

シュレーダー邸
(1924年)

2Fは一見広々としたワンルームである。しかし、可動間仕切壁を引き出すと、子供達の個室が生まれ、扉を開けると扉自体がL型の壁となり、バスルームが現れる

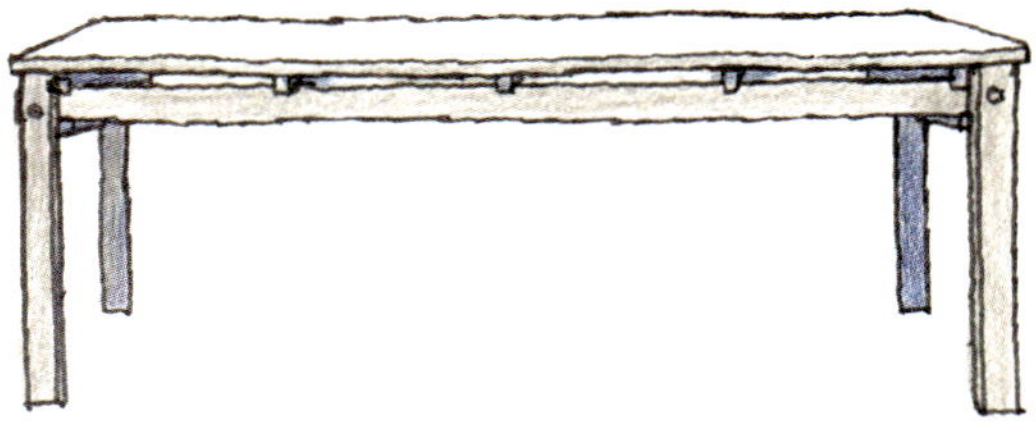

ミリタリー・テーブル(1923年)
ミリタリー・チェアと同時期、同じ構成原理で作られたが、チェアとは部材寸法が大きく異なる。レッド&ブルー・チェアと同様に、インテリアを構成する主要なエレメントとしてシュレーダー邸に置かれた

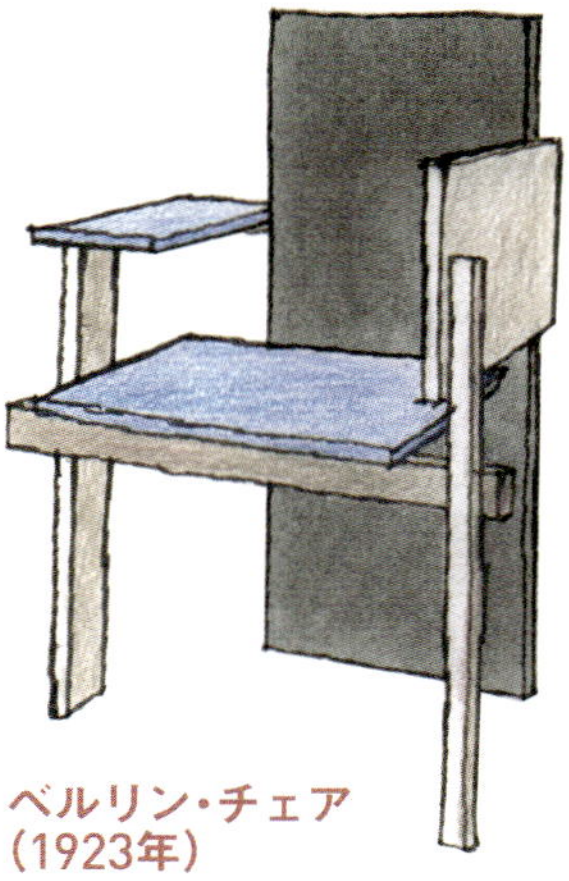

ベルリン・チェア(1923年)
1923年のベルリン博、オランダ館に出展したもの。非対称の全体構成はシュレーダー邸の構成そのものである

6 手ざわりにこだわったアールトの家具・インテリア

Beehive（1950年）
北欧の照明ではポール・ヘニングセン（照明デザイナー）の業績が大きい。アールトもその影響を少なからず受けた。特徴は、直接光を見せず、シェードに反射させたやわらかい間接光にある

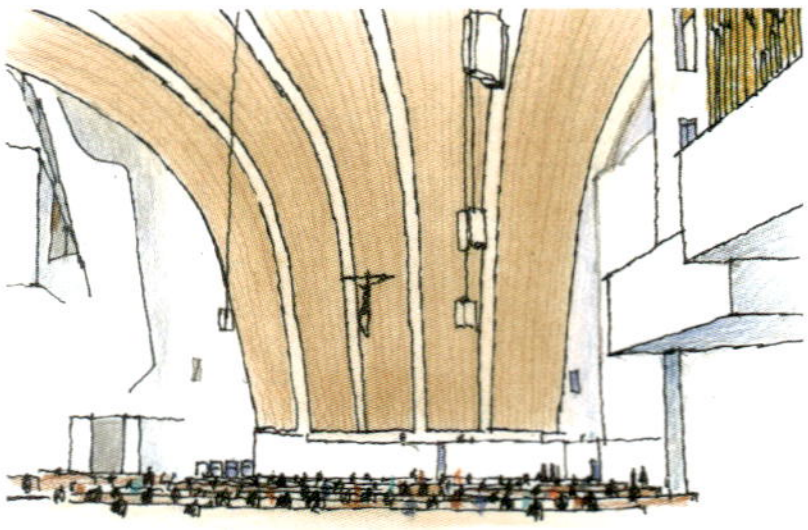

ウォルフスブルグの教区センター。家具の造形が建築に応用された

テーブルX800（1950年）
X型と呼ばれる木製脚部によるテーブル。同様の構造で座面が円形や正方形のスツールもある。脚部と座面や天板との接合部のかたちが特徴的。アールトは、この造形を建築にも応用している

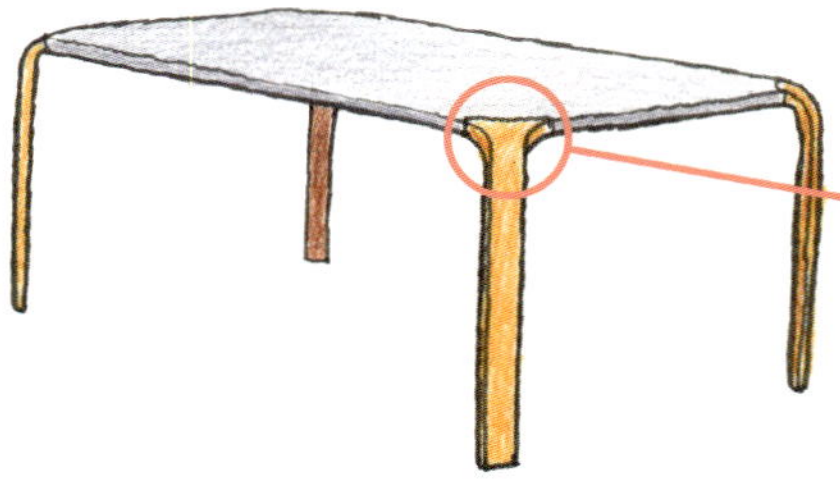

アルテック400（1935年）
ベルギー製の縞馬模様のテキスタイルは、夫人で協同設計者のアイノ・アールトが1930年代に好んで使ったもの

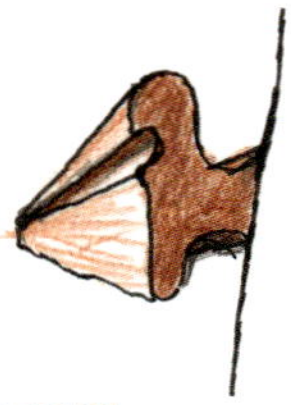

階段の手摺（1956年）
ヘルシンキにあるアトリエ・アールトの階段の手摺。2階の設計室へと導く。アールトは、手に触れる部分を丹念にデザインした

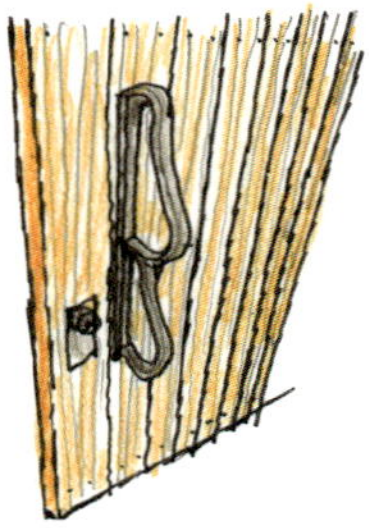

玄関取手（1955年）
アールトがデザインしたブロンズ製の取手。上下に連続してつなげられる形状である。ヘルシンキのオフィスビル（1955年）やアカデミヤ書店（1962年）の入り口にも、この取手が設置されている。他にも、ヘルシンキにあるアールトのすべての建築物でこの取手が使用されている

アールトのインテリアの特徴は、人の手が触れる部分に対するこだわりである。それは、入り口の取手であり、階段の手摺であり、家具に表れている。1933年、アールトはパイミオのサナトリウムの設計で、建築のみならず、家具や照明、さらには衛生機器にいたるまでデザインする機会を得た。その時初めて地元木材を用いて成形合板の家具を開発した。従来、家具の材料としては扱いにくかったフィンランドの木材（バーチ）を、成形合板にして座面や脚部に使い、利用可能性を高めたのである。結果として椅子やテーブル、棚などさまざまなインテリアエレメントが生まれた。アールトには、地元産の木材で家具をつくり、人々の生活レベルを高めようとする使命感があった。

そして1935年、自分の家具を製作・販売する会社として、アルテック社を設立する。アールトは成形によって生まれた曲面形状を建築の造形にも応用し、家具と建築の一体感を高めていった。この国産木材の利用の精神が、その後のアールト独自のモダニズムにつながっていったのである。

自邸
(1954年)

1階リビング／ピアノの上に飾られている写真は、アイノ・アールト夫人

2階家族室／1階に設計事務所を併設していたため、2階に家族の団欒の場所を設けた

アルテック402(1933年)

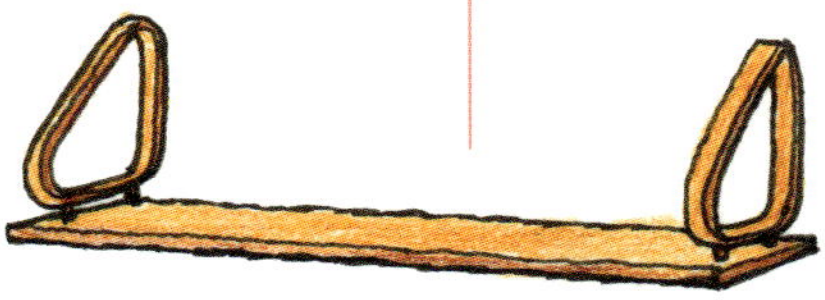

アルテック112(1933年)

バーチを三角形に成形する構造で棚板を保持する。壁面に直接固定して使う

7 脚廻りが特徴的なプルーヴェの家具・インテリア

スイング・ジブ・ランプ（1950年）

壁から鉄の丸棒で張り出すランプ。ワイヤーが垂れ下がりを補強する。手元の木製のグリップを持つと照明の向きを回転させることができる

コーヒー・テーブル（1940―1945年）

戦時中にデザインされた木製家具シリーズ。脚部のかたちがジャン・プルーヴェ特有の構造的フォルム

ビジター・アームチェア（1942年）

スチールのフォルムを木に置き換えた、戦時中にデザインされた木製家具シリーズ

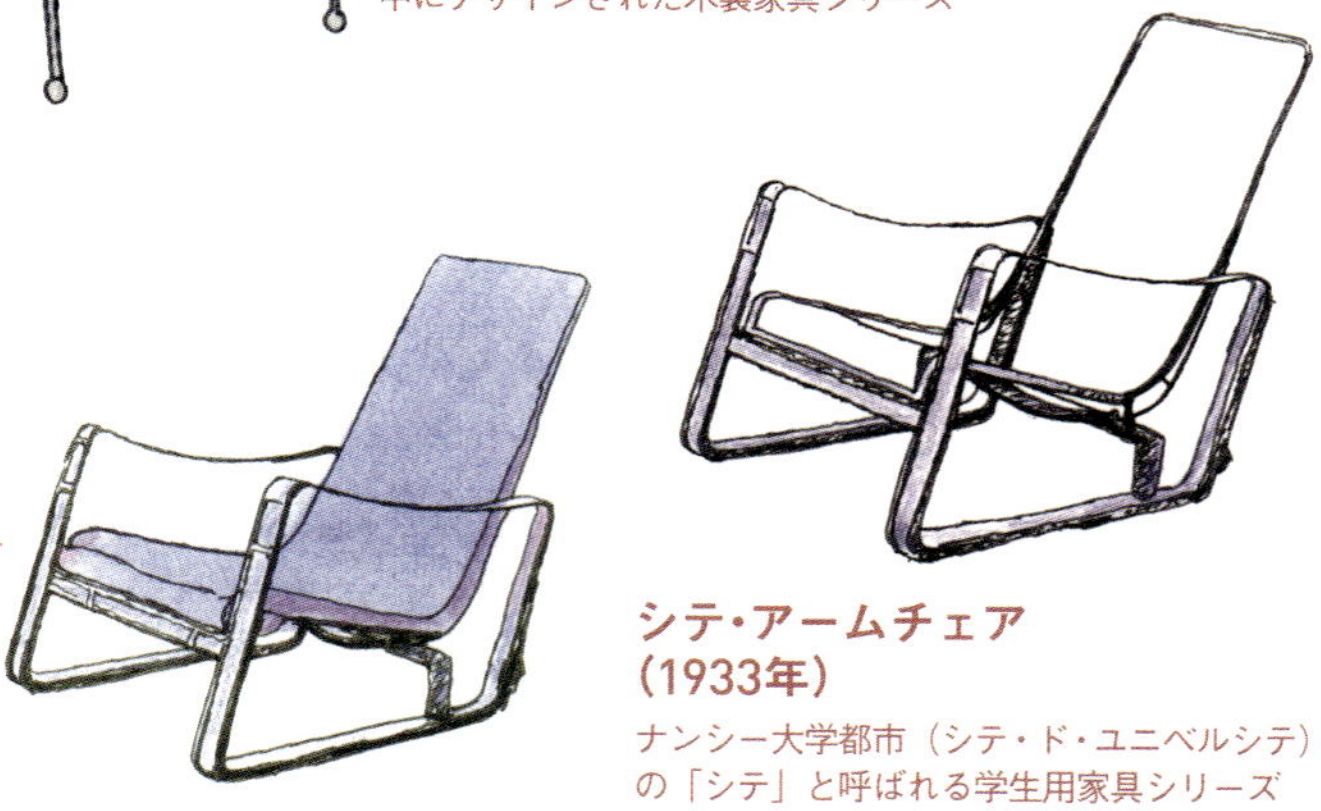

シテ・アームチェア（1933年）

ナンシー大学都市（シテ・ド・ユニベルシテ）の「シテ」と呼ばれる学生用家具シリーズ

ジャン・プルーヴェは、自らを建設家と呼び、工場を経営して金属加工技術を駆使し、家具、インテリア、建築デザインの現場にクラフトマンシップを蘇らせた。コルビュジエは、ジャン・プルーヴェを最高の建設家と讃えて、マルセイユのユニテ・ダビタシオンの設計の際に、新しい鉄骨構造のアイデアを相談し、室内の鉄骨階段、家具、キッチン設備の製作を依頼した。1954年、プルーヴェはナンシーに完全なセルフビルドで自邸を築いた。斜面の敷地には車が上がれないため、プレファブリケーションという建設プロセスを考案し、今までに開発してきたパネルやパーツを運び込んで実現した。室内を構成する家具や照明もすべて自らデザインし、制作したものである。プルーヴェは当時普及していたスチールパイプの構造をきらい、金属薄板の折り曲げ加工によって各部材に求められる固有の構造的形状をつくることを好んだ。椅子やテーブルに見られる特徴的な脚のかたちは、彼の建築においても床を支える柱の形状としてたびたび現れる。

ナンシーの自邸
(1954年)

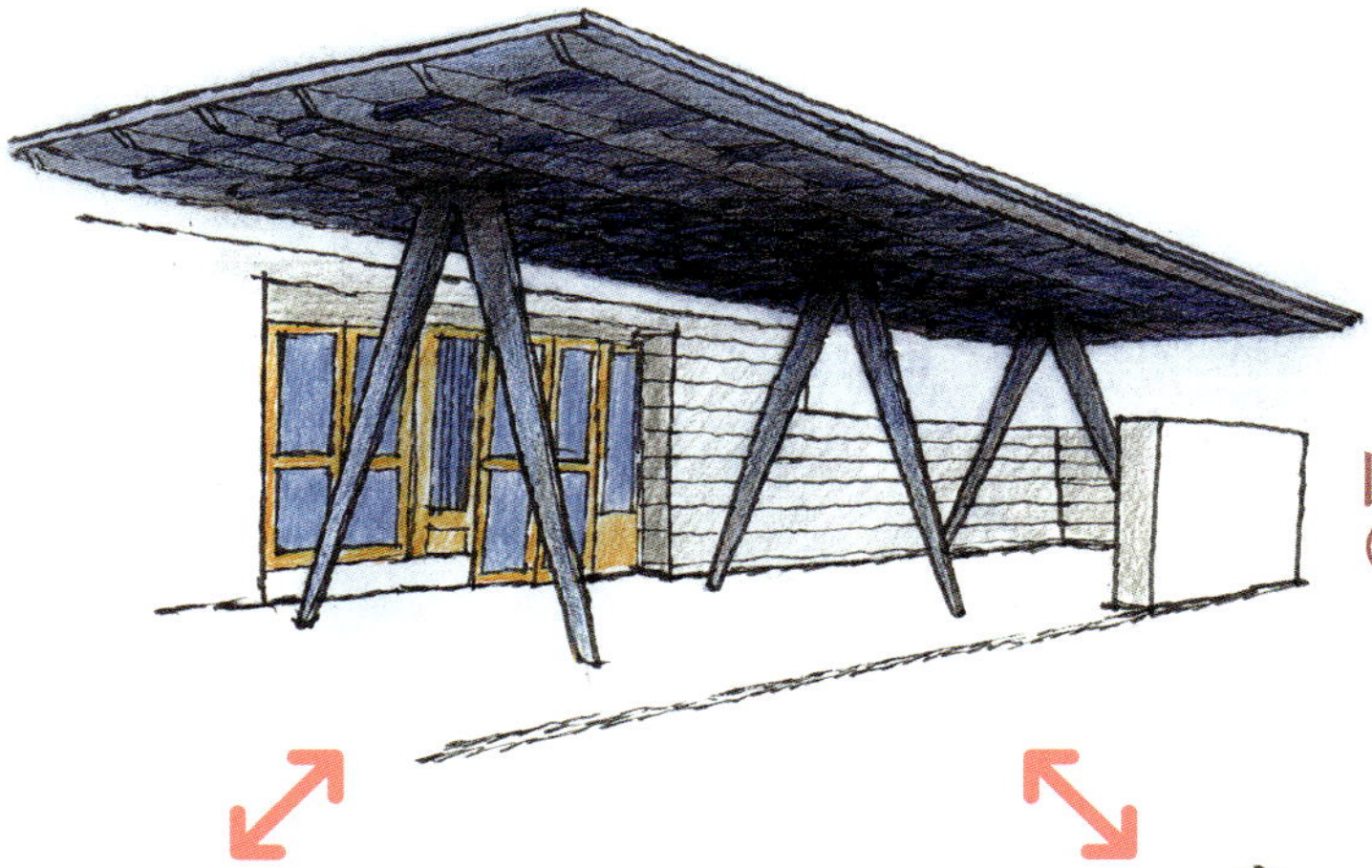

国民健康保健所
(1952年)

グレート・ウイング・コンパス・デスク
(1958年)

コンパスのように広げた脚は、ジャン・プルーヴェの建築の屋根を支えるセンター・ポルティーク構造と共通の構造的フォルムである

テーブル
(1950年)

曲鋼板脚部とラッカー塗りアルミニウム天板の構成

8

プロダクトと建築が両立した ヤコブセンのデザイン

エッグ・チェア（1958年）
エッグ・チェアの造形性は、建築家の家具デザインの域を遥かに超えている。スタッフに彫刻家的なモデラーがいて、金網と石膏による原寸大の模型でスタディを重ね、はじめて完全なフォルムに到達した。現在でもフリッツ・ハンセン社の熟練の職人がエッグ・チェアやスワン・チェアを、一つひとつ丹念に製造している

時計
ヤコブセンは時計のデザインも数多く手がけている。人々の目が集中する場所だからこそ、時計のデザインに執着した。市庁舎と銀行のためにデザインされた時計は、シティーホール（1955年）、バンカーズ（1970年）の名称で今なお販売されている

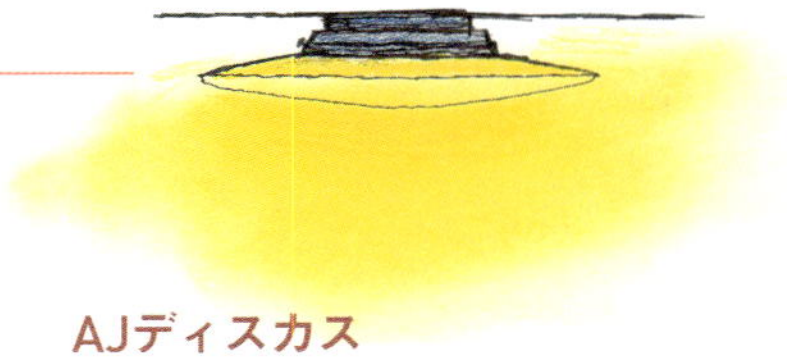

AJディスカス
SASロイヤルホテルの客室のシーリングライトとしてデザインされた。現在もルイス・ポールセン社（デンマークの照明機器会社）から販売されている

スワン・チェア（1958年）
彫刻のようなフォルムは、エッグ・チェアと共通。いずれもシート部分は、硬質発泡ポリウレタン。仕上げは布張りや革張りがある。現在もラディソンブルーロイヤルホテルのロビーで使われている

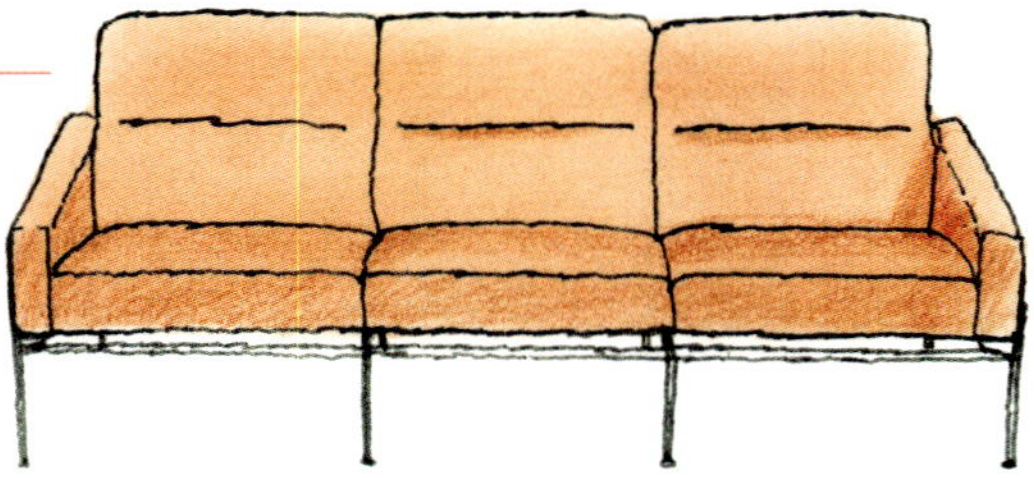

Series 3000（1956年）
SASロイヤルホテルのためにデザインされ、現在でもフリッツ・ハンセン社で販売されているソファ。ベースは細いスチールパイプで分解可能

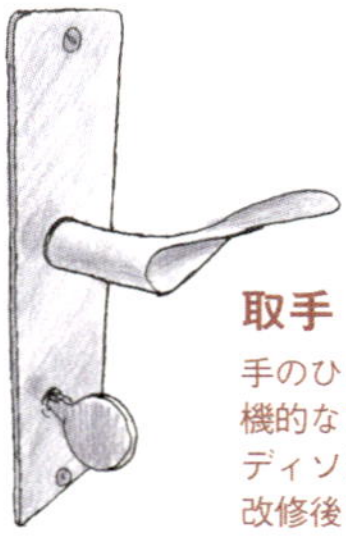

取手
手のひらに自然に収まる握りやすい有機的なフォルムのドアノブ。近年のラディソンブルーロイヤルホテルの全面改修後も客室で用いられている

アルネ・ヤコブセンは建築とプロダクトデザインを両立した建築家であった。

1958年に生まれた彼の代表作であるエッグ・チェアは、椅子というプロダクトであると同時に、間仕切りのような建築的機能を併せもつ。これは、SASロイヤルホテルのロビー用にデザインされた椅子で、腰掛けると頭の両脇がヘッドレストに覆われ、視点が包み込まれる。広いロビーのなかにあっても、パーソナルスペースが生まれてとても落ち着く。このほかに、ヤコブセンはSASロイヤルホテルにて建築物の設計からインテリアデザイン、照明、ドアノブ、食器類、時計、さらには客室の電気スイッチなどの細部までを手がけた。この徹底した一貫性に関してはミース・ファン・デル・ローエから影響を受けた、と自ら語っている。SASロイヤルホテルは今ではラディソンブルーロイヤルホテルと名前を変えたが、現在でもヤコブセンのトータル・デザインを味わえる場所である。当時の家具がそのまま残されているROOM606は一見の価値がある。

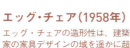

SASロイヤルホテル
(現・ラディソンブルーロイヤルホテル)
(1960年)

1階ホテル・ロビー

ROOM606／アルネ・ヤコブセン・スイート606

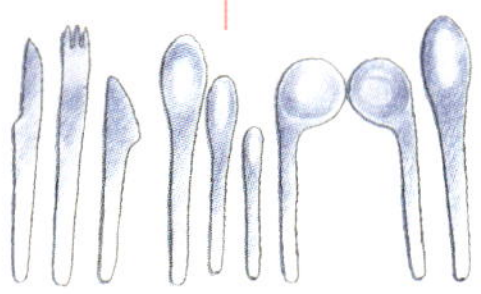

カトラリー

バターナイフからチャイルドスプーンまで一通り揃う。テーブルウェアのシリーズとして、1967年にステルトン社から出たティーポットやサラダボウル等のシリンダラインも有名

グラスウエア

SASロイヤルホテルのためにデザインしたワイングラスのシリーズ

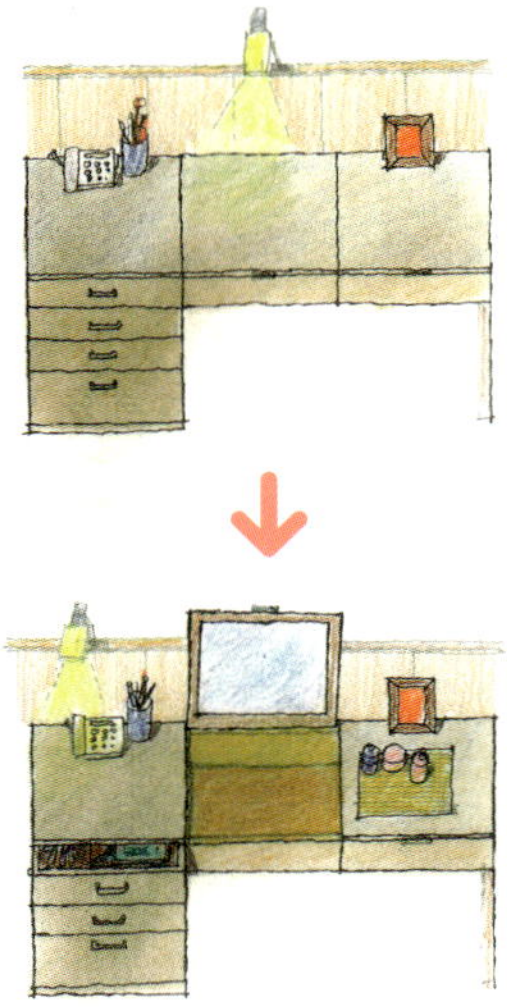

客室化粧台

天板を持ち上げると、ミラーが現れる造り付けの化粧台。手元の照明は壁の溝のレールに沿って左右に動かしたり角度を変えたりできる。共に客室の機能性を高めている

アルネ・ヤコブセンとアント・チェア

ここに1枚のDVDがある。アルネ・ヤコブセンはインタビュー映像で語っている。

「家具のデザイナーとして私はこう主張する。デンマークのブナの木を素材に使うべきだ。そのブナを使ってできたのがこれだ」そしてアント・チェアが映し出される。デンマークのフリッツ・ハンセン社で今日も作り続けられ、延べ何百万脚も生産された、世界で最も売れた椅子だ。

「気軽な椅子を作ろう、イームズのような椅子だ」と彼が言ったことからアント・チェアは誕生した、と元所員が語る。チャールズ・イームズはアメリカのデザイナーで、既にプライウッドで椅子をデザインして成功を収めていた。ヤコブセンはまずイームズの椅子を購入して、こう言った。「よくできている。こんな椅子をつくりたい。しかし真似は絶対にするな」そして、世界で初めて、座面と背板を一枚板で成形した3次元曲面のプライウッドの椅子を完成させる。ヤコブセンには、先行事例を詳しく分析し、その知見を再評価し、新しいデザインにつなげる技量があった。このようなデザイン手法を「リ・デザイン」と呼ぶ。

アント・チェアと名づけられた理由は、一枚板で形成される背板のくびれが蟻をイメージさせるからだ。成形において最も難しい部位は背板の部分で、ひび割れが生じやすかった。この部分を何度もスタディーした結果、くびれた形状が生まれた。モデル作りもヤコブセン本人が行ったという。「立体的デザインは自分でないとできない」この物作りの姿勢に、建築家でありながらプロダクトデザインに大きな足跡を残した理由を見て取ることができる。アント・チェアの制作プロセスは、彼にとって転換期となった。この後、よりシンプルさを追求するデザインスタイルを確立していく。

ノーマン・フォスターもDVDに登場して語っている。「彼の家具は建物と同じ要素を持つ。建築ポリシーが凝縮されている。フォーマルで高品質で象徴的、そして何より使いやすく快適だ。最も顕著なのがアント・チェアだ。実用的で手ごろな価格なのに優美だ。水栓、ナイフ、フォーク、椅子、照明設備、ドアノブ等、これらが建築物と同じコンセプトで作られた」

家具、インテリア、建築を横断するアルネ・ヤコブセンのデザインの出発点は、このアント・チェアにあったと言えるだろう。

（鈴木敏彦）

右から、コペンハーゲンのダンスク・デザイン・センターに展示されている、アルネ・ヤコブセンのアント・チェア（1952年）、ハンス・J・ウェグナーのザ・チェア（1949年）、ボーエ・モーエンセンのJ-39（1947年）。アルネ・ヤコブセンの革新性が際立つ

1 はじめに
2 かたち
3 家具・インテリア
4 寸法
5 室内環境
6 住宅
7 集合住宅
8 街並み

4章 人の寸法と空間の広さ

1

建物の基準となる人間の大きさ、自分の寸法

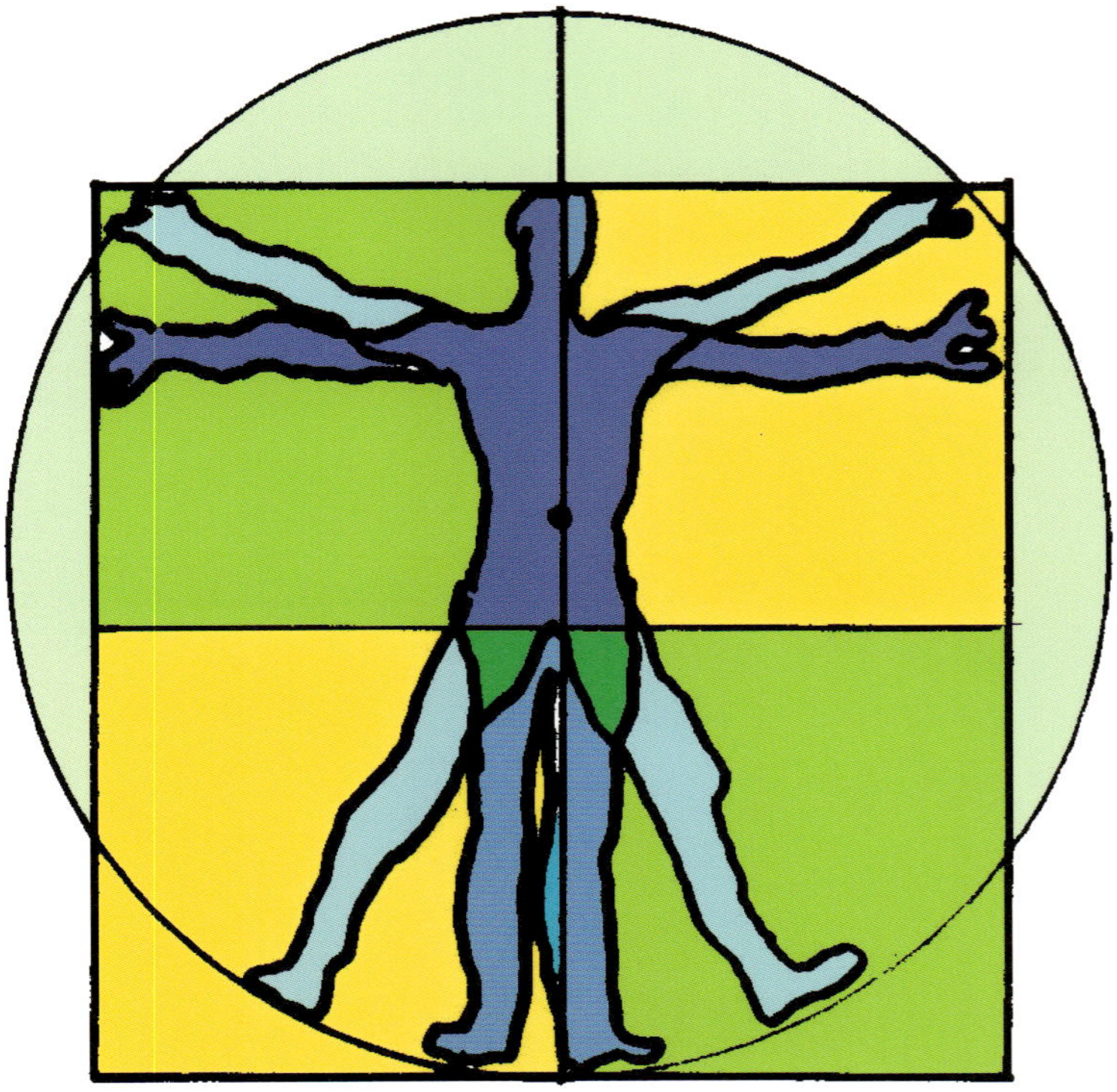

レオナルド・ダ・ヴィンチの描いた人体のプロポーション

人の寸法が空間の広さの基準

建築は人間が快適に過ごすための器である。家族が団らんするためのリビングや、身体を休めるためのベッドルームの広さは、人間の寸法、そして動きと深く関わっている。そのため広すぎては落ち着きのない空間になり、また、狭すぎても機能を満たすことができない。さらに、空間も家具も使う目的に応じて、かたちも大きさも変化するのである。

そして建築をつくる際、空間の広さの基準となる寸法を決めておけば、設計もしやすく、建築の大きさに合わせた建材を生産することができて、経済的である。

そうした基準となる寸法は国によって異なるが、「フィート」は足の長さが基準となり、わが国の「尺」は腕の尺骨の長さが基準となっているように、人間の身体の長さが基本となっていることが多い。

ここでは、空間の広さを決めるための基本となる人間の寸法と動作、そして、空間の広さを学ぶ。それは、機能的で快適な空間を設計するのに必要な

知識である。

あなたの身体の寸法

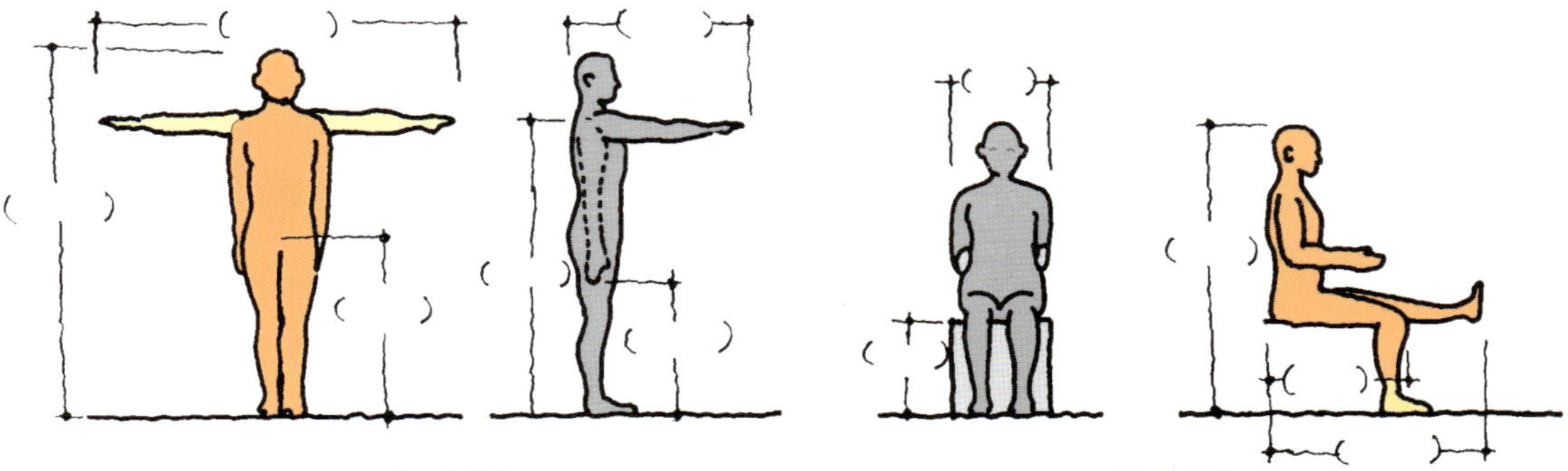

立った姿勢
正面　側面

座った姿勢
正面　側面

カッコ内にあなたの体形の寸法を入れてみよう

身長と動作寸法の関係（Hは自分の身長）

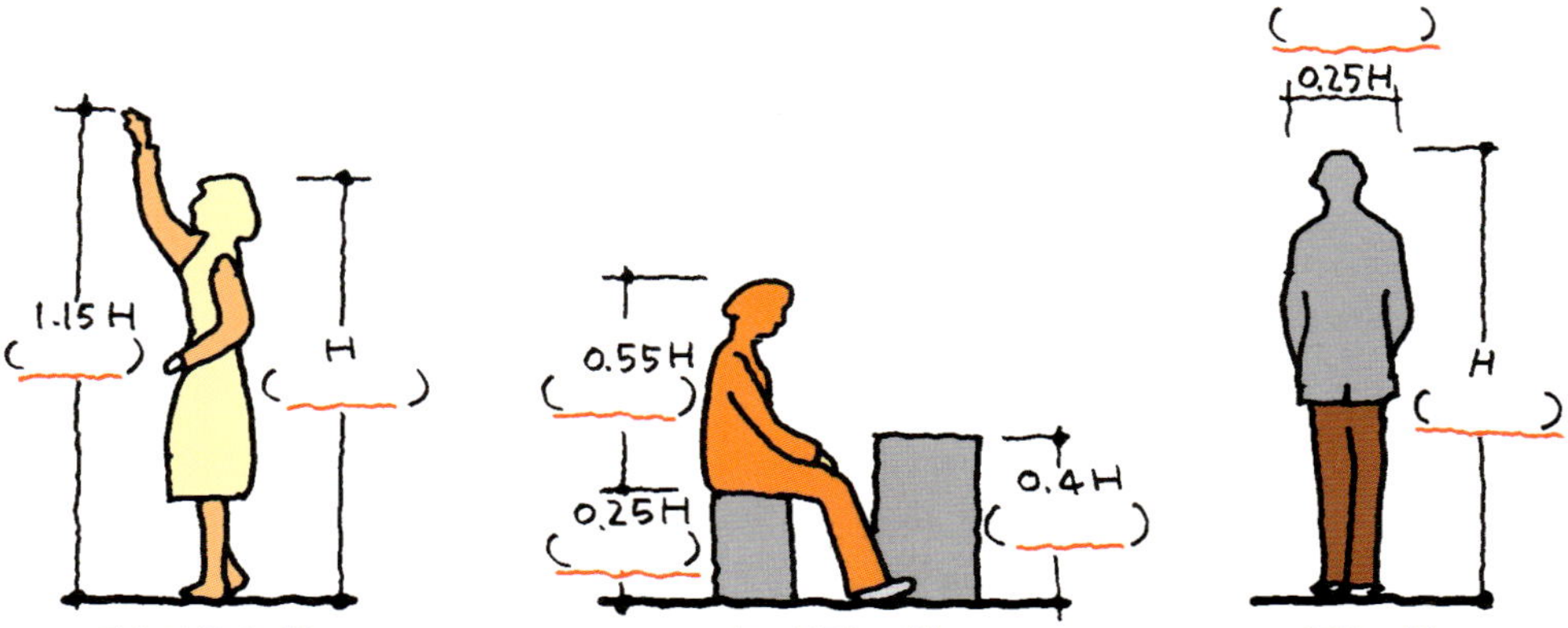

手をのばした寸法　座った姿勢の寸法　肩幅の寸法

まず、自分の寸法を知ること

なにごとも自分自身を知ることから始まるように、自分の身体の寸法を知ることから、設計は始まるのである。建築は人間がその中に入って行動する。したがって、人間の寸法のほかに動く範囲の広さが必要である。いわば、人体の寸法と、その空間の中での用途に合った動作空間の大きさが重要なのである。

上記の人体図はさまざまな人間の基本的な姿勢を表している。

まずは、カッコの中にあなたの姿勢の寸法を測り、書き入れてほしい。下段の３つの姿勢は身長（Ｈ）との割合の平均寸法である。

自分自身のさまざまな部分の寸法を知っていれば、大まかに空間を設計する時も、または実測する時にも役立つはずである。さらに、自分自身の寸法のほかに、男性と女性の体格の違いや平均身体寸法を記入してほしい。そして、椅子の高さ、ベッドの大きさなど基本となる寸法は記憶しておかなければならない知識である。

2 人の動きが空間を決める

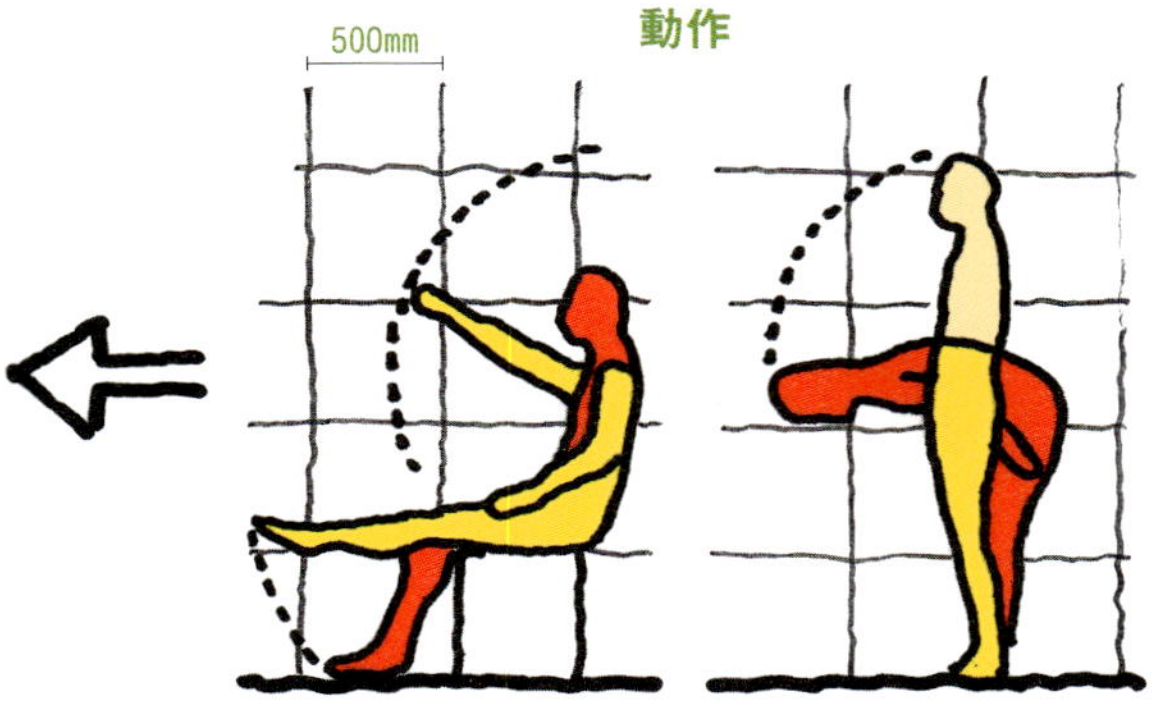

人体の動きが加わる

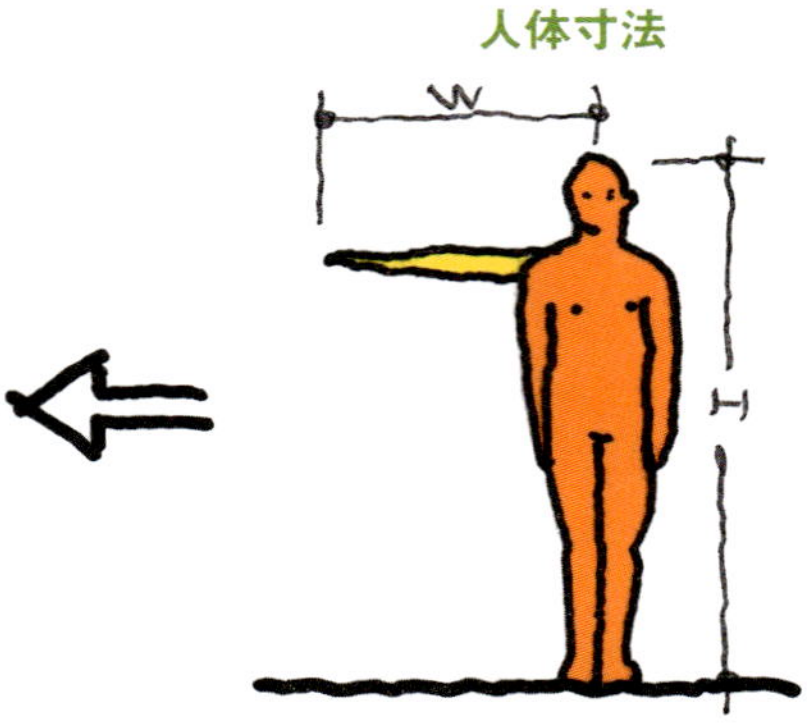

人体の寸法が基本

話をする
（応接椅子）

仕事、食事をする
（ダイニングチェア）

少し休憩
（スツール）

ちょっと一服
（寄りかかりバー）

空間の広さ、すなわち部屋の広さは、人体の動作範囲が基本となる。例えば書斎では机で手紙を書く、本を読むといった具体的な用途と、それに伴う動作によって空間の広さが決定する。さらに、部屋は1つの用途だけでなく、多くの用途に対応しなければならない場合が多い。書斎なら、手紙を書くという行為だけでなく、書棚の本を取り出す、また仕舞うための動作スペースが必要になってくる。それが複合動作空間と言われるものである（上段の図）。

また、1人で使用する空間ばかりでなく、複数の人間が多様な行動を起こすようなケースも出てくる。キッチンでの調理を、母親だけでなく、娘や夫と共に行う家庭の場合、刃物や火を扱うキッチンでは特に空間の広さや、動作空間などを慎重に考えなければならない。

また、家具などは、使用する用途に応じてかたちも大きさも異なってくる。

たとえば椅子はかたちの良さだけでなく、直接人体と接するため、肌触りは大切である。安らぐために、長時間座る椅子はクッションやそれを包む素

人体と動作空間

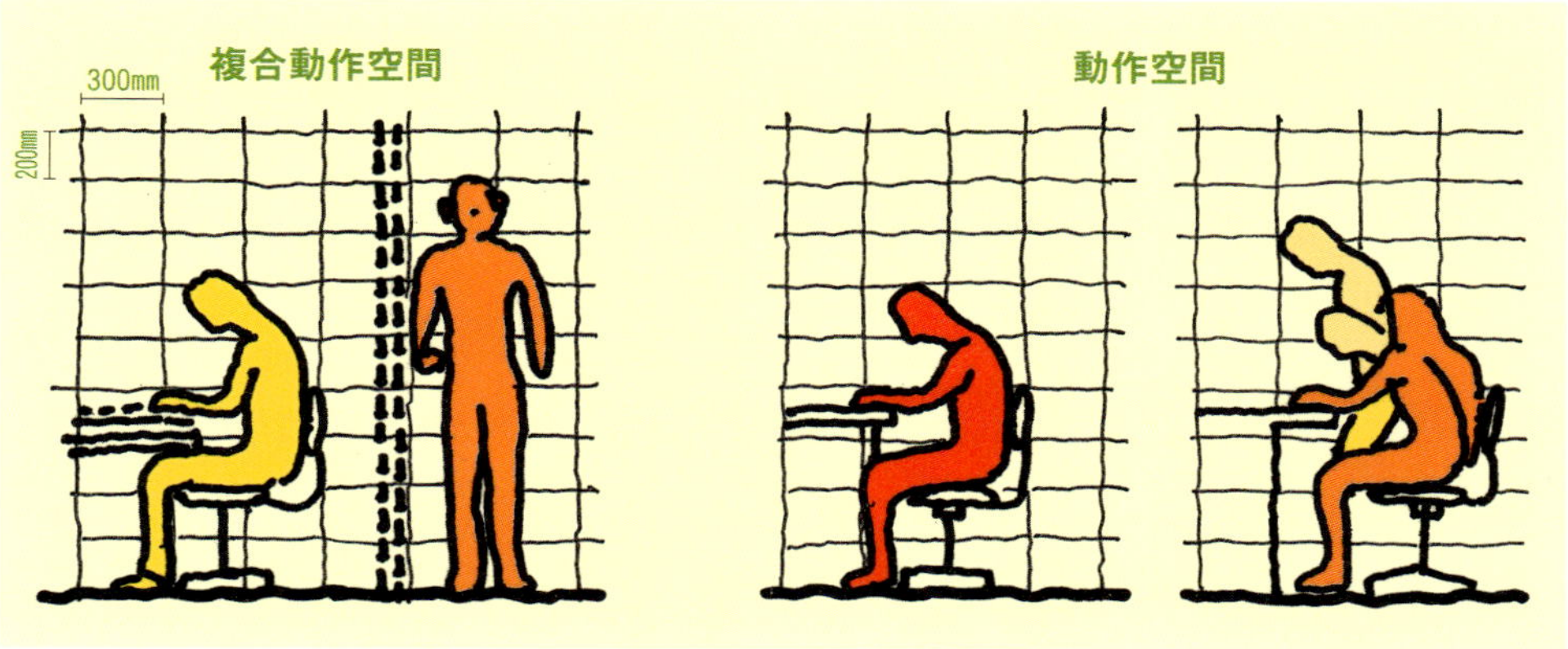

空間の広さが決まる
本を収納するという動作が加わり、書斎が成立する

座る、読むという動作

椅子の形と休息の度合

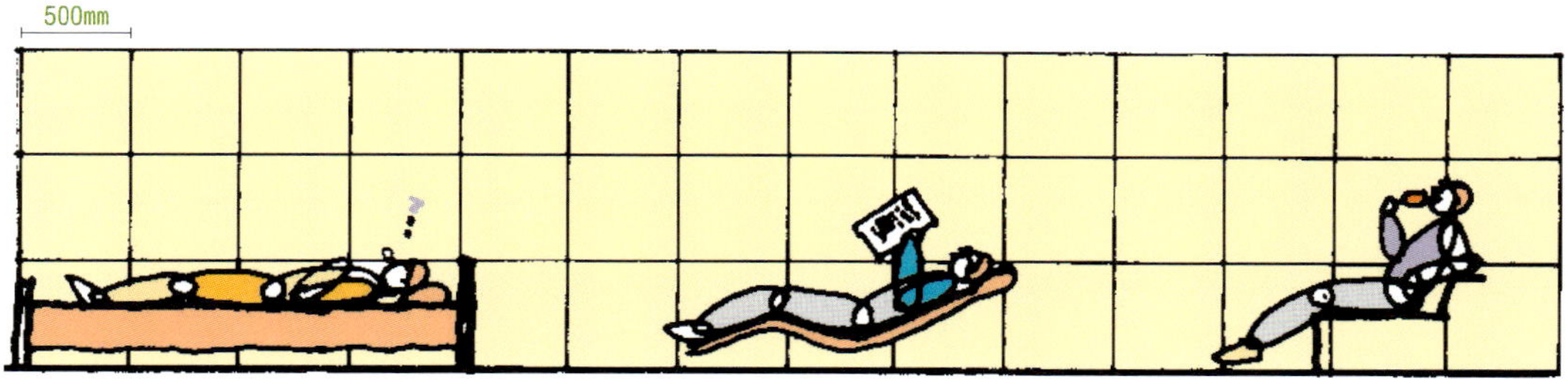

寝る（ベッド）

ゆっくり休む（寝椅子）

くつろぐ（ソファ）

材も座り心地を決める重要な条件になってくる。

下段の図は人間の姿勢と安らげる度合いを示している。椅子とはいえないかもしれないが、狭い空間で大勢の人間が少しの時間休めるのが右側の寄りかかりのバーである。足の高いスツールはちょっとコーヒーを飲むための椅子であり、仕事をするための椅子から、ゆっくり休むための椅子になると、徐々に「立つ」姿勢から、「横になる」姿勢に変化してゆく。姿勢や椅子のかたちだけでなく、椅子を使用する時間の関係も興味深い。短時間を過ごすためなら、止まり木のようなスツールでよいが、長時間過ごすためには寝椅子やベッドでなくては用途を満たせない。

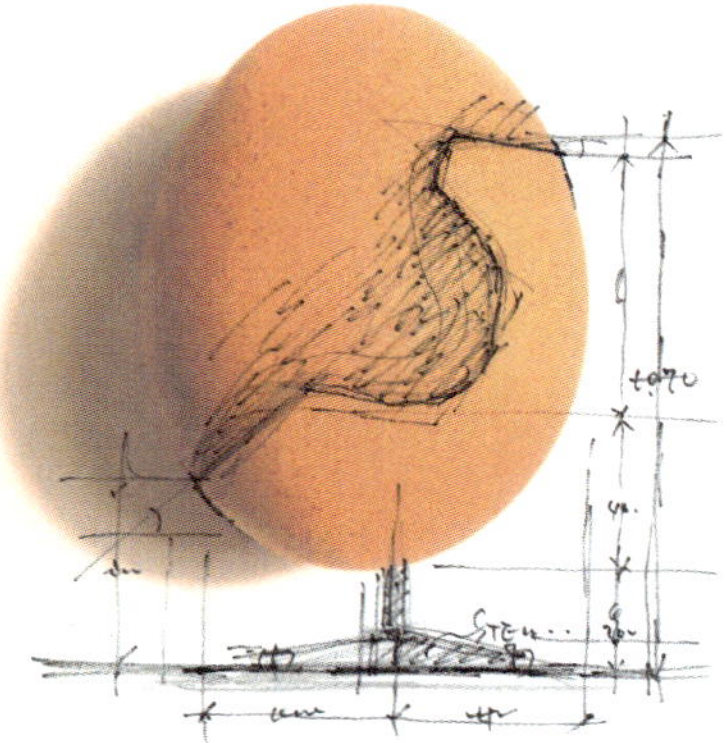

座り心地の良いエッグ・チェアを卵に描く

3 心と体が椅子のかたちを決める

用途によって椅子のかたちは変わる

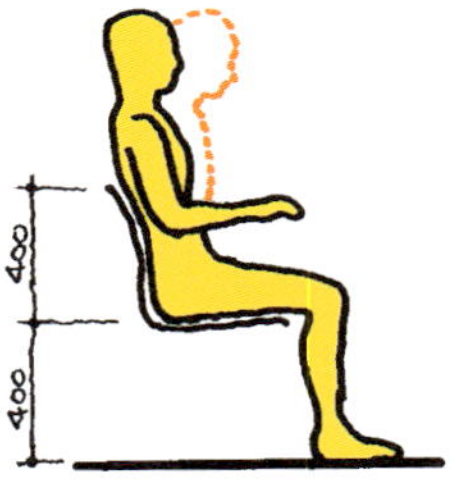

作業をする

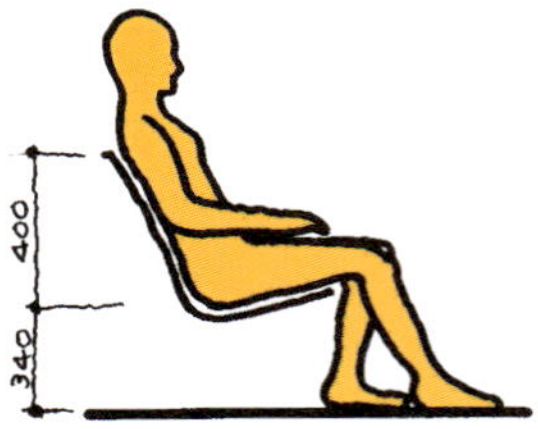

休憩

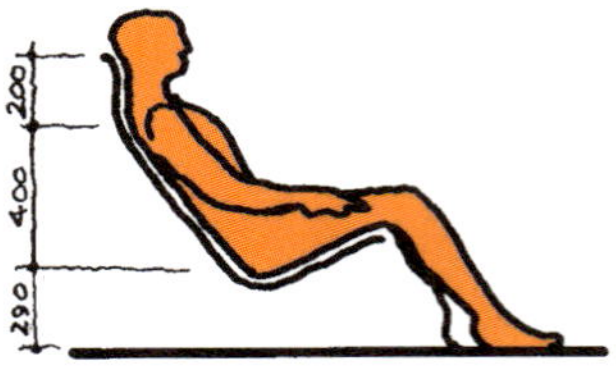

ゆっくり休む

それぞれの建築家と椅子

ライトはソファを好んだ

LC2 ソファでくつろぐ
コルビュジエ

ライトは造りつけのソファを好み、コルビュジエは座り心地の良いLC2 ソファを設計し、ミースは金属のばねを利用したバルセロナ・チェアを完成させ、そして、ヤコブセンは体全体を包み込むようなエッグ・チェアをデザインした

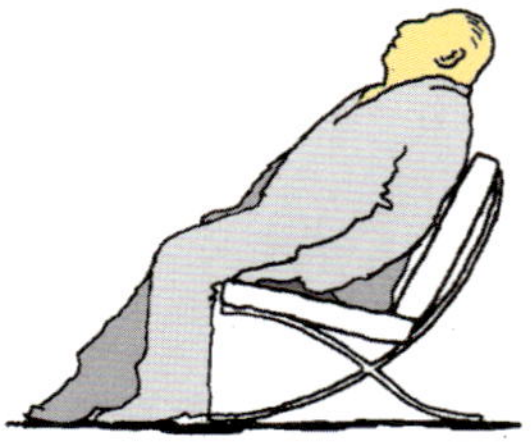
重いミースを支える
バルセロナ・チェア

包み込まれるような
エッグ・チェアのヤコブセン

私たちの暮らしを見てみると、さまざまな家具に囲まれて暮らしている。その中でも、身体と直に接する家具は主に椅子とベッドであろう。座って休む、座って食事をする、座って本を読む、というように最も多用途に、また、使う頻度が多い家具も椅子である。

優れた椅子の条件は、安らげる形態と美しいデザインばかりでなく、人間の体重を支え、時には複雑な荷重の掛かり方にも耐えるよう構造的に丈夫でなければならない。

そうした条件を満たしているのが巨匠たちの椅子である。ここで取り上げた7人の建築家もそれぞれ独自な家具を設計し、安らぐことを大切にしている。

椅子は人間工学的な家具

椅子の脚、座、背との関係

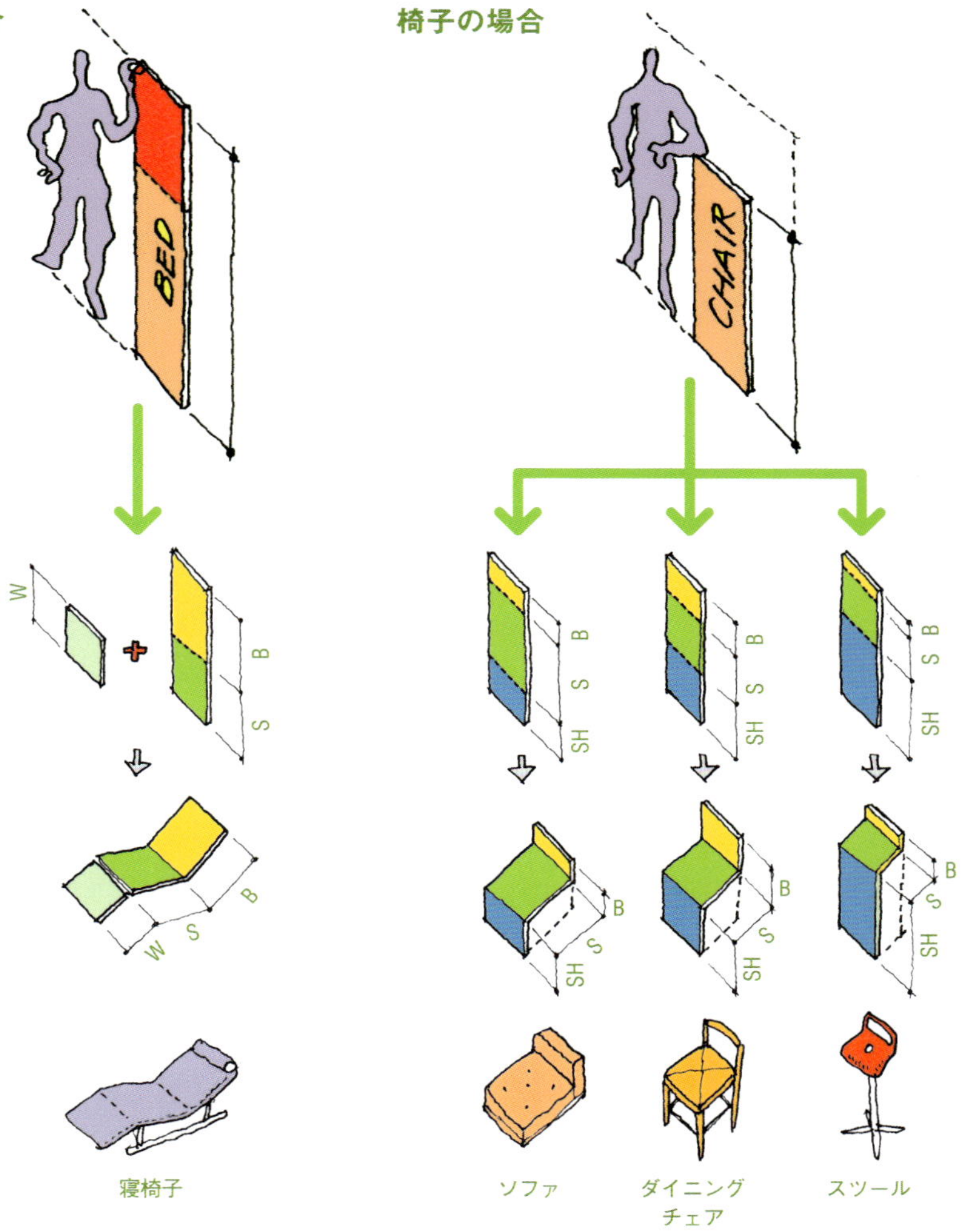

脚と座の寸法が大きくなると休む度合いが高くなる

椅子の高さ、座、背にはある法則がある

椅子の形態は脚、座、そして背の3つのパーツに分かれている。椅子の座り心地は、これら3つのパーツの適正な寸法のバランスで決まる。その骨格となる素材はデザインや座り心地に関わるばかりでなく、耐久性にも影響するに違いない。また、肌に接する部分の材質やクッションの硬さなどが座り心地を決める大きな要素になるのである。

前にも述べたが、座の高いスツールは短い時間、限られた面積の場所で多くの人々が過ごすために適した椅子である。一方、座の低い奥行きのある椅子はゆったりとくつろぐための椅子である。その中間に食事や仕事をするための作業性の良い椅子が位置づけられる。

また、椅子の座の高さ（SH）、座（S）、背（B）とすると、次のような関係式が成立する。

SH+S+B=1100〜1200㎜

それに、オットマン（足置き台）の寸法（W）を加えると、寝椅子やベッドの寸法になる。

SH+S+B+W=2000〜2100㎜

4 モデュールとは かたちと空間を決める基準尺

椅子のモデュール

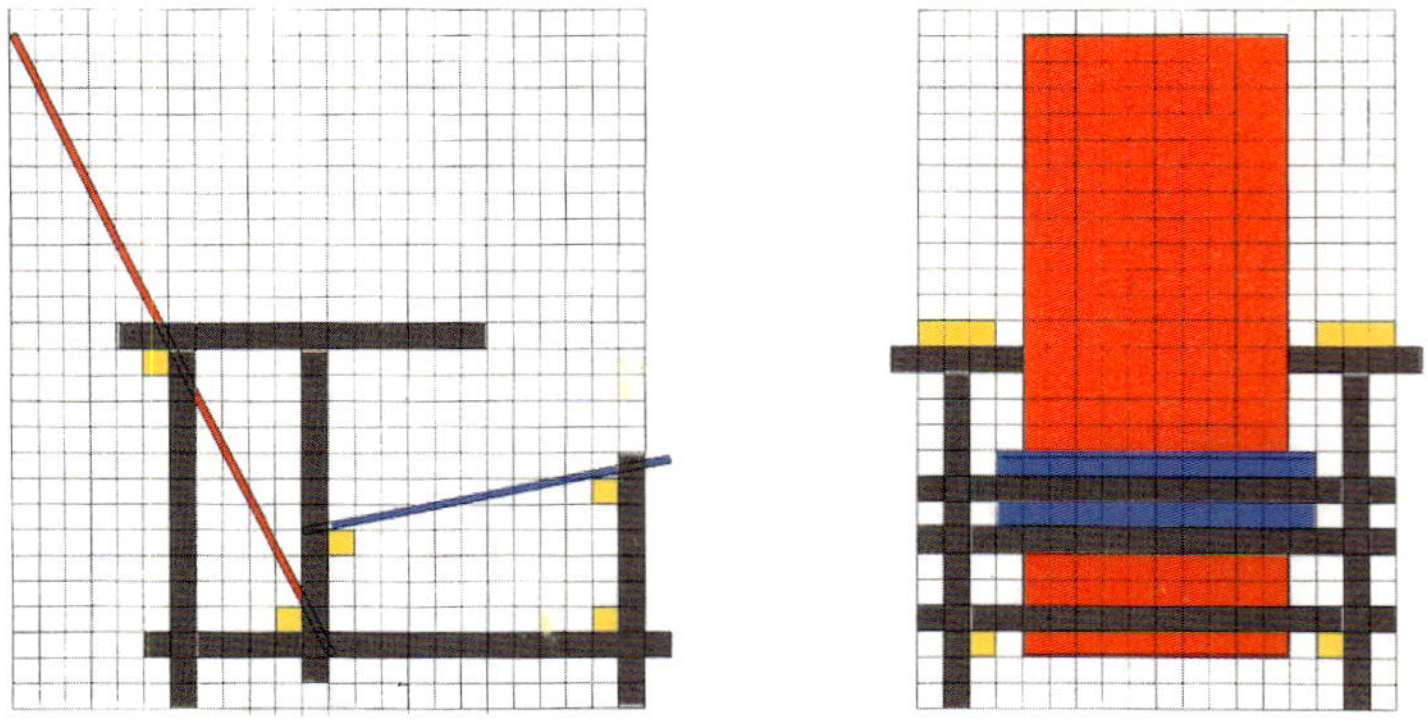

側面図　　正面図

リートフェルト設計のレッド＆ブルー・チェアはインチモデュール

建築のモデュール

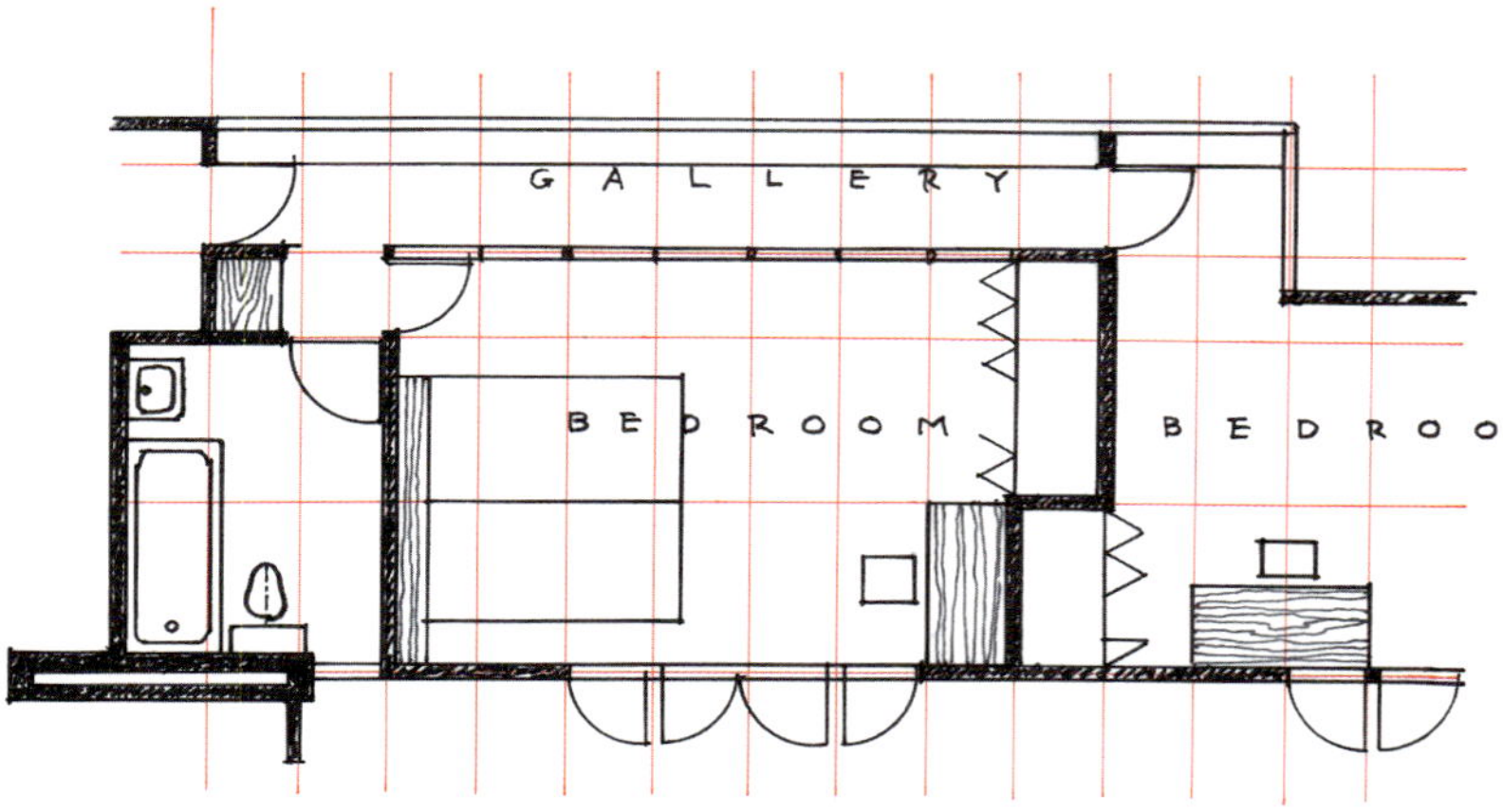

ジェイコブス邸（1936年　フランク・ロイド・ライト設計）は2×4フィートモデュール　S＝1：100

モデュールは空間の基本単位

建築や家具を設計する際、ある決まった寸法を基準にして設計をする。その基準となる基準寸法をモデュールと言う。

リートフェルトの有名な「レッド&ブルー・チェア」は、上図のように、肘掛けや脚の材がインチの整数倍の寸法になっていることから、1インチをモデュールにして設計したことが分かる。

また、ライトの設計した住宅では、2フィート×4フィートが部屋の広さを決める基本寸法になっている。このモデュールを基本に設計するメリットは、適正な空間の寸法が得られること、建築材料などが規格化できるため経済的であること、大きさや広さなどが共通に認識できること、などが考えられる。

このモデュールの寸法は、その国の伝統的な寸法の単位や建築技術、そして建築家によっても変わる。わが国などは古くから910㎜×910㎜（3尺×3尺）のモデュールが伝統的に使われてきたため、建築ばかりでなく建材もその寸法で製品化されている。

5 コルビュジエの考えたモデュロール

図1　コルビュジエのモデュロールの人体比例図

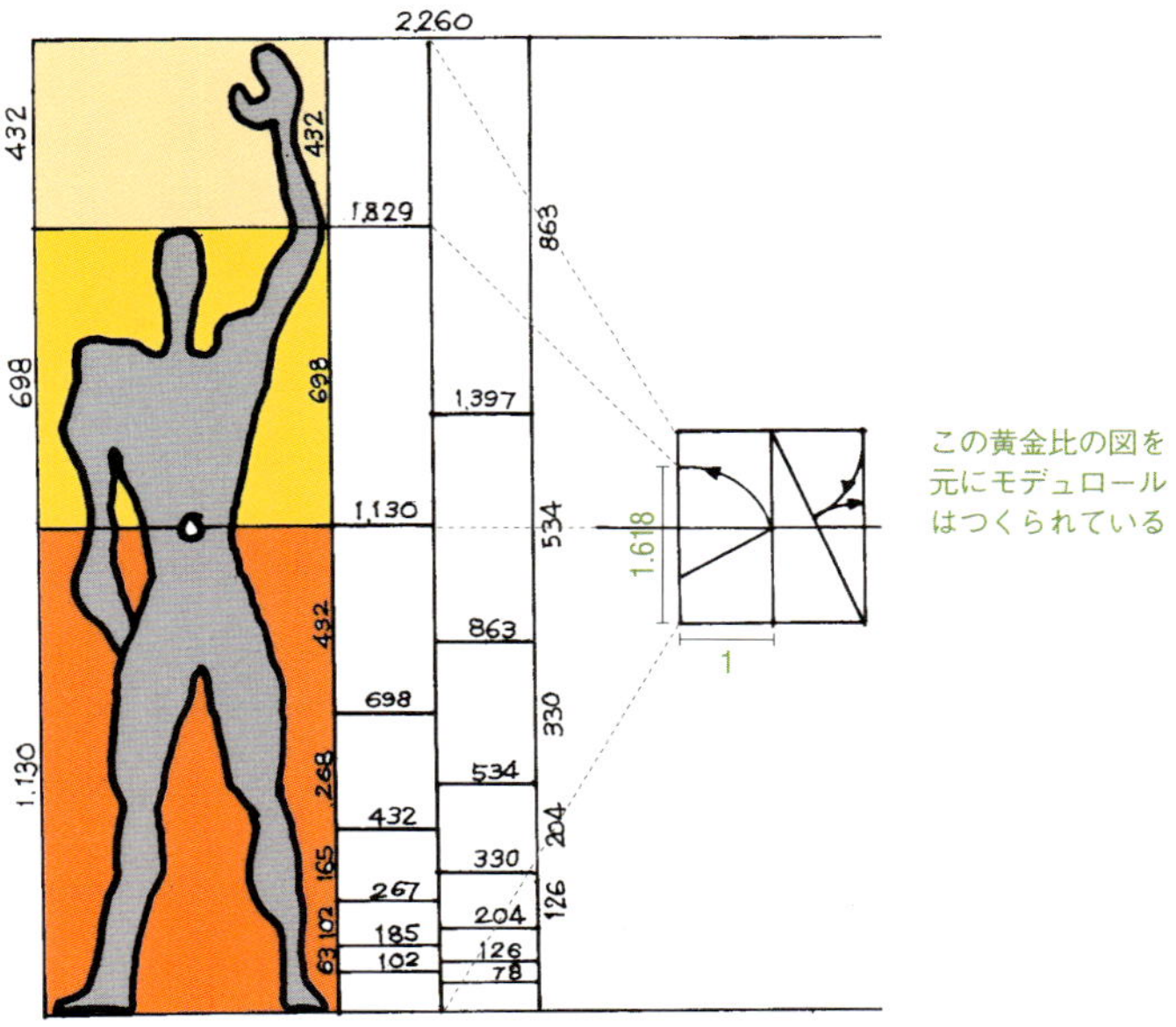

図2　モデュロールを実際の動作に表わした図

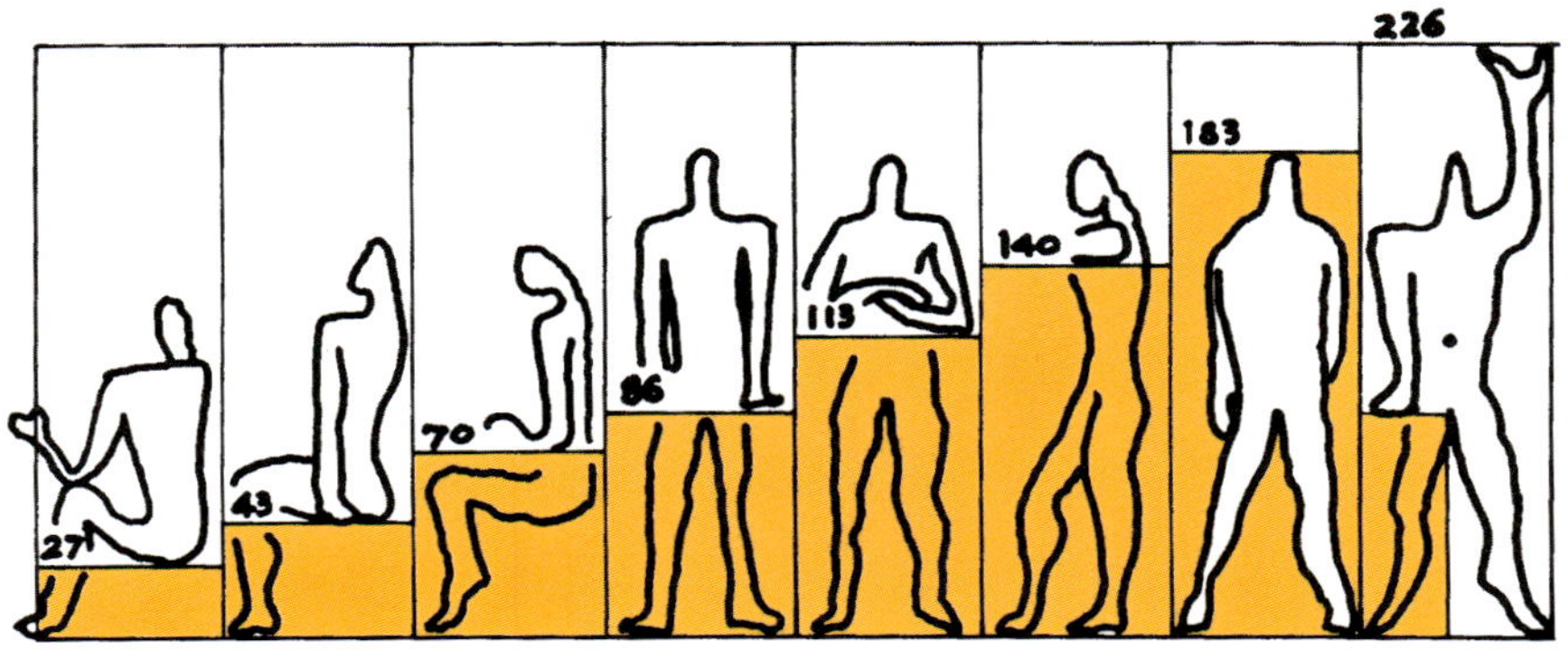

S＝1：50

モデュロールはコルビュジエ独自の黄金比

コルビュジエはモデュロールを「人体の寸法と数学との結合から生み出された、モノをつくる道具」と定義した。そして、この「道具」は「広場から身近な家具に至るまで、すべてのデザインに適応できる尺度」と位置付けた。

コルビュジエは、人間が手を挙げた高さを基準の寸法とし、その全長を、「手の先から頭まで」、「頭から臍まで」、「臍から足まで」の3つに分けた。当初はフランス人の平均身長1750㎜を基準にしていたが、後にさまざまな検討を加え、アングロサクソン系の平均身長1830㎜を基準にするように変えている。このモデュロールの比例体系をコルビュジエはさまざまな建築や都市の設計に応用した。

それが図1であるが、それらの寸法体系を具体的に家具や建築に適合させたのが図2である。

かつて、人々が形の美しさを数量化しようと黄金比を求めたように、コルビュジエもモデュロールによって人間的な空間を体系化しようとした。

6 カップマルタンの休暇小屋はモデュロールの宝庫

カップマルタンの休暇小屋（1952年）

コルビュジエがモデュロールを実験した小屋。地中海に面し、眺望の良い場所に建てられている

小さな休暇小屋の秘密

コルビュジエは地中海沿岸のカップマルタンに小さな休暇小屋を建てた。巨匠の休暇のための建築物としては驚くほど粗末で狭い。屋根はスレートの波板、外壁は一見、ログハウスのように見えるが丸太を割って張ったものである。そして、少し離れたところに仕事をする小さなアトリエがある。

この小屋にはキッチンも浴室もなく、食事は隣のヒトデ軒というレストランですませ、入浴は外のシャワーで間に合わせたという。

この小屋が建築を学ぶとき、さまざまな場所に登場する理由は、コルビュジエがモデュロールの概念を試みた実験住宅だからである。

この小さな空間の中で、コルビュジエは実際に住みながら、建築を決定してゆく基準尺を探し求め、思索にふけったのである。そういった意味でこの小さな小屋は貴重な存在なのである。

モデュロールの宝庫と言われるこの休暇小屋に入ってみよう。

広さは入口部分を除いて3660㎜平方、和室で言えば8畳間の広さであ

カップマルタンの休暇小屋のインテリア

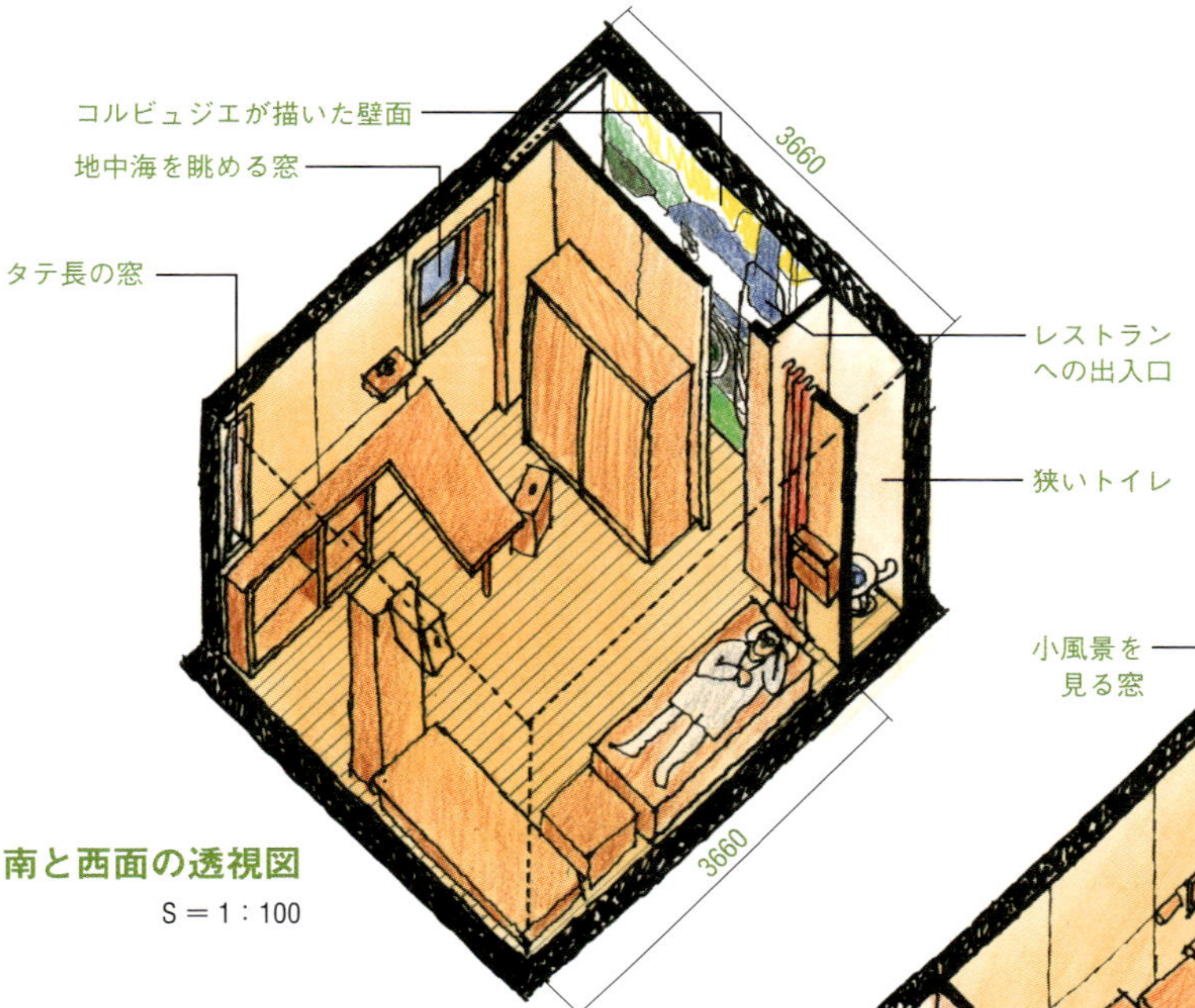

南と西面の透視図
S＝1：100

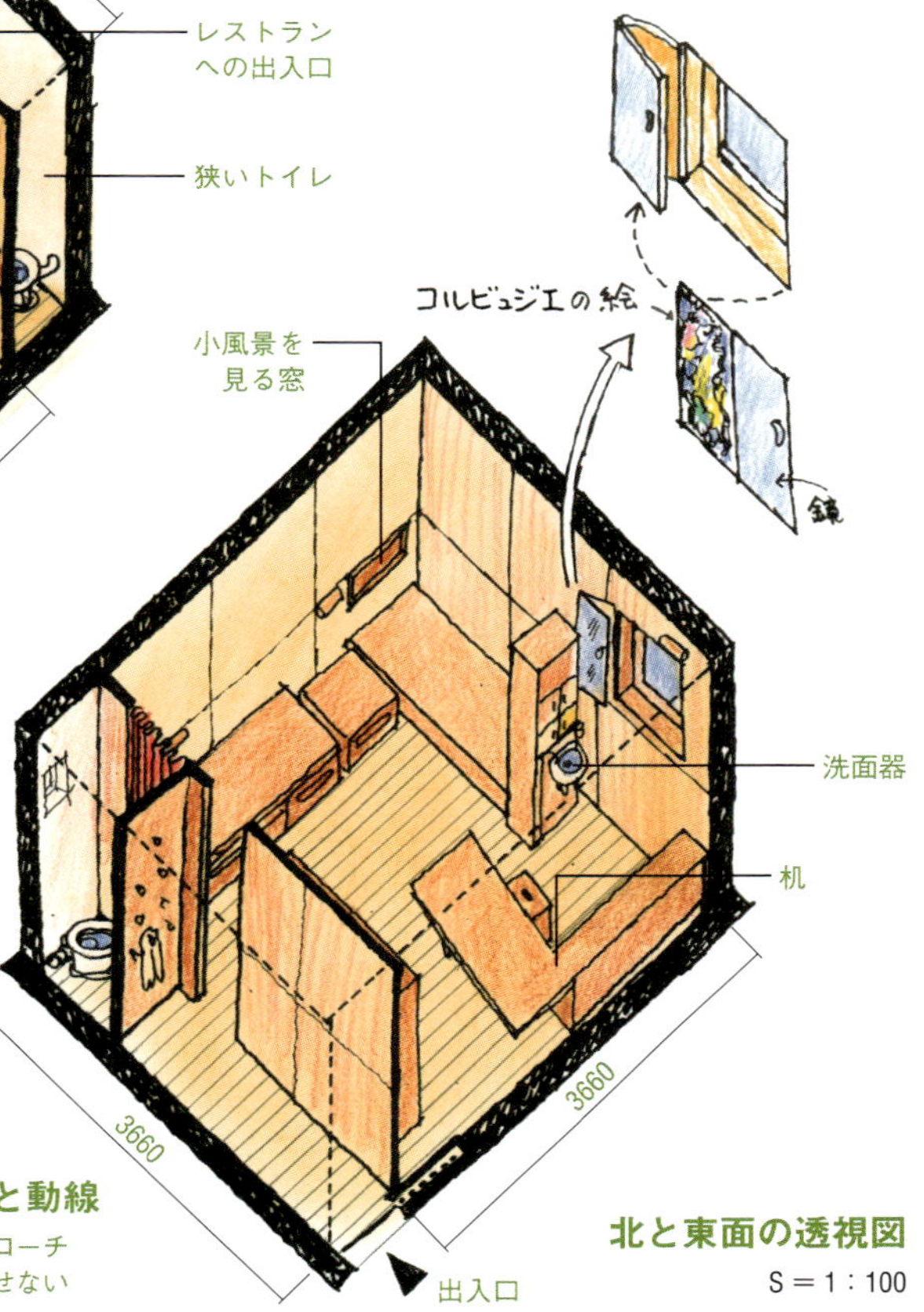

北と東面の透視図
S＝1：100

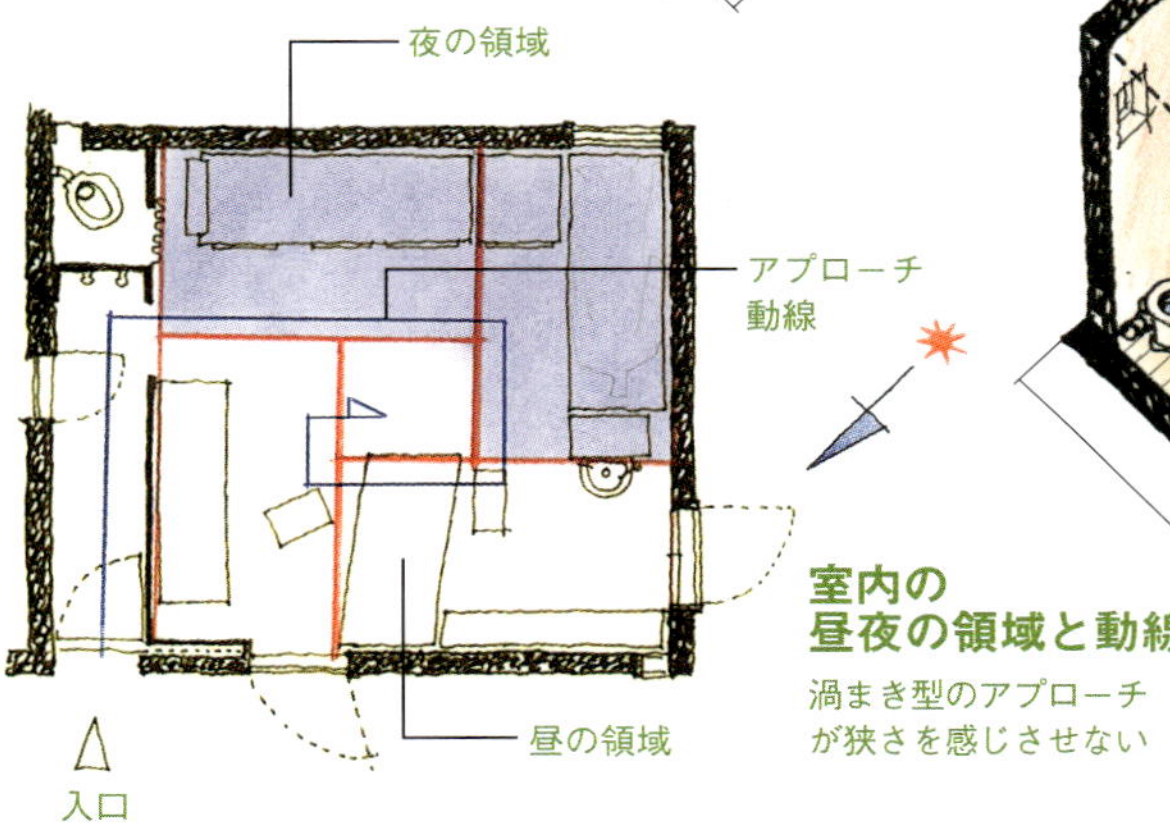

室内の
昼夜の領域と動線
渦まき型のアプローチ
が狭さを感じさせない

カップマルタンで過す
コルビュジエ

る。入口を入ると、左手の壁にはコルビュジエが描いた壁画があり、そこに、レストランへの入口のドアがある。突き当りには洋服掛け、右手に回ると2つのベッドと机、収納家具が巧みに配置されており、これらの家具もすべて、モデュロールの寸法によってつくられている。そして今歩いてきたルートが右時計回りの巻貝のようになっていることに気づくだろう。また、地中海を眺めることができる南側壁面には、縦長と、正方形の窓が開かれ、正方形の窓の下には少し斜めに机が設置されている。

　4つの窓の大きさも位置も異なっていてそれぞれに目的をもたせているのが、いかにもコルビュジエらしい。

7 コルビュジエはこの小屋でモデュロールを体系化した

カップマルタンの休暇小屋平面図

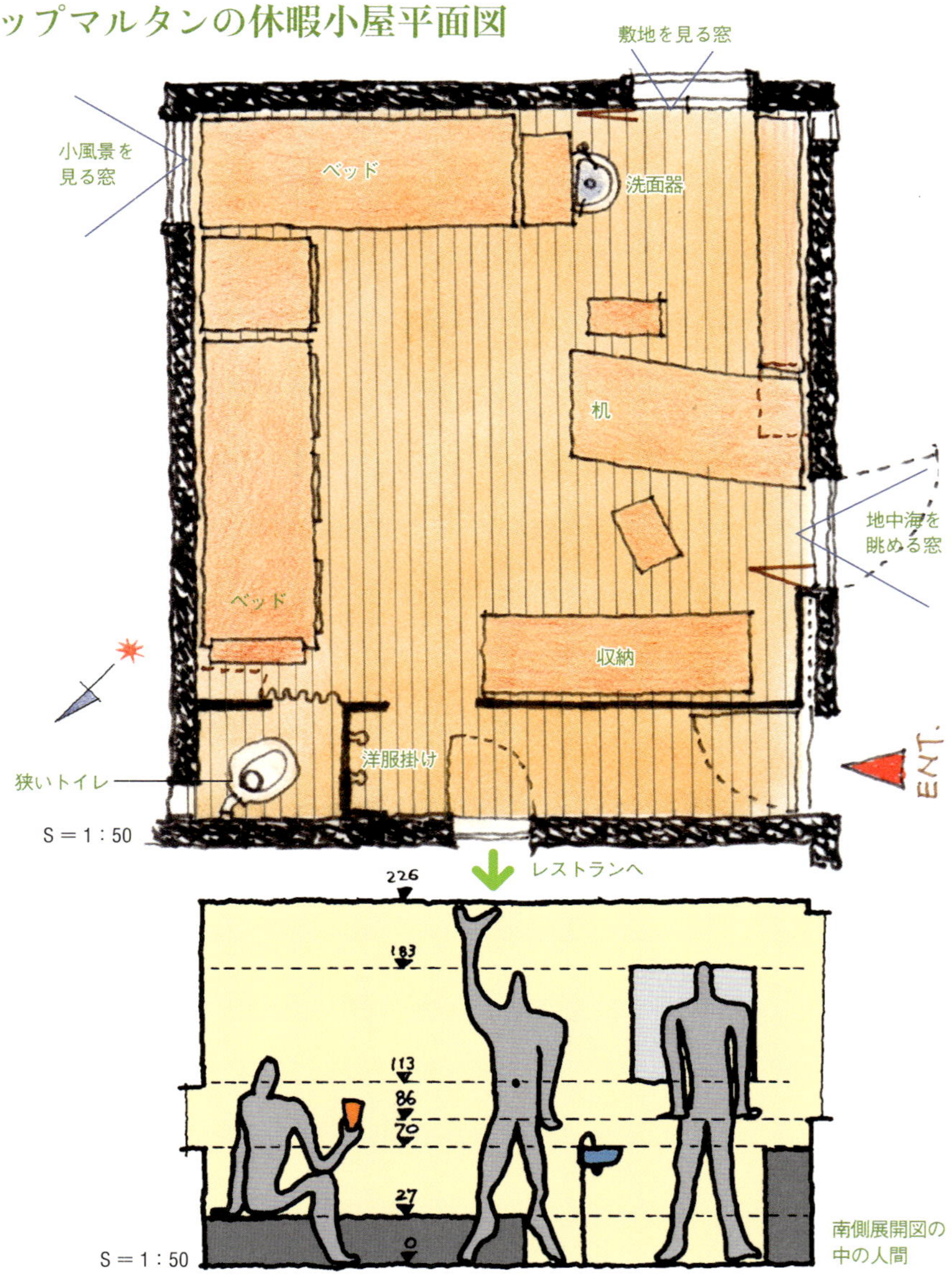

休暇小屋の意外なインテリア

このカップマルタンの休暇小屋は休暇のための家であると同時に、モデュロールのための実験住宅でもあったことは先に述べた。したがって、機能性を求めるよりもモデュロールの寸法体系を重視して、平面も高さもつくられている。トイレの狭さや離れた洗面器の位置も彼には問題ではなかったのである。

室内は一部天井の高い部分はあるが、手を高く挙げた寸法（２２６０㎜）が天井高さ、窓の上端が身長と同じ高さ（１８３０㎜）、下端がへその位置になっている。空間も、家具も、モデュロールの寸法になっていて、ここでコルビュジエは実際に体現しながら、モデュロールを理論化したのである。

フランス人と日本人のモデュロール

また、このモデュロールは体格的に日本人には適合しにくいため、参考までに日本人の平均身長に近い１６５０㎜として換算した図も掲載した（図１を参照）。

南面展開図 ＋ モデュロール

カップマルタンの休憩小屋にモデュロールの人体を入れてみる

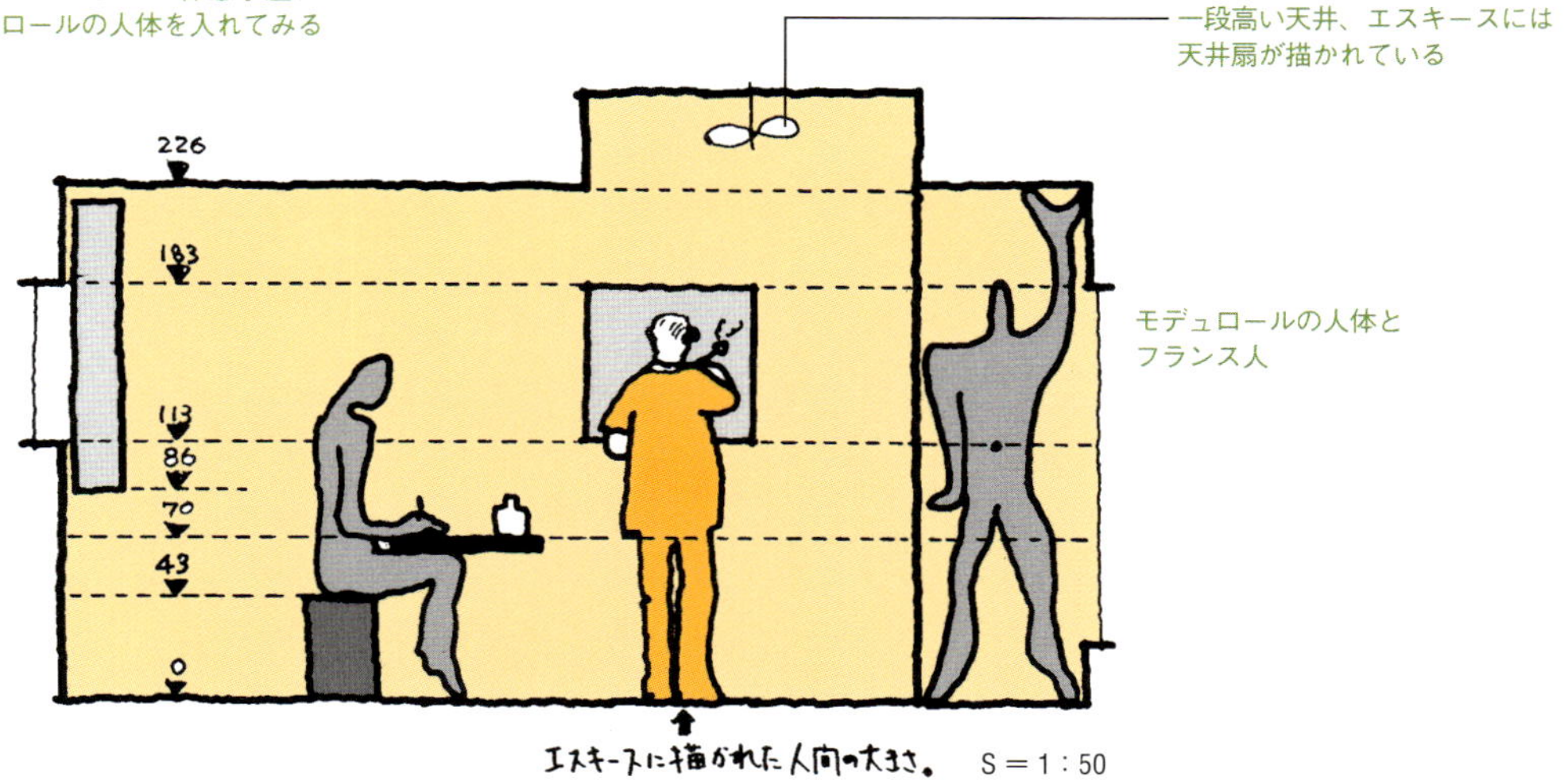

S＝1：50

南面展開図 ＋ 日本人

カップマルタンの休暇小屋の中の日本人。窓の中央に目線があって外が見やすい

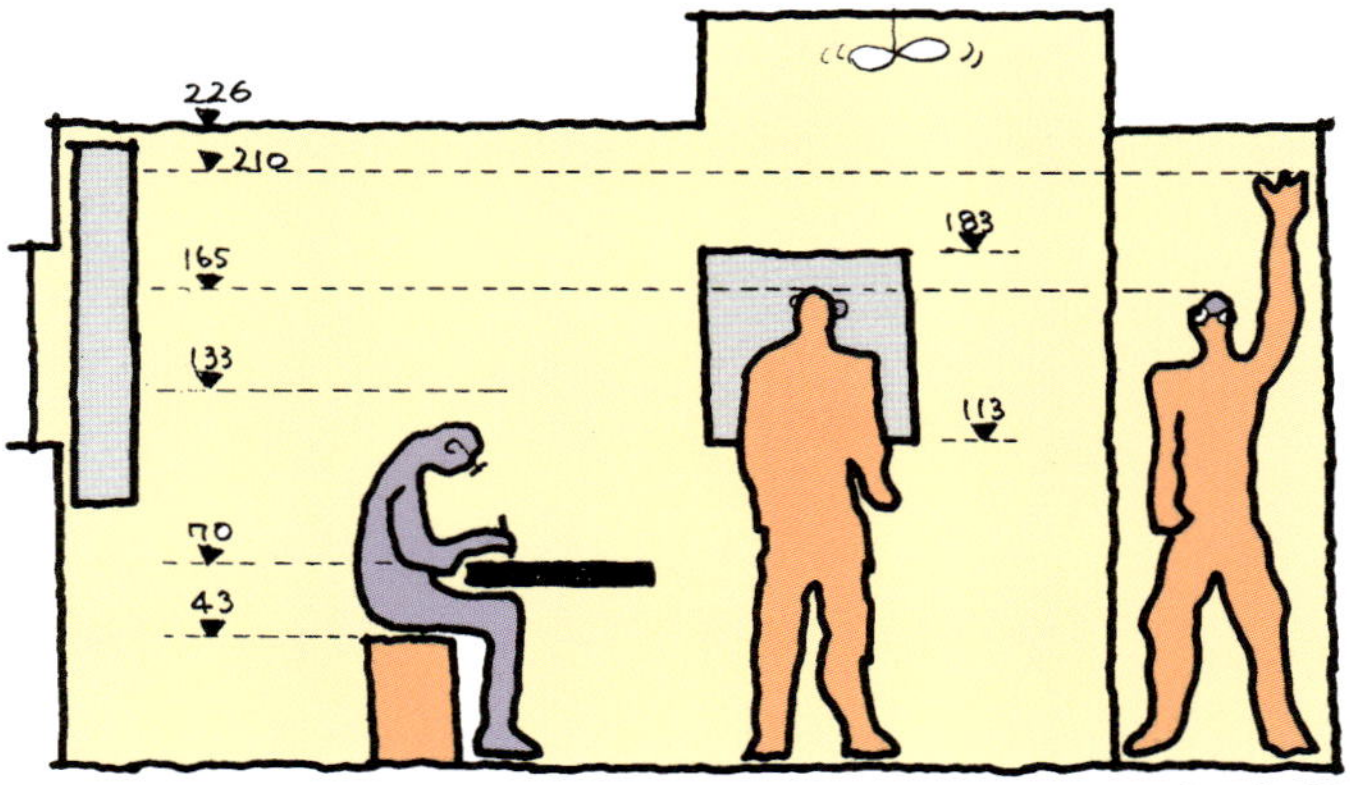

S＝1：50

図1　モデュロールの概念に当てはめた日本人の寸法

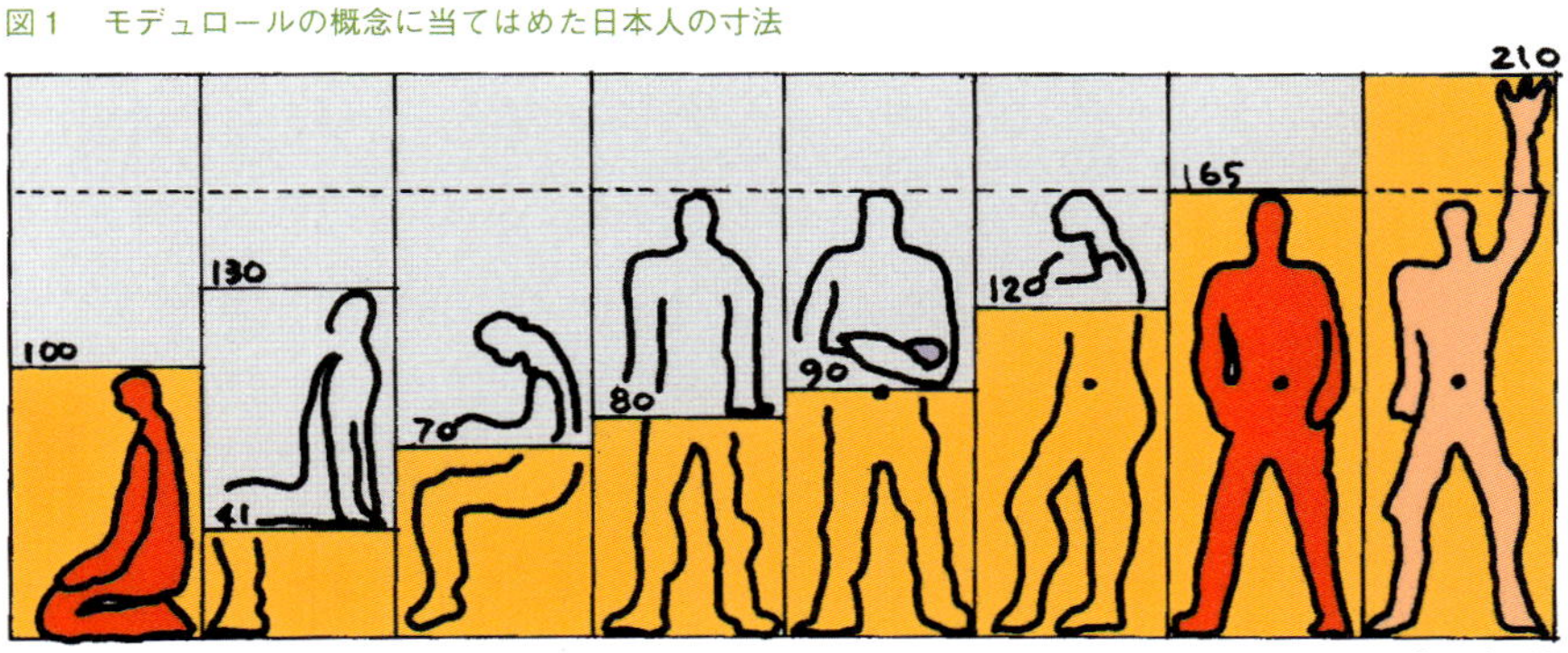

天井の高さはかなり低くなる

S＝1：50

8 リビングには暖炉が良く似合う

落水荘のゲストハウスリビング

リビングが安らぐ場であると同時に、書きものや本を読む空間となっている
（1935年　フランク・ロイド・ライト設計）

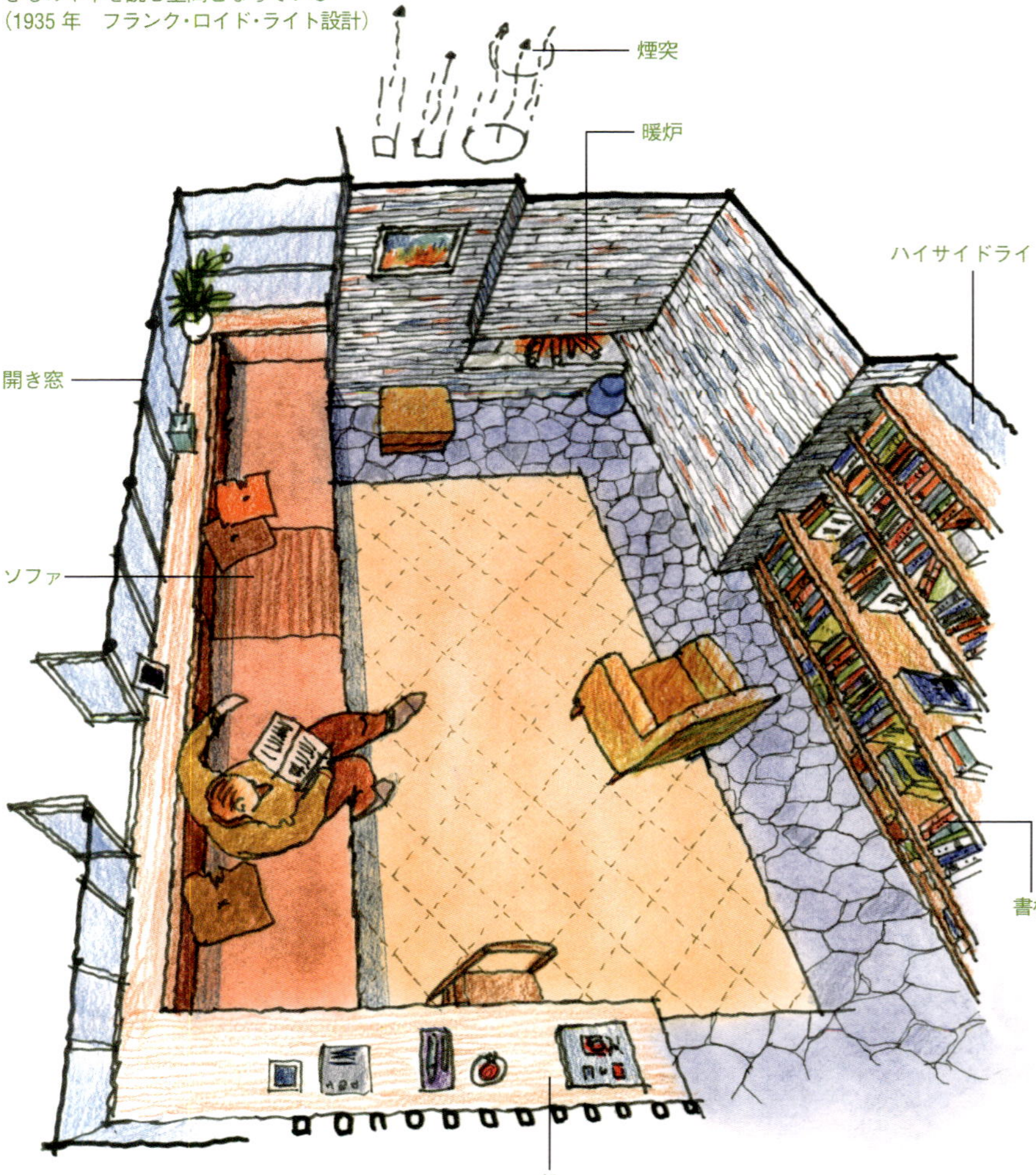

近年私たちのライフスタイルは多様化している。核家族化が進み、個室化によって、家族が団らんするリビングの存在さえ危ぶまれている。テレビはさまざまな情報や娯楽を与えてはくれるものの、その反面、家族間のコミュニケーションを希薄にしていると言われる。リビングはライフスタイルがどんなに変化しようと、家族が共に憩う空間でなければならない。

ゲストのための心地良いリビング

落水荘のゲストハウスのリビングは、居心地の良い空間である。居心地の良さは空間の適度な広さ、そして家具などの配置によって決まる。

窓沿いに造付けられたソファベンチと石積み壁のコーナーの暖炉、そして、書棚によって構成されている。

リビングには、何か中心となるようなものがあると良い。このゲストハウスやシトロエン邸のように、暖炉が空間の要、または重心になっているようなリビングは人も集まりやすく、心地よい。

**落水荘のゲストハウス
リビングの内観**

窓を背にし、長いソファの対面は、石積みの壁でコーナーに暖炉がある

**落水荘のゲストハウス
リビング平面図**

リビングのコーナーに暖炉を置いた例

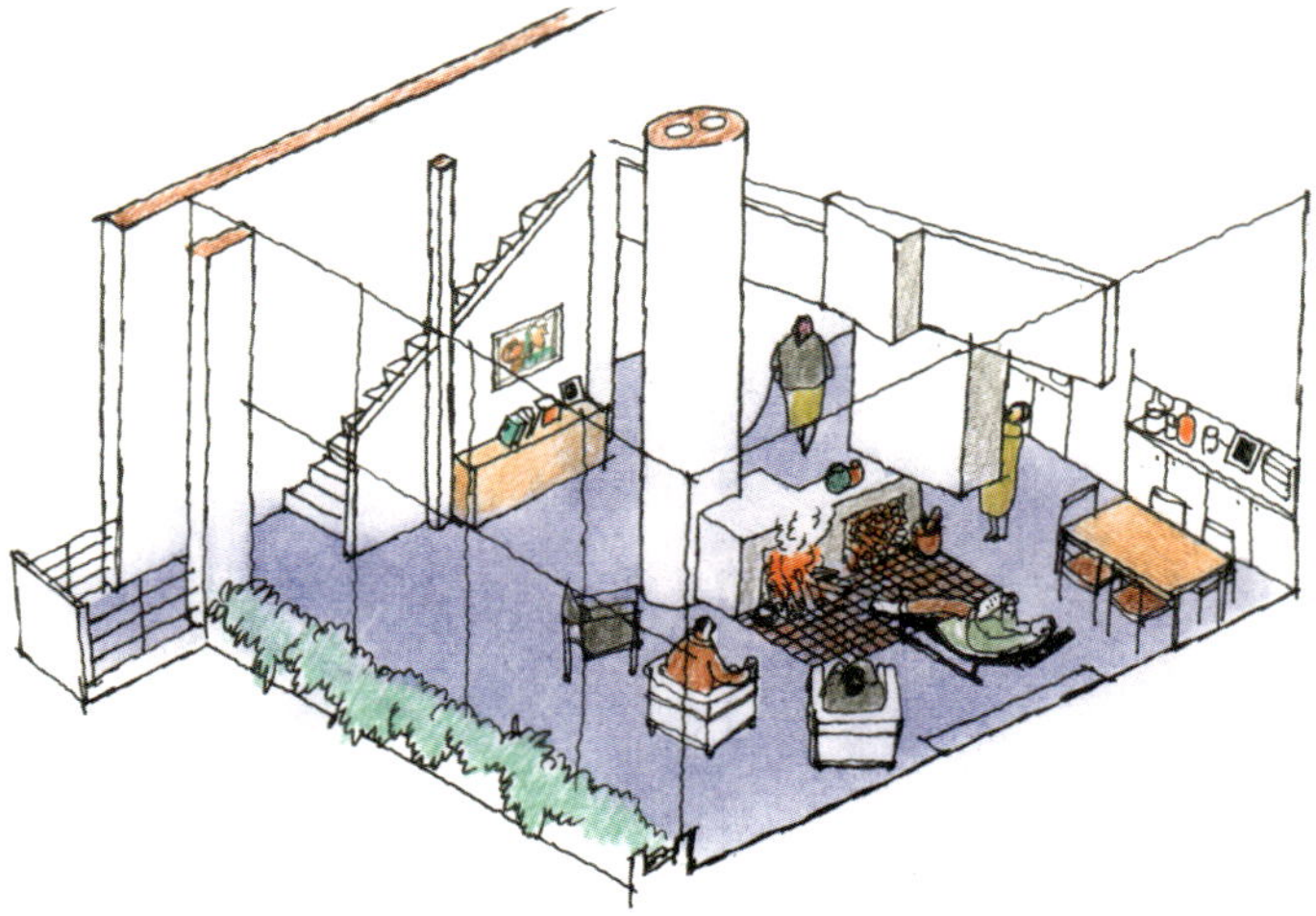

シトロエン邸のリビング

リビング・ダイニングの中央に暖炉があり、食事の後に暖炉を囲んでの団らんが楽しそうである
(1927 年　コルビュジエ設計)

人と対話するときの椅子の配置

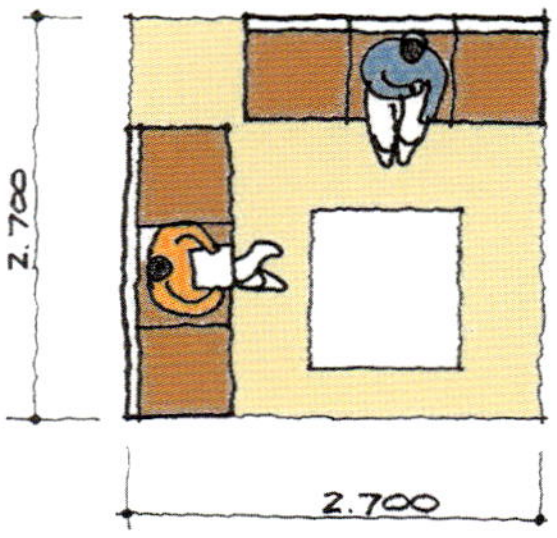

斜め対面型
談話談笑に適している

正対面型
日常会話、応接に適している

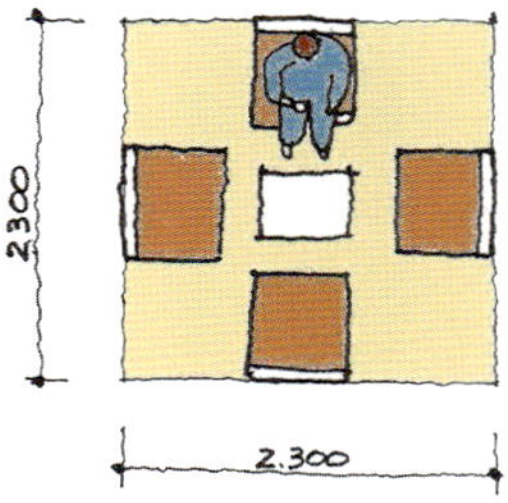

囲み型
あらたまった話に適している

S＝1：100

9

寝室は寝る場所だけではない

サヴォア邸の寝室

収納、書斎、そして、共有のバスルームがうまく配置されている（1931 年　コルビュジエ設計）

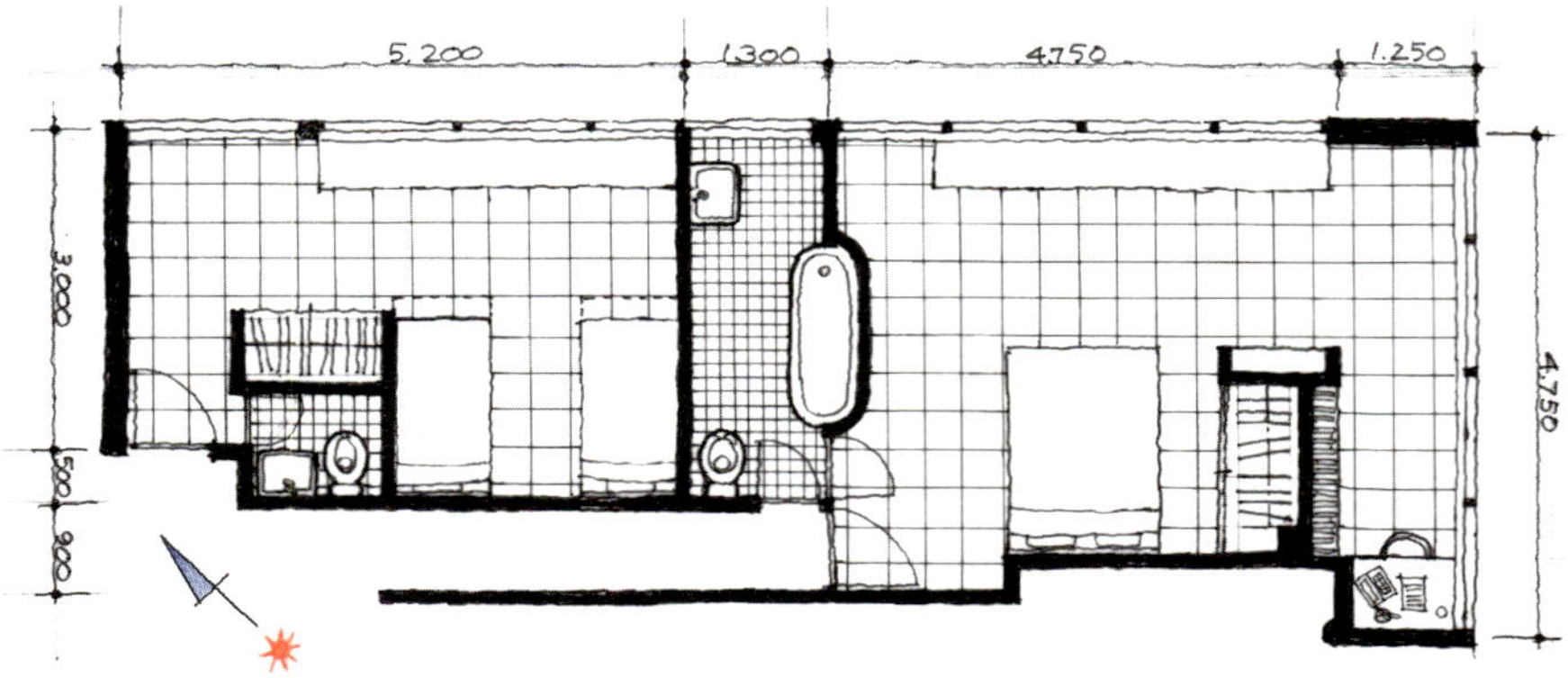

ベッドの大きさ

体格、体形と寝る人数によって、ベッドの大きさを選ぶ

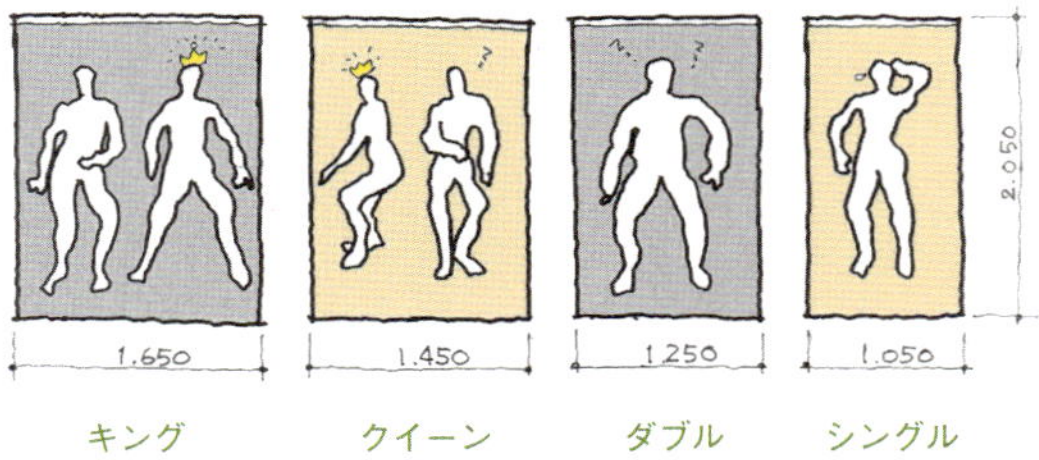

S＝1：100

ベッドと寝室の最小限の寸法

ベッドの大きさにより、寝室の広さも変わる

S＝1：100

寝室の広さ

ベッド、収納と壁面までの距離

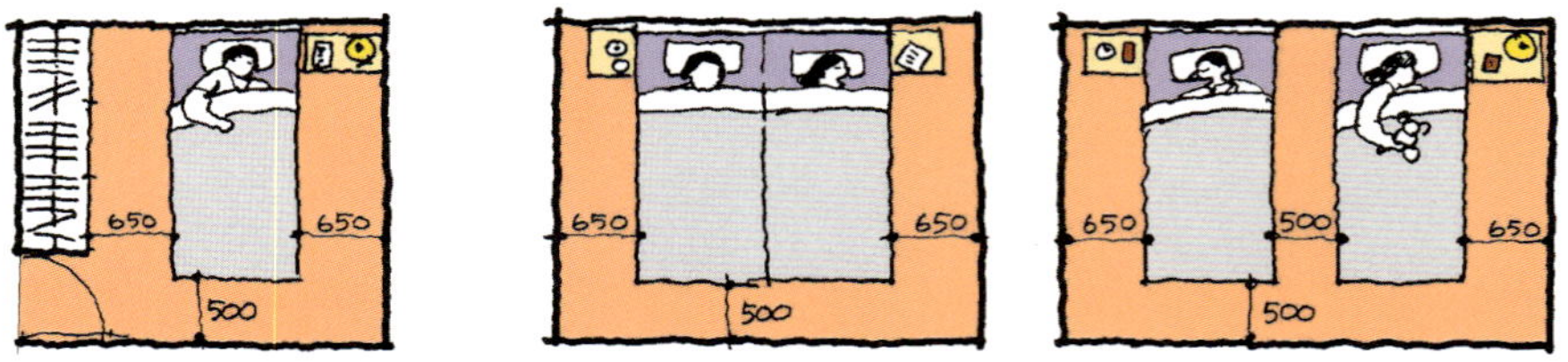

S＝1：100

寝室は人生の3分の1の時間を過ごす空間といわれる。また、疲れをいやす睡眠を得るには、ベッドや寝室の環境が良くなければならない。

まず、ベッドの周囲にどれだけの空間がなければならないか、また、ベッドだけでなく寝室の使い方を考えてみよう。すると、寝室が寝るだけの場所ではなく、着替えや化粧など身だしなみを整えたり、時には書斎のような使われ方もすることが分かる。そのための動作空間に合わせて、サイドテーブル、化粧台などの家具も必要になってくる。

サヴォア邸の2つの寝室

サヴォア邸の2階の東側に2つの寝室が並んで配置されている。1室はトイレがあるが、もう1室はトイレとバスルームは兼用になっている。浴槽のかたちもユニークだが、便器や洗面器の配置も独特だ。

東南角の寝室は、二面が開口部になっているため、南からの光や視線をクローゼットで遮りながら、書斎コーナーとベッドスペースを分けている。

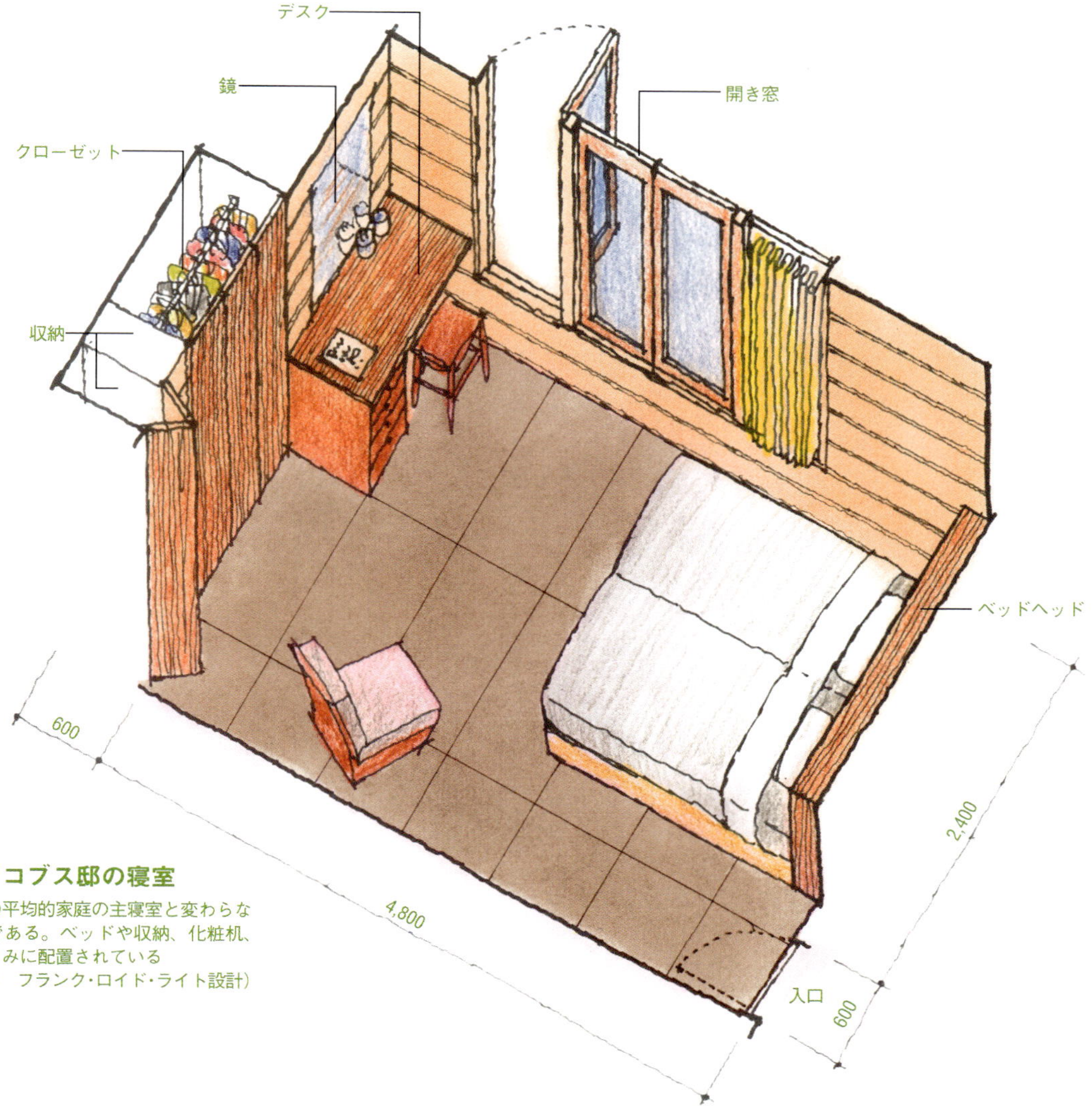

ジェイコブス邸の寝室

わが国の平均的家庭の主寝室と変わらない広さである。ベッドや収納、化粧机、窓がたくみに配置されている
（1936年　フランク・ロイド・ライト設計）

ジェイコブス邸の寝室

ライトのユニソニアンスタイルと言われる住宅（ジェイコブス邸）は、比較的私たちの住まいのスケールと類似していて親しみがもてる住宅である。L字型プランの1つのウイングはリビングのエリア、もう1つのウイングは寝室のエリアというように明確に分かれている。寝室は私たちの寝室の広さとさほど変わりはないにもかかわらず、ベッドやクローゼット、窓の位置などがとても良くできている。ぜひ、参考にしてほしい。

システムベッド

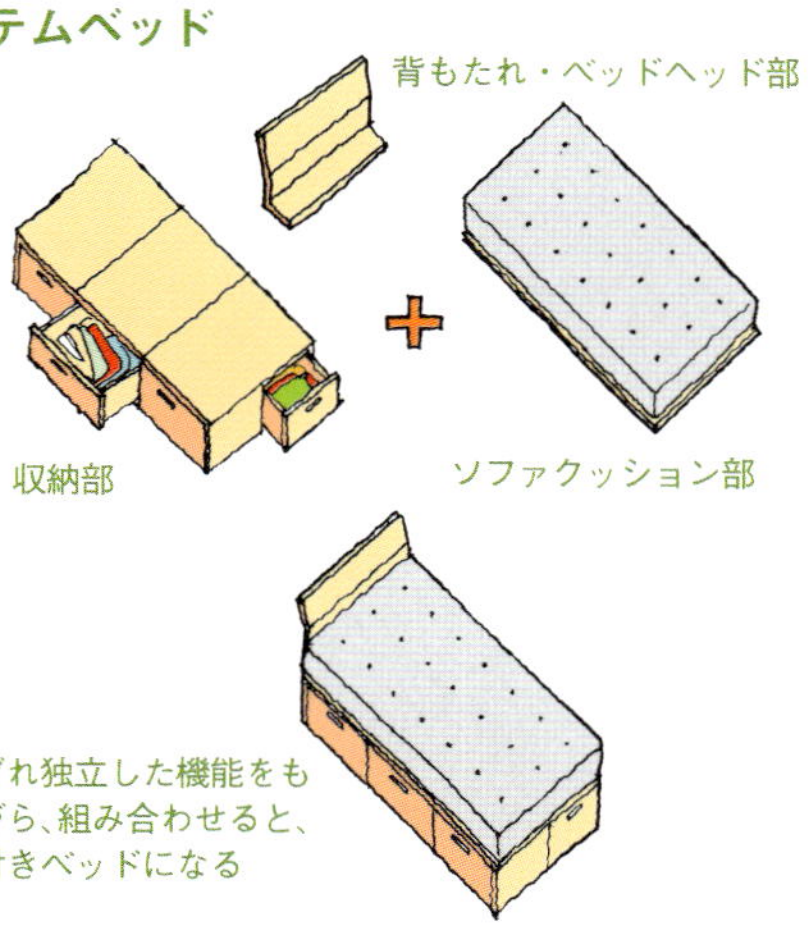

それぞれ独立した機能をもちながら、組み合わせると、収納付きベッドになる

10 キッチンは作業性と機能性が大切

（撮影：栗原宏光）

ファンズワース邸のキッチン

ダイニングから寝室を見る。冷蔵庫も調理台の高さにそろえてビルトインされている

毎日、時には一日三度も調理しなければならない作業は、できるだけ体の負担にならないようにしたい。シンクやコンロ、調理台の高さは身体の疲労と大きく関係する。個人の体格差にもよるが、近年では調理台の高さは850〜900㎜、奥行き600〜650㎜が一般的になっている。そのほか、吊り戸棚の高さなども身体に合わせ作業性の良い位置に取り付けなければならない。

ファンズワースさんは何を料理したのか

ファンズワース邸のキッチンの調理台は、高さおよそ920㎜、奥行きは620㎜である。コンロやシンクが一列に並べられ、冷蔵庫なども調理台の高さに抑えられている。

ファンズワース邸自体が住まうという空間を純化させた住宅といえるから、キッチンもショールーム化され、生活感が消去されているのは仕方ない。あらゆる面で、ファンズワース邸はセカンドハウスとはいえ、さまざまな問題提起がなされるという点では名作に違いない。

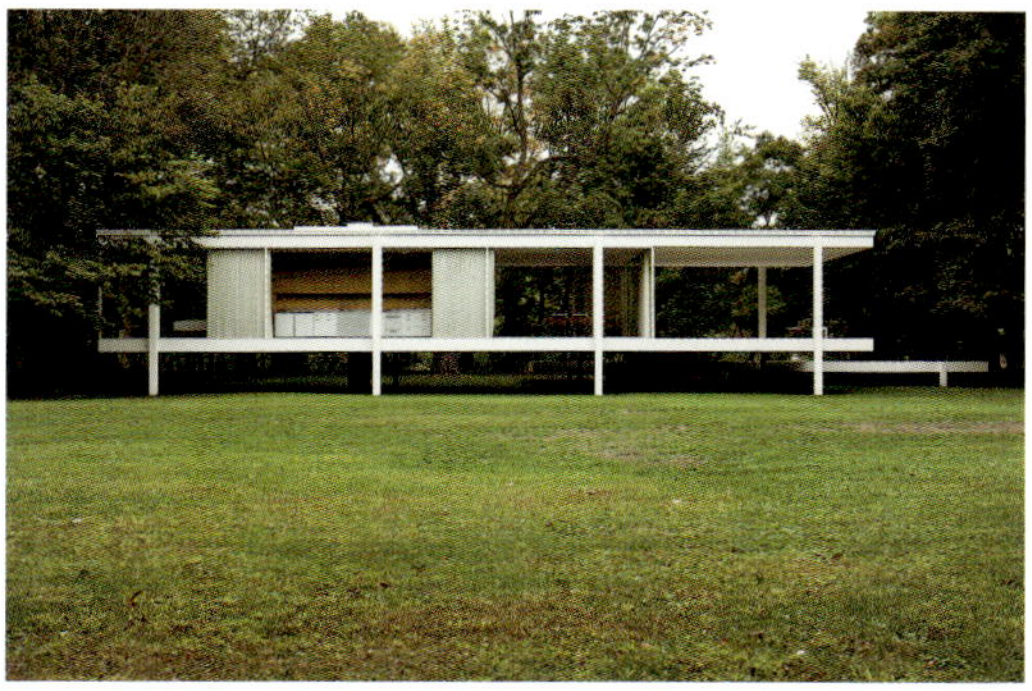

ファンズワース邸北側外観。
キッチンとダイニングが見える　（撮影：栗原宏光）

ファンズワース邸のキッチン断面図

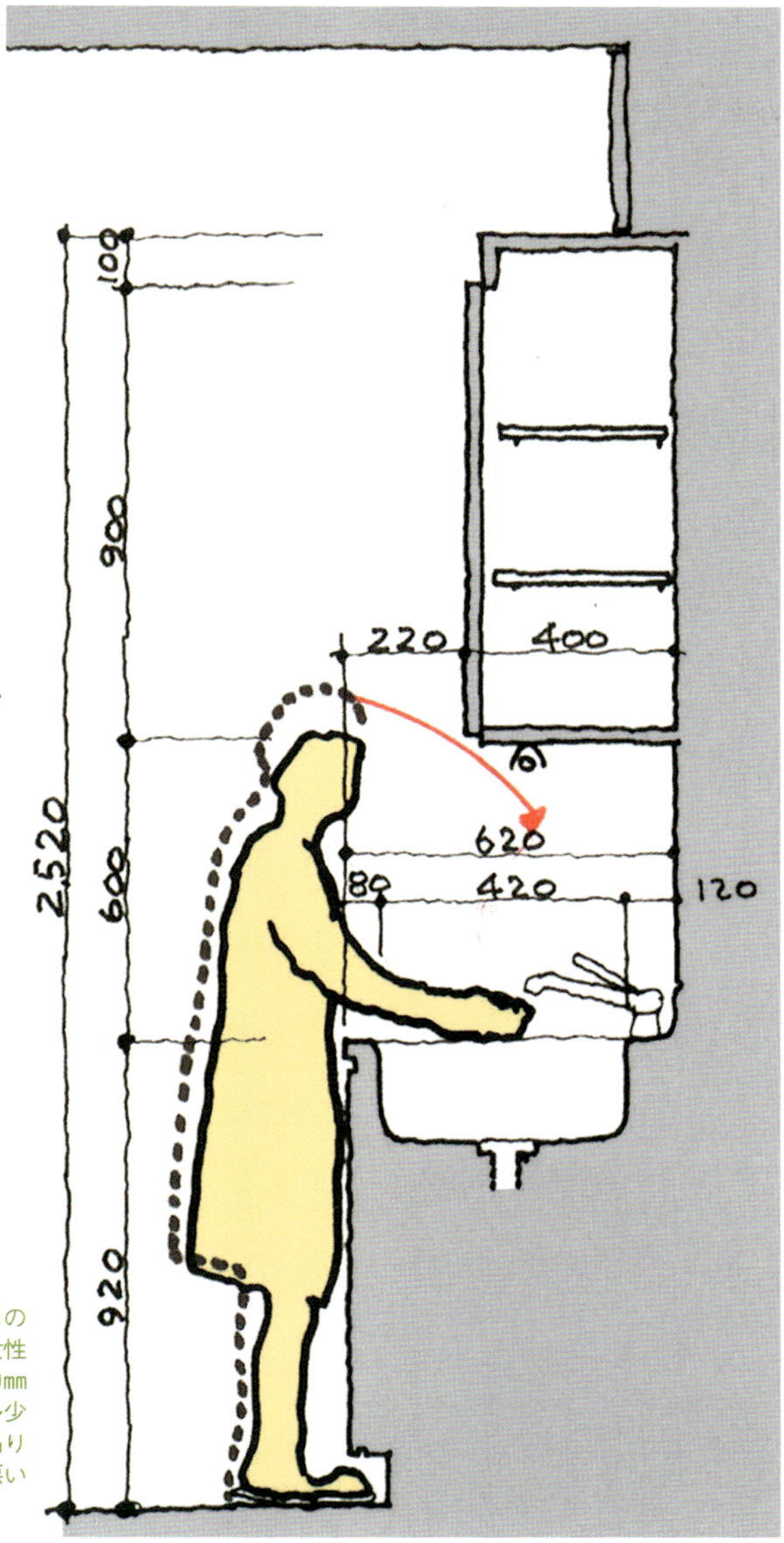

S＝1：20

ファンズワース邸のキッチンに日本人女性を立たせると、920mmの高さの調理台は多少使いづらい。また吊り戸棚の使い勝手も悪い

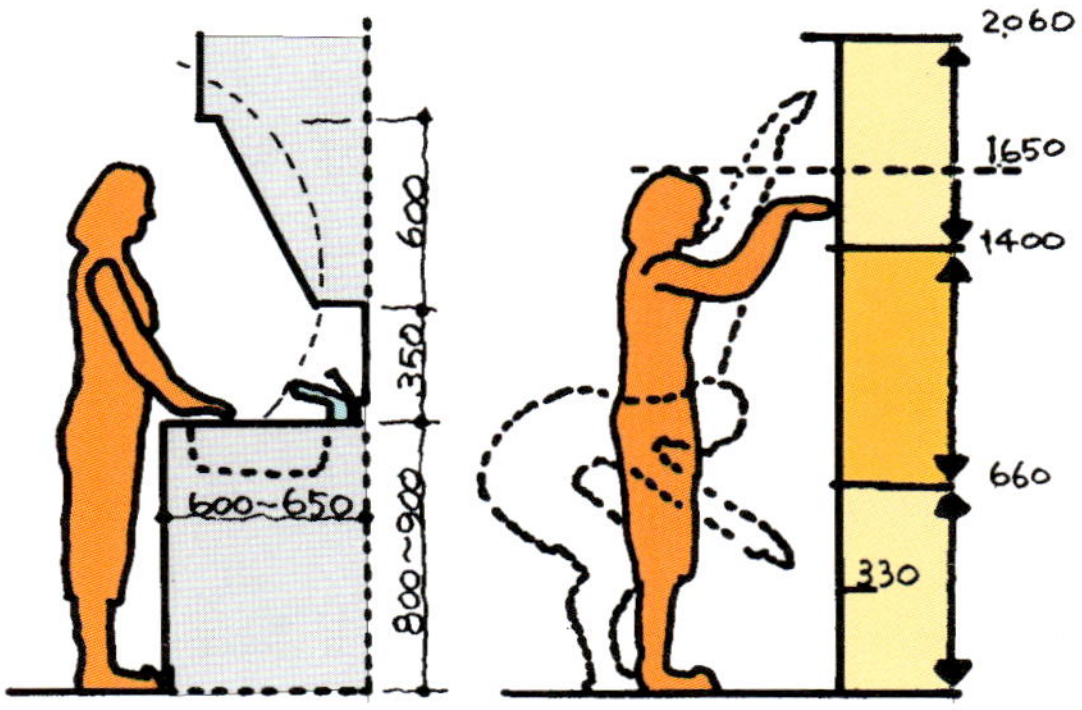

一般的なキッチンの調理台、棚の寸法

高さばかりでなく、奥行き寸法、動作スペースを考慮すること

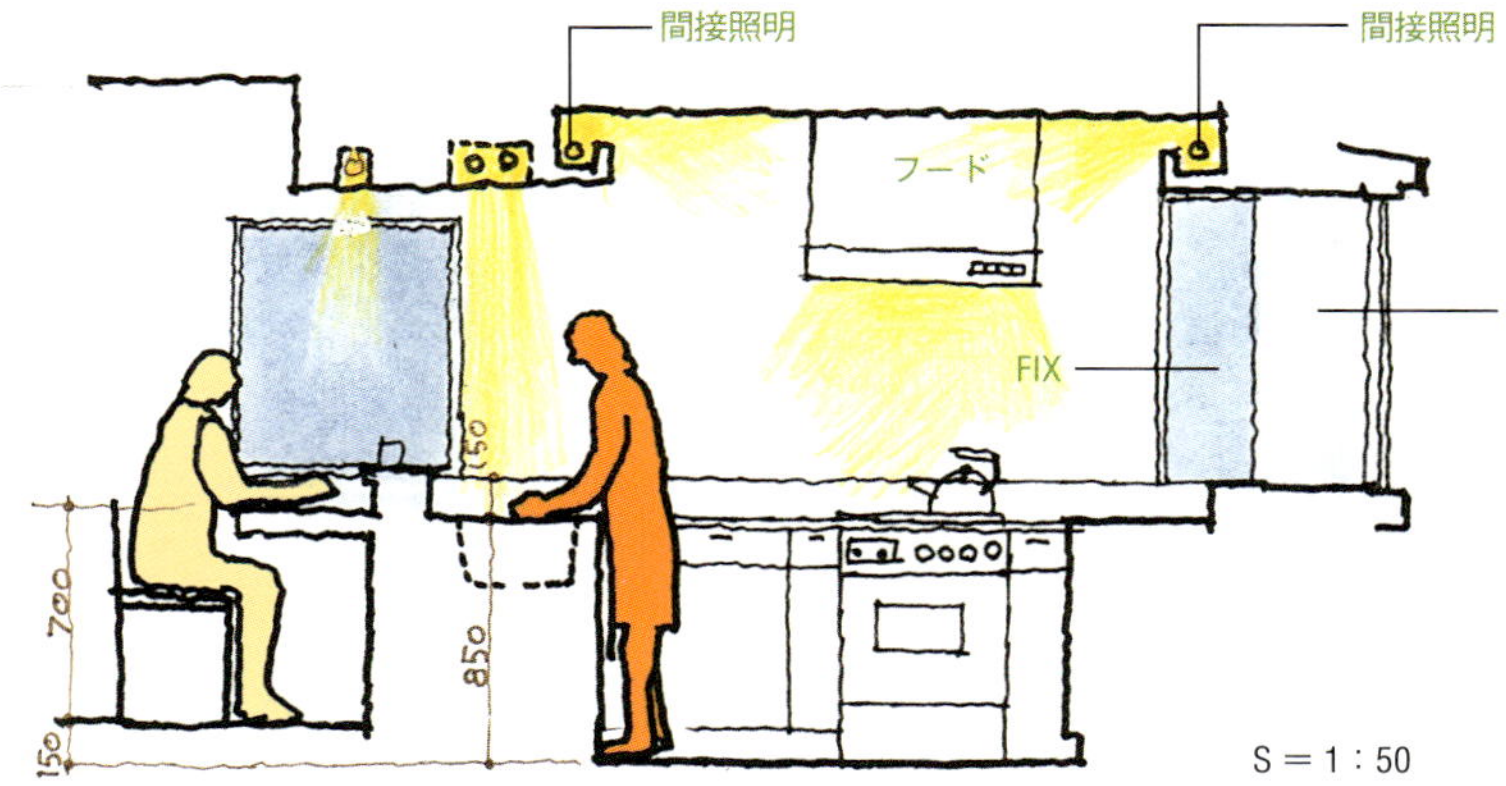

S＝1：50

対面式キッチンの寸法

フード、照明の位置、そして視線の高さに留意する

11 浴室とトイレは居心地が大切

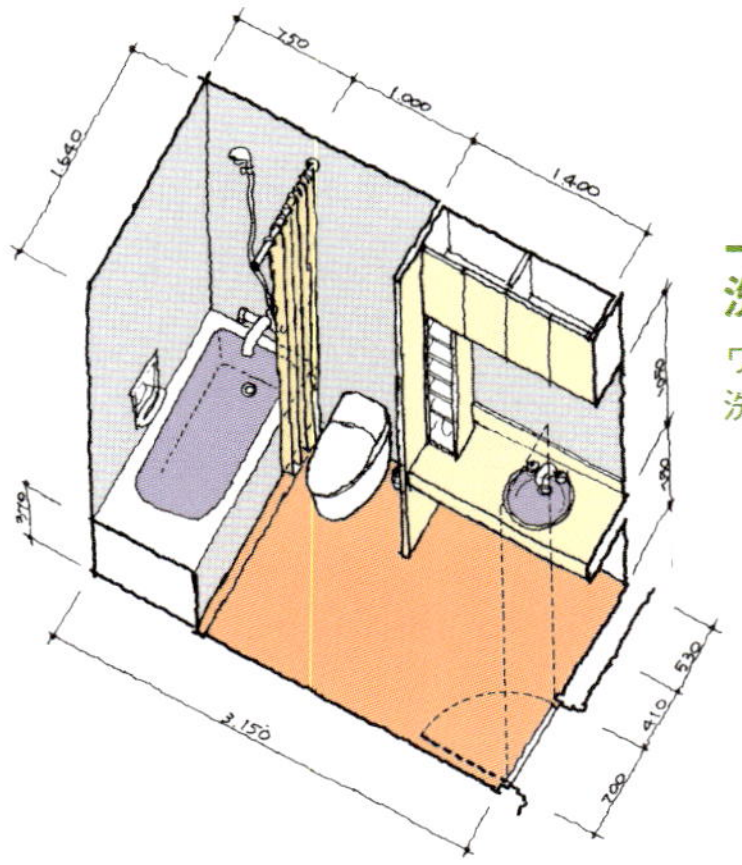

一般的なバス、トイレ、洗面ユニット

ワンルームになった浴槽、トイレ、洗面の典型的プラン

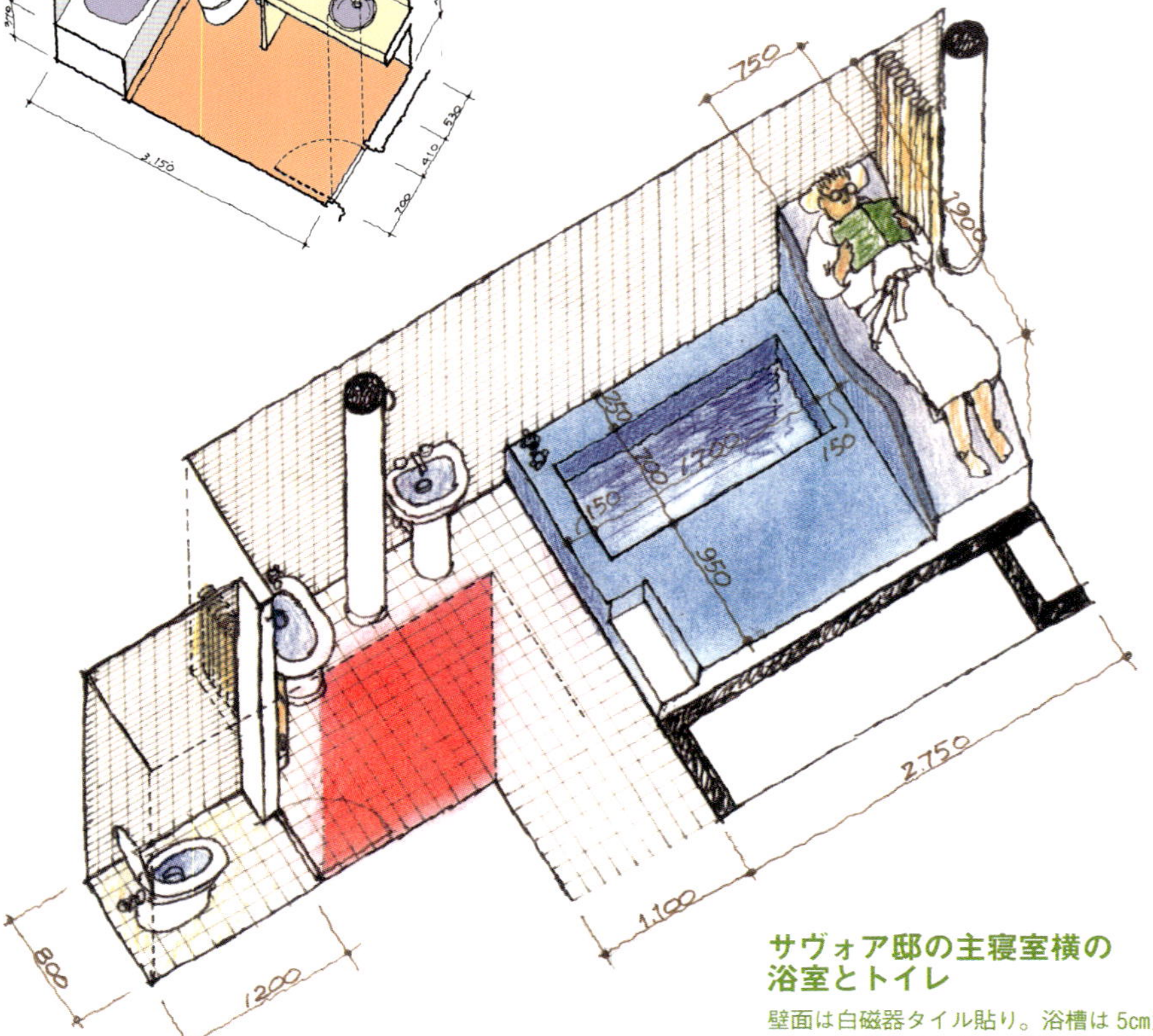

サヴォア邸の主寝室横の浴室とトイレ

壁面は白磁器タイル貼り。浴槽は5cm角のトルコブルーのガラスタイル。寝椅子部分はグレーのガラスタイルで仕上げられている

浴室やトイレは用事が足せればよいというものではない。入浴は身体を清潔にするという衛生上の目的に加えて、一日の疲労をとり、そして、精神を休めるという心理的な意味合いももっているのである。

そのため、オープンな露天風呂感覚の浴室やバスコートをもった浴室をつくる家も少なくない。

サヴォア邸のバスルームは楽しすぎる

このサヴォア邸の主寝室と一体となったバスルームほど有名なバスルームはないだろう。寝室とはカーテン一枚で仕切られ、天井にはトップライトが切られ、そこからさんさんと日が差して外のような雰囲気である。そして、仕切りも少なくオープンであること、浴槽の横には寝心地の良さそうな寝椅子が造りつけられるなど、ユニークなデザインがたくさん見られる。

勿論、サヴォア邸はそれまでの住宅の概念を変えたのだが、それと同じく入浴の概念をも覆した新しいバスルームといえる。

ファンズワース邸の浴室とトイレ

一般的なバスルームと変わらない

（撮影：栗原宏光）

トイレの動作空間とトイレ空間

トイレはタオルやトイレットペーパー、便器清掃用具などの収納が必要である

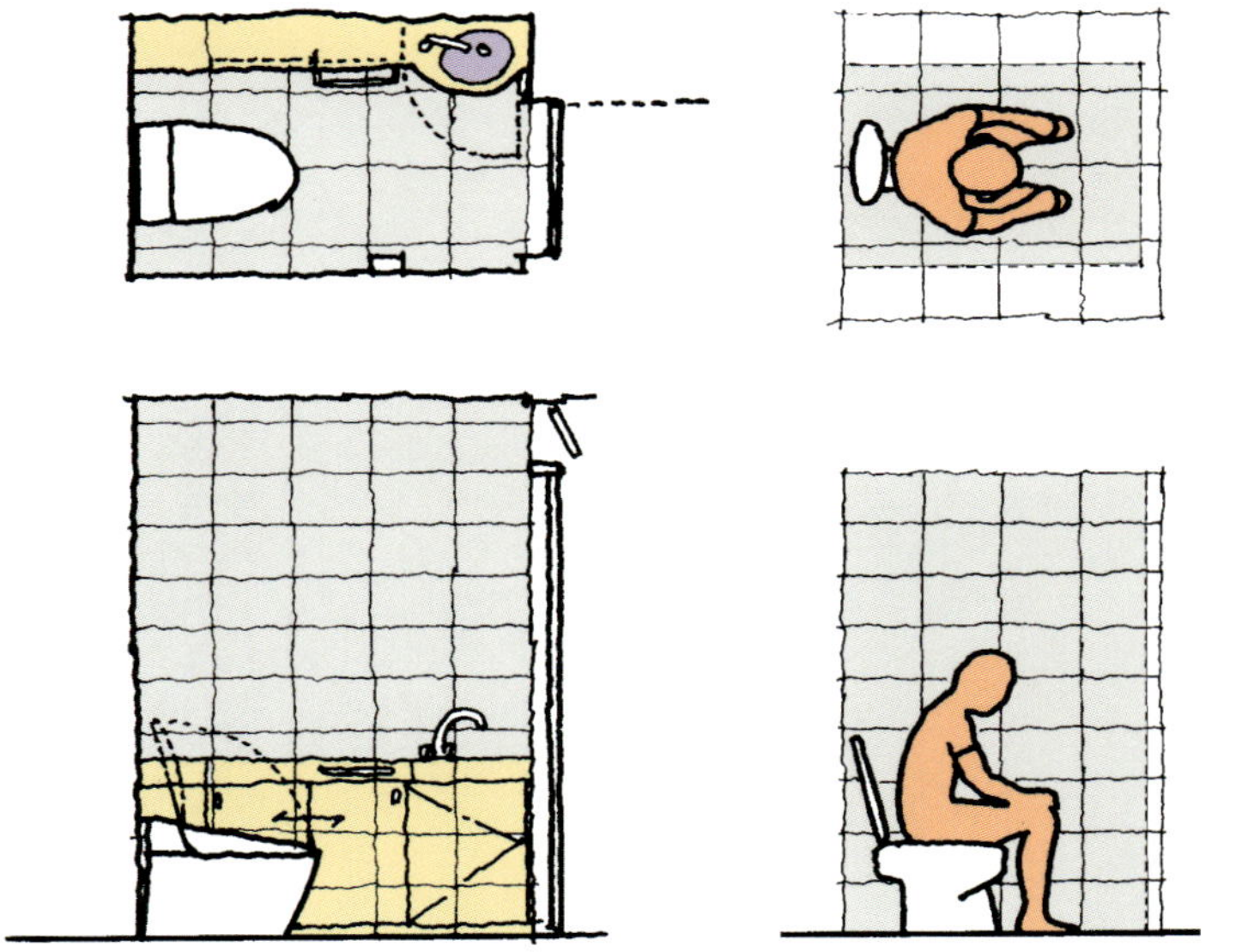

動作空間　　動作　S＝1：50

車椅子の洗面所とトイレの動作空間

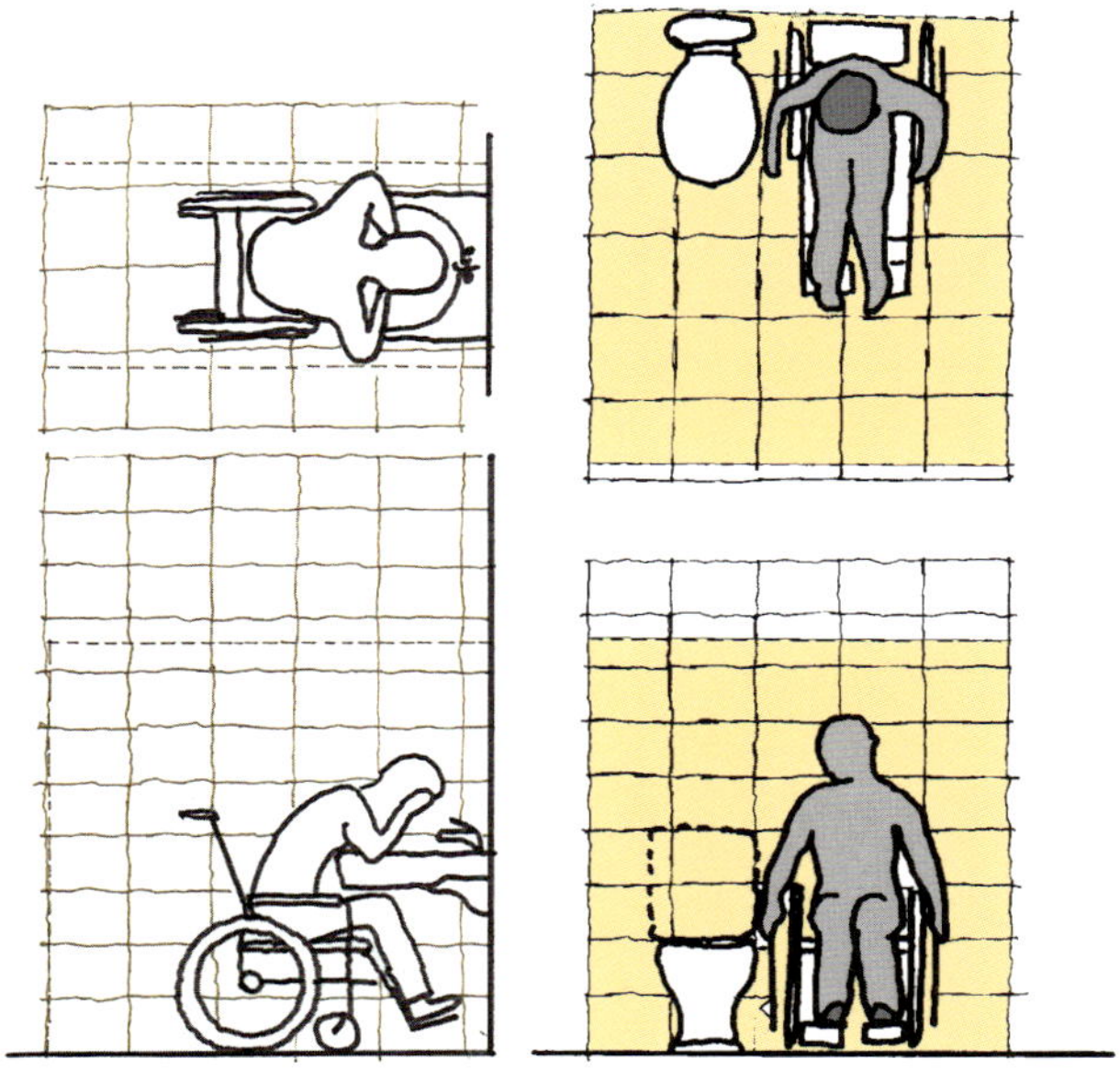

洗面　　トイレ　S＝1：50

身障者の人の洗面、トイレ、入浴には適切な手摺や器具の配置、そして、十分なスペースが必要である

一般的な浴槽、洗面一体型プランの寸法

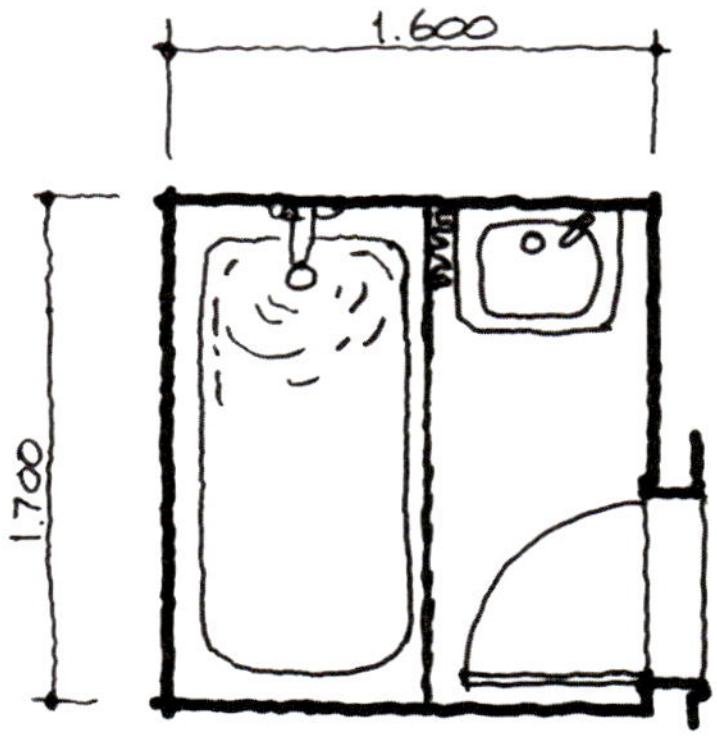

S＝1：50

一般的な浴槽、洗面、トイレ一体型プランの寸法

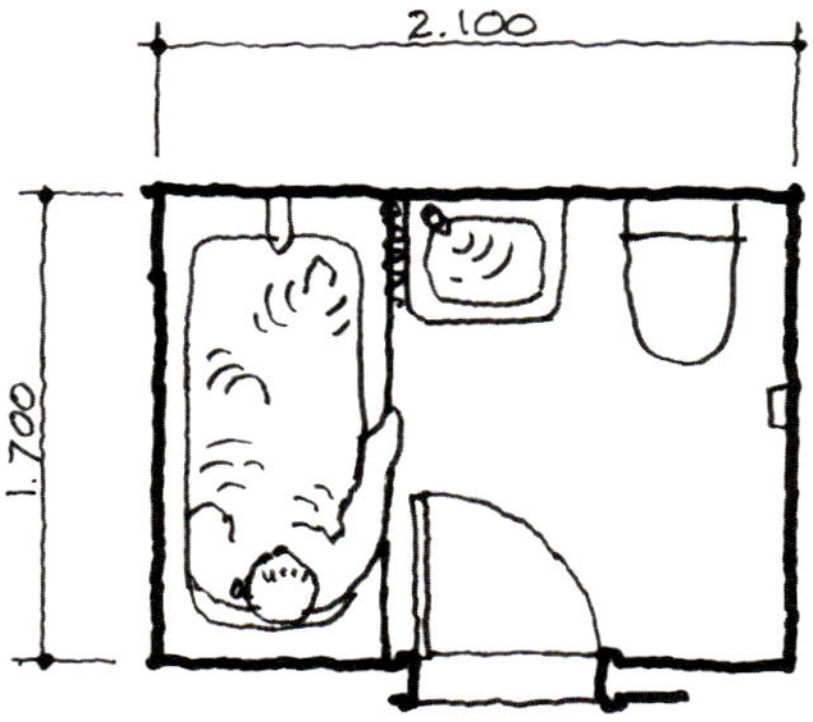

S＝1：50

12

上下階の接続詞、階段とスロープ

サヴォア邸のスロープ

2階中庭から屋上へ上がるスロープ

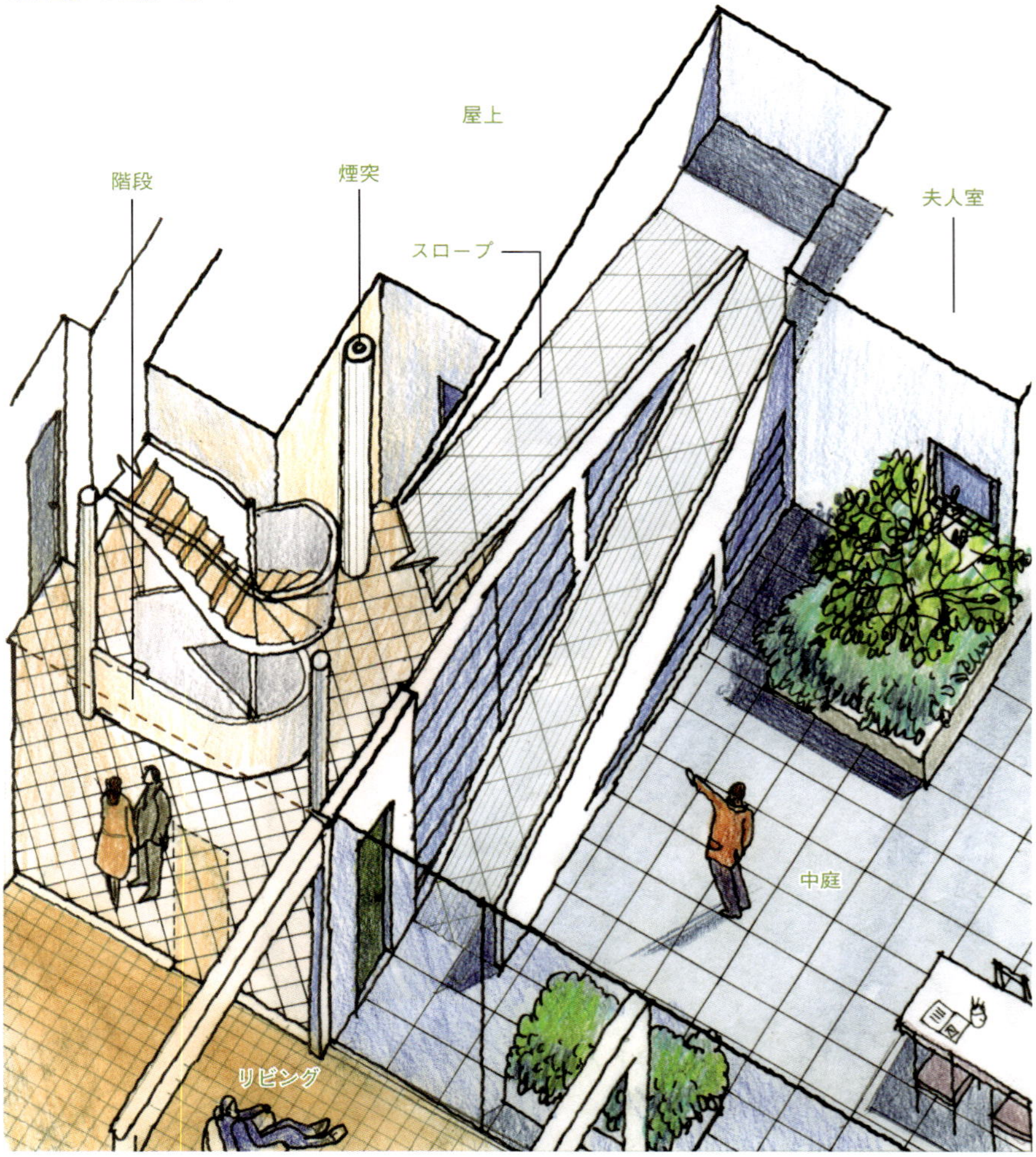

上下階を移動するには階段、またはスロープが必要である。階段は最も一般的な昇降装置である。時には吹き抜け空間にらせん階段を設け、空間の演出にも一役買うことも少なくない。ただ、階段はデザイン性ばかりでなく安全に昇降ができなければならない。住宅に合った階段の形態と、踏《ふ》み面《づら》、蹴《け》上《あ》げの適切な寸法を踏まえて設計しなければならない。

また、バリアフリーにはスロープが必要である。車椅子が昇降できる適切な勾配を知っておこう。

コルビュジエはスロープ好きだった

スロープは上下階をスムーズに連結するため、空間が一体として認識される。コルビュジエはこの斜路を好み、多くの建築の中に用いている。ただ難点は勾配を緩くすると、面積が多く必要になることである。

しかし、スロープはバリアフリーには欠かせない存在である。サヴォア邸には階段もあるが、やはり、上り下りの主役はスロープである。

スロープの勾配

サヴォア邸のスロープ　(1/6)

自動車　(1/8)

車椅子　(1/12)

階段の蹴《け》上げと踏《ふ》み面《づら》の寸法

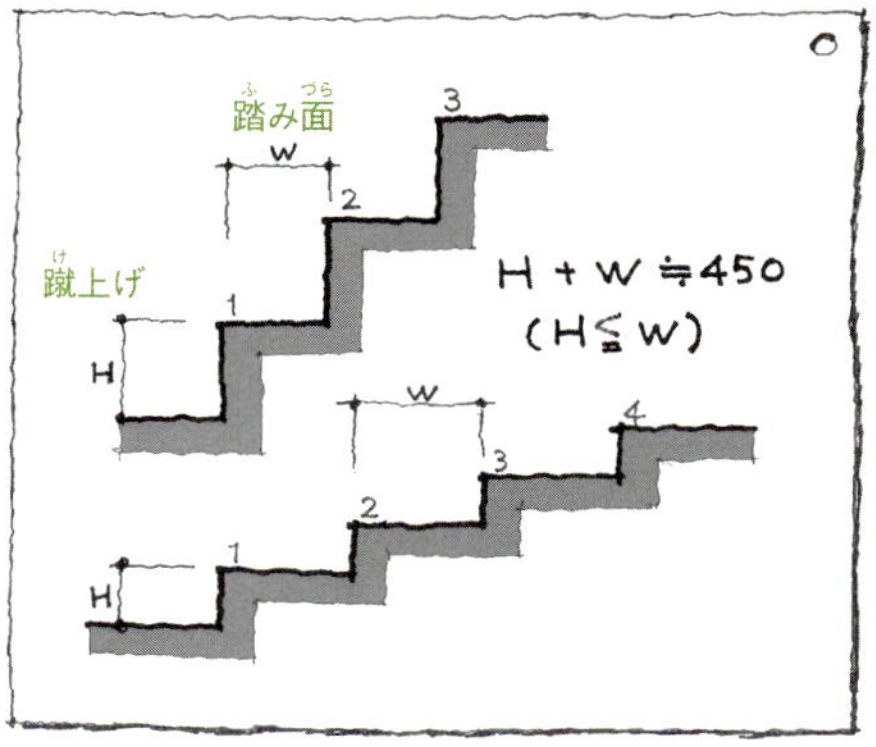

階段の種類

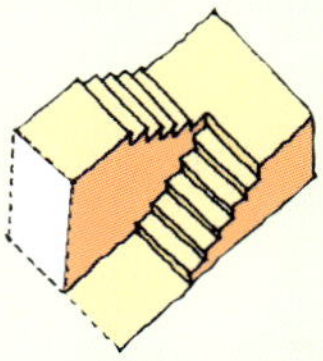

折り返し階段

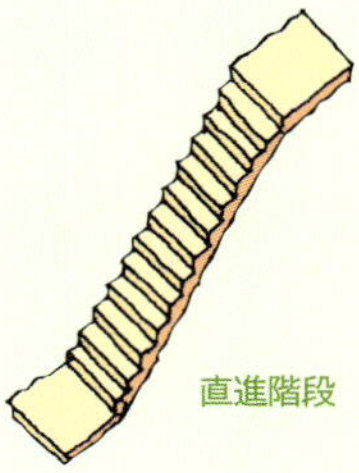

直進階段

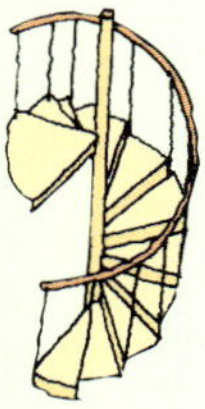

らせん階段

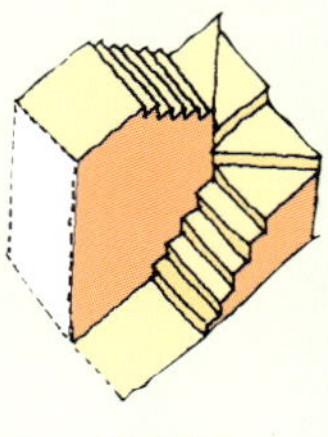

回り階段

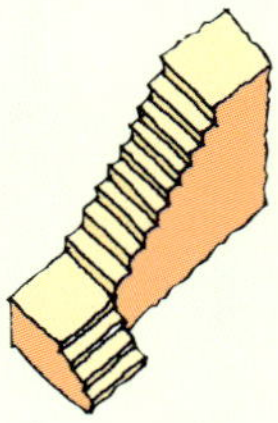

折れ階段

階段は床の変形

階段は上の階の床が段になった

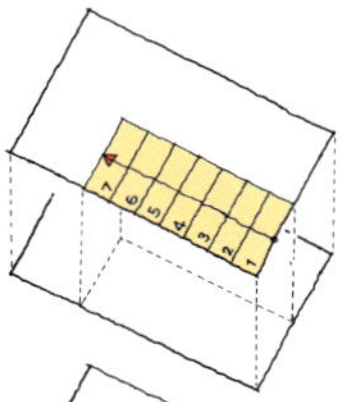

上階の床に段板を描く

階段が一枚ずつ落ちていく

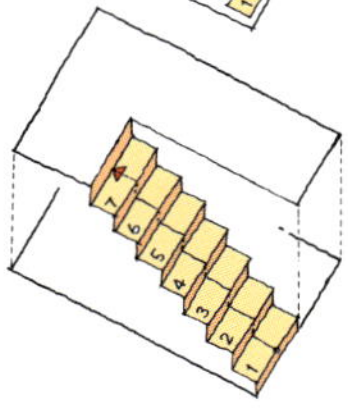

蹴込み板をつけて完成

サヴォア邸断面図

サヴォア邸のスロープは6分の1勾配。1階から屋上まで昇ることができるが、2階から屋上へ昇るスロープは屋外である

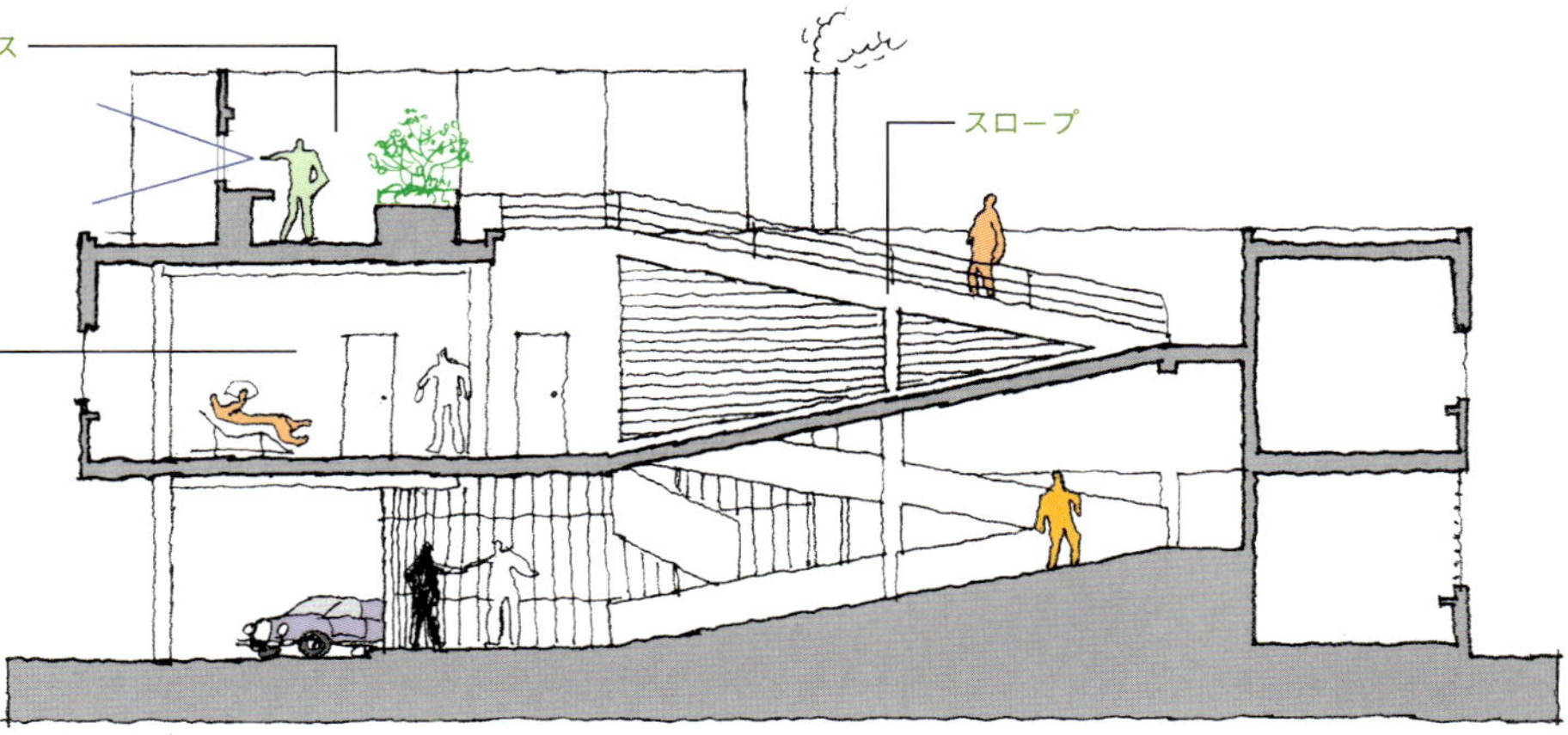

S＝1：200

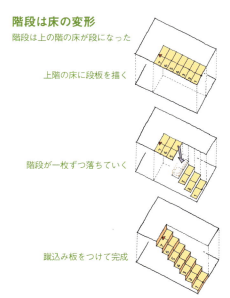

COLUMN

リートフェルト：家具デザインからの出発

この本に書かれている7人の建築家は、正規の建築教育を受けずに、設計事務所で修行して建築を学んだ人が多いが、リートフェルトの場合はまず家具だった。彼の父が家具職人だったため、11歳半から実際に家具を作る職人として弟子入りする。父親は要望に応じて、どんな様式の家具でも作ったが、当時芸術に興味があった人たちの間では、フランク・ロイド・ライトの家具が流行っており、リートフェルトも「ライト風」家具の製作を通して、モダンデザインを学んだ。建築家はデザインを構想する専門で、実際に自分の手で建築や家具を作ることは少ないが、リートフェルトにとって家具のデザインと製作は一体のものであったのである。

家具のような住宅

リートフェルトはレッド&ブルー・チェアで一躍有名になり、36歳の時シュレーダー邸の設計で建築家デビューを果たしたが、家具職人であった経験からか建築に対する考え方には独特なものがあった。まず、西欧では建築は堅牢で耐久性があることが重要だとされていたが、彼には長い風月に耐える住宅を作る考えがなかった。重々しい伝統的な家具を作ることから、軽やかなレッド&ブルー・チェアのデザインに移行したように、建築に関しても彼はそれまでの重厚で堅牢な住宅のように作らなければならないという考えから開放されていたのである。それによって、シュレーダー邸は周辺の住宅と比べものにならないほど軽やかなデザインになった。

また、リートフェルトにとってシュレーダー邸は竣工した時点が完成形ではなく、いつでも必要に応じて変更し続けるものであった。住宅が使われ始めると、設計時に予想していなかった要望がいくつも出てきた。この住宅は一時期、部分的にテナントに貸し出され、一時は幼稚園になったりもしたが、リートフェルトはその都度、求められている機能に合わせて住宅を改造することにためらいがなかった。その柔軟性は自らの手で実験的な家具を製作していた姿勢に通じている。

現在、博物館の管理下にあるシュレーダー邸は竣工当時の状態に修復されている。その姿はリートフェルトにとって終点ではなく、出発点であったことを覚えておきたい。

（松下希和）

2000年に世界遺産に登録されたこの住宅は現在「リートフェルト・シュレーダー邸」と呼ばれている

5章 室内環境のデザイン

1 窓の役割 光・空気のコントロール

室内の環境には、建築や家具などのモノだけでなく、明るい・暗い、暑い・寒いなどの感覚を引き起こす光や空気、音など目に見えないものも大きく影響する。これらを上手に利用し、コントロールする計画を考えることが重要である。

この章では特に光環境を中心に考えてみたい。まずは外から光や空気を採り入れる窓を見てみよう。

窓—日射や換気の制御

窓は建築物を外から見たときに一番目立つ要素の1つで、意匠的にも重要だが、室内の居心地を左右するものでもあるので、その機能を十分把握しておく必要がある。窓には主に

①光を通す
②風を通す
③視線を通す、

という3つの機能がある。

窓にはさまざまな形や大きさ、開き勝手の種類があり、得意な機能が異なるので、設置する位置、方角、大きさや部屋の用途などに合った種類を検討する必要がある。その代表的な種類と機能の例を次に挙げる。

窓の機能

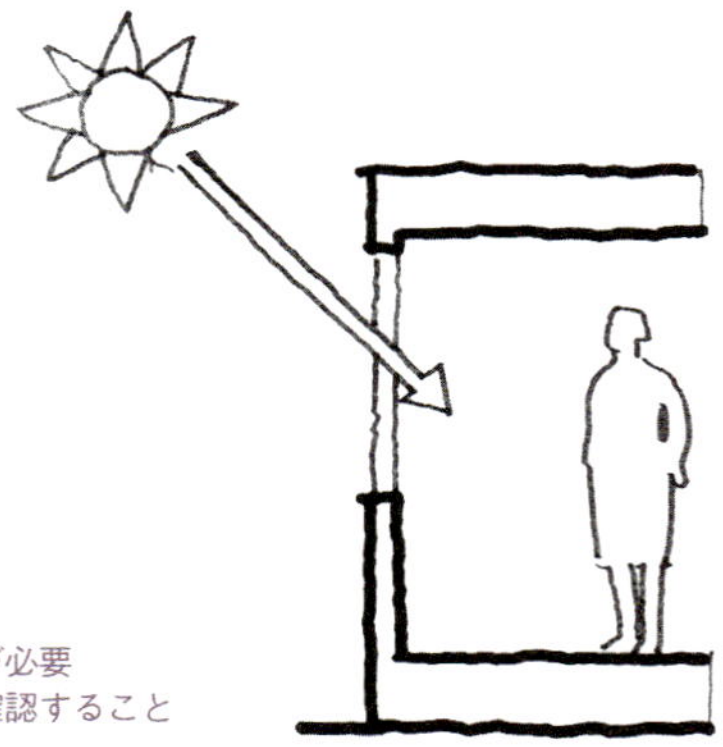

①光を通す
・室内の明るさに影響
・眩しくならないような注意が必要
・熱も取り込むので、方位を確認すること

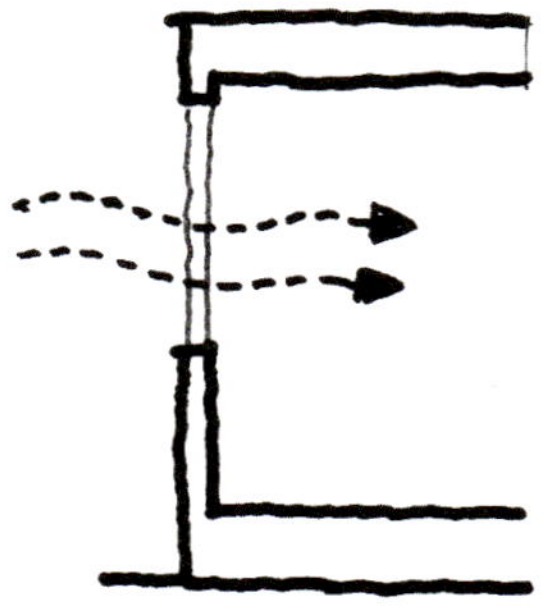

②風を通す
・室内に新鮮な空気を取り入れる
・敷地の風向きによって換気量が変わる
・窓の開き方と空気の流れの関係

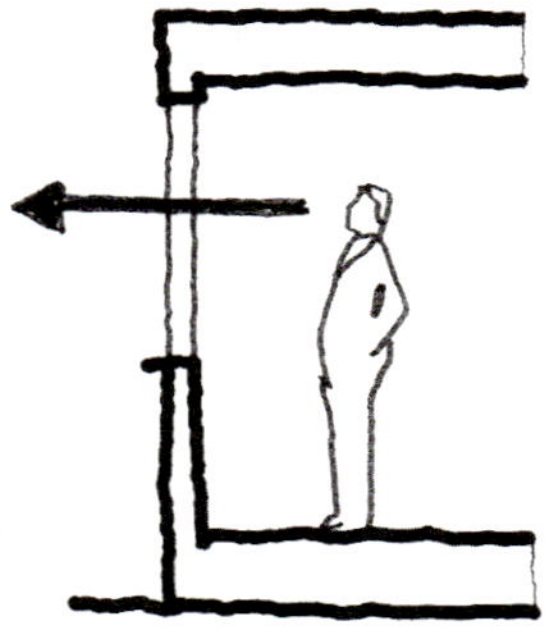

③視線を通す
・外の景色を見通せ、室内に広がりが生まれる
・反対に外から内も見えてしまうので、特に室内の方が明るくなる夜間などプライバシーに配慮する

②全面ガラスの窓で景色を満喫

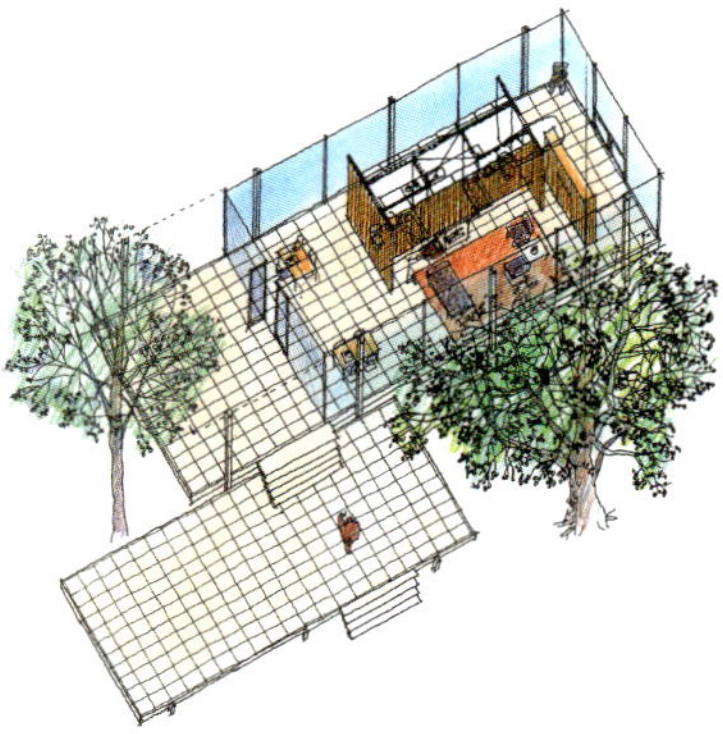

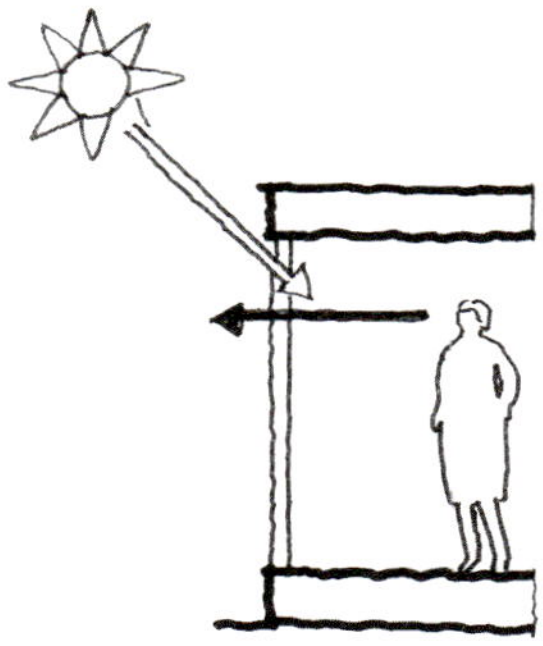

視線と光を通す窓

ファンズワース邸
(1951年)／イリノイ州プラノ(アメリカ)
ミース・ファン・デル・ローエ

ファンズワース邸は敷地周辺の自然環境を室内に取り込むため、外壁のすべてが床から天井までのガラスでできている。眩しすぎたり、屋外の寒暖が室内環境に影響しやすいといった問題はあるが、屋内にいながらまるで屋外にいるような感覚を覚える、自然に包まれた別荘である

(撮影：栗原宏光)

全面ガラス窓の特徴は、屋外の景色を十分室内に取り込めることである。しかし、中から屋外がよく見えるように、外からも室内が見えるのでプライバシーに十分配慮する必要がある。採光も十分取れるが、窓の方位によってはまぶしかったり、暑くなりすぎたりすることもある。遮光にはカーテンを掛けることで多少は問題が解決するが、熱を通しにくくするためには、窓ガラスを2重にしたり表面に熱を反射する加工をしたほうが有効である。

また、大きいガラス面は開閉が難しいため、一部窓を分割して開閉可能にするなど、換気の方法を別に考える必要がある。

ファンズワース邸の窓

ファンズワース邸は4面すべてが床から天井までのガラスの窓でできている。これによって、広々とした周辺の緑あふれる自然環境を室内においても十分楽しむことができる。寝室側の窓が一部分割されていて、足元の小さい窓から換気ができるように考えられている。

3 小さくても部屋が明るくなる 壁の上に付いた窓

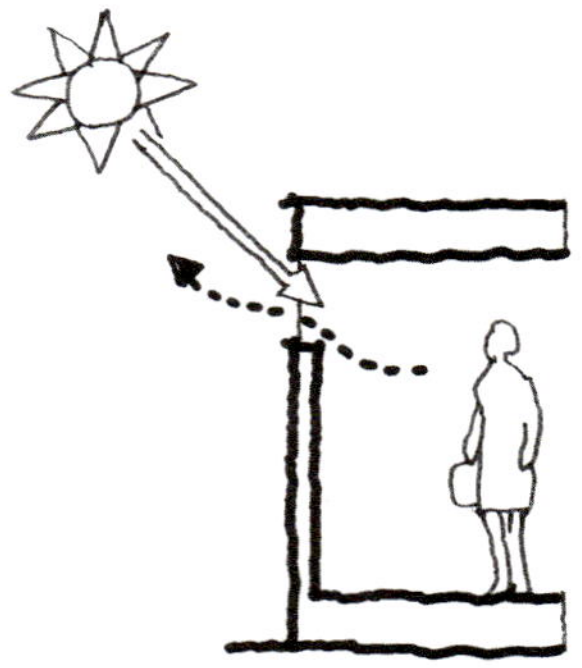

光と風を通す窓

小さな家
(1925年)/ヴェヴェイ(スイス)
ル・コルビュジエ

小さな家の客用寝室の天井は東に向いて高くなり、そこにハイサイドライトがついているため、光はまず傾いた天井に反射し間接的に室内を明るくする。そのため、光が遠くまで差し込むだけでなく、眩しさも軽減することができる

傾いた天井に反射して、日射がリビングまで届くようになっている
客用寝室
リビング

壁の上部の天井に近い位置に付けられた窓は、日射が入り込む位置が高いため光が壁や天井に反射するので、部屋の奥まで光が届きやすく、窓の面積のわりに効率的に明るさを得ることができる。

また、目の高さで視線が通らないので、プライバシーを守りたい部屋や外の景色があまり魅力的でない場合などにも使われる。

暖かい空気は上昇する性質上、換気にも有効なので、開閉が可能なほうが良いが、手の届かない高い位置にあるものは、開閉するための工夫が必要になる。

小さな家のハイサイドライト

小さな家の客用寝室の上部のハイサイドライトは東を向いており、目覚める頃に朝日が差し込んでくるよう考えられている。また、この部屋はリビングルームと可動間仕切りで隔てられているので、間仕切りを開け放つと、ハイサイドライトからの光はリビングまで届く。この窓は開閉できないため、換気の機能はない。

④ 外壁が構造から解放されてできた横に連続した窓

縦長窓との違いを表したスケッチ

通常の縦長窓（右）だと部屋の中の明るさにムラが出るが、横長水平窓（左）を使うと部屋全体に一定の明るさが保てる

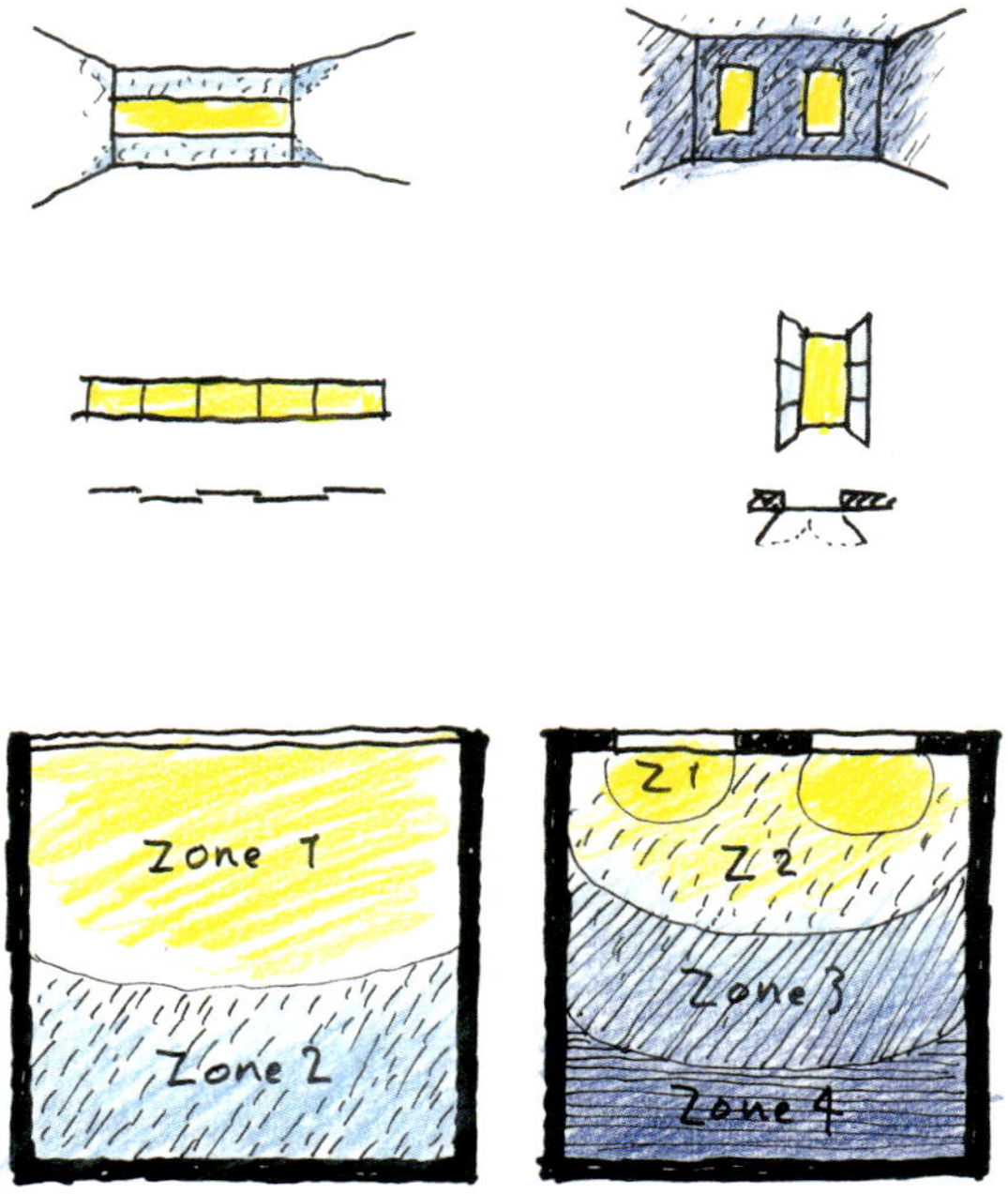

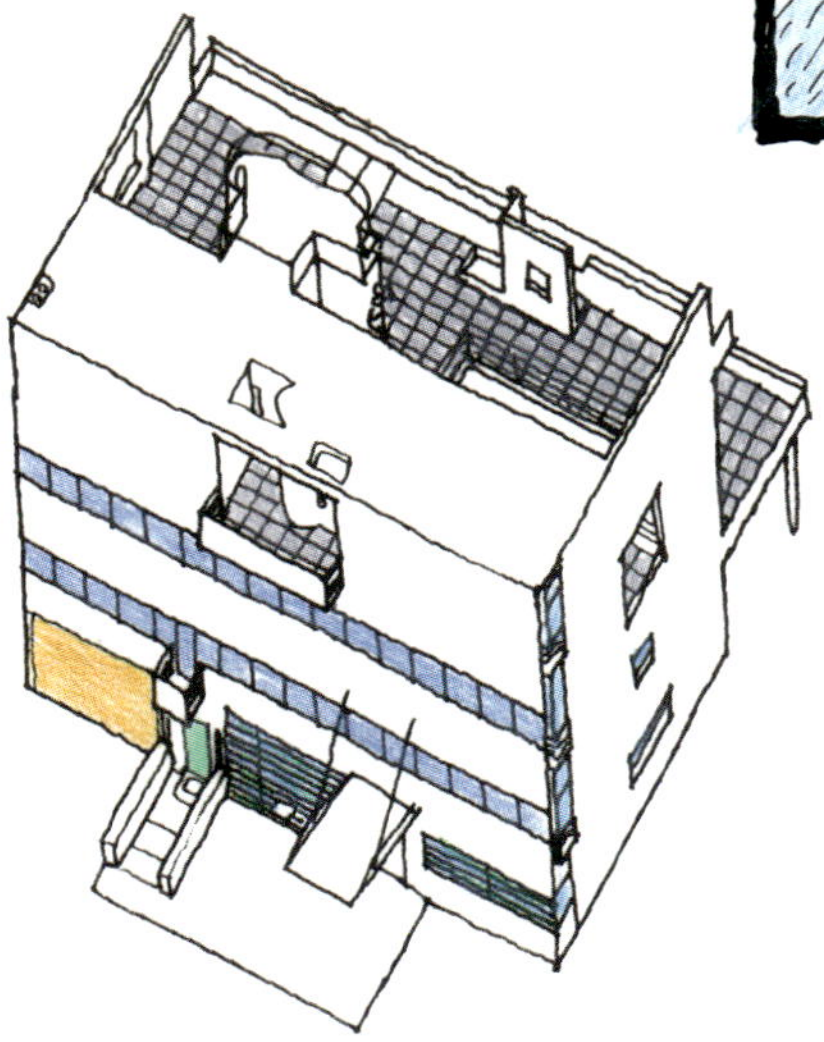

ガルシュの家
(1927年)／ガルシュ(フランス)
ル・コルビュジエ

スタイン家とド・モンヅィ家の２世帯住宅だが、横に連続した窓のついた外壁からは、１世帯ごとの領域が見分けにくいデザインになっている

近代以前には外壁が建築物の荷重を支えていたので、窓は壁の耐力を損なわない数と大きさにしか開けることができなかった。このため多くの建築物の窓は縦長であった。コルビュジエは壁の代わりに建築物の室内側に立てた柱で建築物の荷重を支えることで、自由に窓が開けられるようにした。窓が横に広くとれるようになったことで、風景をパノラマで楽しめるようになり、さらに縦長窓と異なり、部屋の中にムラなく光を取り込むことが可能になった。また、横長の窓は分割しやすいので、開閉窓をつくりやすく、自然換気にも適している。

ガルシュの家の窓

横に連続した窓が使われた初期の典型的な例。外壁を横断している2段の窓が特徴的で、外壁が建築物の荷重を支えていないことが明らかに分かる。上図と反対側の壁にも少し背の高い横に連続した窓が使われている。この時期のコルビュジエが頻繁に用いた窓の形式である。

5 形式も特徴もさまざま 開閉できる窓

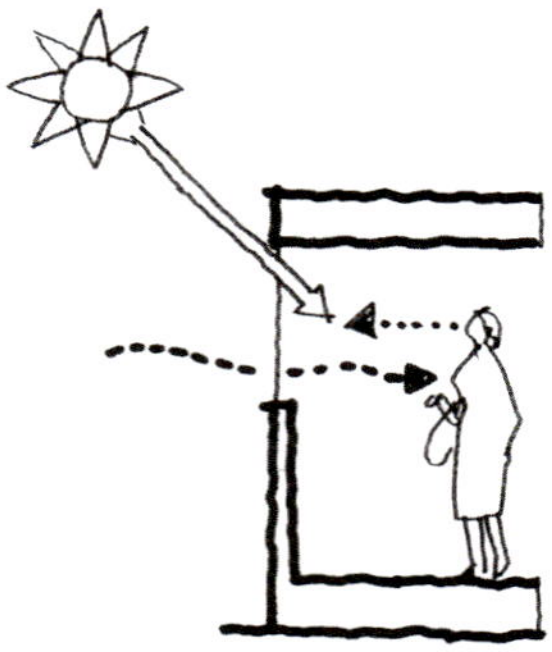

光と風と視線を通す窓

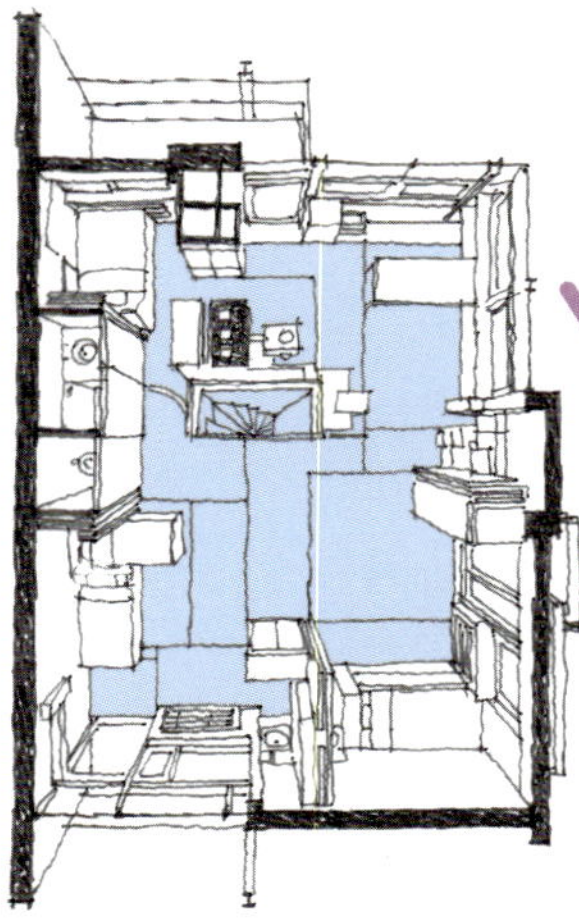

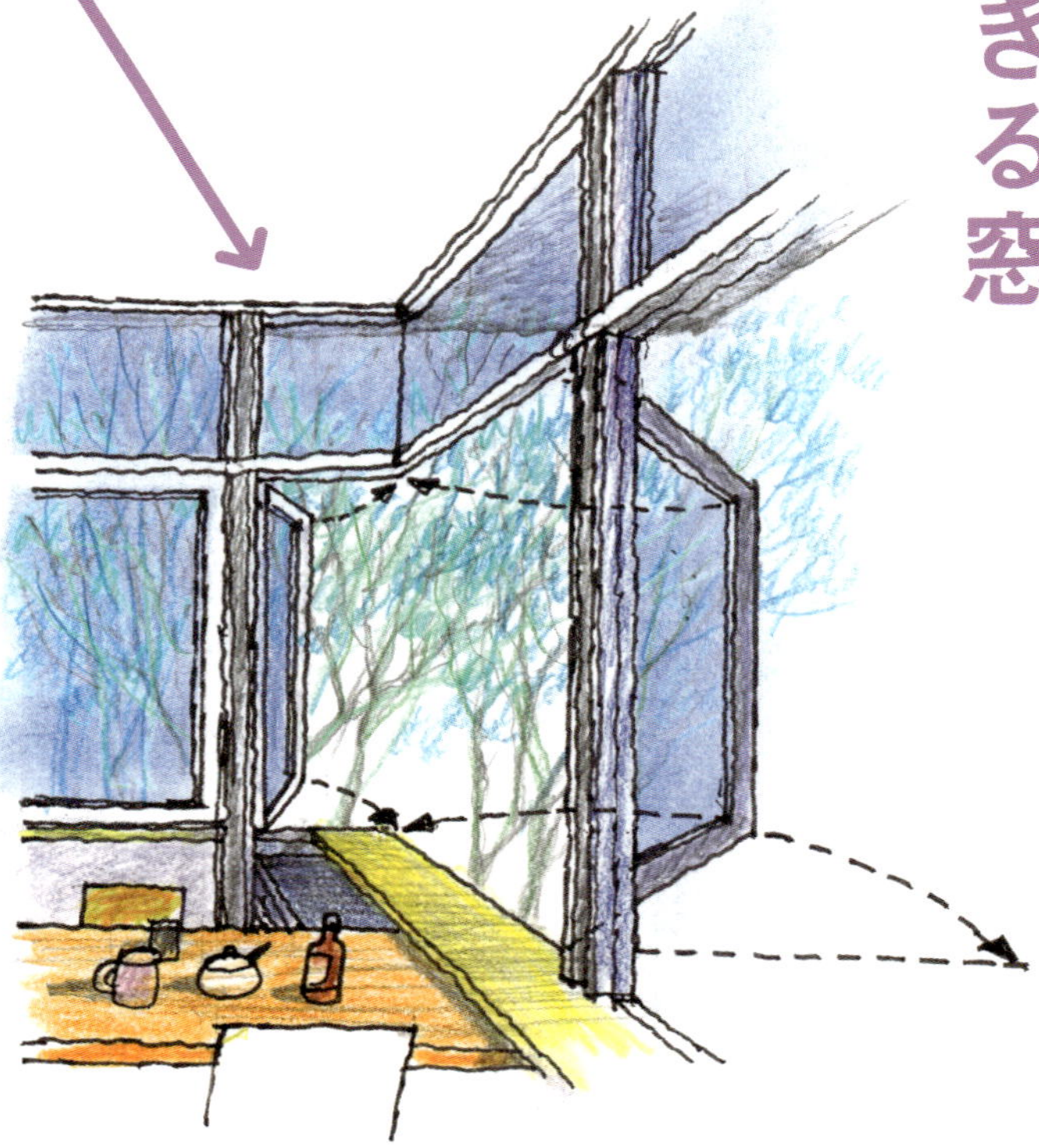

シュレーダー邸
(1924年)／ユトレヒト(オランダ)
ヘリット・トーマス・リートフェルト

このコーナーウインドウは角に柱も方立て（窓枠を支えるための垂直の部材）もないため、開けたときに角に何もなくすっきりとするところが特徴的である。コーナーウインドウは技術的に難しい問題があるが、ここぞという場面で使っている好例

一般的に多く使われるタイプの窓で、おおよそ腰から上の位置に配置される。光や視線を通すうえ、開閉することもできるため通風を取ることも可能である。開閉の機構は開き窓、引き違い窓、片引き窓、すべり出し窓などがあり、日本では引き違い窓が使われることが多い。引き違い窓は引き残しがあるため、通常窓面積の半分しか開放できないが、開き戸は全面的な開放も可能である。またすべり出し窓は突き出した窓が風を誘導するので、換気に有利とされる。それぞれの窓の特徴をおさえて計画することが大切である。

シュレーダー邸のコーナーウインドウ

この住宅には多くの開閉できる窓が使われているが、一番印象的なのはダイニング・ルームにあるコーナーウインドウである。2枚の窓を全開すると、部屋の角が消えて視界が広がり、ダイニング・ルームが外の自然と一体となる。ただし、このように大きな開き窓は風であおられやすいので、きちんと固定できる機構が必要である。

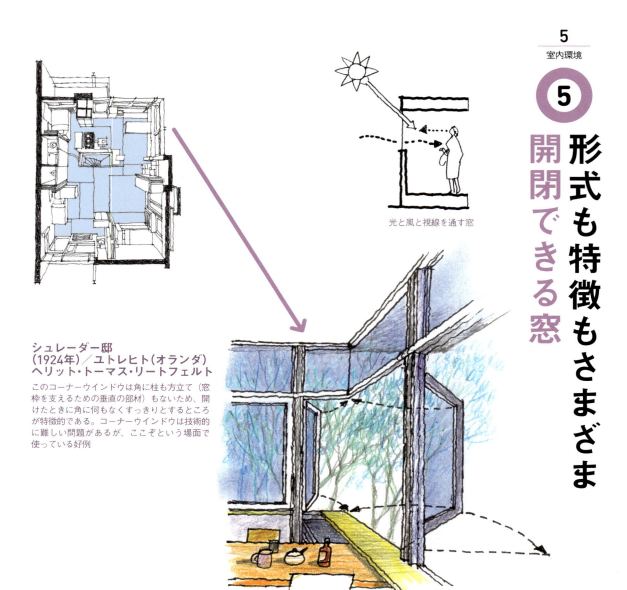

6 効率的だからこそ対策も必要 天井に付けた窓

サヴォア邸のバスルームを照らすトップライト

光を通す窓

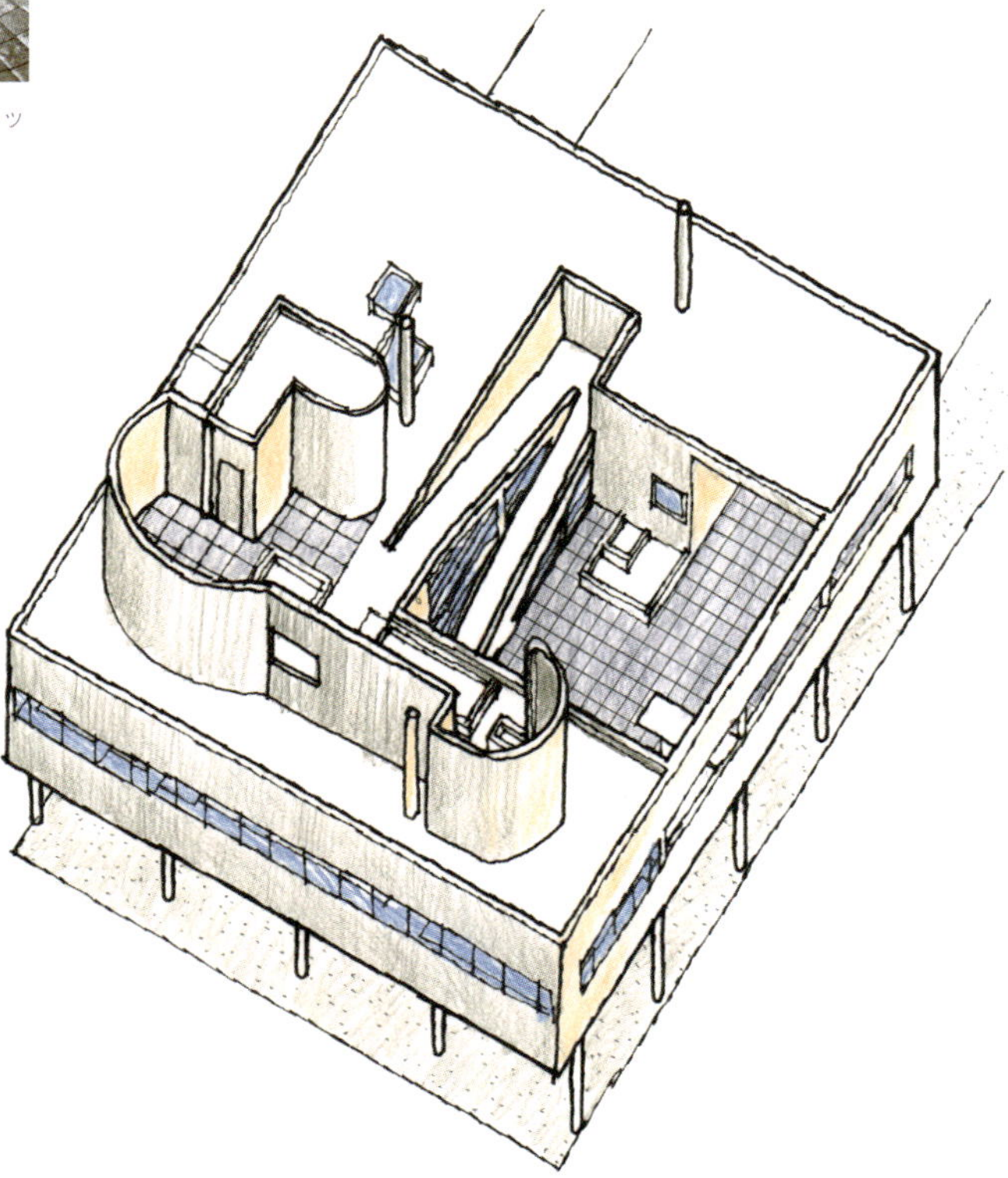

**サヴォア邸
(1931年)／
ポワッシー(フランス)
ル・コルビュジエ**

風呂や便所などプライベートな部屋のためのトップライト。屋上庭園の床面に現れる天窓のいくつかは花壇と一体としてデザインされている

側面ではなく、屋根面に開口を開けた、季節にかかわらず、採光が得られる一番効率的な方法である。壁に直接面していない建築物の奥の部屋や、プライバシーを必要とする部屋の明かり取りに使われることが多い。

少ない日射でもドラマチックな明るさが得られるが、光だけでなく熱も同じように取り込んでしまったり、直射日光が入ってまぶしいなどの問題があるので、ガラスを2重にしたりルーバーを付けたりして断熱や遮光の方法を工夫する必要がある。さらに、屋根に開口を開けるため、最も雨が浸入しやすい箇所の1つなので、計画には十分な検討が必要である。

近年ではガラスだけでなく、割れにくく耐熱性にも優れたプラスチック系新素材が使われることも多い。

サヴォア邸のトップライト

サヴォア邸では四周の窓から光が届かない建築物の奥の方に配置されている廊下や、風呂や便所などのプライベートな部屋の採光をトップライトで効果的に確保している。

7 プライバシーを守る小さな穴のような窓

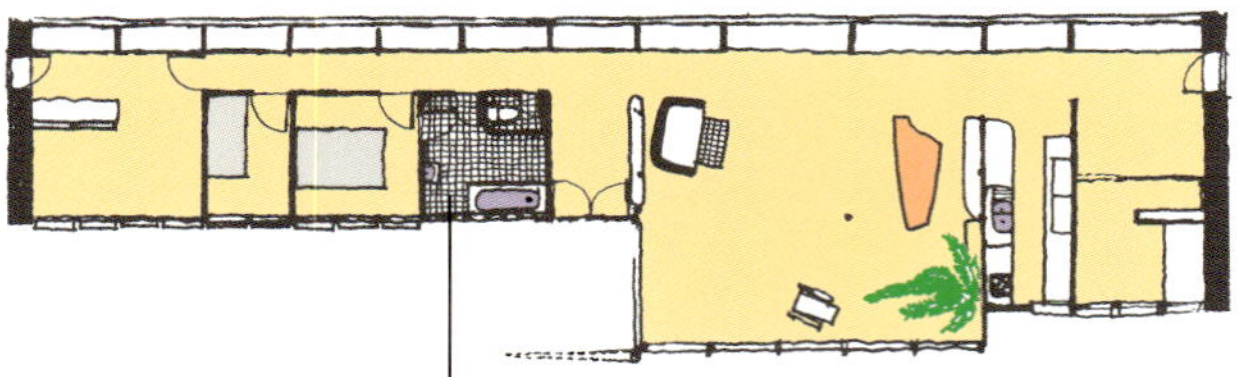
穴のような窓が
浴室に取り付けられている(写真参照)

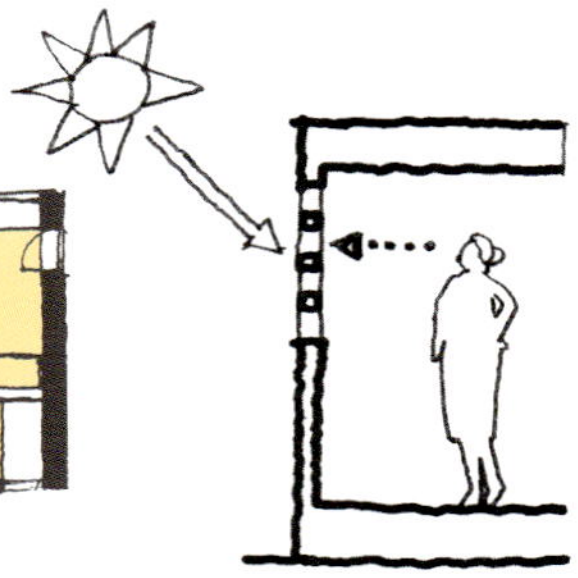
視線をコントロールする窓

ナンシーの自邸(1954年)／ナンシー(フランス)
ジャン・プルーヴェ
壁のアルミパネルは工場で作られた工業製品なので、小窓の形態が四角でなく丸いのも工業的な作りやすさからきている。住宅に珍しいタイプの小窓群がこの家に表情を与えている。カーテンの後ろの窓の一番上に換気用窓がある

壁に小さく穴を開けたような窓。あまり一般的に見かけるタイプではないが、窓が小さく外から覗かれにくいため、光を取り込みたいけれども、プライバシーは保ちたい浴室などに使うと便利である。部分的に使われるガラスブロックに似ているが、ガラスブロックのような断熱性を得るためにはガラスを2重にしなければならない。

窓が小さすぎて開閉させることが難しいため、換気には機械的な換気など別の方法を考える必要がある。

ナンシーの自邸の小窓

浴室・洗面所は工場であらかじめ組み立てられた1m幅のアルミ製パネルで構成されており、一枚のパネルにつき12個の孔が開けられ、それが窓になっている。

洗面所の明かりには十分な日射を取り込みつつ、視線は通しにくいのでプライバシーを保てる。小窓は開閉できないので、換気の問題は窓の1つにガラスの代わりにファン（換気扇）を付けて換気用とすることで解決していて同様な窓がキッチンにも使われている。

8 日射をコントロールする 外に日よけが付いた窓

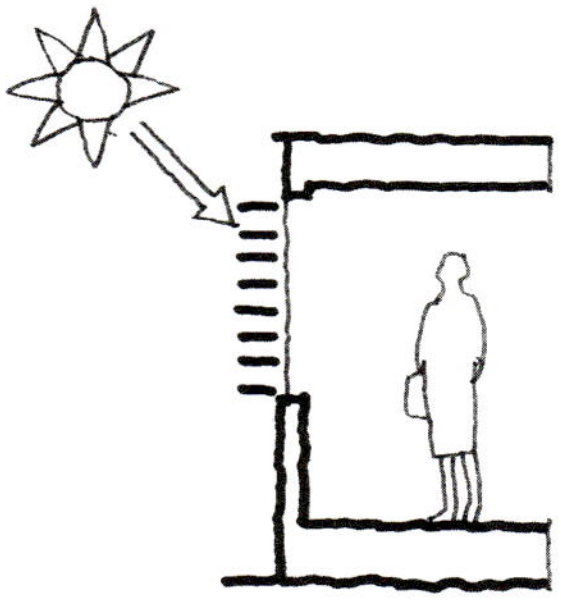

光をコントロールする窓

コルビュジエはマルセイユのユニテ・ダビタシオンにおいて日射の取り込み方を検討した

夏は日差しが暑いので、太陽高度が高いことを利用して庇のようなものを窓の外につけることで日射を遮る。冬は太陽高度が低いため、庇の下から明るく暖かい日差しを部屋の奥まで取り込むことができる

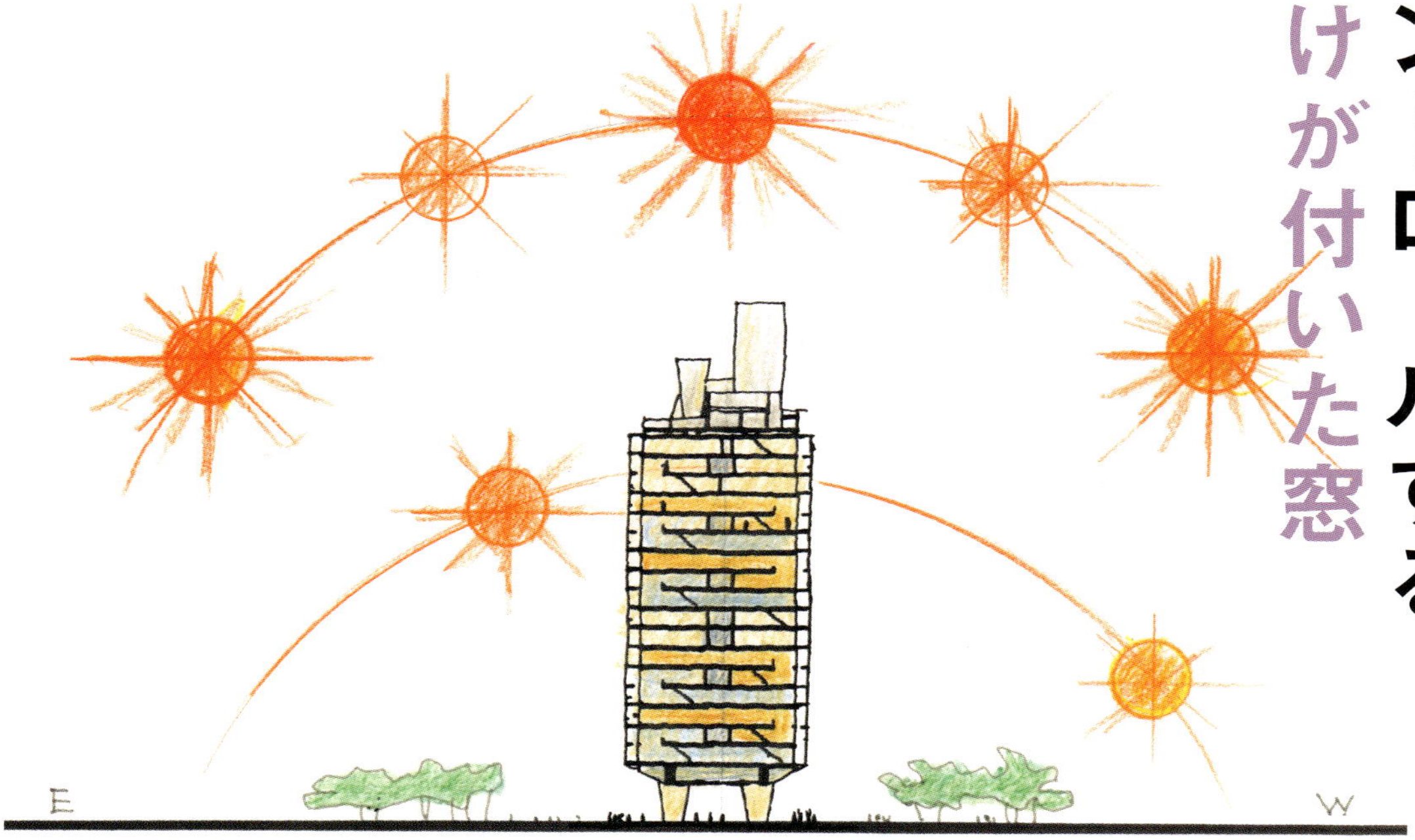

日差しの強い夏場には外部からの熱は遮断することが求められる。その場合には日射を屋内に入る前に窓の外で遮蔽したほうが室内に熱を取り込まないので効果的である。

窓の外に設置する日よけの代表的なものとしては庇がある。適切な庇の奥行きや長さは開口が向いている方位や太陽高度を十分に調査して検討したい。季節や太陽の向きによって日よけの角度を変えることができる外付けブラインドなども効果的である。冬場は夏場と反対に積極的に日射を室内に取り込めるようにするなど、一年を通じて心地良い居住環境をつくることができるように、日射の制御方法を工夫しよう。

ブリーズソレイユ

ブリーズソレイユは遮光のために窓の外に設けられたルーバーで建築と一体化して設計されたもの。コルビュジエが命名し、好んで用いた環境制御装置である。マルセイユのユニテ・ダビタシオンでは太陽高度との関係から庇のような横型のものと、一部縦型のコンクリート製ルーバーが付けられた。

9

明かりの計画

全体を均一に明るくでは不十分

アールトの建築化照明

アールトがキャンパスを計画したヘルシンキ工科大学（現アールト大学）

ヘルシンキ工科大学図書館（1969年）／ヘルシンキ（フィンランド）アルヴァ・アールト

アールトはよく建築化照明の手法を使った。この図書館の部分では２方向から傾斜している天井を照らしている。天井が明るく照らされていると、部屋全体が明るく感じられる効果がある。実際に読書をするところには、別のタスクライトが用意されている

自然光が十分でない部屋や夜間は人工的な照明を使う。照明の考え方には大まかに言って全般照明と局部照明がある。

全般照明とは部屋全体をむらなく照らす方法のことで、局部照明とは必要な場所に重点的に配置する方法のことである。局部照明は通常何かしらの作業が行われるところを照らすので、タスクライトとも呼ばれる。たとえば、勉強机に置くデスク・ランプのようなものである。

効果的な照明とはただ全体を均一に明るくすることでなく、部屋の用途や大きさにふさわしい明かりが必要な箇所に灯っている状態である。光だけでなく影の部分をつくることによって、部屋に奥行きや立体感をもたらす。

具体的な照明のデザインは大きく分けると、光源を建築の中へ組み込んで一体としたもの（建築化照明）と個別の照明器具を建築の壁や天井に取り付けたり、床やテーブルに置いたりするタイプに分類できる。

建築化照明の明かり

建築化照明は建築の一部に照明を取

さまざまな照明器具

ヤコブセンが建物から照明器具、家具までデザインしたSASロイヤルホテルの606号室。天井からの光だけでなく、さまざまな場所を局部的に照らす照明で、雰囲気のある部屋を作り出している

建築化照明
本文を参照

シーリングライト
天井に取り付ける照明器具。部屋全体をある程度均一に明るくしたい場合に使われることが多い

ペンダントライト
天井から吊り下げる照明器具。主に食卓の上や吹き抜けなどの天井が高い空間に使われる

フロアランプ
床に置くタイプの照明器具。手元を明るくするタイプと、天井などを照らして、間接的に部屋全体を明るくするタイプがある

デスクスタンド
読書や勉強をする際にデスクに置いてタスクライトとして使われることが多い

テーブルランプ
テーブルの上に置くタイプの照明。用途はフロアランプに似ている。どちらもコンセントがあれば移動可能だが、あらかじめ必要と思われる箇所にはコンセントを用意しておきたい

他には、ダウンライト、スポットライト、シャンデリア、ブラケット、フットライトなどの照明器具がある

り付けて、光を天井や壁に反射させることで、間接的に部屋を照らす方法である。光源が直接見えないので、器具の存在感を感じさせることなく、その部屋に合わせたオリジナルな雰囲気を計画することができる。

一般的な照明器具の明かり

照明器具には上の図のようにさまざまな種類がある。部屋全体の照明として主に使われるのはシーリングライトや天井に照明器具を埋め込んで設置するダウンライトなどである。建築化照明やブラケットのように壁や天井に光を当てて、反射の光で明るくするタイプは間接照明と呼ばれる。フロアランプ、デスクスタンド、テーブルランプは局部照明として使われることが多く、簡単に必要な場所に移動できるのが魅力である。照明器具の中に入れる光源には、白熱灯、蛍光灯、ハロゲンランプ、メタルハライドランプのほかに、最近では省電力で注目されているLEDなどがある。それぞれの特徴を踏まえて適所に配置しよう。

次のページからは、7人の建築家が設計した照明器具を紹介する。

10 特定の場所のためにデザインされた照明器具たち

Golden bell
(1937年)
アルヴァ・アールト
(Artek)

右図はサヴォイレストランで現在も使われている様子

アルテック・ビルベリー BILBERRY
(1950年代後半)
アルヴァ・アールト

ルイ・カレ邸のためにデザインされた照明器具。壁の絵を照らすだけでなく、暖炉周りで読書や新聞を読む際の手元灯としても考えられている

建築家が照明器具をデザインするのは、たいてい設計している建築物にふさわしい照明がほしいときである。ここに紹介する二人の北欧建築家、アールトとヤコブセンは特に多くの照明器具をデザインし、それらは現在でも生産・販売されているが、本来は特定の場所のために考えられたものなのだ。

アールトの照明

アールトは生涯にわたって自分の設計した建築物のために照明器具をデザインし、改良していった。Golden bellはサヴォイレストランの内装の仕事でデザインしたペンダントライト。鐘のような形の金色の真鍮製シェードは食卓に暖かい光を落とすだけでなく、縁にあけられた穴からやわらかな光が拡散する。ただ白熱灯の熱がこもりやすい欠点があったため、後年アールト自身の手により改良版がつくられた。BILBERRYと呼ばれる左右非対称のペンダントライトは美術収集家のカレ氏の住宅で、壁に掛けてある絵画を照らす照明や手元灯として設計された。このライトのシェードは回転して、照

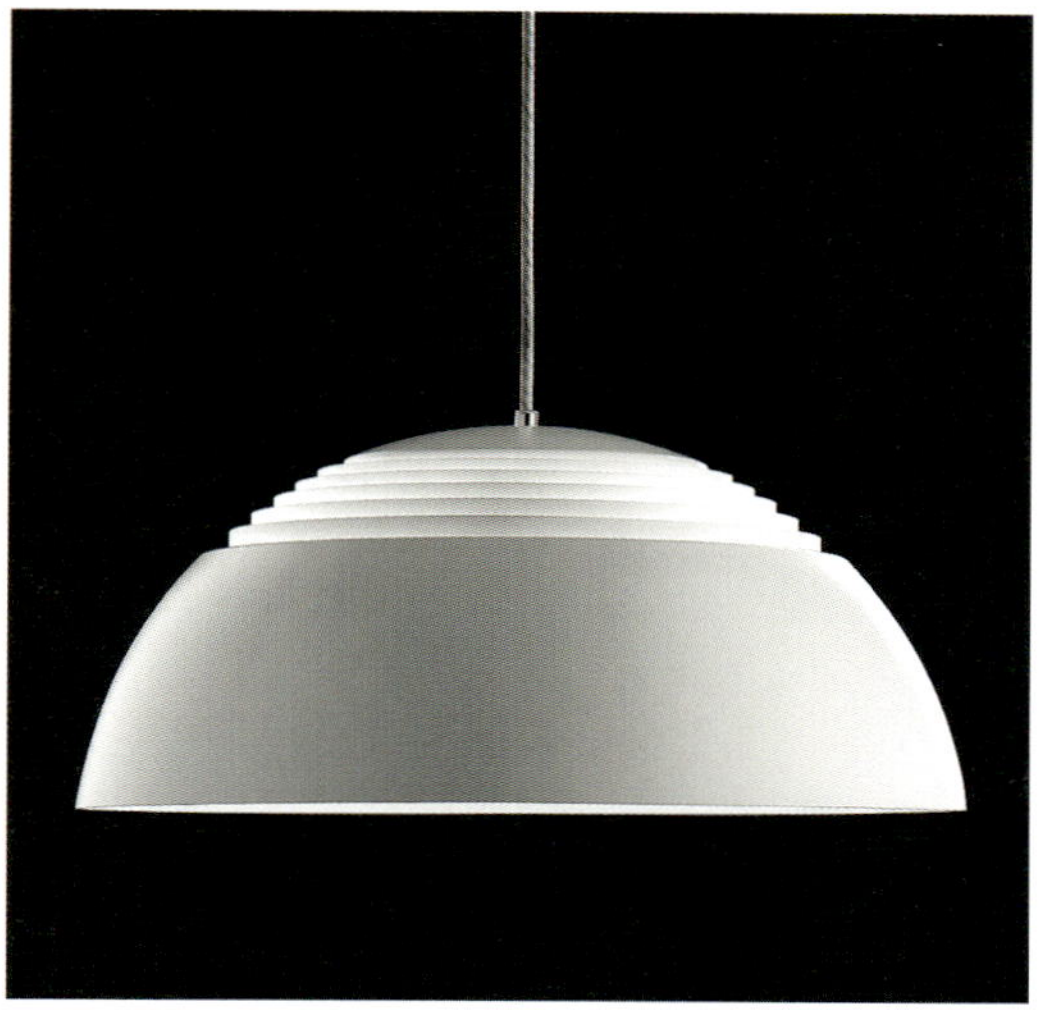

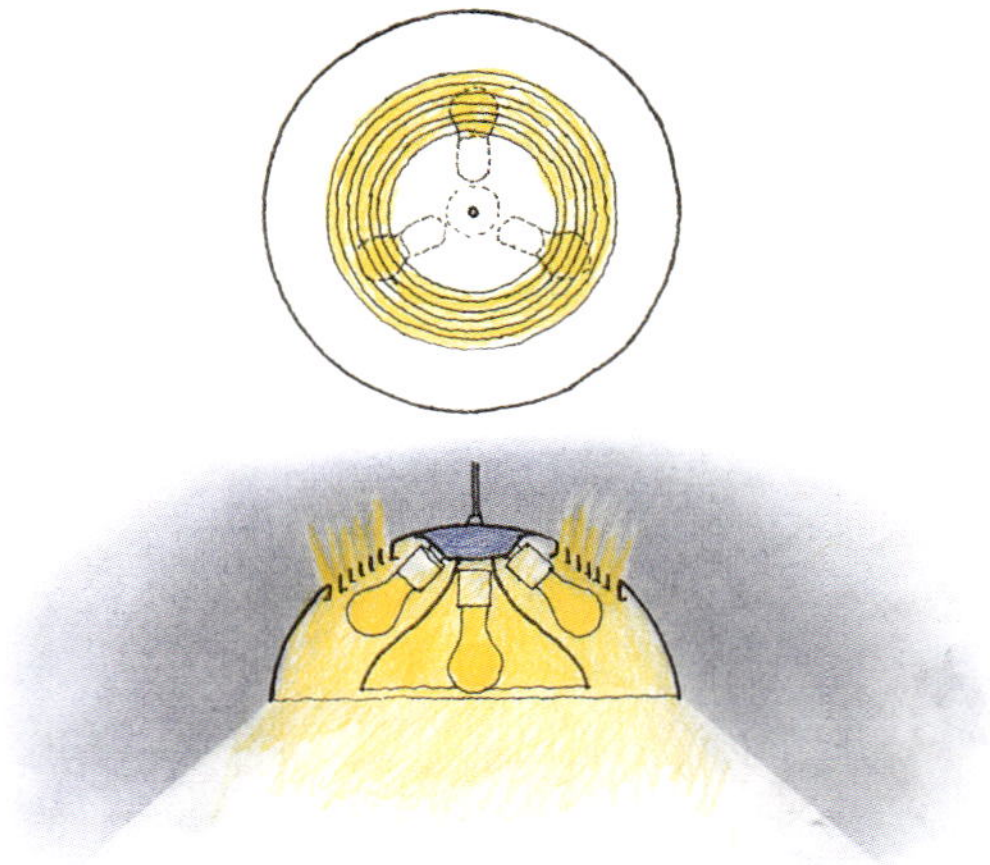

AJロイヤル（1959年）アルネ・ヤコブセン（ルイスポールセン）

シンプルな形のシェードの中に4個の光源が入っており、上下面を照らす

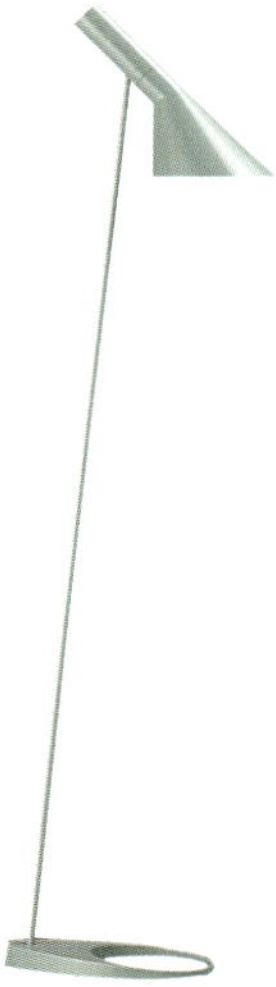

AJフロアランプ／AJテーブルランプ（1959年）アルネ・ヤコブセン（ルイスポールセン）

照明器具の色はさまざまあるが、シェードの内部は光を反射しやすいよう白色に塗られている

らしたい方向に向けることができる。また〝コケモモの実〟という名のごとく、愛らしいかたちが、照明をつけていないときも、部屋のアクセントになっている。

ヤコブセンの照明

上図のヤコブセンの照明器具は、すべて彼が設計したコペンハーゲンのSASロイヤルホテルのためにデザインされたもので、ヤコブセンの名前を広く知らしめた。ペンダントライトのAJロイヤルは、半球型のシェードの下を照らすだけでなく、上部のルーバーから上に向けて拡散する光がやわらかく天井を照らす。主にダイニングやラウンジで使われ、暖かくリラックスできる雰囲気をつくり出した。AJフロアランプは斜めに切られた円錐形のシェードが特徴的な照明器具で、光を必要とする方向にシェードの角度を変えることができるようになっている。また、AJテーブルランプはAJフロアランプの背が低いバージョンだが、卓上に置いて低い位置から光を照らすので、光の拡がりを得やすいようにシェードが大きく設計されている。

写真協力：ヤマギワ株式会社

11 彫刻的、建築に溶け込む さまざまな照明器具……

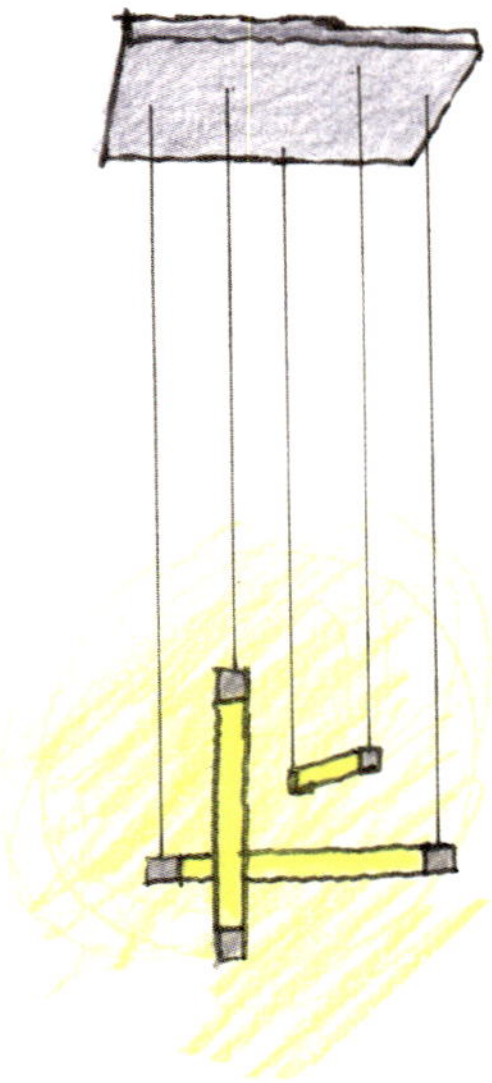

吊りランプ
(1920年)
ヘリット・トーマス・リートフェルト

水平と垂直の部材の構成が強調された彫刻的なデザイン

(左)タリアセン1、(右)タリアセン2(1925年)
フランク・ロイド・ライト
あたたかみのあるチェリー材で作られた照明器具
(写真協力：ヤマギワ株式会社)

照明器具のデザインには彫刻的な形態を追及するアプローチもある。リートフェルトの吊りランプは彼の家具のデザイン同様、「デ・スティル」の原理に基づいた水平と垂直の部材の構成が強調されたデザインである。ライトにも同様の姿勢が見られ、自邸（タリアセン）のために設計された照明器具の、特にフロアランプ（タリアセン2）は光を照らすという機能以上に、木製のブロックから放たれる光も含めて形態を見せる照明器具である。

反対にプルーヴェの壁付照明器具は光源がそのまま見える簡素なデザインだが、光が必要な所に簡単に向きを変えられるようになっており、経済的で合理的な彼のデザインに対する姿勢を反映している。

ミースは特定の部屋のために照明を設計したアールト、ヤコブセンとは異なり、部屋の用途にかかわらず共通の照明器具をつけることが多かった。

7人の建築家は皆、空間において光を重要視していたが、照明器具に対するスタンスはそれぞれ異なることが分かる。

**スイング・ジブ・ランプ
(1950年)
ジャン・プルーヴェ**

光源がそのまま見える、壁付ランプ。光が必要な方向に自由に向きを変えられるようになっている

**シーリングライト
(1930年)
ミース・ファン・デル・ローエ**

シンプルなガラス製のシーリングライト。クロームメッキの留具はバルセロナ・パビリオンなどで使った十字型の柱を思い起こさせる

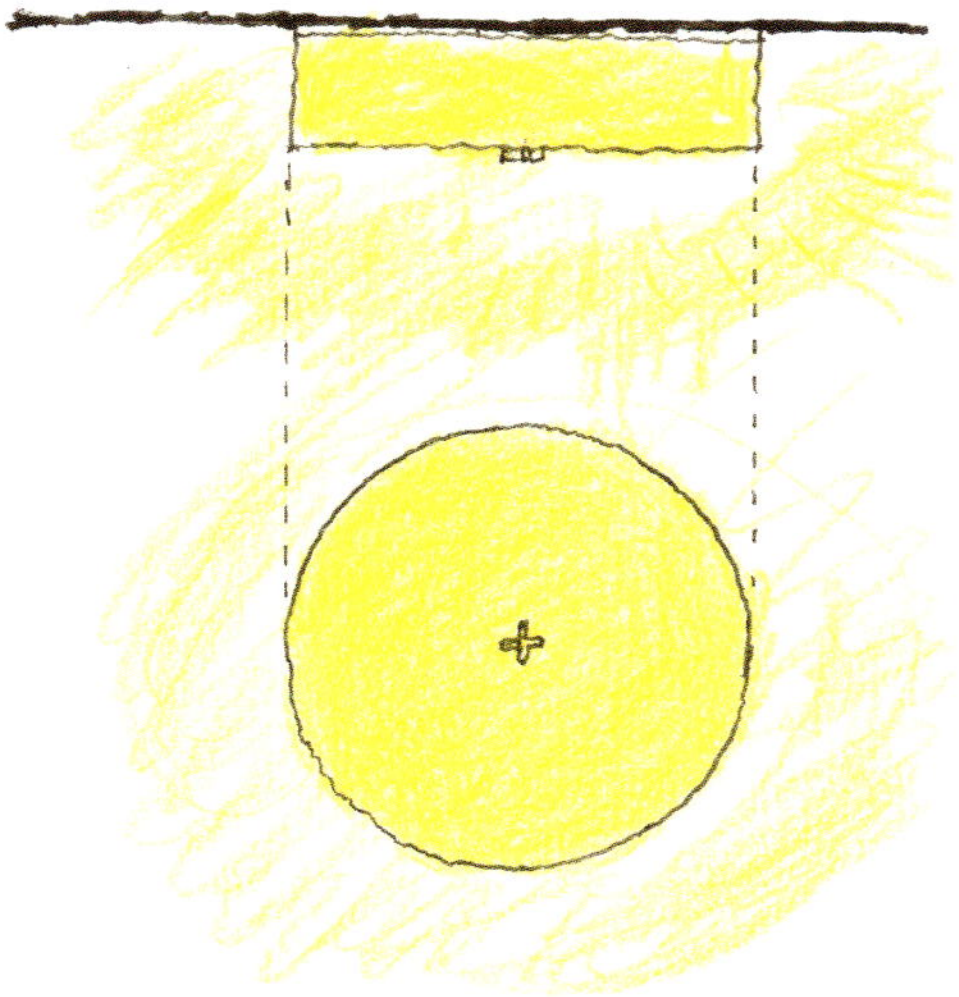

**サヴォア邸
(1931年)
ル・コルビュジエ**

器具としては目立たず、建築の中に溶けこむ線状の照明器具。天井を照らして間接的に部屋を明るくする仕組み

12 自然光と照明の組み合わせ

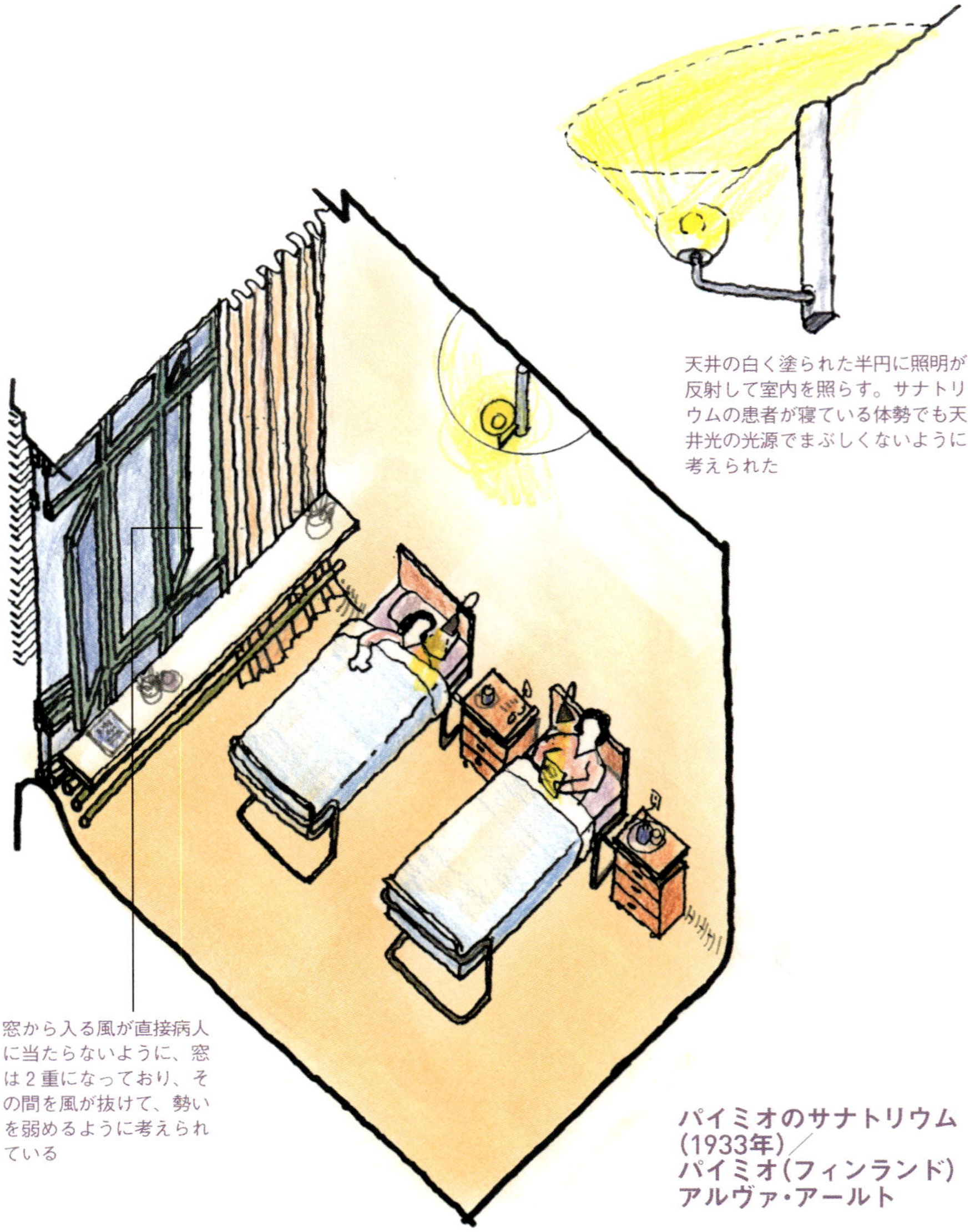
天井の白く塗られた半円に照明が反射して室内を照らす。サナトリウムの患者が寝ている体勢でも天井光の光源でまぶしくないように考えられた
窓から入る風が直接病人に当たらないように、窓は2重になっており、その間を風が抜けて、勢いを弱めるように考えられている

パイミオのサナトリウム（1933年）／パイミオ（フィンランド）アルヴァ・アールト

日中はできるだけ人工照明に頼らず、自然光だけで暮らせることが望ましい。しかし、時間帯や天気によっては自然光だけでは明るさが足りないことがあるので、自然光と人工照明の両方を活用した、総合的な計画をする必要がある。照明計画で気をつけたいのは、ただ明るさが足りているかということだけでなく、その光の性質がその部屋で行われる活動にふさわしいかどうかである。

横たわっている病人のための光環境

アールトの作品例を見てみよう。上の図はサナトリウム（療養所）の病室である。部屋の片側には窓が大きく取られており、森や庭を見渡せ、自然光と風が差し込む。そして、人工照明としては、一日のほとんどを横になって過ごす病人にとってまぶしくないように、通常の天井照明でなく、光源が上を向いていて、病人の視野に入らないものをデザインし、さらに天井面を照明の周りの一部分を除いて暗い色に塗ることで、落ちついた環境をつくっている。

ヴィープリの図書館
(1935年)／ヴィープリ(ロシア)
アルヴァ・アールト

天窓を通した自然光の場合

太陽光がどんな角度で照らしても、スカイライトの大きさと天井の形状で光を拡散させてから部屋に降り注ぐようにデザインされている

人工照明の場合

天井に取り付けられた反射板の付いた照明器具は直接床を照らすのではなく、白い壁を照らして、いったん光を反射させることで、多方向に拡散された光になる

読書に適した光環境

また、アールトはヴィープリの図書館の設計で、「図書館においては、光がまず第一に考察されるべきものである。」と考え、読書にふさわしい光を追求した。そして、直接的な強い光よりも、さまざまな方向に反射し、拡散した光が斜めから本のページを照らすほうが、読書をしている人がどんな姿勢をしていても手暗がりになることもなく、落ちついて読書ができると考えた。そのほうが、棚に並べられた本の背にも均等に光が当たり本が探しやすい。そこで、自然光は高い天井に開けた天窓から取り入れつつも、光を拡散させるような天井の断面形状をデザインした。人工照明を使う場合も、同じ光の質を保つために、反射板の付いた照明器具を使って光を拡散させただけでなく、照明をいったん白い壁に当てて反射させ、光が本のページを斜めから照らすような計画になっている。

全体照明だけでなく新聞のラックや、デスク用にも、特別なタスクライトをデザインして総合的に居心地のよい読書空間が作られた。

COLUMN

フランク・ロイド・ライトが残したもの

帝国ホテルの建設

時代が明治から大正に移ったころ、日本は急速な近代化の中にあった。外国からの賓客も多くなり、彼らを迎えるための西欧式の宿泊施設の必要に迫られ、政府はホテル建設委員会を設立する。そして委員会はライトに設計を依頼することにした。従来の外国からやってきた建築家たちは、お仕着せの欧米スタイルの建築を造ったが、ライトは日本の伝統、地勢、風土など、設計に必要な諸条件を調べ上げ、「日本の文化と伝統を尊重する」という考えをホテル建設のコンセプトの一つに加えたのである。

大谷石と石工たちの技術

そこで、ライトは北関東に産する大谷石に着目する。凝灰岩の大谷石は門や塀などに使われていたが、目も粗く風化しやすい安価な石材であった。その安物の石材をライトが帝国ホテルに使うという話が委員会に届くと、委員会は外国からの賓客を迎えるホテルにはふさわしくない建材であるとクレームを付けた。それに対し、ライトは大谷石が日本独自の石材であると主張した。確かに大谷石は粗野で荒い質感だが、花崗岩や大理石のように硬く冷たい感じはなく、柔らかく温かみを感じる石材である。ライトは根気よく、それを強く主張し委員会を説得したのである。おそらくライトは、豪華に装飾された空間で賓客を迎えるよりも、独自の素材をそのまま生かした空間で迎えるほうが、はるかに日本らしい控えめな精神性を表現できると感じたに違いない。

そして、施工に入ってもライトは大谷の石工たちの優れた技術を高く評価し、彼らの意見やアイデアを尊重し、実際の建築物に反映させたのである。

ライトの遺産

旧帝国ホテルがライトの遺産の1つであることはまぎれもない。

大谷を訪れてみると、ライトから影響を受けた石工たちの仕事をあちこちに見ることができる。蔵や公共建築のファサードのアールデコ調の装飾は、石工たちが旧帝国ホテルの仕事から帰ってくる以前には見られなかった装飾であり、彼らがこのホテルの仕事から学んだ結果に違いない。

彼らはライトから多くのものを学んだが、ライトも彼らの優れた技術から教えられたことは少なくなかったはずである。

（中山繁信）

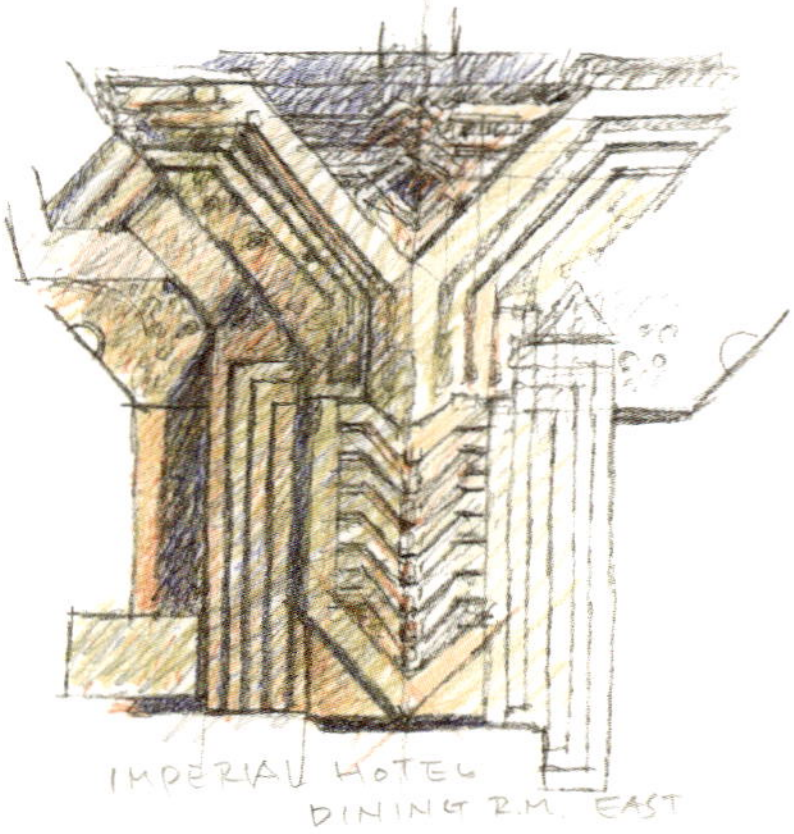

旧帝国ホテルの食堂東壁面の大谷石の装飾

6章 住宅デザインのポイント

1 はじめに
2 かたち
3 家具・インテリア
4 寸法
5 室内環境
6 住宅
7 集合住宅
8 街並み

① 住宅設計のポイント
ハウスからホームを目指せ

①敷地状況を読み込む

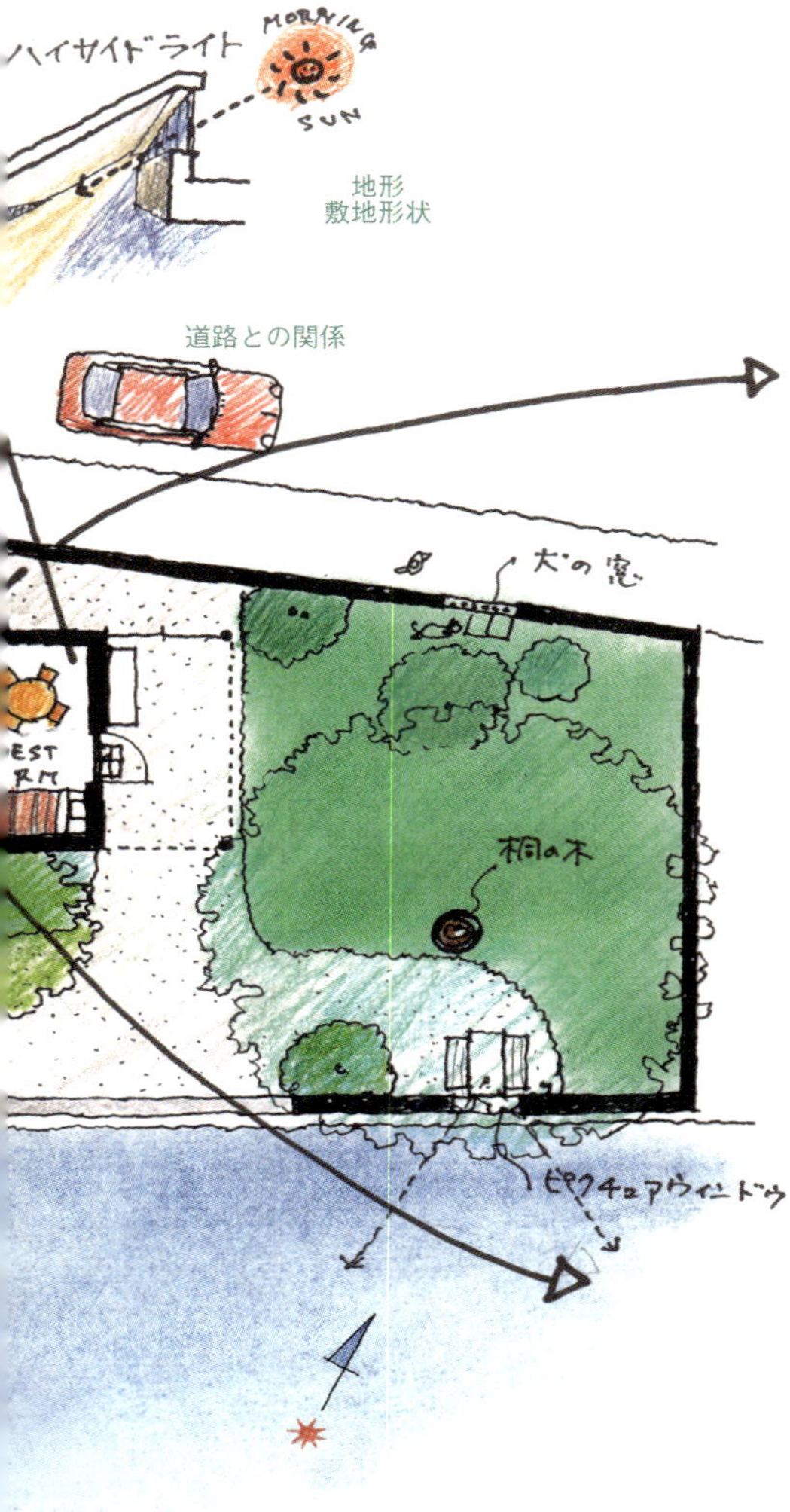

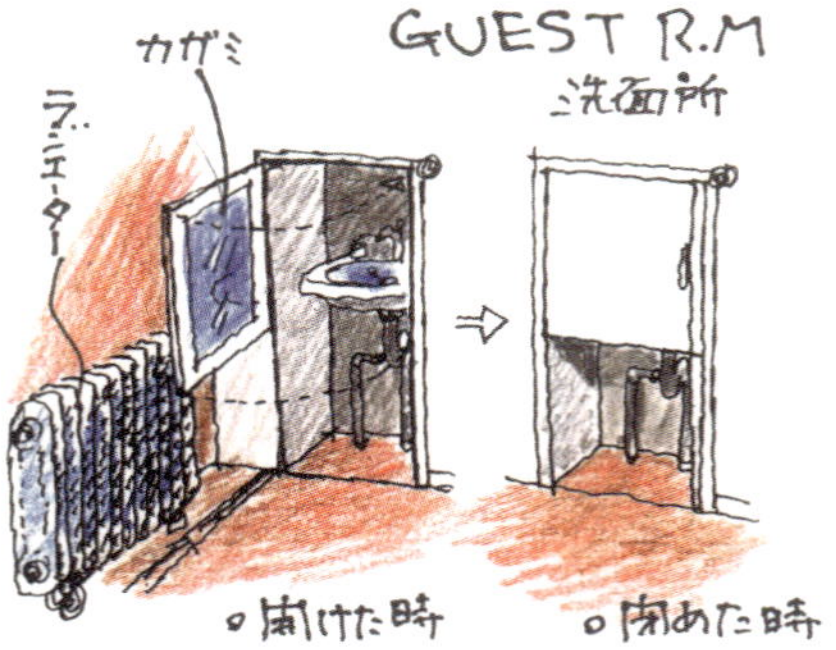

④部屋の関係を考える

可動間仕切りがひとつながりの部屋の関係を変える

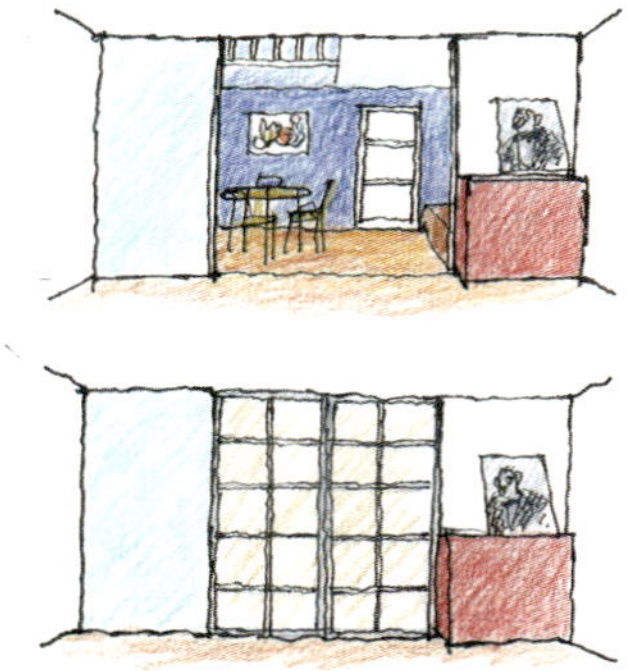

住宅には外部の風雨から身を守り、安全に就寝や食事などの日常生活を送るシェルターとしての実用的な目的があるが、ただその機能を果たせばよいというものではない。住宅とは快適な住まいの器であり、住人同士の交流が深まる場である。したがって、住人の生活に対する考え方を反映し、周囲の環境に適合したものであることが望ましい。英語では、主に建築物としての家を意味するｈｏｕｓｅに対して、物理的な家を超えた、心象的な家のイメージ―帰る場所、安らぎの場所など―を含むｈｏｍｅという言葉がある。建築家が設計するものはｈｏｕｓｅだが、それが住人にとってｈｏｍｅになるような住宅の設計を目指したい。

すまいの豊かさ

家族の形態や暮らし方が多様化している現代では個人住宅の形態にも定型はない。好みや価値観は千差万別なので住まう人が了承していればどんな住宅でもよいという考え方もある。ここでその是非は論じないが、名作と呼ばれる住宅は形態が通常の住宅と異なっ

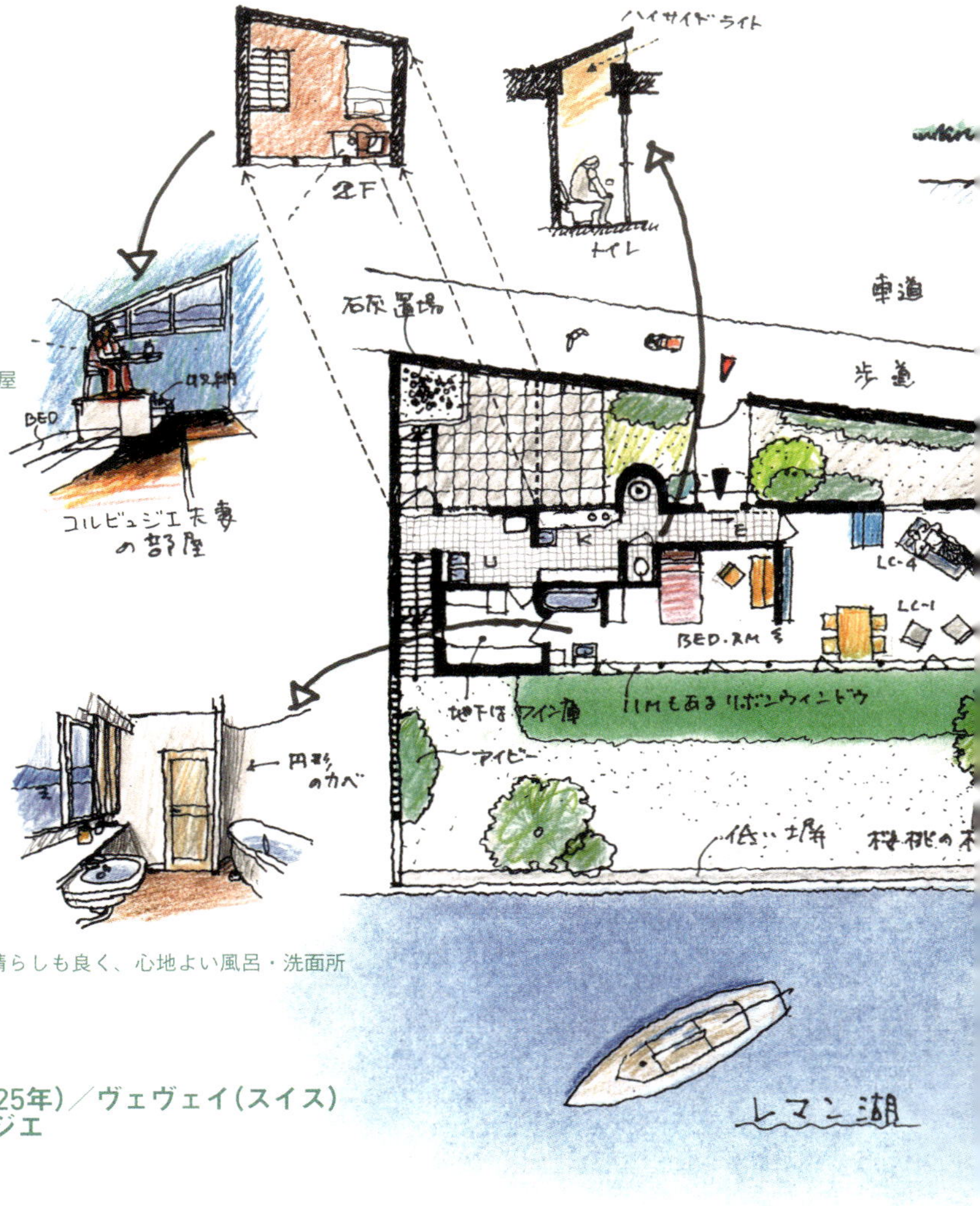

③部屋の性質を考える

たまに来る息子夫婦の部屋

②暮らし方をカタチにする

住人構成
ライフスタイル
使用頻度
趣味、仕事など

見晴らしも良く、心地よい風呂・洗面所

小さな家(1925年)／ヴェヴェイ(スイス)
ル・コルビュジエ

ているだけではなく、それによって新しい住まい方を提案し、住人が生活の中で新鮮な発見ができるように考えられている。たとえ質素な家であってもその背後にある考え方が、住宅に豊かさを与えるのである。そのような住宅を計画するには、まず既存の考えから解き放たれて「こんな住まいがほしい」と想像してみてほしい。その準備としてよい住宅について学び、できれば本物を見学することで建築体験の引き出しを増やしていこう。

住宅設計のポイント

住宅設計の進め方はさまざまな方法があるが、この章では

①敷地環境
②暮らし方
③部屋の性質
④部屋の関係

というおさえておきたいポイントを7人の建築家による具体例を使って説明する。それぞれの建築家がどんな「住まい方」を提案したのか、分析する眼を養うことで、自分の設計に役立ててほしい。

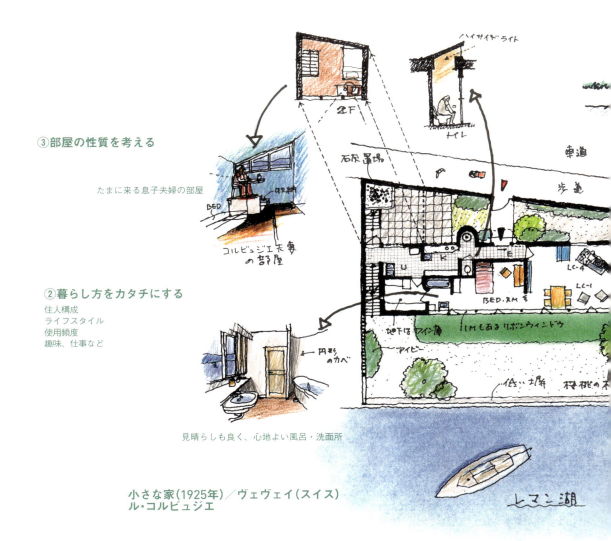

② 方位・形状・道路の関係 敷地を読むポイント

①方位・太陽の動き・気候

住宅をどの位置でどの向きに建てるべきかを検討するのに重要な情報。その土地の気候や季節ごとの太陽高度なども確認する必要がある

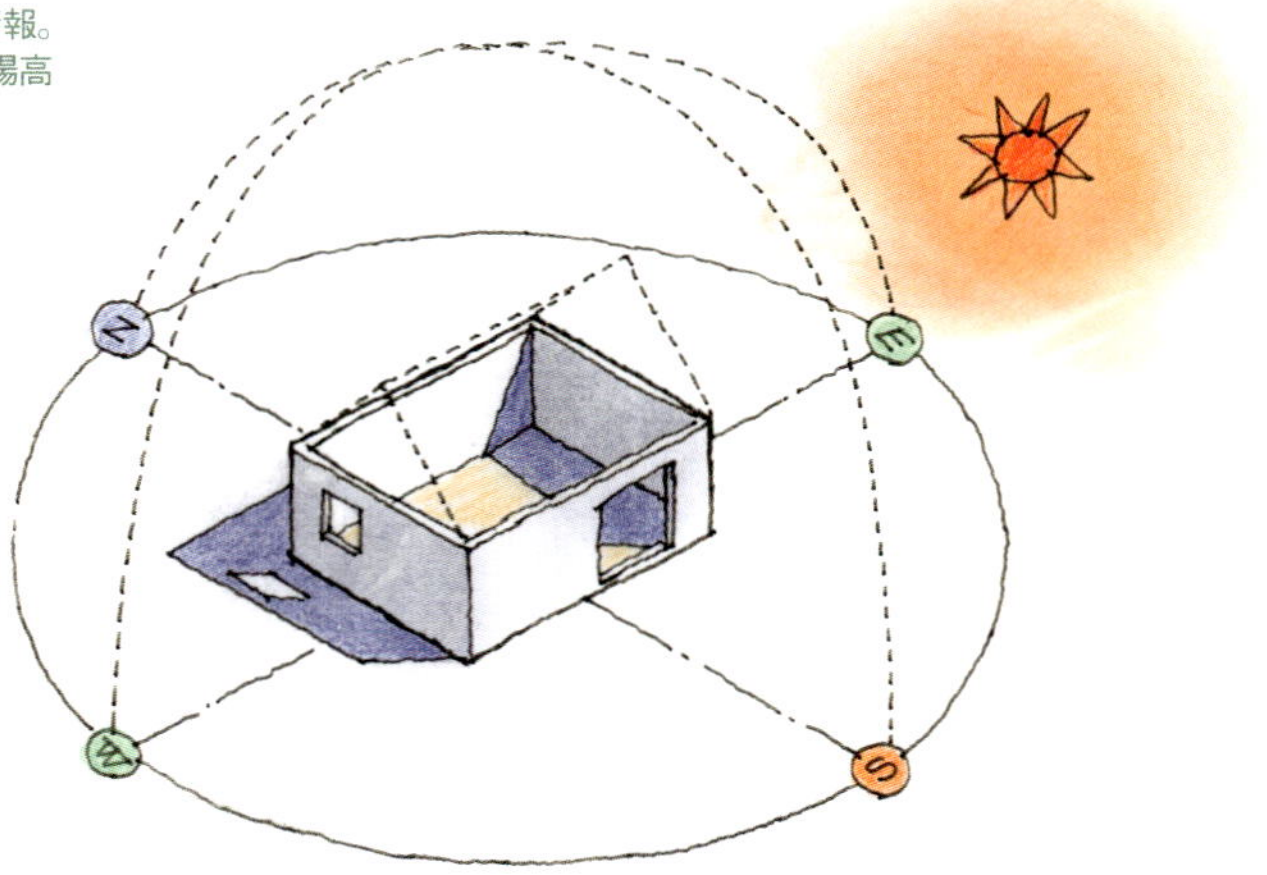

②敷地の平面形状

方位との関係は室内環境を大きく左右する。たとえば、日射を得るには南向き窓が最も有効なので、東西に長い敷地が有利である。不定形な土地などは建築物を建てられる位置や工法に制約があることがあるので、注意が必要

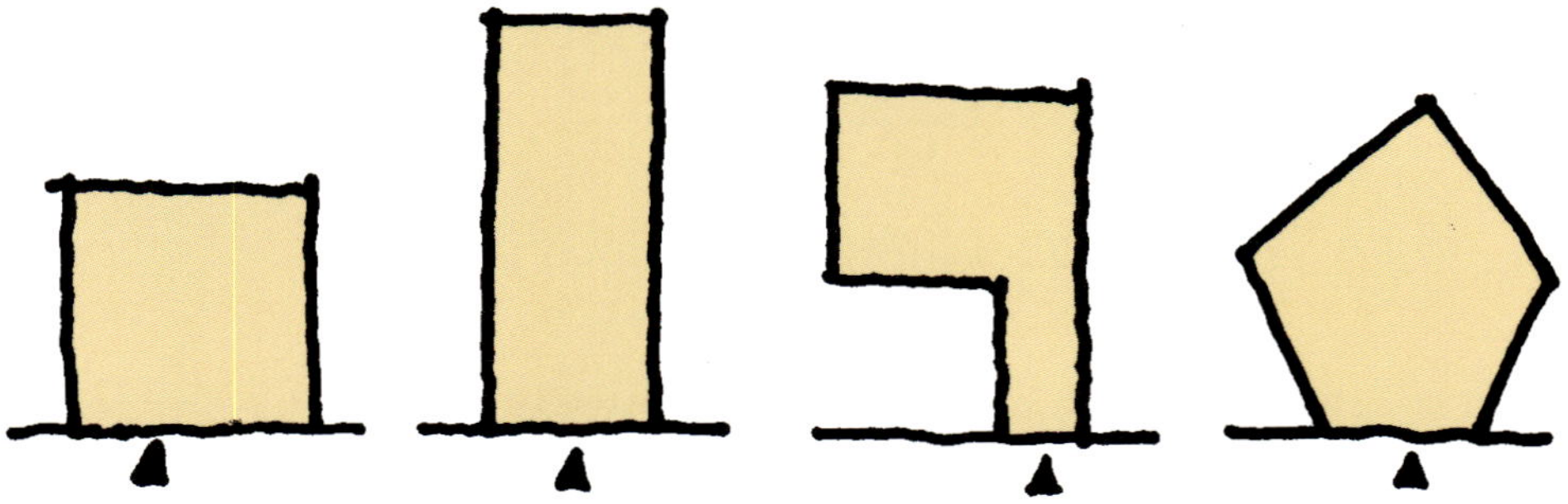

めったにない正方形の敷地　東西に長い南北に長い　旗ざお敷地　不定形な敷地

他の建築物と同様に、住宅も地面に固定して建てられるものであり、まわりに何もないところに建てることはほとんどないため、敷地の周辺環境からの影響は多大である。住宅を計画するときにはまず、周辺を含む敷地の地図を用意し、内容を確認してから、実際に敷地に行って観察しよう。その時には、筆記用具のほかに、コンベックスやコンパス、カメラなどを持参すると便利である。

敷地環境を観察するポイント

敷地から得られる情報としては、主に①方位、太陽の動き、気候、②敷地の平面形状、③敷地の断面形状、④道路の位置、隣家の位置、開口などがある。

①の方位は日射の向きが分かる基本中の基本で、特に環境に配慮した住宅を設計する際には、なくてはならない情報である。日射の取得は向きだけでなく、②や③の敷地の形状にも大きく影響を受ける。日射だけでなく、風の向きや周辺の樹木の様子など、図面からは分からない情報もできるだけ収集しよう。何回か異なる時間帯に敷地を

③敷地の断面形状

隣地の建物の位置や高さは直接日射や眺望に影響する。また、街並みの様子も確認しておこう

平坦な敷地の場合。隣地の建物の高さや距離（離れ）に気を付けたい

敷地に勾配がある場合も日射や風向きに影響する。斜面のどの部分を削って建築物を設置するかを検討する必要がある

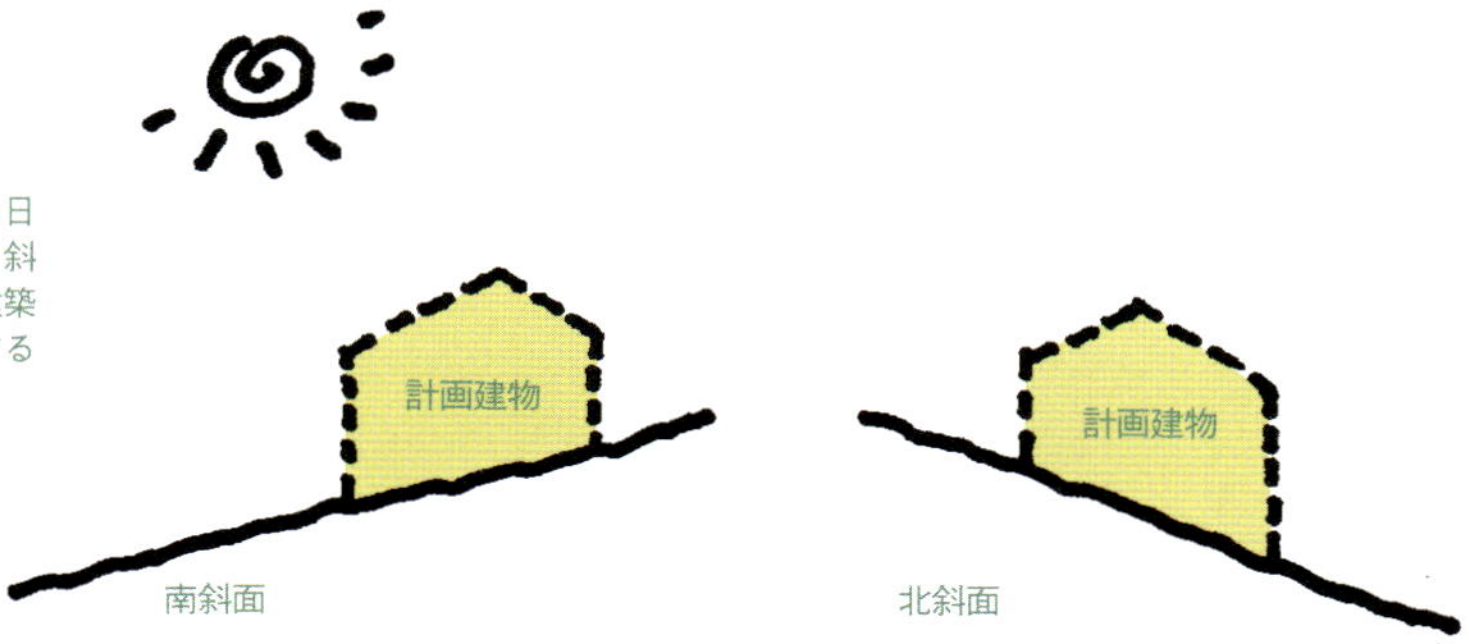

敷地に高低差がある場合。南斜面と北斜面では日射が大きく異なる

④道路の位置 隣家の位置、開口など

建築物へアプローチする方向や建築物の見え方を決める。また、隣の敷地の建築物がどの位置に立っていて、どこに開口部が付いているかなども確認し、窓同士が向き合わないような設計を検討する

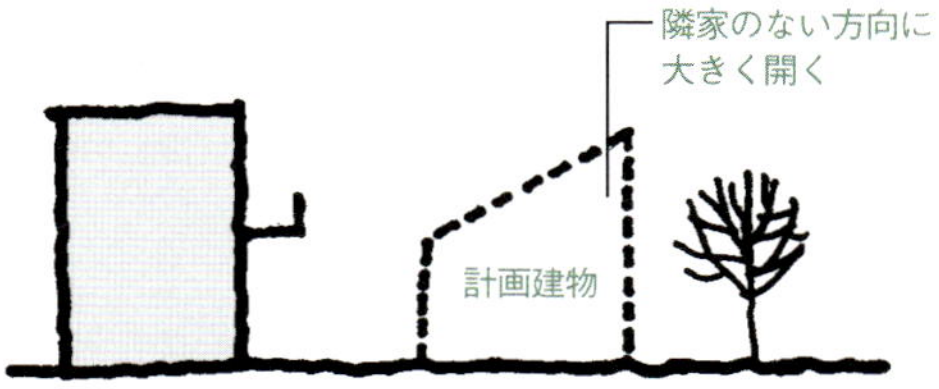

見たいもの
見たくないもの

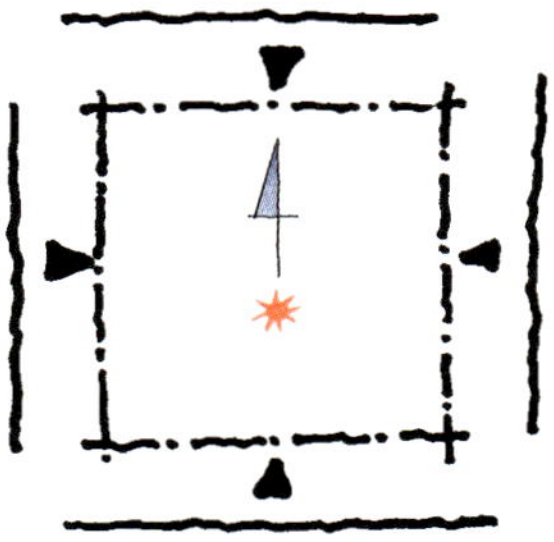

どの方向からアプローチするか

訪れることもおすすめしたい。

また、②や③では自然環境的なことだけでなく、その住宅が周辺の環境に混じってどのように見えるか、という都市的な視点から敷地を観察することも重要である。隣家の高さや材質、色なども確認しておこう。

④の道路の位置は、建築物へのアプローチや入り方を決めるのに必要な情報である。住宅地だとたいていの場合敷地は1方向しか道に接していないため、駐車場が必要な場合などは、車の入り方や停める位置も道路によって決まってしまう。交通量なども確認しておきたい。道路からは人だけでなく、電気やガス、上下水も出入りすることを忘れてはならない。また、敷地に接している道路の位置と幅によって住宅の見え方が決まる。

さらに、住宅が建てられた後に、中から外がどのように見えるかを考えることも大切である。庭や隣地の緑など積極的に見たいものがあれば、見えるような開口部をもうける、反対に見たくない風景がある場合は、視線を遮る方法を考える、など敷地環境は設計を考えるきっかけとなる。

3 敷地から設計の手がかりを見つける

ナンシーの自邸
(1954年)/ナンシー(フランス)
ジャン・プルーヴェ

この住宅の壁にはプルーヴェが工場で開発した仮設住宅用のアルミパネルが使われている。敷地が急な崖地で、建築資材を運ぶことも、作業をする平地を確保することも困難だったため、このような工業製品を応用して使うことが考えられた。組み立ても簡単で、建設業者の手を借りなくても済むので、コストも抑えられる。実際、この住宅の多くの部分はプルーヴェや彼の家族によって建てられた

建築の設計にとって、気候が温暖で、敷地形状もよく、周辺環境も申し分ないといった理想的な敷地はめったにない。しかし、一見問題の多い敷地こそ、規定のやり方を変える面白い考え方が浮かぶきっかけになることもある。

不利な条件を味方につける

名住宅の中にも、不利な条件を逆手にとって、新しい住まい方を提案したものがある。例えばプルーヴェのナンシーの自邸の場合では、敷地はかつてぶどう園であった急な崖地にあり、土壌も砂質で地盤が悪いため、建築物を建てるのはほとんど不可能と言われていた。しかし、プルーヴェは敷地の長所である、見晴らしの良さや南向き採光を尊重し、短所を克服する方法を考え出した。

プルーヴェは斜面を少し削った平らな面に作ったコンクリートの基礎の上に、工場であらかじめ製作されたパネルを組み立てた壁に軽い屋根を載せることにした。

この方法により、合理的でかつ豊かな住空間を作り出したのだった。

ありあわせの材料で豊かな住環境をつくる

斜面に接する壁沿いには収納が並ぶ。その裏に鉄骨のダブル・フレームの構造が隠れている

子供部屋が２室。非常に狭い空間を省スペースな家具で補っている

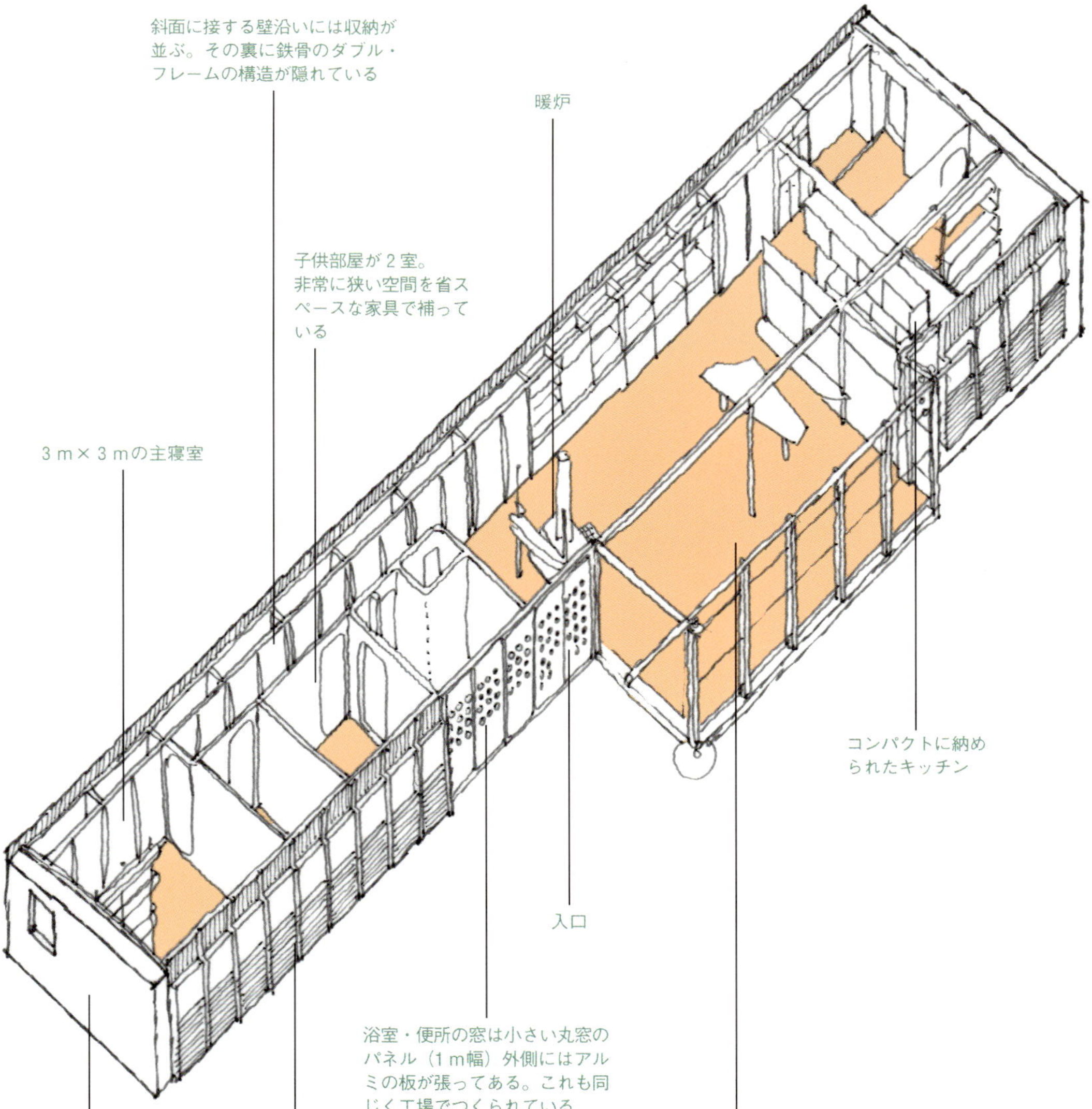
コンパクトに納められたキッチン
浴室・便所の窓は小さい丸窓のパネル（１ｍ幅）外側にはアルミの板が張ってある。これも同じく工場でつくられている
家族がや客人が集まる見晴らしの良い広いリビング・ダイニング。リビングのみ全面ガラス窓でモデュールは 1.6 ｍ
端部は石の壁
シャッター付きパネル（１ｍ幅）もとは仮設住宅用に工場で作られていたものを持ってきて使っている

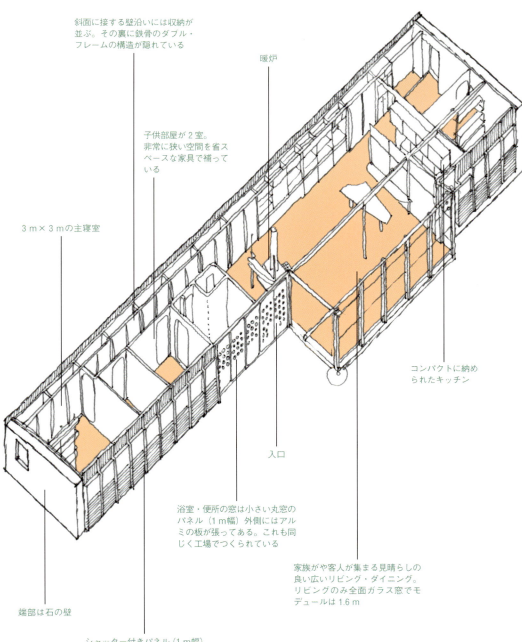

4 暮らし方をカタチにする

住宅の基本情報

世帯構成

住人の年齢、性別、続柄、ペットなど

住宅の使用頻度

常時住む住居、週末住宅、別荘など

住宅以外の用途

仕事をする、間貸しする

趣味など

ピアノ、車、ヨット
来客が多いなど

住宅は家族が生活する器である。「家族」と書いたが、現代の家族のあり方は一様ではない。また、人の暮らし方には多くの人に共通している部分と、一世帯ごとに異なる部分がある。建築家の仕事は、それぞれの「家族」のありかたや特有の住まい方をくみ取って、それに住宅というカタチを与えることである。

どのように暮らしたいか

住宅を設計する前に、設計者が知っておくべきことは住人の基本情報以外に、どのように暮らしたいかという住まいに対する考え方である。大抵の場合、それはまとまった考えではなく、曖昧なイメージの集合であることが多いが、設計者と話すことで考えが整理されていくこともある。設計者はただ要求を聞くだけでなく、それを受けて具体的な提案をしなければならない。そのため、住人と設計者がある程度時間をかけて信頼関係を築くことが重要である。両者がよく話し合い、理解し合うことで、世界にひとつのその家族に合った住宅が生まれるのである。

5 老夫婦の静かな住まい

小さな家(1925年)／ヴェヴェイ(スイス)
ル・コルビュジエ

基本情報

世帯構成：60代の夫婦
住宅の使用頻度：常時住む住宅
住宅以外の用途：特になし
趣味など：ピアノ
要望：息子夫婦がたまに泊まりに来る部屋が必要
終の棲家として自然に囲まれたこぢんまりとした家を希望

ル・コルビュジエが引退した両親のために設計した「小さな家」。この住宅は、両親に自然に親しみながら、フレキシブルで自由な住宅で暮らしてほしいというコルビュジエの思いが反映した設計が先にでき上がって、後からそれにふさわしい敷地を探したという珍しいプロセスで建てられた。小さく質素な家であるが、住宅内を回遊することができ、湖に面した景色を取り込むことで、広がりのある空間ができ上がっている。

室内には壁で隔てられた部屋は少なく、居間から寝室、バスルームまでひとつながりのワンルームであるが、両親だけのひっそりとした住まいにはふさわしい。横に連続した窓から湖の景色が広がる。居間には音楽家であった母のピアノが設置され、2階にはコルビュジエ夫妻が尋ねてきたときに泊まる部屋がある。90~91ページの図で表されているように、細やかな部分にも行き届いた設計がされており、両親への深い愛情が感じられる住宅である。父親はこの住宅ができた翌年に亡くなるが、母親は100歳で亡くなるまでこの家に住み続けた。

6 日常から逃れて、緑に包まれる開放的な家

ファンズワース邸
(1951年)／イリノイ州プラノ(アメリカ)
ミース・ファン・デル・ローエ

基本情報

世帯構成：独身女性
住宅の使用頻度：週末住宅
住宅以外の用途：特になし
要望：いつも医師として忙しい生活を送っているので、週末は緑に囲まれた郊外でリラックスできる家がほしい

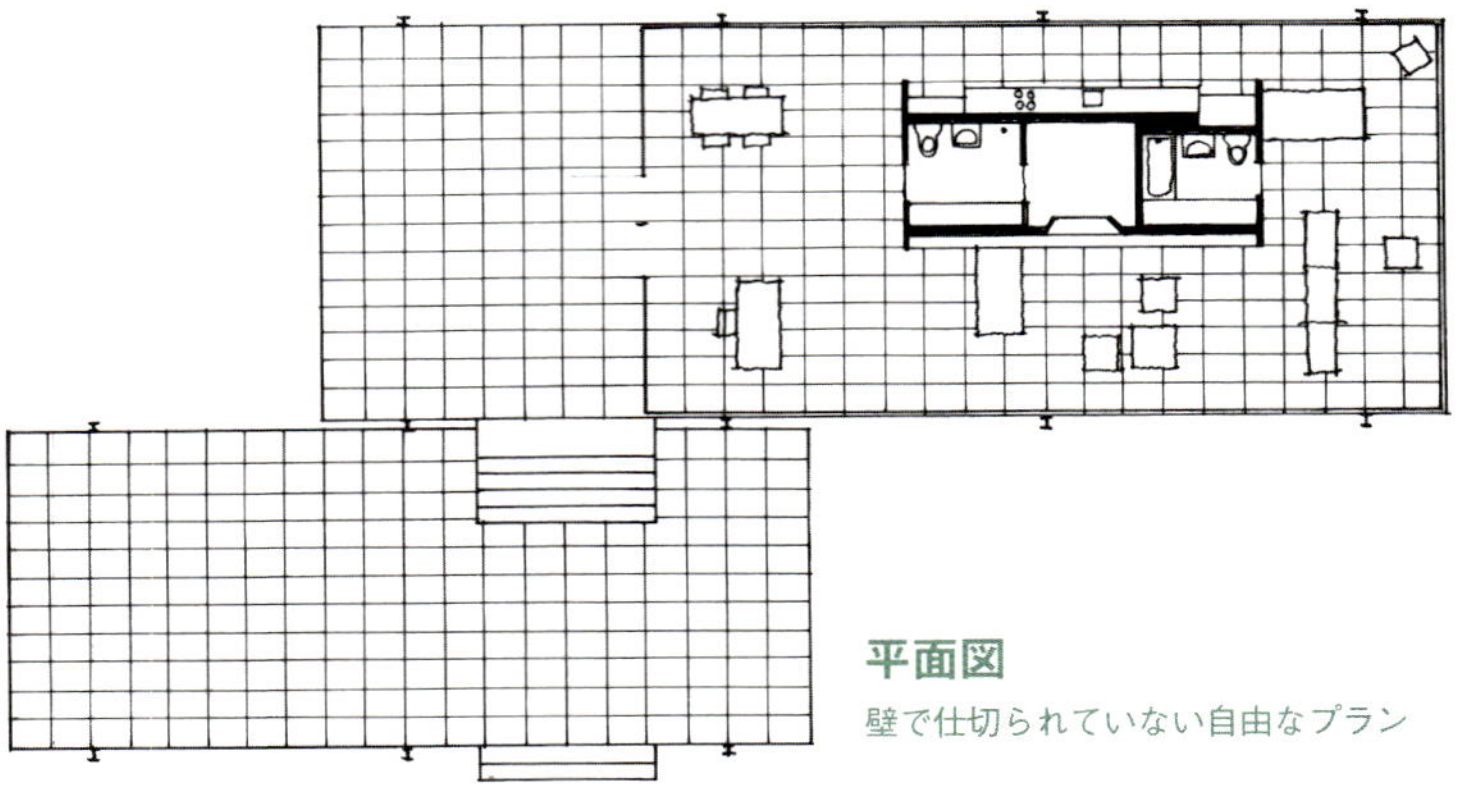

平面図
壁で仕切られていない自由なプラン

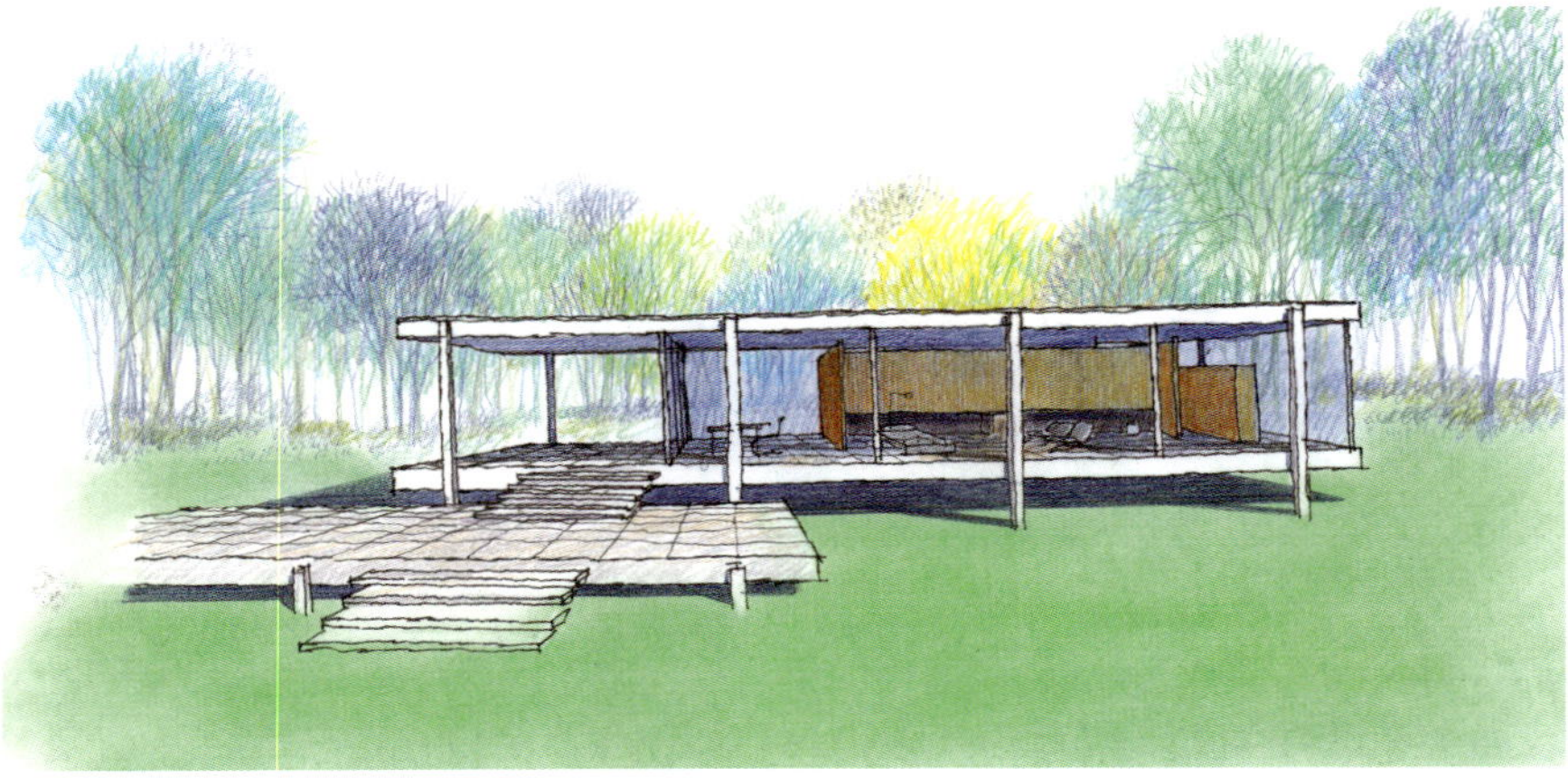

ミースの別荘建築の代表作であるファンズワース邸

森林の敷地環境を開放的に満喫できるよう、四周をガラスに囲われたファンズワース邸。隣地から覗かれる心配の全くない、3・9ヘクタール（39000㎡）の敷地が透明な箱のような家を可能にした。建築主は独身のキャリアウーマンで、忙しい日常から逃れて、週末ゆっくり過ごせる別荘を望んでいた。1人で、または親しい友人とのみ過ごす家なので、プライバシーを気にする必要がないことから、中央部の便所や浴室以外に、壁で仕切られた部屋はなく、ひとつながりの空間を自由に歩き回れるようになっている。

実際、この家はたった1枚のガラスの壁と薄い屋根でおおわれているため、暖炉や床暖房の設備はあるにせよ、空調もなく、夏季や冬季の室内環境は良いとはいえない。また週末しか使わない住宅なので、洗濯などができる日常的な設備もなく、収納も最低限しかない。広大な敷地の中のほとんど機能がない、時折住むだけの住宅であったからこそ、未だかつてなかったほど、抽象的で美しい住宅が可能になったのだ。

7 新しい子育てに挑戦した家

シュレーダー邸
(1924年)／ユトレヒト(オランダ)
ヘリット・トーマス・リートフェルト

基本情報

世帯構成：母親と息子1人、娘2人
住宅の使用頻度：常時住む住宅
住宅以外の用途：事務所として間貸しできる部屋を希望
要望：子どもたちが母親や家に来る大人たちとできるだけ一緒に過ごせるような暮らし方をしたい

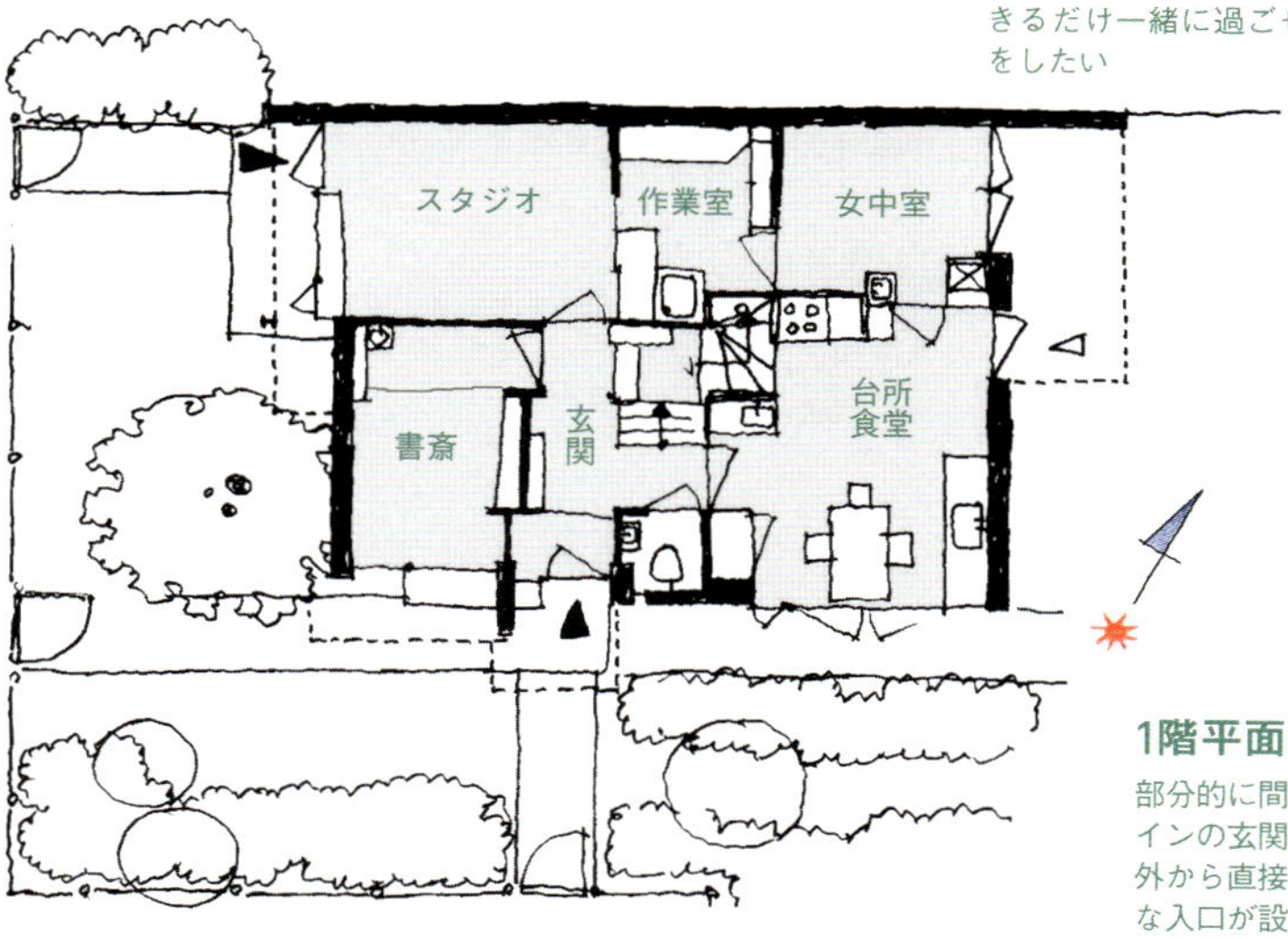

1階平面図

部分的に間貸しできるよう、メインの玄関のほかに、各部屋に外から直接出入りができるような入口が設けられた1階

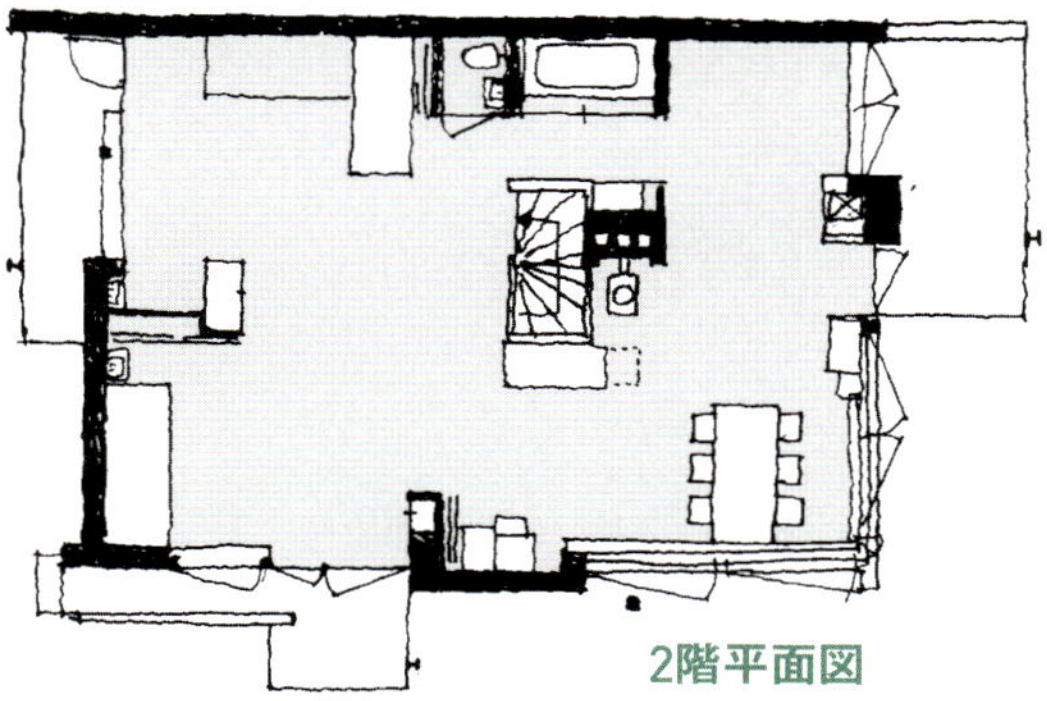

2階平面図

間仕切りを開けたところ

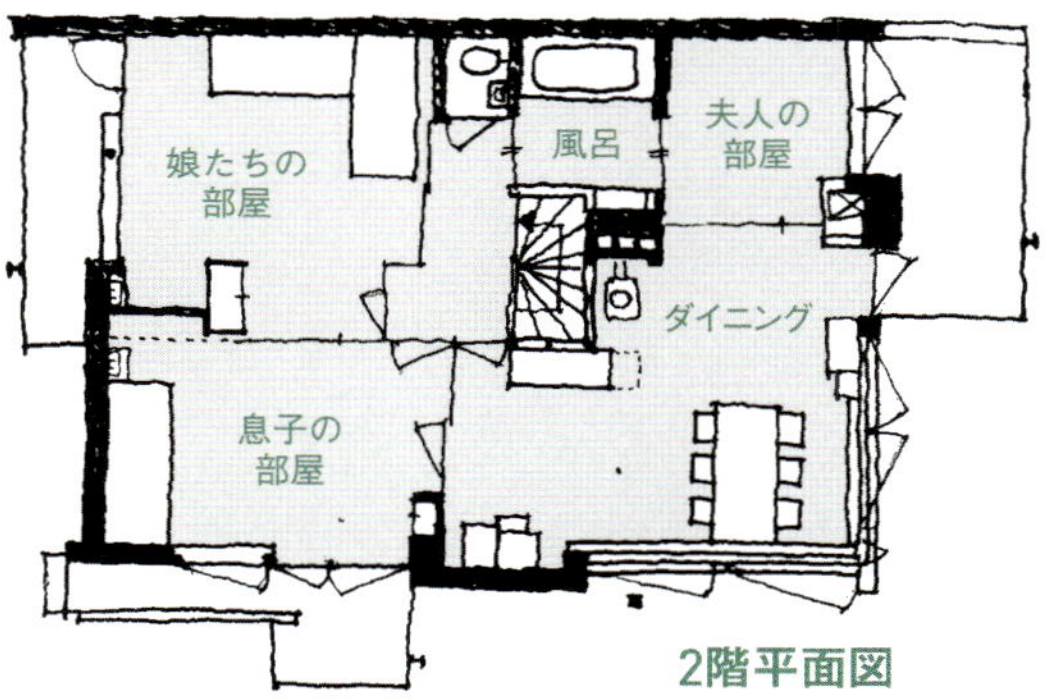

2階平面図

間仕切りを閉めたところ

シュレーダー邸の住人は未亡人と3人の子どもたち。夫人は従来のように大人と子供の空間を分けるのではなく、父親のいない子どもたちが、できるだけ多くの時間を母親や家を訪れる大人たちに混じって刺激を受けることができる家を望んだ。そのため、リビング・ダイニングは通常ワンルームスペースだが、可動間仕切りを閉じることによって夫人や子どもたちの寝室ができるプランになっている。また、通常1階に置かれることが多い、リビング・ダイニングを2階に配置することで、住宅地の中にあっても、道から覗かれる心配がなくなり、窓の多い開放的な部屋ができた。

　1階は部分的に間貸しできるようにメインの玄関のほかに、各部屋に外から直接出入りできる入口が設けられただけでなく、それぞれが独立した住まいとしてキッチン設備が付けられるよう、給水と電気配線が施された。

　母と子どもが同じ空間に暮らすことを優先させた結果、大人の部屋と子どものスペースが一体となり、等価に扱われている自由な住宅が出来た。

8 求められる機能から部屋の性質を考える

住宅は異なる機能を持った部屋の集まりであるが、個々の部屋の性質を見直し、それにふさわしい空間を考えることは重要である。それぞれの建築家が部屋の性質をどのように捉えたのか見てみよう。

いつもいるところ―リビング

住宅には住人が共有する部屋があり、リビングはその代表的な部屋である。リビングには寝室やダイニングのように、その部屋でやることが厳密に決まっていない。最近では「客間」がある家が少なくなり、リビングがお客さんも招き入れる家の「顔」となることもあるが、基本的に人が気持ち良く集まって過ごせる部屋にしたいものである。

住人が心地良いと感じる居間はどのようなものだろうか。ここではアールトとミースの例を参考に考えてみたい。

クロウス・アパートメント(1930年)
ミース・ファン・デル・ローエ

ダイニングとリビングが一体となった空間に家具の配置でいろいろな「場」をつくっている。部屋を間仕切るものは、すべて可動家具（置き家具）で考えられており、フレキシブルに必要に応じて家具の配置を変えられるようになっている。

実際は突き当たりの窓は壁になっている

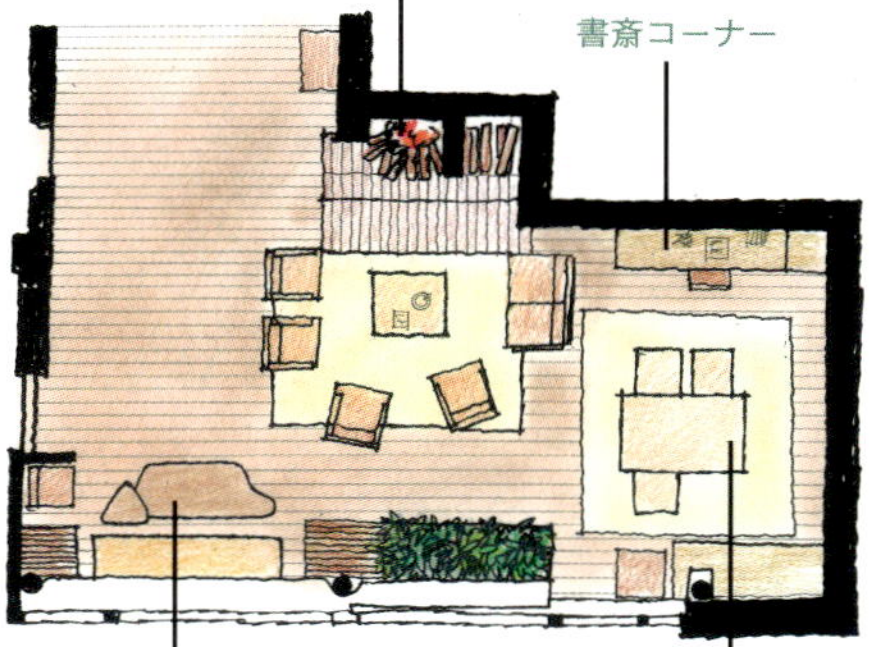

平面図

ルイ・カレ邸
(1959年)／フランス
アルヴァ・アールト

住宅の中心に位置するギャラリー／ホールから数段下がったところに位置する大きなリビング。ほぼ長方形の形状ながら家具などのしつらえが、さまざまな「たまり場」を作る。暖炉のまわりだけでなく、南面を向いた大きな窓に沿って設置されたベンチや、その前の自由な形をしたテーブルなど、建築と家具が一体となって居心地のよいリビングを作り上げている

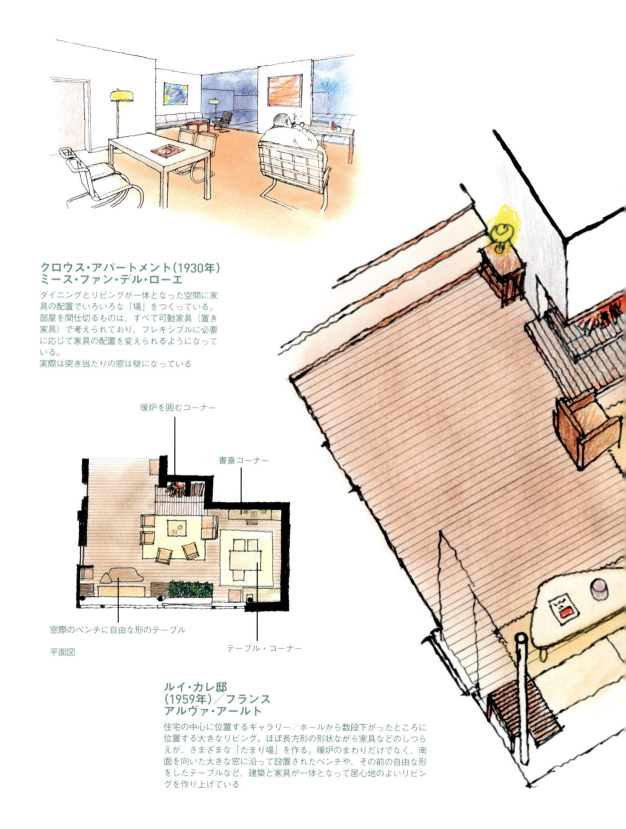

9 居間の性質を突き詰めれば中庭だってリビングに

リビングルームは屋内とは限らない 中庭リビング

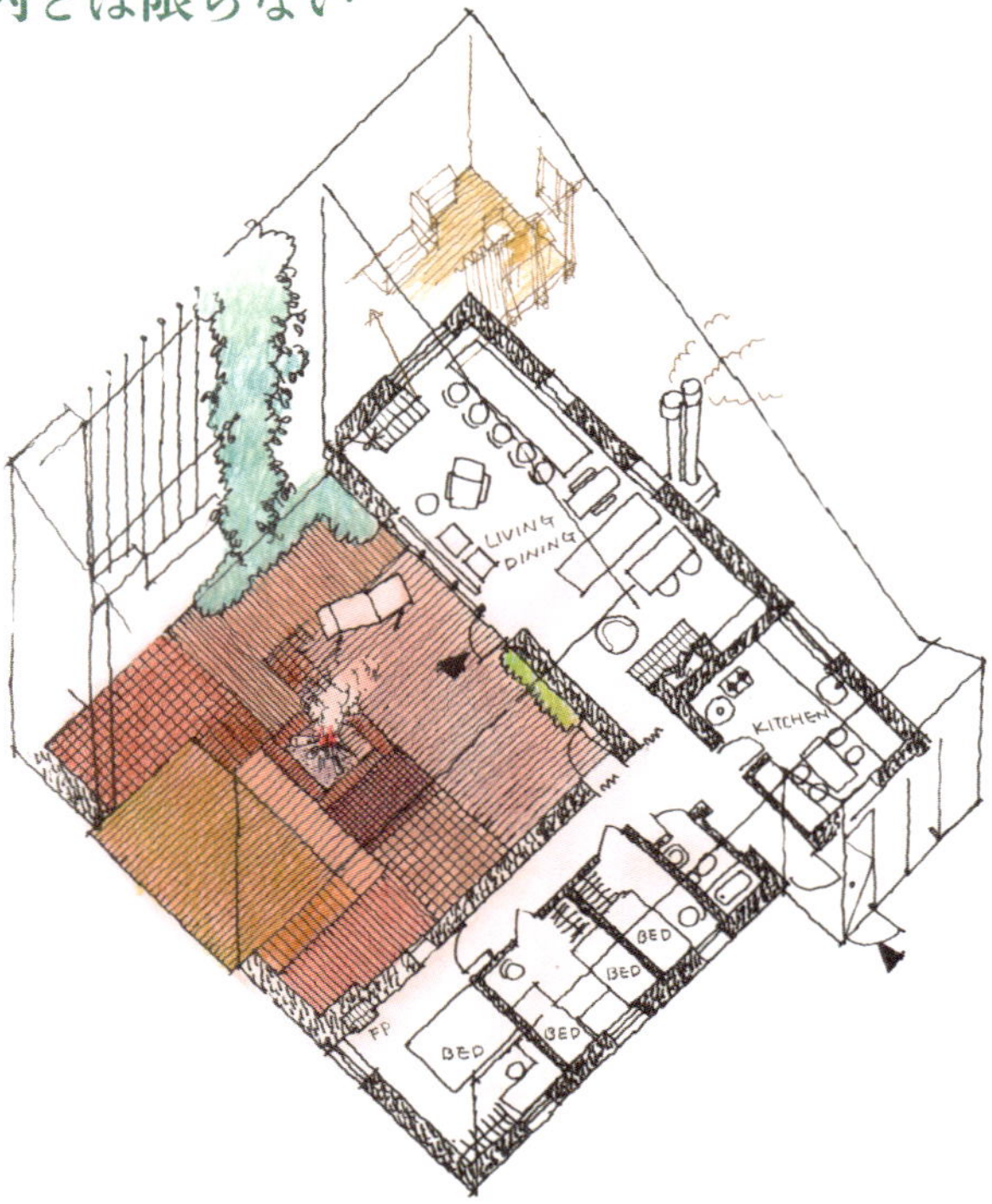

夏の家コエ・タロ(1953年)
アルヴァ・アールト

リビングが人が集まって気持ち良く過ごす部屋だとすると、住宅の条件によっては室内に限らない。この住宅は気候のいい夏の間に使われるので、アールトは屋外が一番心地良い場所だと考え、主なリビングを中庭に設けた。屋内にあるリビングより数倍大きい中庭のリビングは、真中に暖炉を持ち、四周を壁で囲われているので、屋外にあっても包まれているような居心地の良さを感じさせる

居間は客人と過ごす家の中のハイライト

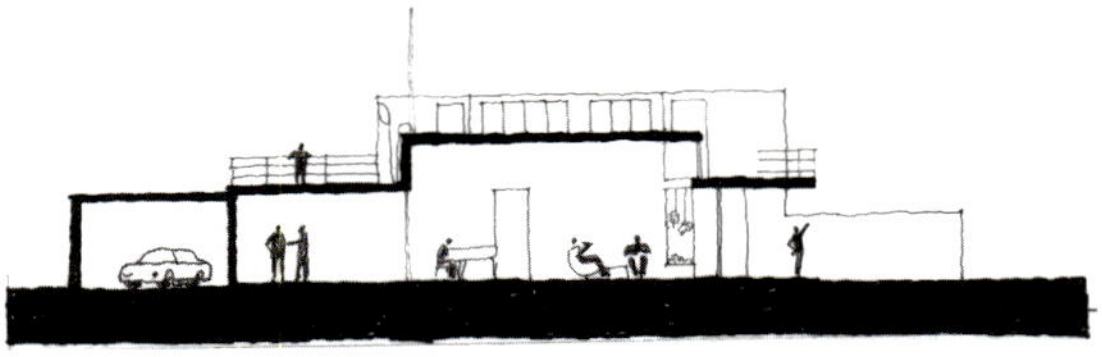

未来の家(1929年)
アルネ・ヤコブセン

この住宅ではリビングは「ダンス・ホール」と呼ばれており、客人を招きいれるよりパブリックな性格をもっている。この部屋は他の部屋より天井の高い、1.5層吹き抜けになっており、入るとすぐにこの部屋が特別な意味をもっていることがわかる

家の中の居間の位置

居間が家の中のどこにあるかは、その家にとって居間がどのような部屋であるかを示している。家の中心にあるのか、玄関を入ってすぐの所にあるのか、いろいろな考え方がある。人が集まって来やすい、特別な部屋にするために、他の部屋より天井を高くすることも1つのやり方である。

ヤコブセンの未来の家では、「ダンスホール」と呼ばれるリビング（客間）が、家の中心に配置されているだけでなく、天井の高い吹き抜けになっていることで、この家の中のリビングの重要度を表している。

また、居間はその家の中の一番居心地の良い所、と考えると、必ずしも家の中とは限らない。中庭だけでなく、屋上やテラスに設けることもできる。

アールトの夏の家コエ・タロのメインのリビングは中庭である。気候の良い夏の間だけ使われる別荘なので、アールトは屋外が一番心地よい場所だと考えた。ただの庭でなく、四周を壁で囲んで中庭にしたことで、居心地のよい屋外のリビングができあがった。

10 つくるところ・食べるところ ダイニングとキッチンの基本

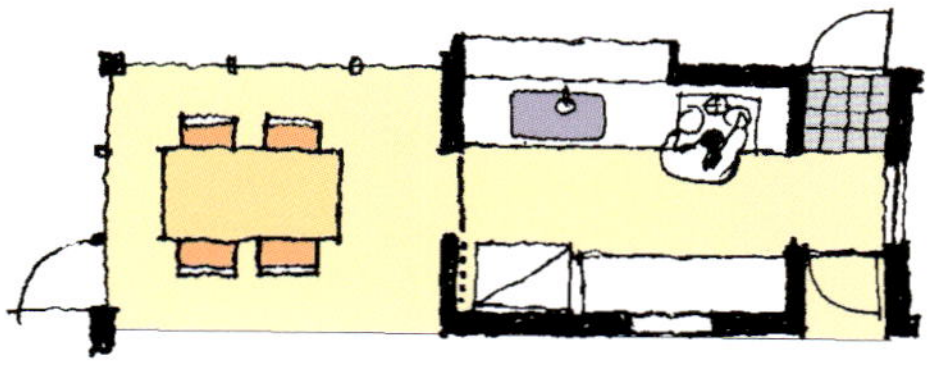

別室タイプ

キッチンとダイニングが完全に分離しているので、料理している人が孤立してしまいがちになるが、反面臭いや熱が他の部屋に漏れにくいため使いやすいという考え方もある。キッチンとダイニングの距離が遠いと配膳に不便なので、キッチンを個室化してもダイニングと隣接していることが多い

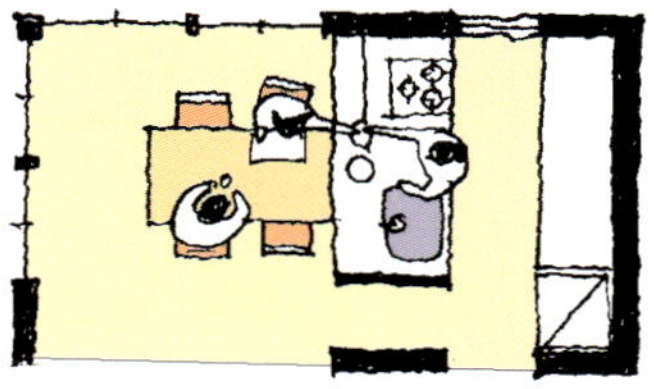

隣接タイプ

ダイニングとキッチンの間はオープン。キッチンとダイニングが同じ部屋にあり、隣接しているので、食器の受け渡しが便利

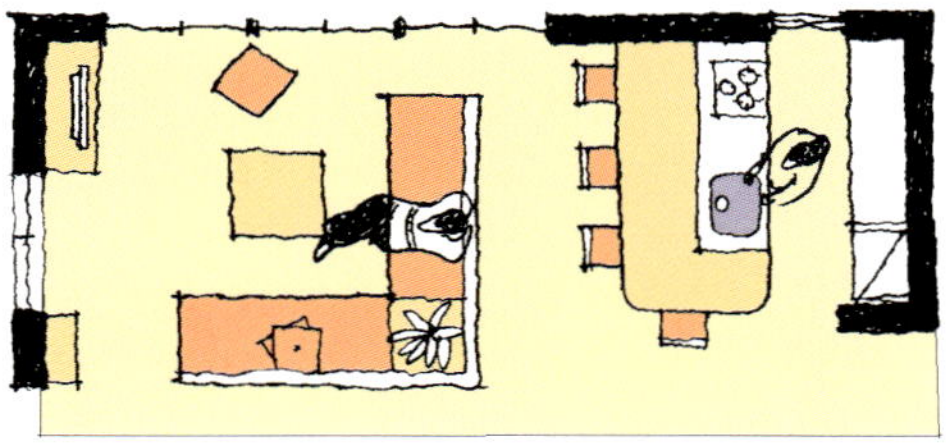

カウンタータイプ

ダイニング・リビング、キッチンが一室に。料理する人がリビングにいる人と同じ空間にいるので孤立化しない。カウンタータイプのダイニングは食器の受け渡しが楽だが、両端に座っている人の間で会話がしにくい

調理する所と食べる所の関係 ―ダイニングとキッチン

熱々の料理をすぐ食卓に並べられるから、料理を作る所と食べる所は近いほうがいい、という人がいる。家族がワイワイ集まってきて、一緒に料理を楽しみたい人もいれば、1人で集中して料理をしたい人もいる。料理中は臭いや水蒸気などが出るので、それらが他の部屋に漏れないように、キッチンはダイニングから分離しておいたほうがいい、という考えもある。どの考え方も一理あり、それを反映してキッチンがダイニングと別室になっているタイプから、ダイニングだけでなく、リビングとも一体になっているタイプまで、さまざまな形式がある。

どのタイプが設計している住宅にふさわしいのか。もちろん、設備面の問題をクリアすることは重要だが、まず家の中でキッチンがどんな役割を担っているのかを見極めたい。単に食事を用意する場所なのか、家族が集まって話をしながら料理する場所なのかなど住人の使い方がキッチンのタイプを決める。

11 近くても、離れていても キッチンとダイニングの距離

ダイニング／キッチン―隣接タイプ
ジェイコブス邸(1936年)
フランク・ロイド・ライト

キッチンのすぐ横に配置されているダイニング。東向きの窓と窓際の造り付けベンチ、そしてそれに沿って長いダイニングテーブルが、落ち着いて食事をするダイニングスペースとなっている

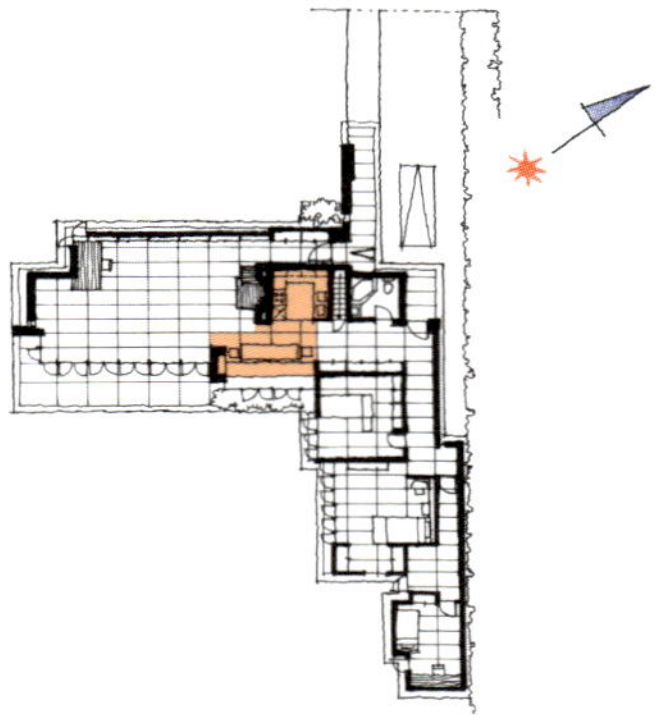

ダイニングは家の中で一番家族が集まる場所の1つである。食事をすることが主目的であるので、キッチンから配膳がしやすいかどうかは重要ではあるが、調理スペースであるキッチンの雰囲気をそのまま引きずったのでは落ちついたダイニングにならない。キッチンとの関係を考慮すると共に、ダイニングには家族が集まって会話などを楽しみながら食事ができる環境を用意したい。

隣り合わせのキッチンダイニング

ジェイコブス邸のダイニングはキッチンのすぐ横に配置されていて、料理をすぐ配膳できるようになっているが、同時にダイニングのスペースもゆったりと食事ができるようにさまざまな工夫が考えられている。その空間作りに最も役立っているのは、東向きの窓と窓際の造り付けベンチである。一般的にダイニングは朝日を浴びながら朝食が摂れる東向きが望ましい。ここでも、朝には特別に細長く作られたダイニングテーブルに朝の光が当たって、気持ちよく朝の食事ができるし、昼間もべ

ダイニング／キッチン―別室タイプ
シュレーダー邸(1924年)
ヘリット・リートフェルト

シュレーダー邸ではキッチンが1階、ダイニングがその真上の2階にある。2階が主階で面積が限られているためこの形式になった。ダム・ウェイター（小型昇降機）が配膳の不便さを補っている

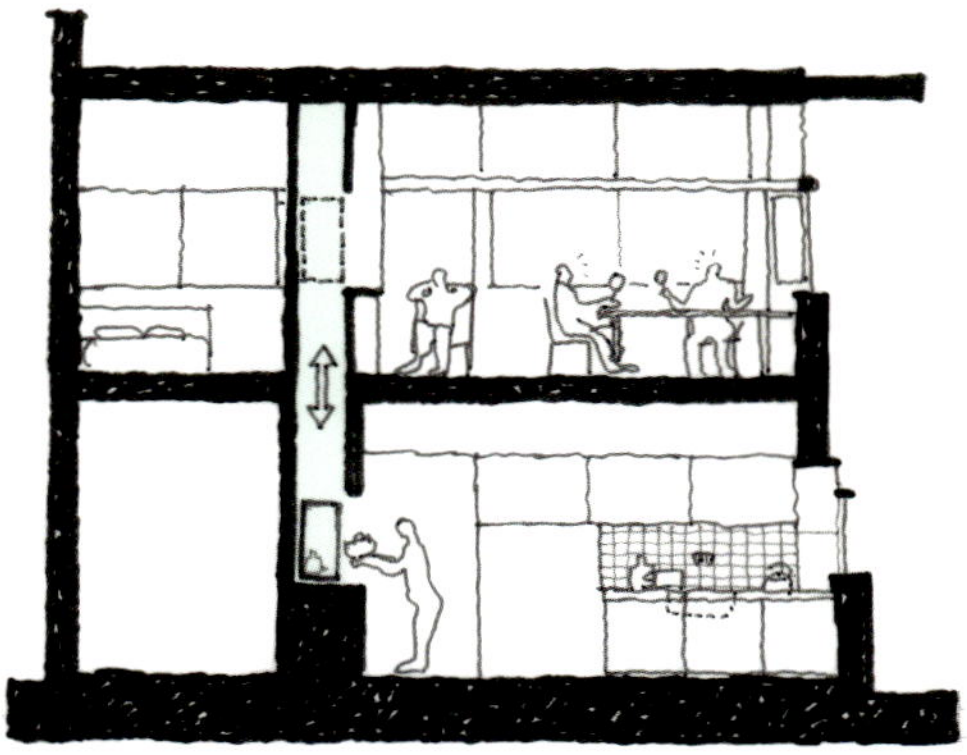

ダイニング／キッチン―セミ・オープンタイプ
マルセイユのユニテ・ダビタシオン(1952年)
ル・コルビュジエ

キッチンはリビング・ダイニングに隣接しているが、キッチンカウンターの高さがダイニングに座った人からの視線を遮るので、キッチンの内部が露出しない設計。このカウンターには手元の高さに窓が開いており、そこから、配膳できるよう考えられている

料理をする人の顔はよく見えるが、散らかったキッチン内部は見えない

ンチに座って庭の様子が眺められるようになっている。

時には離れればなれも

シュレーダー邸ではダイニングとキッチンは階が分かれた別室に置かれている。これは通常の住宅では珍しい配置だが、そうすることによって、外から食材を買い入れたり、ゴミを出したりするキッチンを1階に、人が常にいるダイニングやリビングを日の当たる2階（この住宅では主階）に配置することが可能になった。小型昇降機が配膳の不便さを補っている。

カウンター越しに顔が見える

また、マルセイユのユニテのキッチンはダイニングに隣接しながらも、キッチンカウンターによってそれぞれの領域がゆるく仕切られている。カウンターはダイニングに座った人からの視線を遮る高さに設計されているので、キッチンの内部が露出しすぎないがキッチンで立って作業をしている人からはダイニングの様子がうかがえる。カウンターには手元の高さに窓が開いており、そこから配膳が容易にできる。

12 身も心も休まる寝室

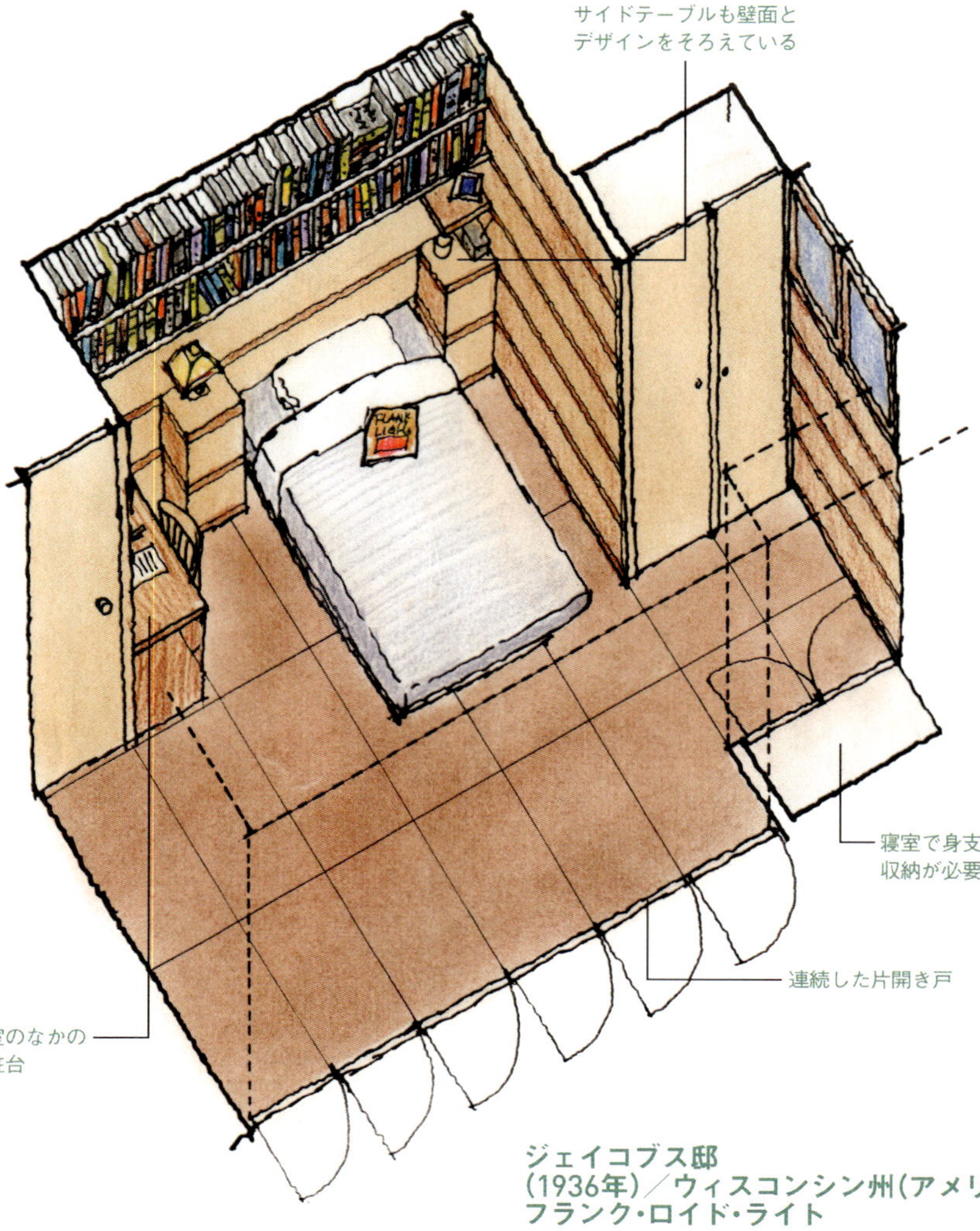

ジェイコブス邸
(1936年)／ウィスコンシン州(アメリカ)
フランク・ロイド・ライト

層状になっている壁のデザインが、本棚やベッドサイドテーブルになって、部屋の調和を作りだしている

リビングなどの部屋と違って、寝室は1人ないし2人程度で使う、よりプライベートな部屋である。主な目的は睡眠をとることなので、静かな落ち着いた部屋であることが求められ、一般的に玄関から最も離れた奥のほうに配置されていることが多い。

寝室は単に寝るだけでなく、その住人が1人になれる場でもあるので、読書をしたり、音楽を聴いたりといった趣味の時間も心地良く過ごせる部屋にしたい。また、服や本などの個人の持ち物がきちんと収まるような収納を用意しておけば、それらがリビングなどの家族のスペースに侵出していくのをある程度防ぐことができる。

ジェイコブス邸の寝室

この寝室はリビングより天井が低く抑えられ、小さくても落ちついた部屋になっている。窓からは中庭の景色がのぞめる。本棚、デスク、クローゼットなどが備わっているので、寝るときだけでなく、日中も1人で静かな時を過ごすことができる居心地の良い部屋である。

13 収納はモノに合わせる

2階のコルビュジエ夫妻が訪ねた時に使う寝室。外の風景を見ながらスケッチなどをするためにデスクの床は上げられており、その下が収納になっている

小さな家
(1925年)／ヴェヴェイ(スイス)
ル・コルビュジエ

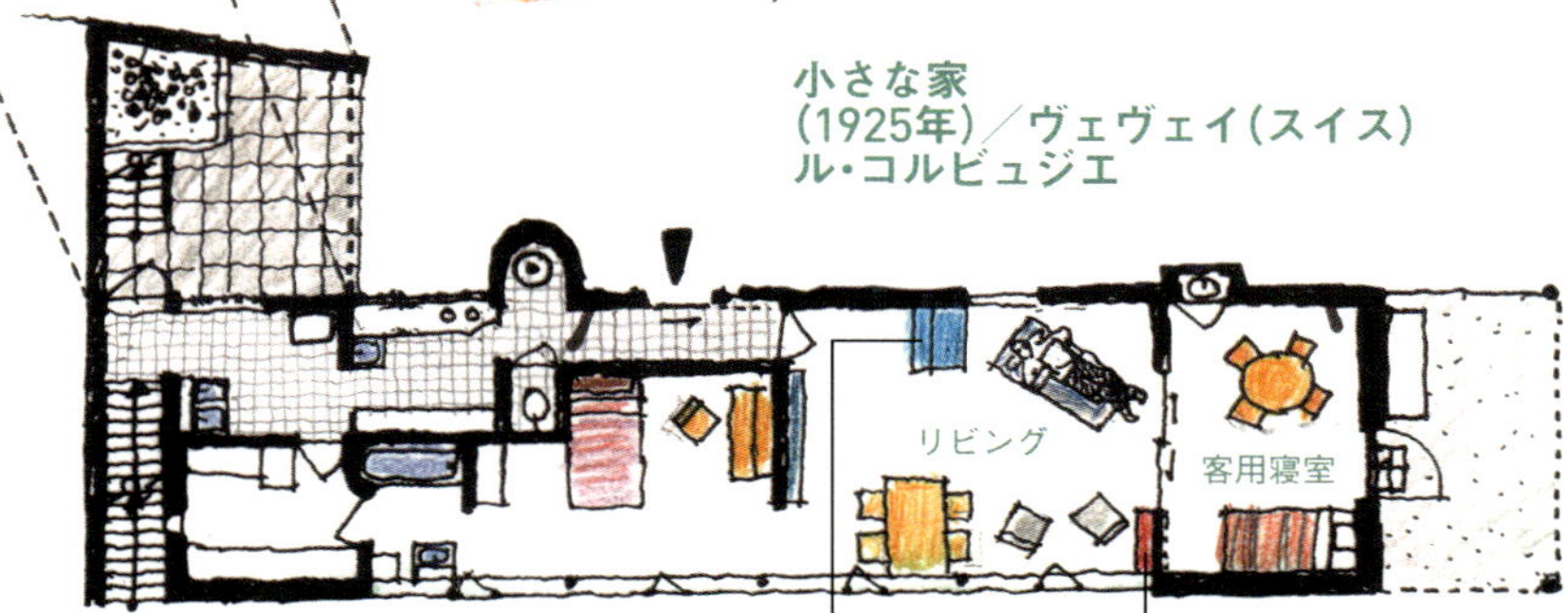

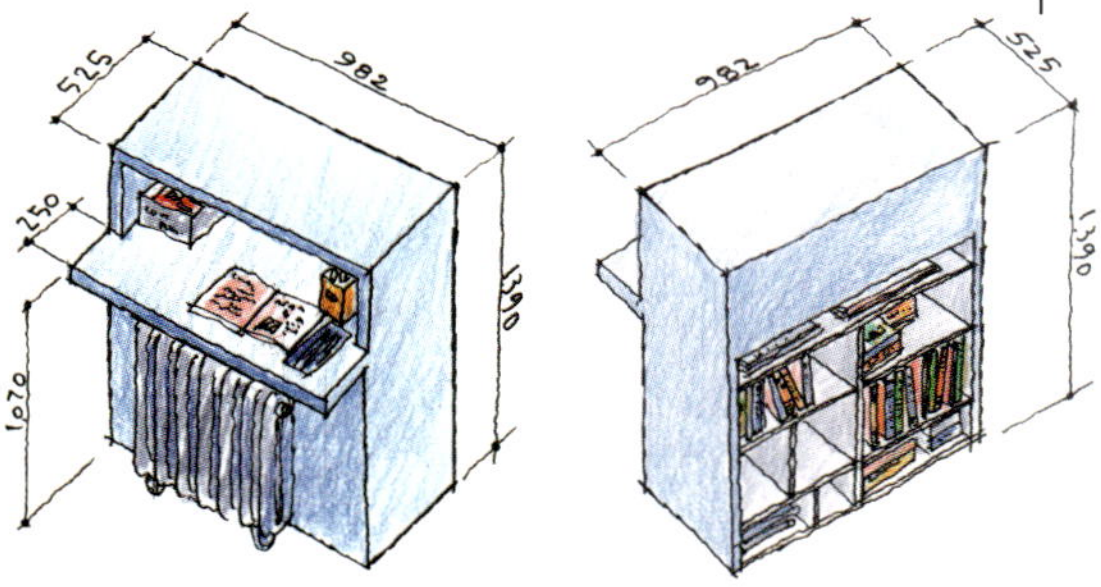

リビングに入ってすぐ正面に置かれたデスク兼本棚。アイストップにもなり、ラジエーターも組み込まれて、建築と一体で考えられている。リビングの真ん中にあるので、リビングの小物をしまうのにも便利

客用寝室とリビングを分ける引き戸の背後に収納があり、引き戸の扉が収納の扉を兼ねている

住宅を建てるときに建て主が一番気にすることのひとつが収納である。新しい家がいかに格好いいデザインでも、収納が足りないと物が外にあふれ、せっかくの家が台無しである。

既製品のたんすやクロゼットを買う手もあるが、一番良いのはあらかじめ収納を家に組み込んでおくことである。そうすることで、家の中の隠れた隙間を有効利用したり、さりげなく家のデザインに合ったものができる。

また、収納で重要なのは中に入れる物に合ったサイズであることと、使う場所に近い所にあることである。どこにしまったのか分からなくなるような収納にならないことを心がけたい。

小さな家の収納

この家はその名のとおり小さいので、隙間を収納に活用したり、他の機能のものと組み合わせたりして、収納スペースを確保している。

たとえば、客用寝室とリビングを分ける可動間仕切りはその背後の収納の扉として兼用するなどの工夫がみられる。

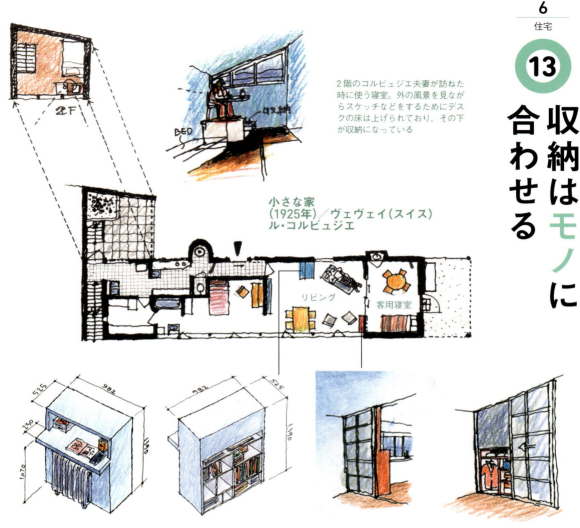

14 家具のしつらえで部屋をつくる

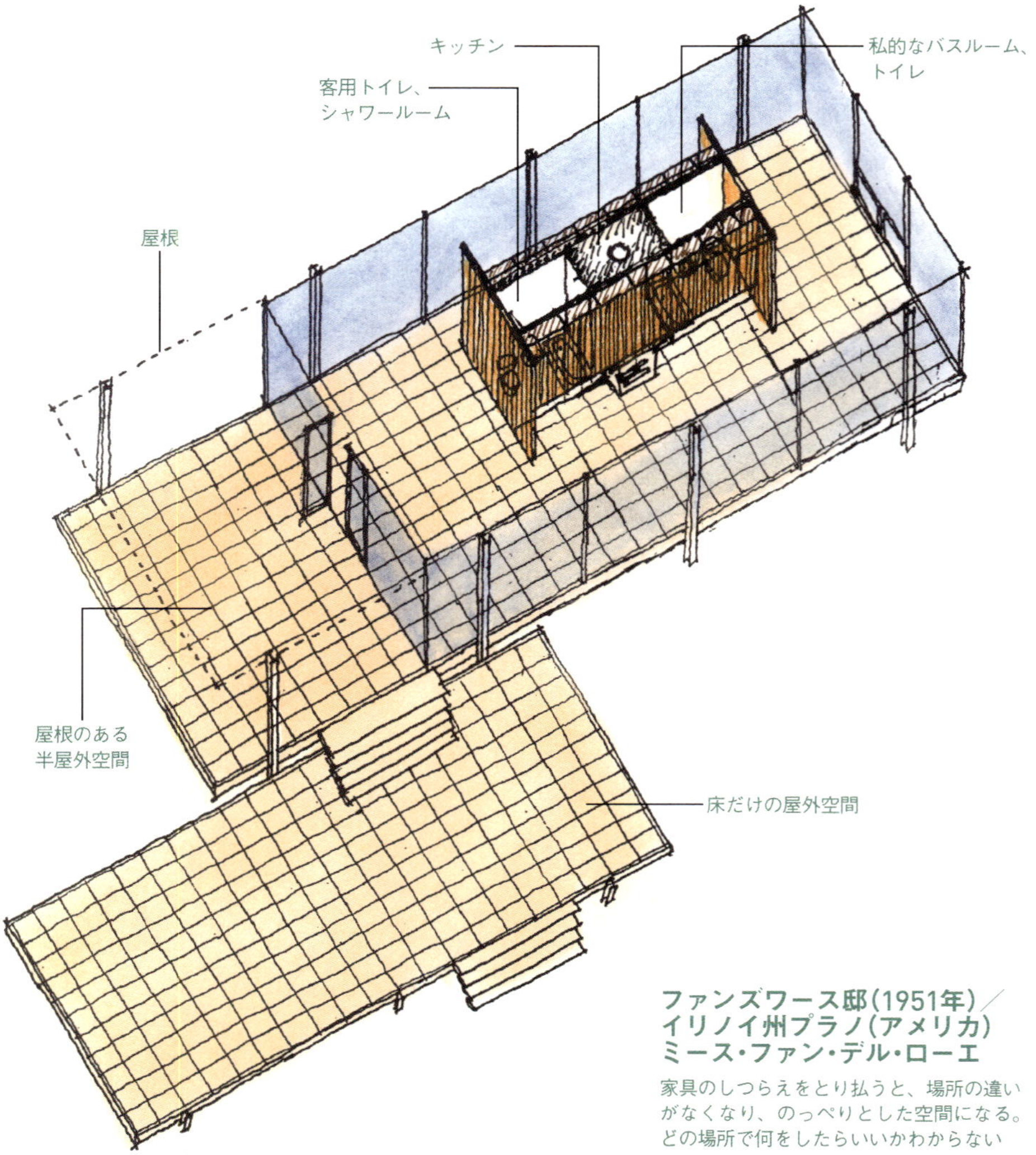

ファンズワース邸(1951年)／イリノイ州プラノ(アメリカ)ミース・ファン・デル・ローエ

家具のしつらえをとり払うと、場所の違いがなくなり、のっぺりとした空間になる。どの場所で何をしたらいいかわからない

部屋の中で人が実際に寝たり、食べたりといった活動をするためには家具が必要である。部屋に何も置かれていないと、その部屋が寝室なのか書斎なのか分からない。家具のしつらえは部屋を性格づける重要な要素なのである。

部屋の中の家具には移動が可能な「置き家具」と呼ばれるものと、建築の一部としてつくられている「造付け家具」がある。置き家具は自由に動かせ、必要に応じて足したり減らしたりできるので便利だが、既製のものを選んで置くことが多いので、部屋のサイズや雰囲気に合ったものを選ぶことが重要である。反対に、造付け家具はその部屋に合わせてつくられるので、サイズや素材も建築に合ったものにできるが、建築と一体化されている場合など将来の変化に対応するフレキシビリティは劣る。そのため置き家具と造付け家具を適材適所で選ぶ必要がある。

ファンズワース邸では中央のコア部分以外何もないひとつながりの均一の空間に家具やカーペットを置くことでリビングや寝室などの場所の性質を作っている。

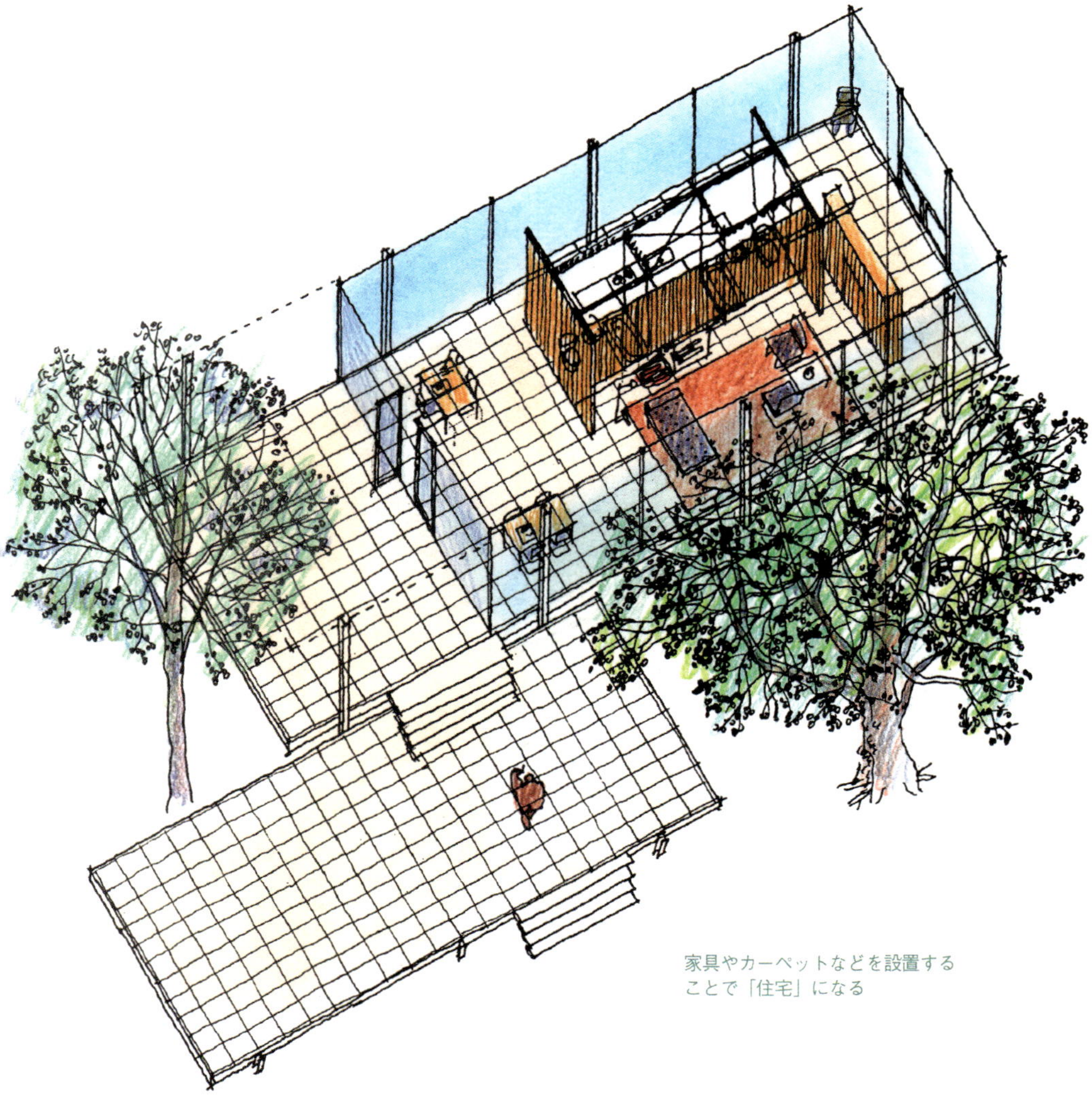

家具やカーペットなどを設置することで「住宅」になる

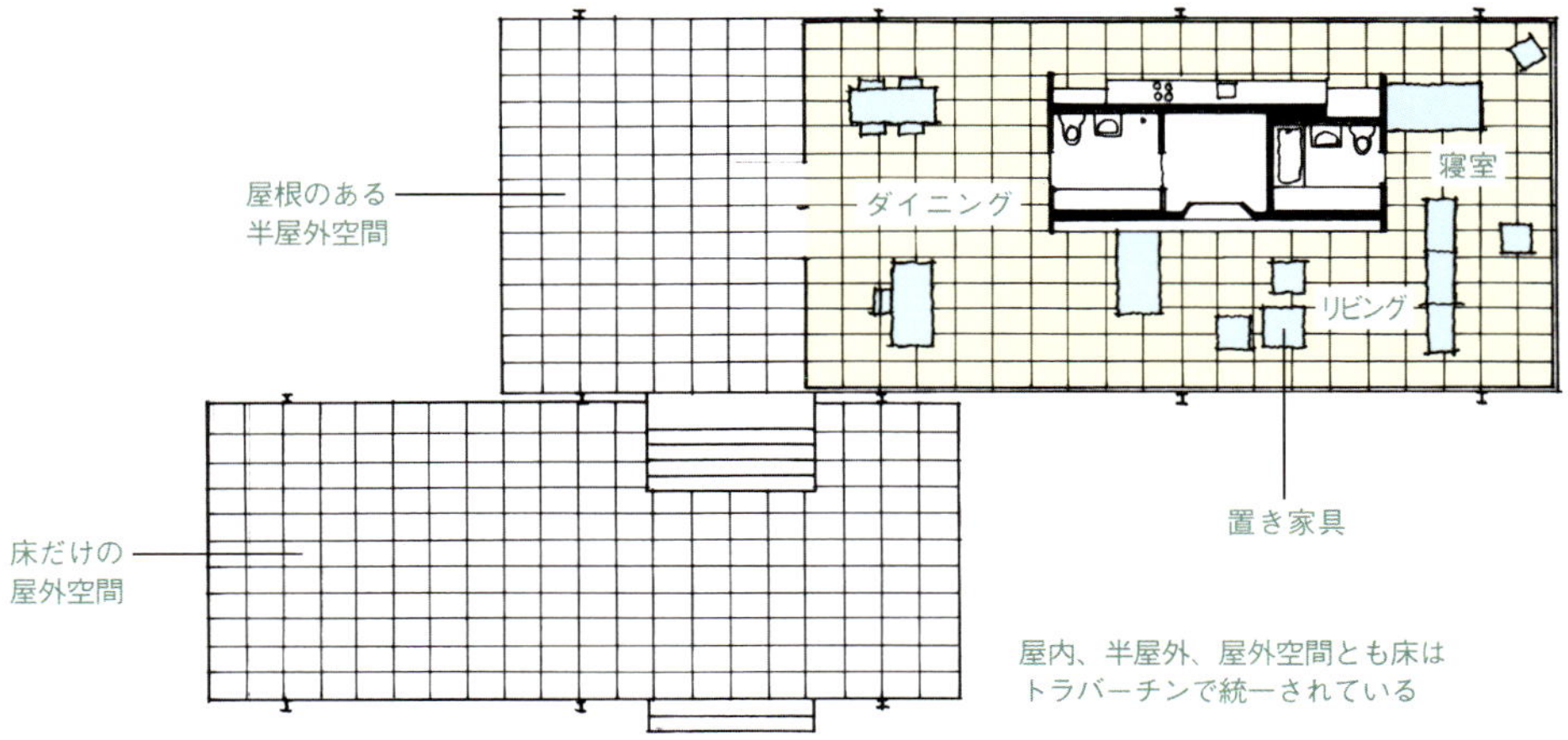

屋内、半屋外、屋外空間とも床はトラバーチンで統一されている

ファンズワース邸の平面図

15 住宅の中のウチとソト

パブリックとプライベートの部屋の区分けの一例

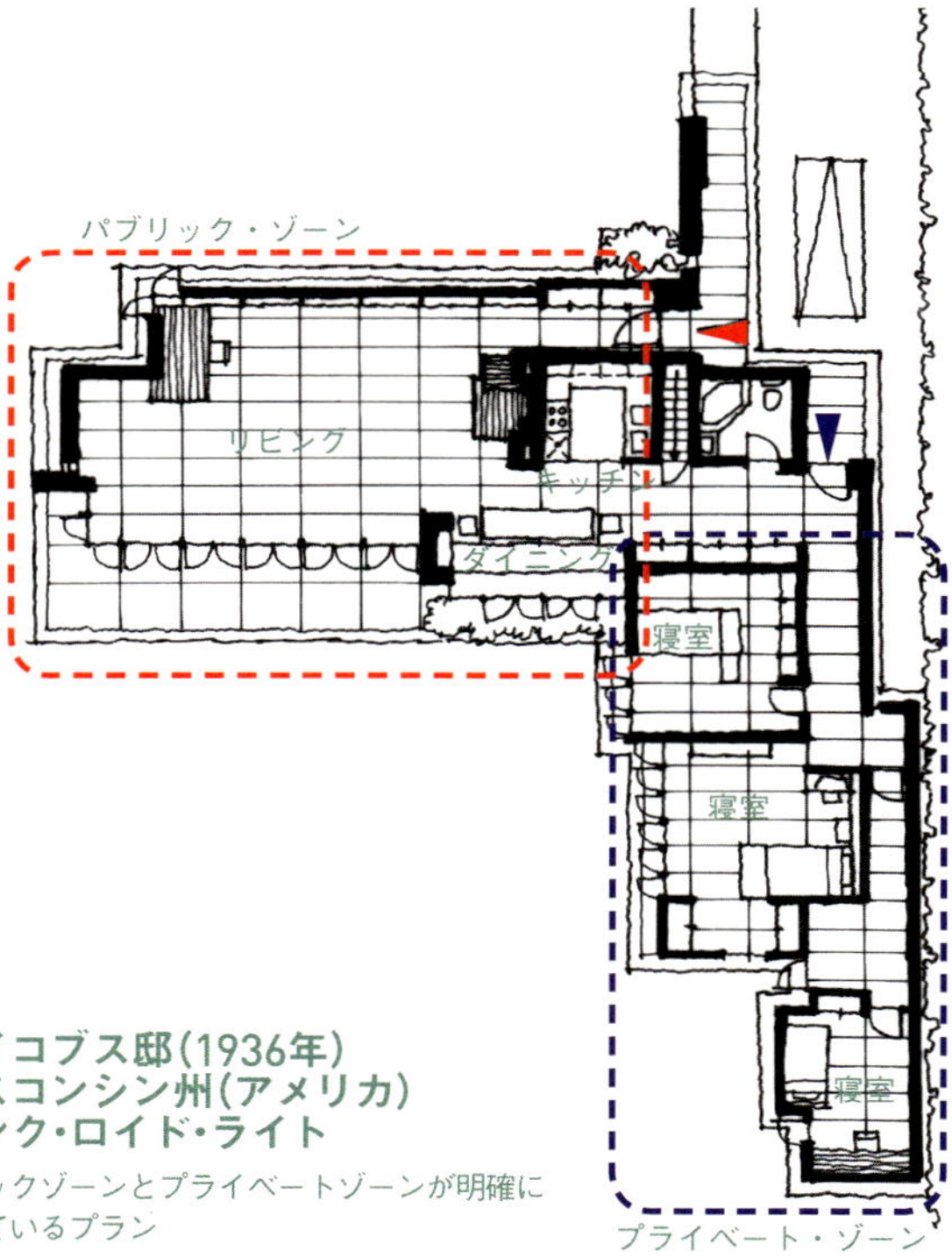

ジェイコブス邸(1936年)
ウィスコンシン州(アメリカ)
フランク・ロイド・ライト

パブリックゾーンとプライベートゾーンが明確に分離しているプラン

家の要素をどのように組み立てるか

住宅にはパブリックな面とプライベートな面が共存する。例えば住宅で一番パブリックな部屋は住人と外の人（お客さん）が交流する玄関や客間（またはリビング）と考えられる。反対にプライベートな部屋は、住人一人ひとりの個室（寝室）だろう。

住宅の部屋のつながりを考える上で、それぞれの部屋をパブリックとプライベートに分類して考えてみることは大切である。

どの部屋がパブリックで、どの部屋がプライベートかの定義は固定しているものではなく、住まい方によっても変わる。また、中間のセミ・パブリックやセミ・プライベートな空間もありえる。その定義も含めて、生活の流れや部屋の関係を考えながら、要素を組み立てよう。

パブリックとプライベートを分離する

住宅の中のパブリックとプライベートが明確に分かれている平面構成の例

シュレーダー邸(1924年)
ユトレヒト(オランダ)
ヘリット・トーマス・リートフェルト

パブリックゾーンとプライベートゾーンが間仕切りを動かすことによって、変化するプラン
青い床の部分はパブリック・スペース（リビング、ダイニングなど）
オレンジ色の床の部分はプライベートな寝室

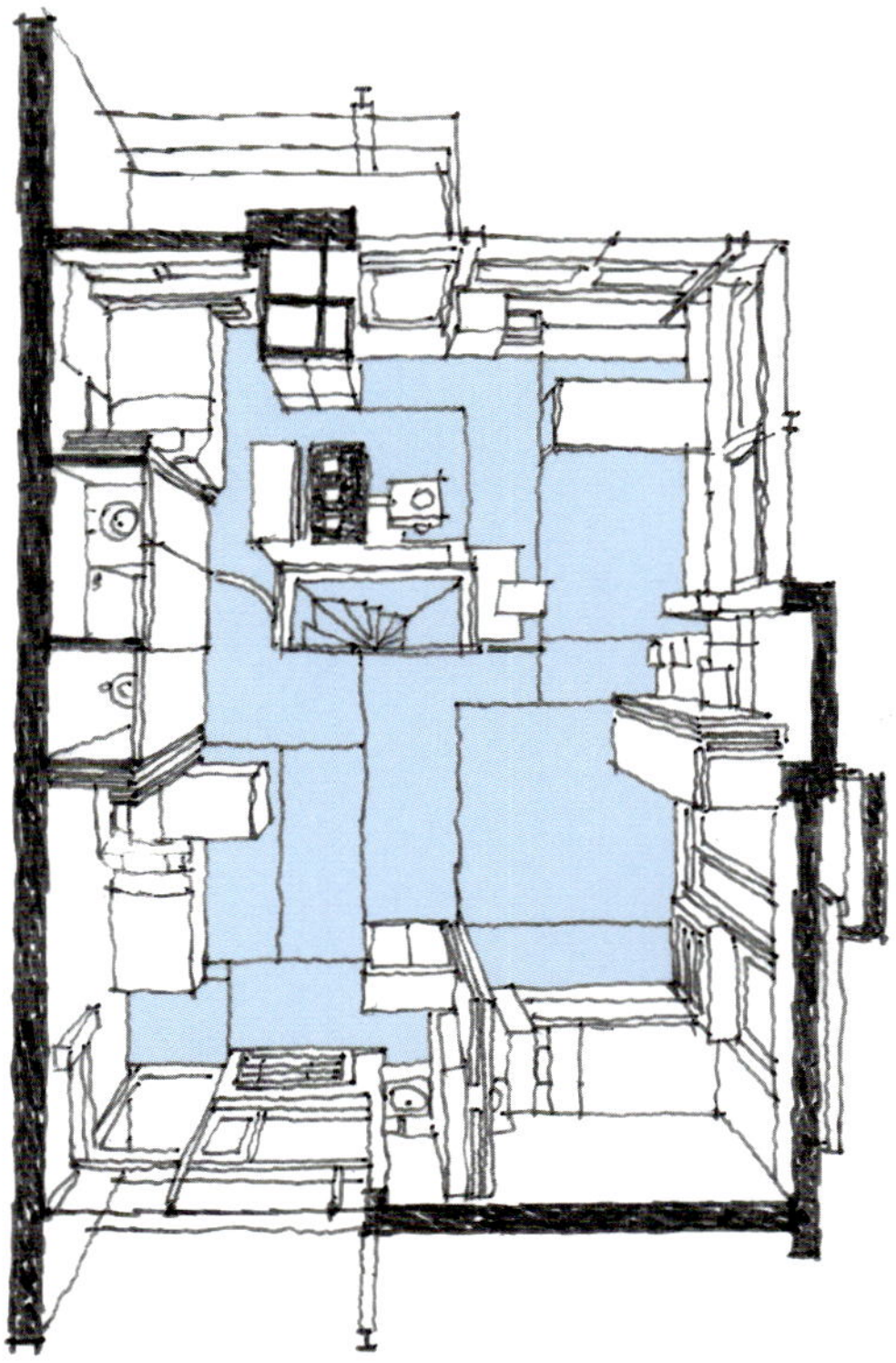

間仕切りを開けた状態。広々としたワンルーム広間に

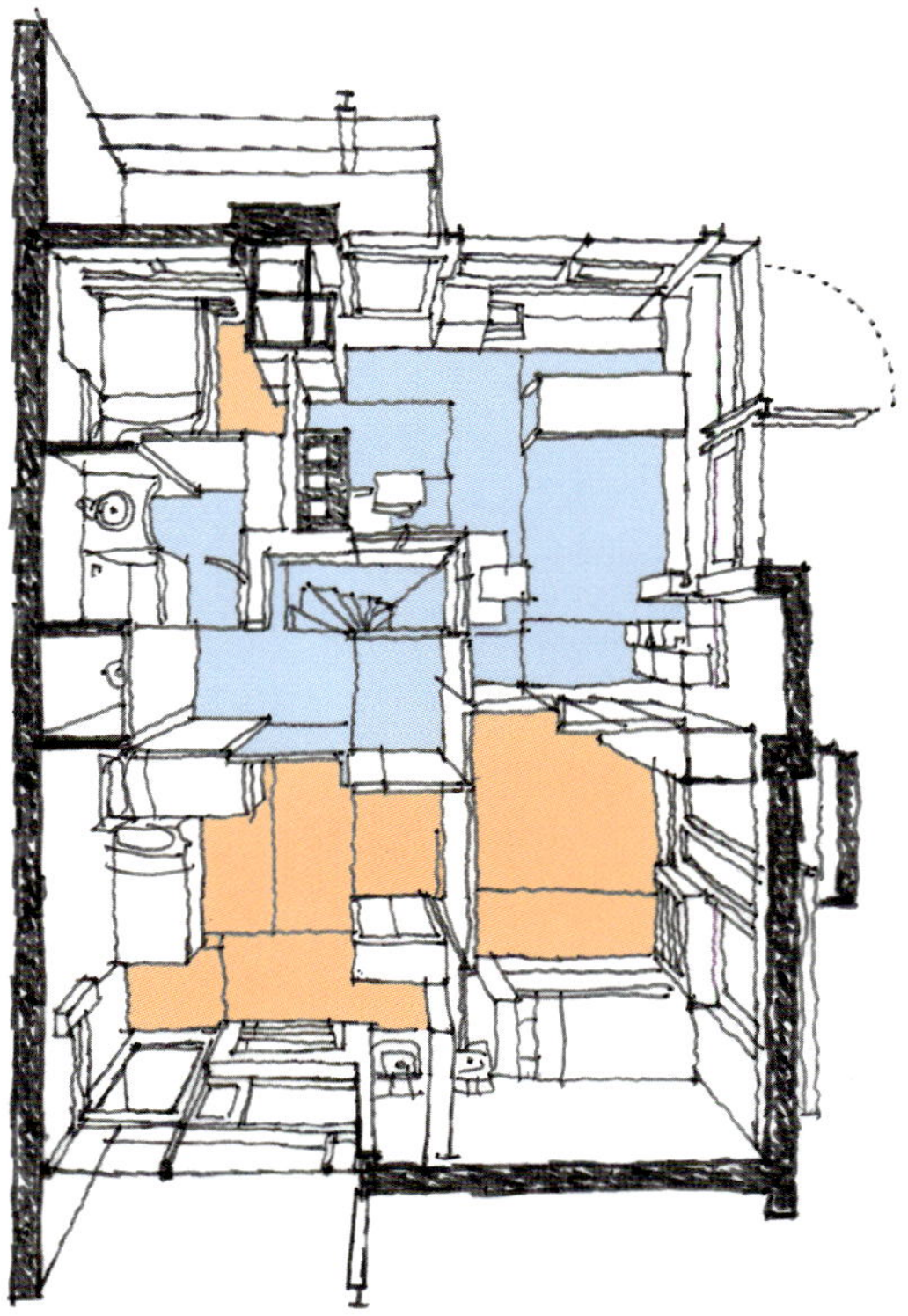

間仕切りを閉めた状態。個室（寝室）が3室できる

としてライトのジェイコブス邸がある。L字型の平面形の一辺ずつに、パブリックゾーンとプライベートゾーンが分けて配置されている。それぞれに固有の入り口があり、互いに干渉しないようになっている。2辺の交わる肘の部分にキッチンや風呂といった共有の機能の部屋が置かれ、2つのゾーンを調停している。

グラデーションタイプ・混在タイプ

ジェイコブス邸のように、パブリックとプライベートが明快に分離している構成以外には、玄関近くにパブリックな部屋を置き、奥に入るほどプライベートなゾーンになるグラデーションのような構成がよく使われる。

シュレーダー邸は通常はリビング・ダイニング（パブリック）に使われているワンルームを可動間仕切りによって区切ることでプライベートな寝室を作る珍しい構成。1つの場所が時間帯によって、または必要に応じてプライベートにもパブリックにもなる。スペースの節約にもなるこの方式は、昔の日本家屋の考え方に近いと言える。

16

平面だけでなく立体で考えよう

縦方向のつながり

断面構成を検討する

カルタージュの別荘(第一案)
ル・コルビュジエ

屋根の付いた屋外テラスが2層、リビング、ダイニングが1階ずつずれながらかみ合っている断面構成。家全体に通風を確保するために考えられたが、空間的にも4つの空間が縦方向に途切れずつながっている面白い構成になった。残念ながら、この第一案は実施されなかった

断面図

テラス階を見上げるリビング

住宅は立体的なものなので部屋と部屋の関係を考える際は平面的なことだけでなく、3次元的な関係も考えることが必要である。縦方向の関係は断面図を描いて検討するといい。

吹き抜けの効果

吹き抜けは一部上階の床を取り払った2層以上の空間である。単に天井が高いだけでなく、吹き抜けを介して上下の階は空間的につながることができる。4方を壁で囲われた閉じた部屋ではなく、立体的に視線が交差し、上階にいる人と会話をすることもできる拡がりのある空間になるのである。

吹き抜けは天井が高くなる分、空気のヴォリュームも大きくなるので、冷暖房効率が悪いことが欠点とされている。しかし、高さ方向に空気がつながるということは、高い位置と低い位置に開口を設けることにより、暖かい空気は上昇するという性質を利用して自然換気も促せるので、環境的にも欠点ばかりではない。

部屋同士の関係を立体的に考えることで、より豊かな空間が生まれるので

サヴォア邸
（1931年）／ポワッシー（フランス）
ル・コルビュジエ

サヴォア邸には1階から3階まで階段がついているが、それとは別にスロープも設置されている。特に屋上庭園に沿って2階から3階に上がるスロープには、緩やかに上っていきながら、さまざまな方向へ視線を向け、立体的に庭園を楽しめるようにする意図がある

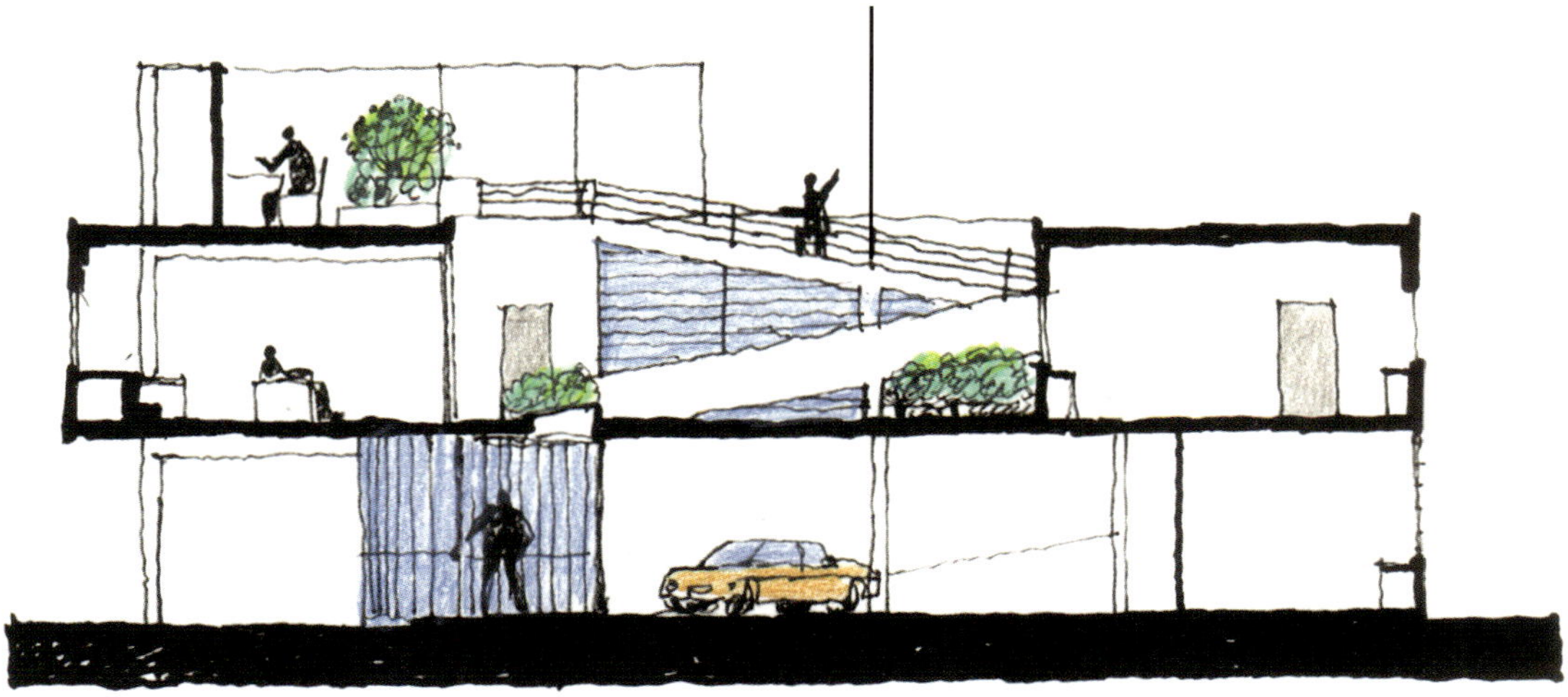

断面図

ある。

縦動線を考える

2階建て以上の住宅であれば、縦方向への移動手段（縦動線）が必要である。縦動線の中では、階段が最も一般的だが、階段にも急なもの、緩やかなもの、また直進階段、螺旋階段などさまざまな種類がある。階段のほかには、はしごのようなあまり場所をとらない縦動線や、反対にゆったりと上がっていくスロープという方法もある。

これらを選択するうえで重要なのは平面的に占める面積のほかに上がるスピードである。階段は急なものほど、ゆっくり立ち止まっていられないので、早く上の空間に行かざるを得ない。スロープは平面的にも長く移動して上昇するので、時間もかかり、その分「次の部屋に行くプロセス」を体験できるのである。

それ以外に螺旋階段はまわりながら上がっていくことで360度の方向を見渡すことができるなど、縦動線タイプによって、縦方向の移動体験が異なることを意識してふさわしいものを選択しよう。

COLUMN

アールトの良き理解者：グリクセン夫妻とアルテック社

マイレア邸とグリクセン夫妻

本文で残念ながら紹介できなかったアールトの名作住宅のひとつにマイレア邸（1938年）がある。当時のアールトの住宅に対する考え方がすべて詰まった、延床が1400㎡以上ある大豪邸である。この家の設計でアールトが行ったさまざまな実験―無定形のオープン・スペース、新しい材料の組み合わせ、技術など―はその後の彼の設計を方向付けた。この家の主は名前の通り、フィンランドで有数の資産家の息女であったマイレ・グリクセンとその夫、ハリーである。建築家にとって、理解ある建築主に出会うことは非常に重要だが、アールトにとって、グリクセン夫妻はそれ以上の存在だった。彼らは大富豪と建築家という立場を超えて、互いに共鳴し、強い友情関係を築いたのである。

アルテック社の設立

この出会いのきっかけは、アールトの家具だった。アートに強い興味があり、アールトの芸術的な家具に惹かれたマイレ・グリクセンは1935年に彼の家具を販売する会社を共同で設立したいと申し出る。この提案はアールトには願ったり叶ったりであった。それまで彼は代理店を通して家具の販売をしており、売れ行きは好調で生産が追いつかないような状態だったが、アールトはビジネスに全く興味がなく、経済効率を優先する代理店との関係は悪化していた。グリクセンとアールト夫妻が共同で設立したアルテック社ができたことで、アールトは妥協することなく彼の思想を反映した家具を販売する道を得たのである。

アールトとアルテック社

アルテック社の設立は、アールトのキャリアにおいて2つの大きな意味をもつ。1つは、経済的に安定したこと。もう1つは、家具は建築より安価で大量に生産できるので、フィンランドというヨーロッパの中ではマイナーな国で活動していた彼の才能と思想を世界に知らしめるのに役立ったことだ。

アルテック社はアールトの利益よりも芸術性や品質を優先する姿勢を反映して事業を拡大することもなかったが、現在でもアールトの遺産をもとに芸術的で高品質な家具を販売し続けている稀有な会社である。

（松下希和）

アルテック社のショールーム。アールト・デザインの家具以外に現代のデザイナーの新作も販売している

7章
集合住宅デザインのポイント

1 考慮することがいっぱい 集合住宅計画のポイント

集合住宅で考えなければならないこと

・住戸ユニットの集まり方 → 118頁
・共通動線の形式 → 124頁
・住戸ユニット → 130頁
・住人がシェアする空間 → 136頁

レイクショアドライブの外観。2本のガラスのタワーが90°角度を変えて配置されている

集合住宅とは1つの建築物に複数の世帯が集まって住む形態で、アパート、団地、タウンハウス、マンション、コーポラティブ・ハウジングなどさまざまな種類がある。近代以降、人口の増加、集中が進んだことで、高まった住宅需要に迅速に対応するために、多くの集合住宅が建てられた。戸建住宅よりも、1世帯当たりの土地利用が効率的なので、主に都市型の住宅と言える。

複数の世帯がまとまっているため、施工、メンテナンス、セキュリティなどの面からも効率的で経済的という長所もあるが、戸建住宅よりも近接して他人同士が住まうので、動線や音、視線などのプライバシーの確保が課題である。また、設計時に入居者が決まっていない場合が多く、一般的な住人を想定して計画されるため、標準的な設計になる傾向がある。その反面、玄関ロビーや共有庭などの多世帯で利用できる共有スペースを充実させれば、戸建住宅にはない豊かさも考えられる。

それでは、どんな種類があるのか①住戸ユニットの集合②共通動線③住戸ユニット④共有空間の順に見ていこう。

基本的な集合住宅の要素

・住戸ユニット
・共通動線
・共有空間

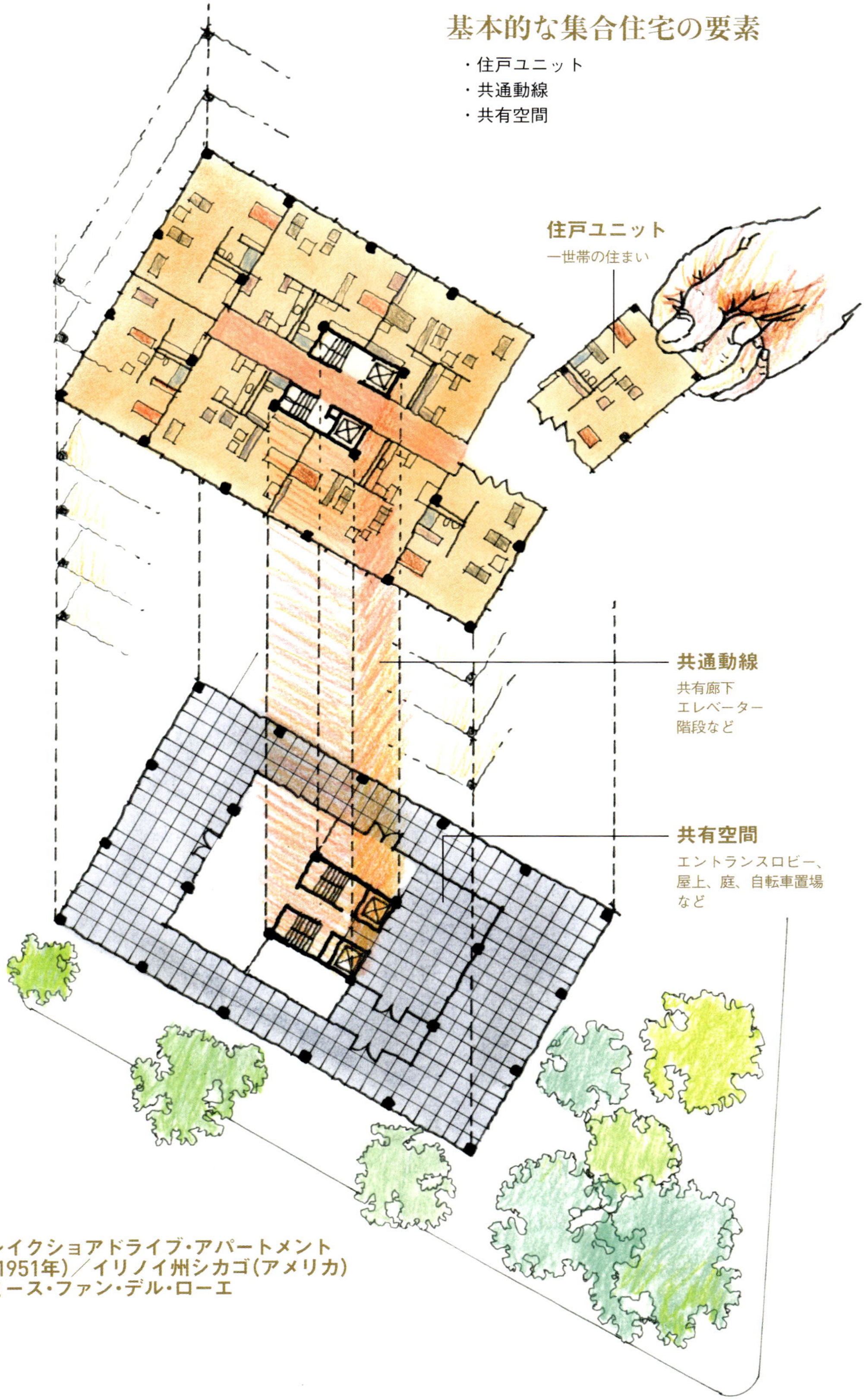

レイクショアドライブ・アパートメント
(1951年)／イリノイ州シカゴ(アメリカ)
ミース・ファン・デル・ローエ

② 住戸ユニットの集まり方

4種類の集合の方法

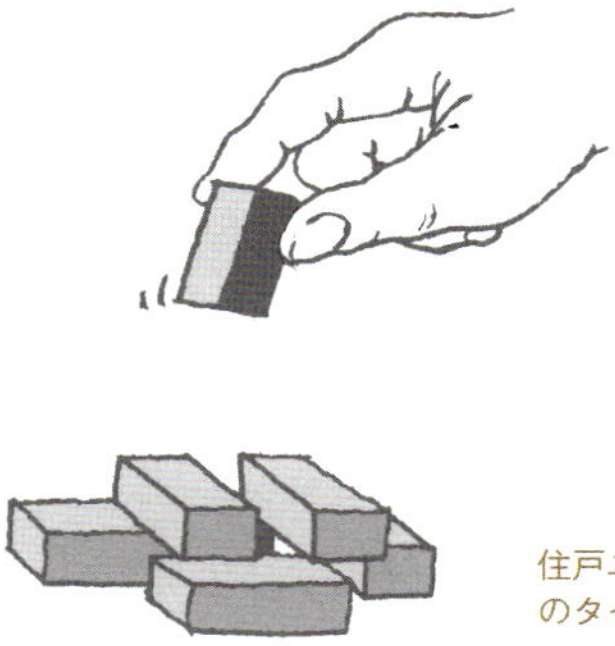

住戸ユニットの並べ方で集合住宅のタイプが決まる

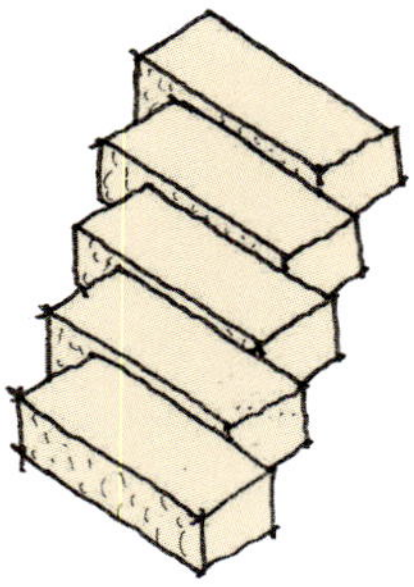

①並べる

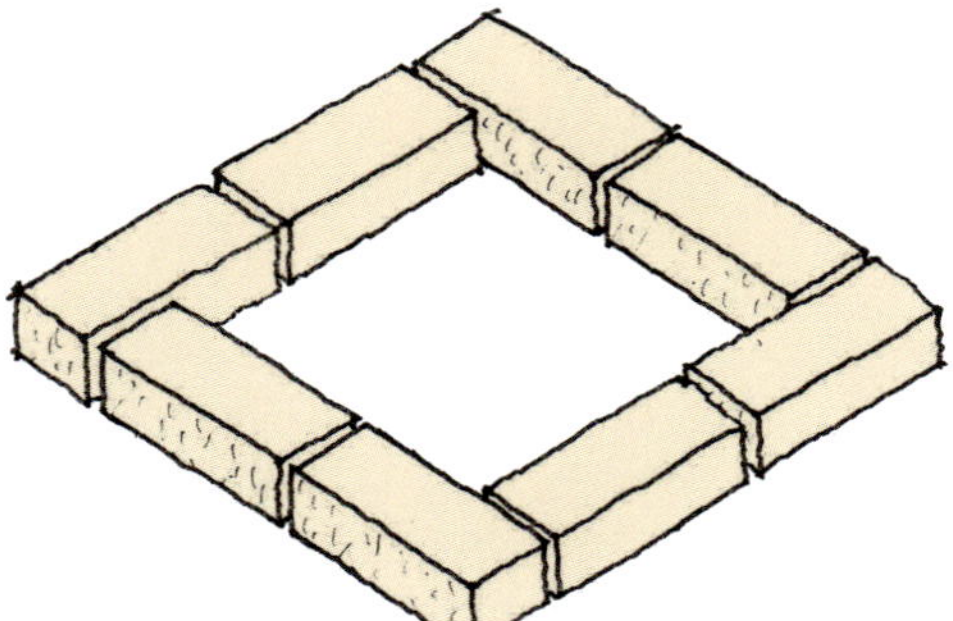

②囲う

③分散させる

④重ねる

集合の原理

集合住宅の計画では、各住戸ユニットをどのように組み合わせていくかというシステムの設計が非常に重要である。集合の方法は今まで、無数のタイプが考えられてきたが、それらを整理すると主に①並べる、②囲う、③分散させる、④重ねる、の4種類になる。これらの4種類のタイプには、それぞれ特徴があり、また組み合わせることもできる。以下にいくつかの具体的な例を挙げているので参考にしてほしい。

並べる

住戸ユニットを平面的に隣り合わせに並べる方式。隣接するユニット同士が間の壁を共有しており、タウンハウスや町屋などはこの方式である。建物全体が長方形型のエラスムスラーン低層集合住宅のように、ユニットが整列しているタイプが多いが、住戸ユニットの独立性をより高めるためスーホルム集合住宅のようにユニットが雁行して配置されている場合もある。

「重ねる」と組み合わせれば中高層集合でも使われる。

3 ユニットを並べる

長方形型―ユニット同士が隣合わせに並び、全体が大きな長方形になるプラン

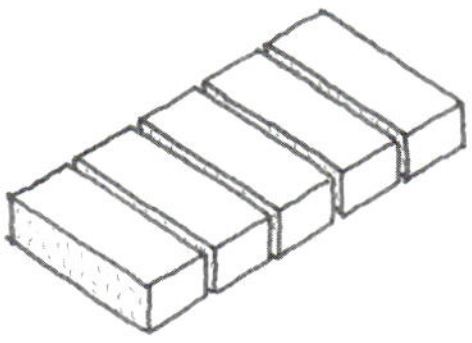

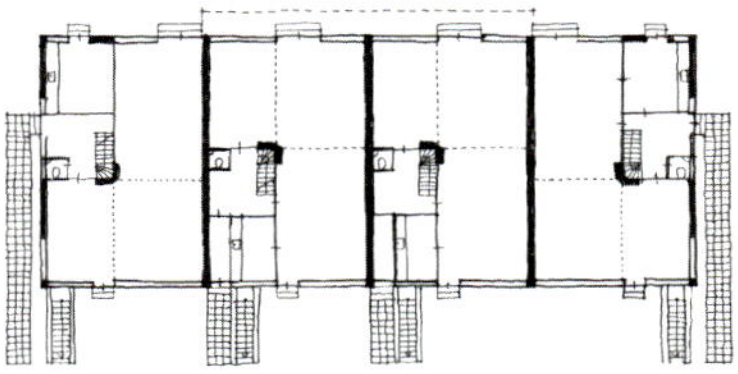

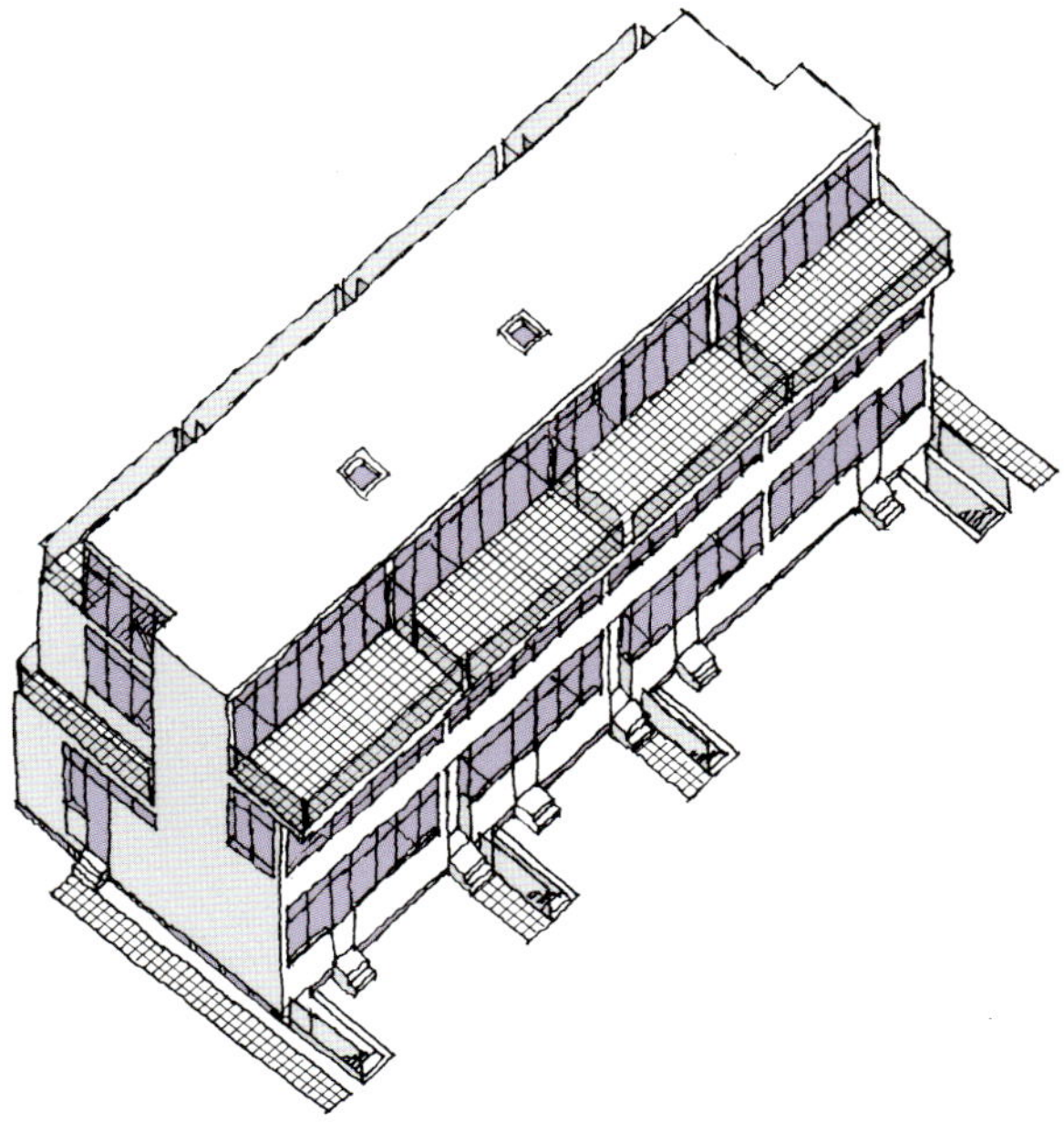

エラスムスラーン低層集合住宅
(1931年)／ユトレヒト(オランダ)
ヘリット・トーマス・リートフェルト

一世帯につき、地下１階、地上３階の住戸が４軒並んで１つの集合住宅を形成している

雁行型―ユニット同士が少しずつずれて並んで雁行するプラン

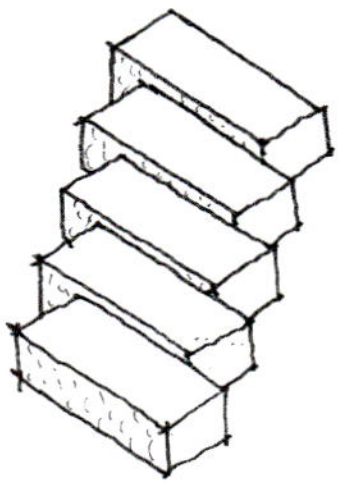

スーホルム集合住宅
(1950年)／クラペンボー(デンマーク)
アルネ・ヤコブセン

住戸が平面的にずれて配置されていることによって、リビングの大きな窓から隣の住戸を気にせずに景色を楽しめるように考えられている

4 ユニットを囲う／分散する

中庭を囲うようにユニットを配置する方式

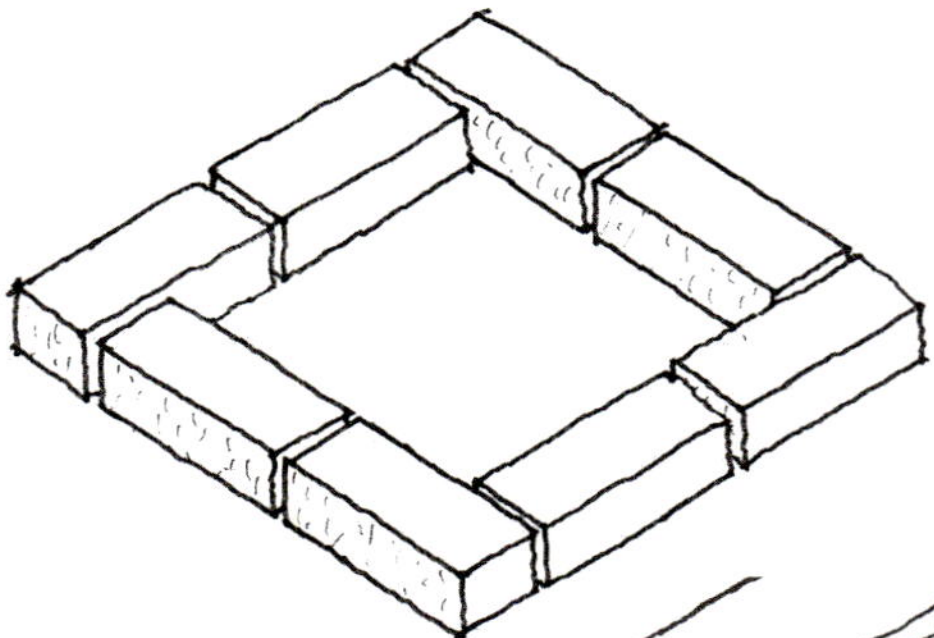

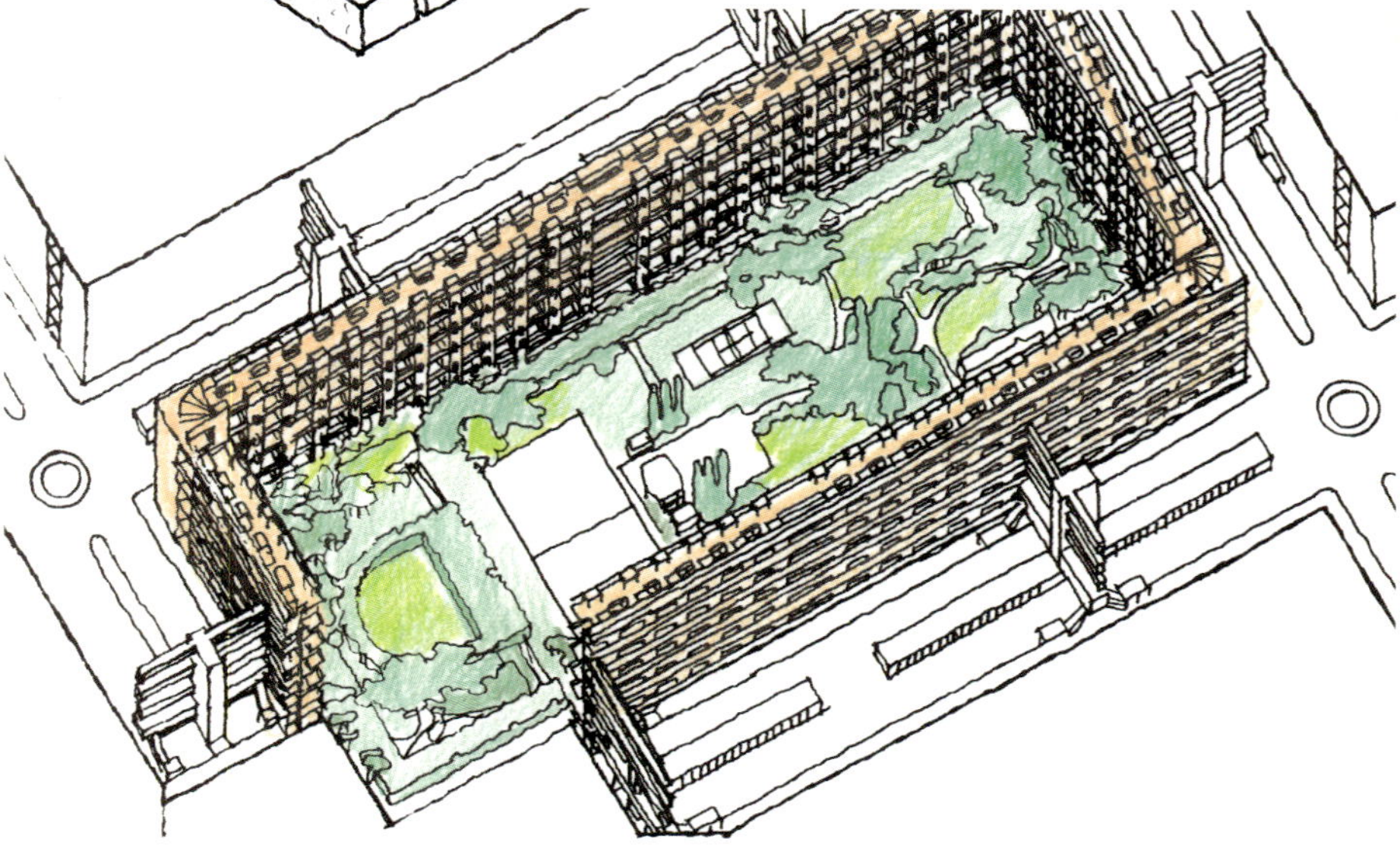

イムーブル・ヴィラ
(1925年)／プロジェクト
ル・コルビュジエ

住戸ユニットがロの字型に中庭を囲んで配置された集合住宅の提案。36,000㎡ほどある中庭は住人のための共有空間で外にはほぼ閉じており、スポーツ用コートなどが配置されている。個別の庭としては、各ユニットに空中庭園がある

囲う

中庭を囲うようにユニットを配置する方式。完全に中庭を囲いこむ「ロの字」型や、片面が解放されている「コの字」型などがある。中庭を共有することで、住人のコミュニティ意識が高まりやすい。中庭は住人専用の制限された公共空間の場合と近隣地域に開放されている場合がある。「重ねる」と組み合わせることが多い。

イムーブル・ヴィラは、街区いっぱいに建てられた大きな集合住宅の計画だが、共有の施設が配置された中庭がコミュニティをかたち作っている。

分散する

複製されたユニットを分散して配置する方式。ユニット同士が接触している部分は少ないか、またはムードンの集合住宅のように、まったく接していないので、一見集合住宅に見えない場合もある。しかし実は外部空間を含めた群として集合を形成している。集合住宅としてのまとまりを出すためにユニットの間にある庭や通路など外部空間の作り方が重要になる。

複製されたユニットを分散して配置する方式

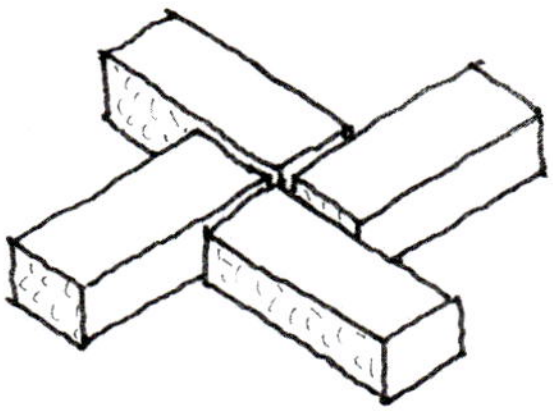

サントップ・ホームズ（1931年）／ペンシルバニア州アードモア（米国）フランク・ロイド・ライト

4つのユニットがクローバー状につながり、1つのまとまりを構成しているプラン。ユニット同士が接しているのは一角のみで、分散した形になっているため、戸建住宅のように専用の庭を持つことができる。実現はしなかった

現在もメンテナンスがなされ、きれいに使われている

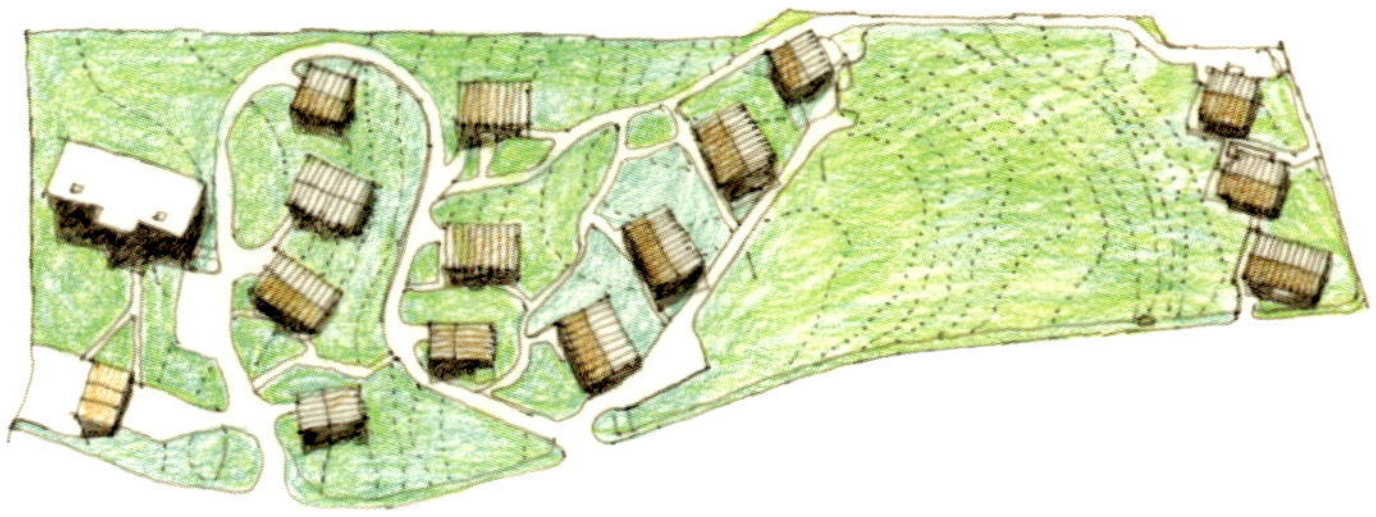

ムードンの集合住宅（1952年）／ムードン（フランス）ジャン・プルーヴェ

戦後の住宅供給の需要に迅速に応えるために建設された、プレファブ住宅群。金属と木製のパネルで構成されている14棟の住宅が、敷地の既存の傾斜や自然環境に合わせて配置されており、分散していても集合としてまとまった住宅群を形成している

5 ユニットを重ねる

ブレーメンのアパートメントハウス
(1962年)/ブレーメン(ドイツ)
アルヴァ・アールト

22階建ての高層集合住宅。
主に単身者か子どものいない
夫婦むけの住宅

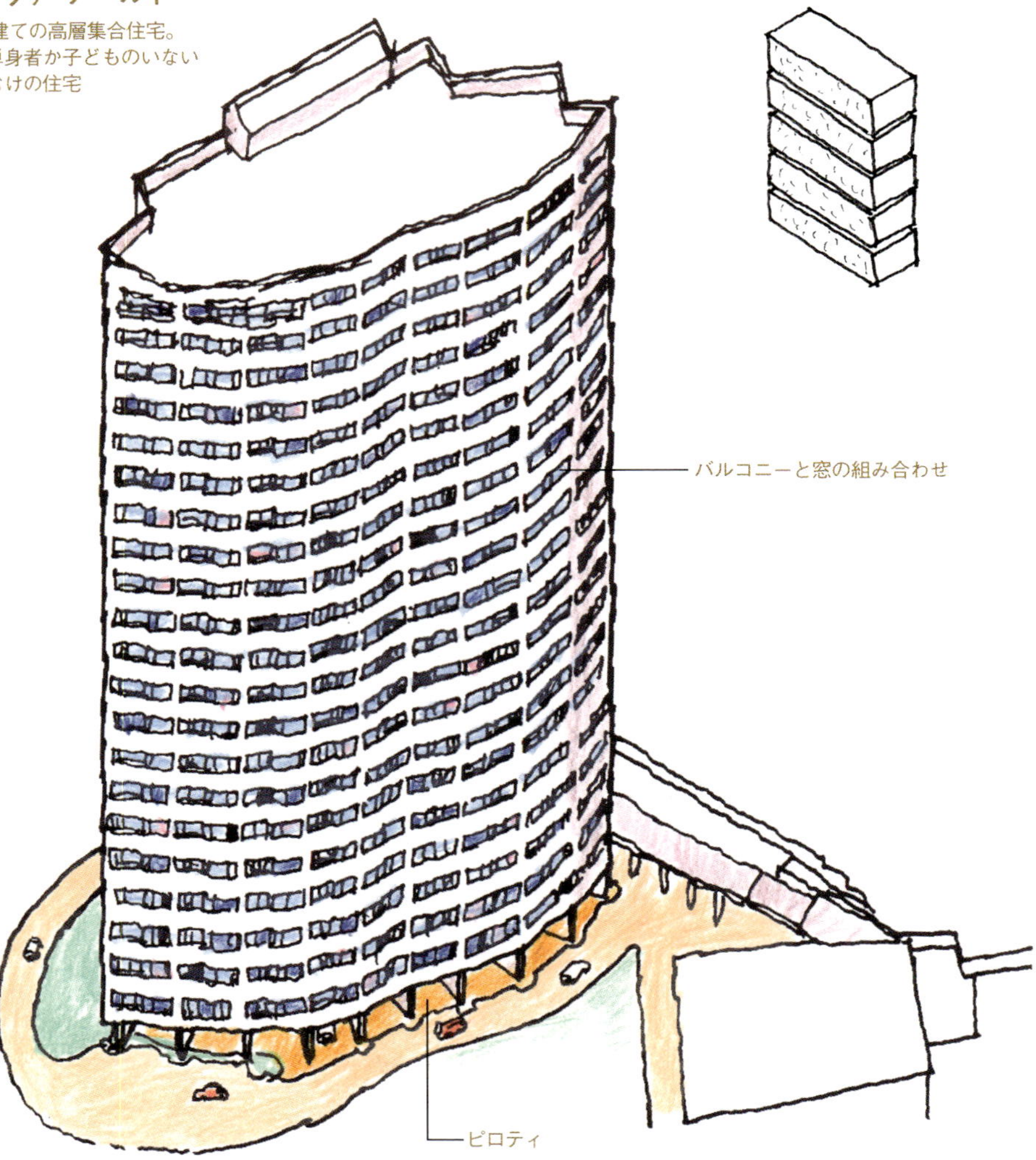

ユニットを縦に積み上げる方式

重ねる

ユニットを縦に積み上げる方式で「並べる」「囲う」と併用して使われることが多い。3層までは低層、5階くらいまでは中層と呼ばれている。5・6層以上の高層集合住宅は、エレベーターが発明された近年に発達した新しい形式である。地面のレベルで建てられる面積が限られていても、何層も重ねることができれば、延床面積は大きくなるので、土地の利用としてはとても効率的であり、その分地面のレベルで緑地などを増やすことができる。また高層集合住宅の上階に住んでいれば眺望も日当りも良い。

しかし、同時に周辺環境が影になってしまうので配置計画では方位や近隣の関係をよく確認しよう。また上階への移動はエレベーターに頼らざるを得ないので、待ち時間や非常時の対応などもよく検討する必要がある。

ユニットの密度が高ければ、その分集まって住む人数も多いので、プライバシーの問題やコミュニティーの問題もある。同じようなタイプのユニットで構成されているので、住宅の家族構

**マルセイユのユニテ・ダビタシオン（1952年）／マルセイユ（フランス）
ル・コルビュジエ**

コルビュジエが設計した一連の集合住宅（ユニテ・ダビタシオン）の中でもっとも有名な作品。18 階建て全 337 戸の巨大な住宅

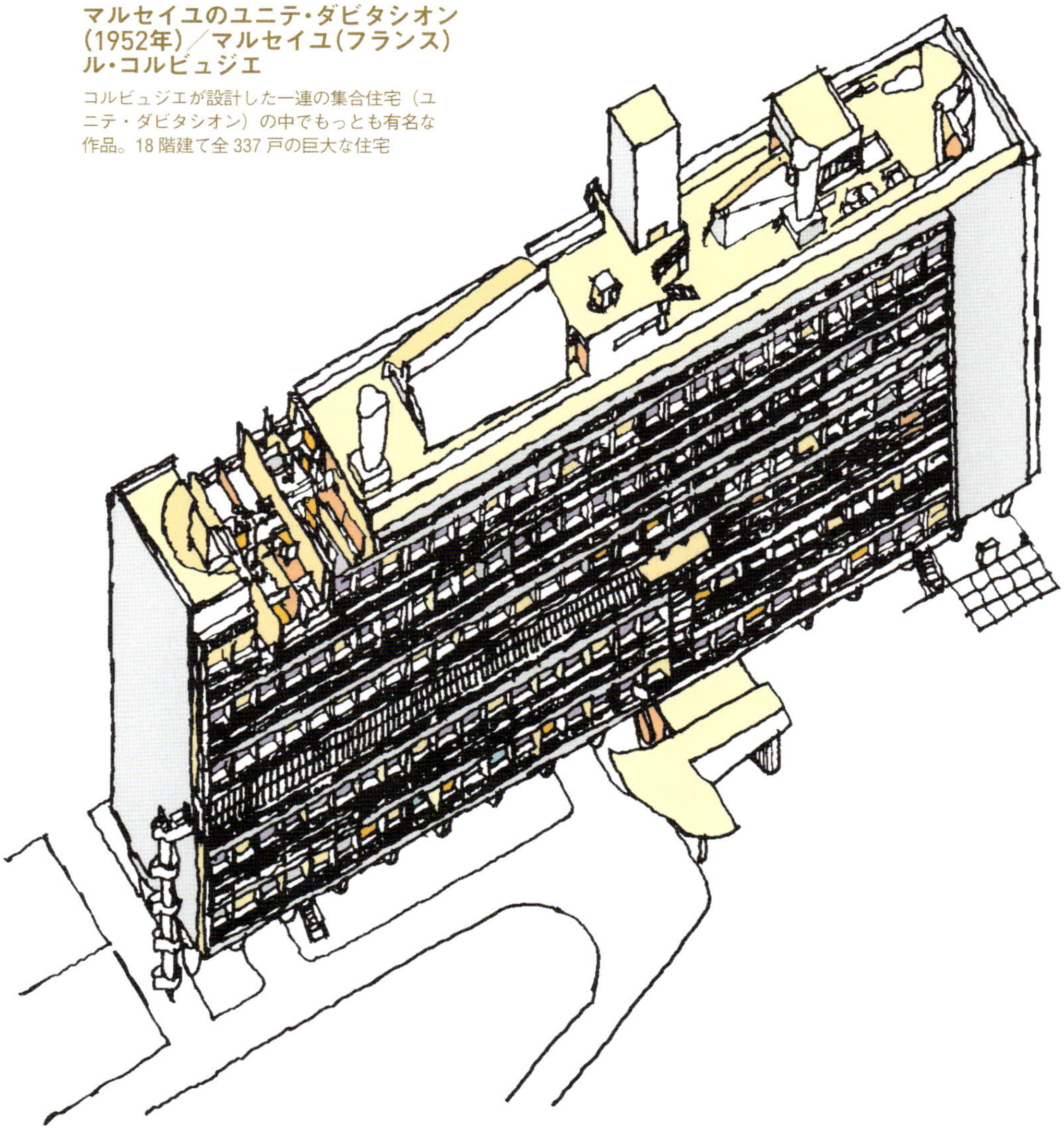

ユニテ・ダビタシオンの地上レベル、柱で建物が浮いているため、向こう側が見通せる

成も似てしまい、多様性が少ない場合も多い。それでも、人口密度の高い地域において、高層集合住宅は経済的かつ迅速に住宅を行きわたらせる効果的な方法である。現在では50階以上の超高層集合住宅も出現しているが、この新しい住居形態をいかに住み心地良いものにするかは大きな課題である。

6 セミパブリック空間もさまざま 共通動線の形式

共通動線の考え方

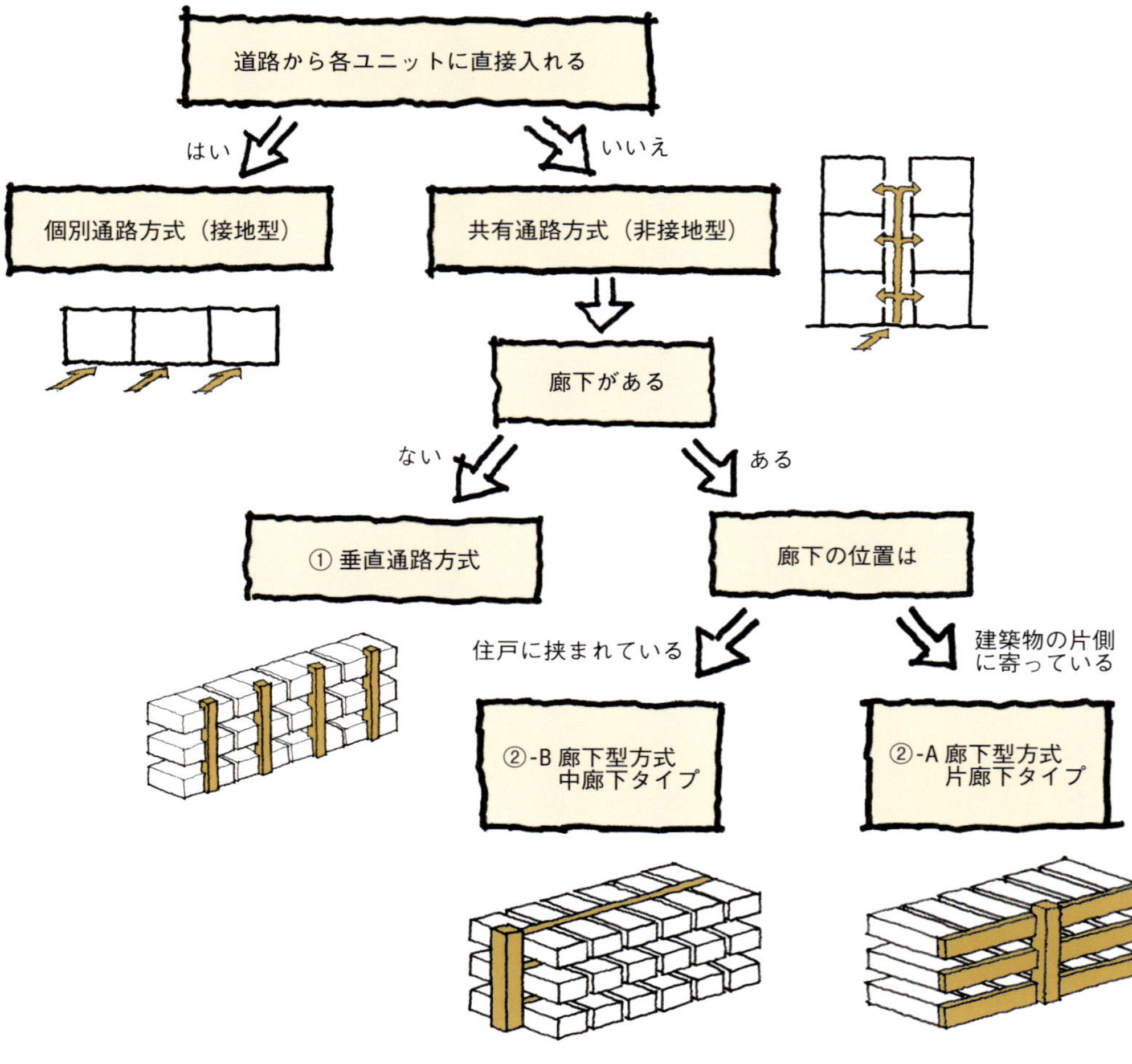

戸建住宅の場合は、通常公共空間である道路から、門ないし扉などを過ぎると、すぐその家のプライベートな領域に入れる。しかし、集合住宅の場合は、通常道路と個人の玄関の間に「共通動線」というセミ・パブリックな動線がある。主にその集合住宅の住人が共有する、廊下や階段、エレベーターなどである。

共通動線はできるだけ少ない面積の方が経済的効果が高いが、非常時には住人全員の避難にも使われるので幅や長さ、位置、数を十分検討する必要がある。共通動線を共有しているユニットが少ないほうが、より戸建住宅に近く、プライバシーが高い利点はあるが、反対に無機質になりがちな共有廊下などを住民が交わる場所と捉えて、単に通り抜けのスペースではなく魅力的に設計することで、共有廊下に新しい意味を持たせる考え方もある。

共通動線の形式は、住宅ユニットの集まり方や各ユニットの開口部の向き、方位などに関連するもので、上図のほかにさまざまなヴァリエーションがありえるが、ここでは代表的なものを紹介する。

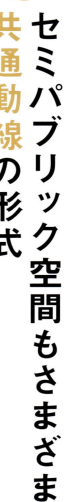

7 住戸に直接アクセスできる個別通路方式

専用の前庭から玄関に入る

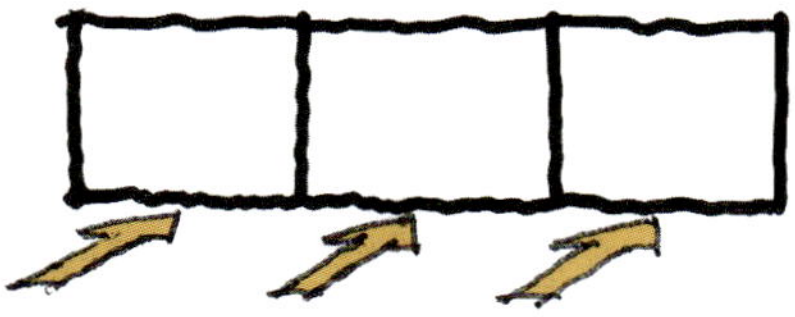
道路から各ユニットに直接入れる方式

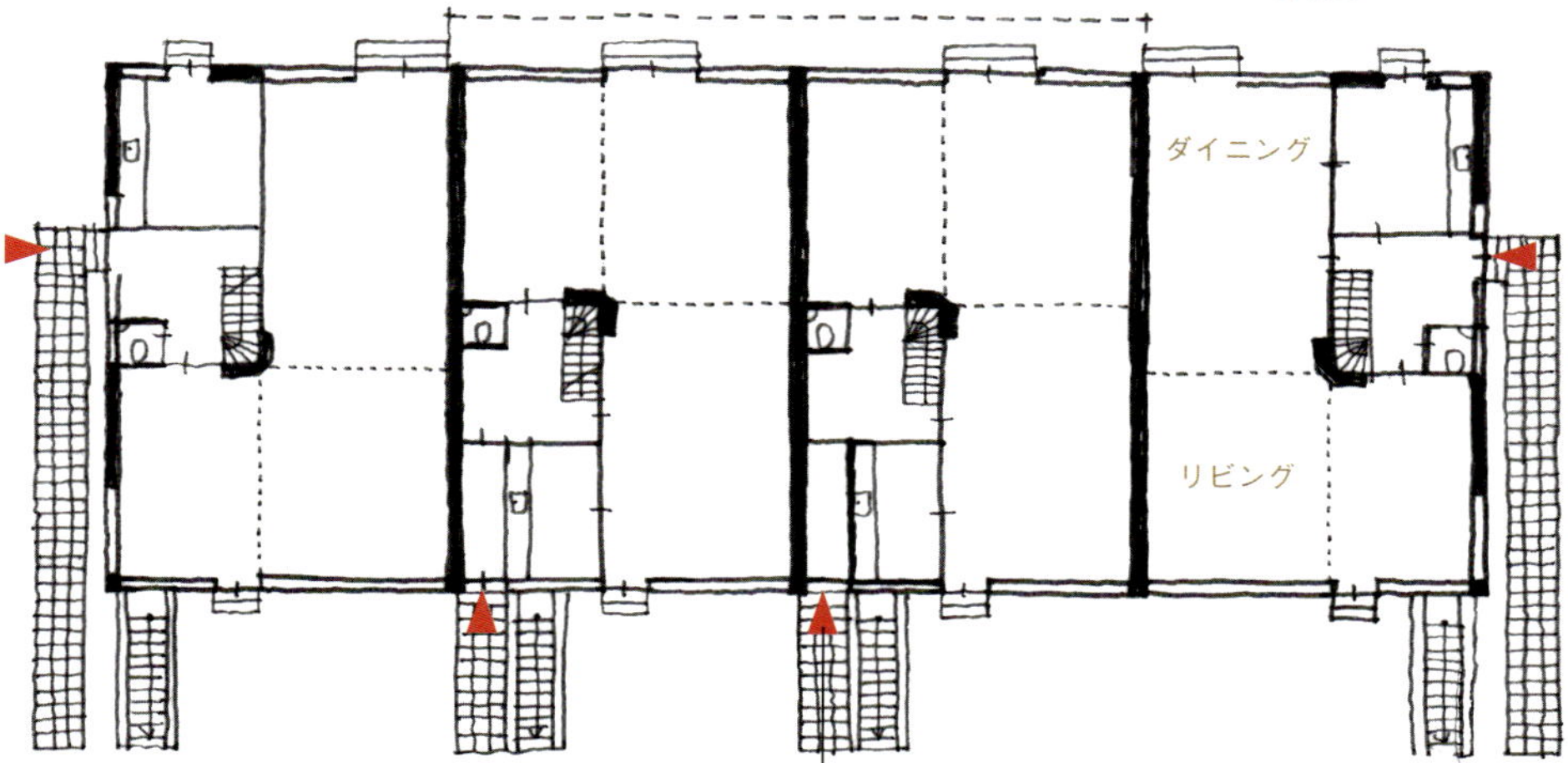

エラスムスラーン低層集合住宅
(1931年)／ユトレヒト(オランダ)
ヘリット・トーマス・リートフェルト

個々の住宅ユニットが隣り合わせにつながって、境界の壁を共有しているタウンハウス（長屋）の形式で建てられており、典型的な個別通路方式の例。各住戸に個別の道路から直接入れる入口と反対側に専用庭がある

個別通路方式においては、個々のユニットがそれぞれ道路から直接入れる独自の入口を有しており、建物内に共通動線がない。タウンハウスや町屋にしばしば使われる方式である。各ユニットが地面に接しているため、専用の庭を持つことができ、住戸のそばにそれぞれの駐車場を設けることも可能である。より戸建住宅に近く、プライバシーも高い形式といえる。

この方式の場合、個々のユニットの入口が道路と隣接していなければならないため、ユニットを重ねることができない。一世帯が上から下の階を占有する低層（おおむね1～3層）住宅のみで可能な形式である。

ここに例として挙げたエラスムスラーン低層集合住宅は個別通路方式の典型的なものである。各ユニットにはそれぞれ専用の玄関が設けられており、ユニットの前後に1階のリビング・ダイニングから簡単にアクセスできる専用庭が付いているこの集合住宅はオランダで一般的なローハウスの形式を踏襲している。

1 はじめに
2 かたち
3 家具・インテリア
4 寸法
5 室内環境
6 住宅
7 集合住宅
8 街並み

8

共通通路のバリエーション
垂直動線と片廊下形式

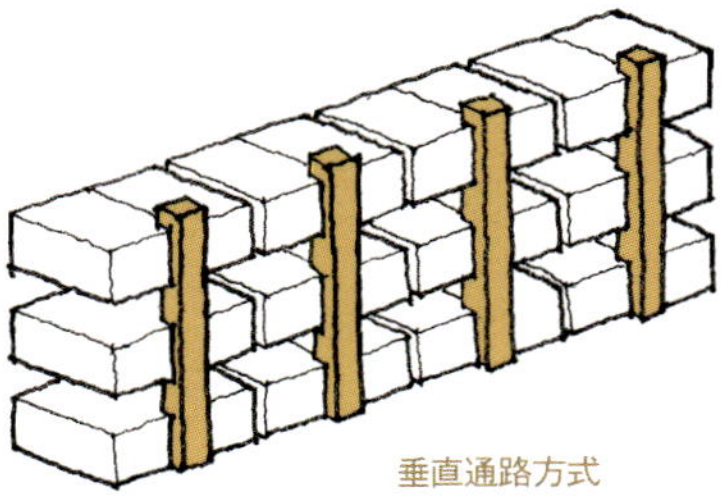

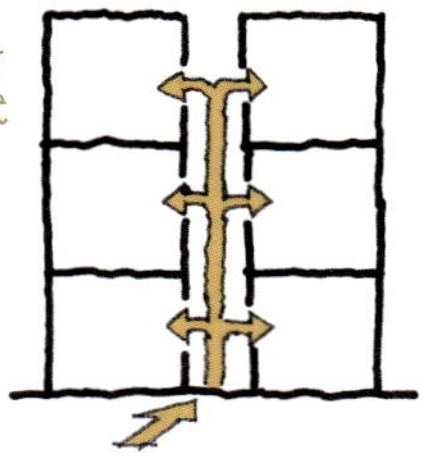

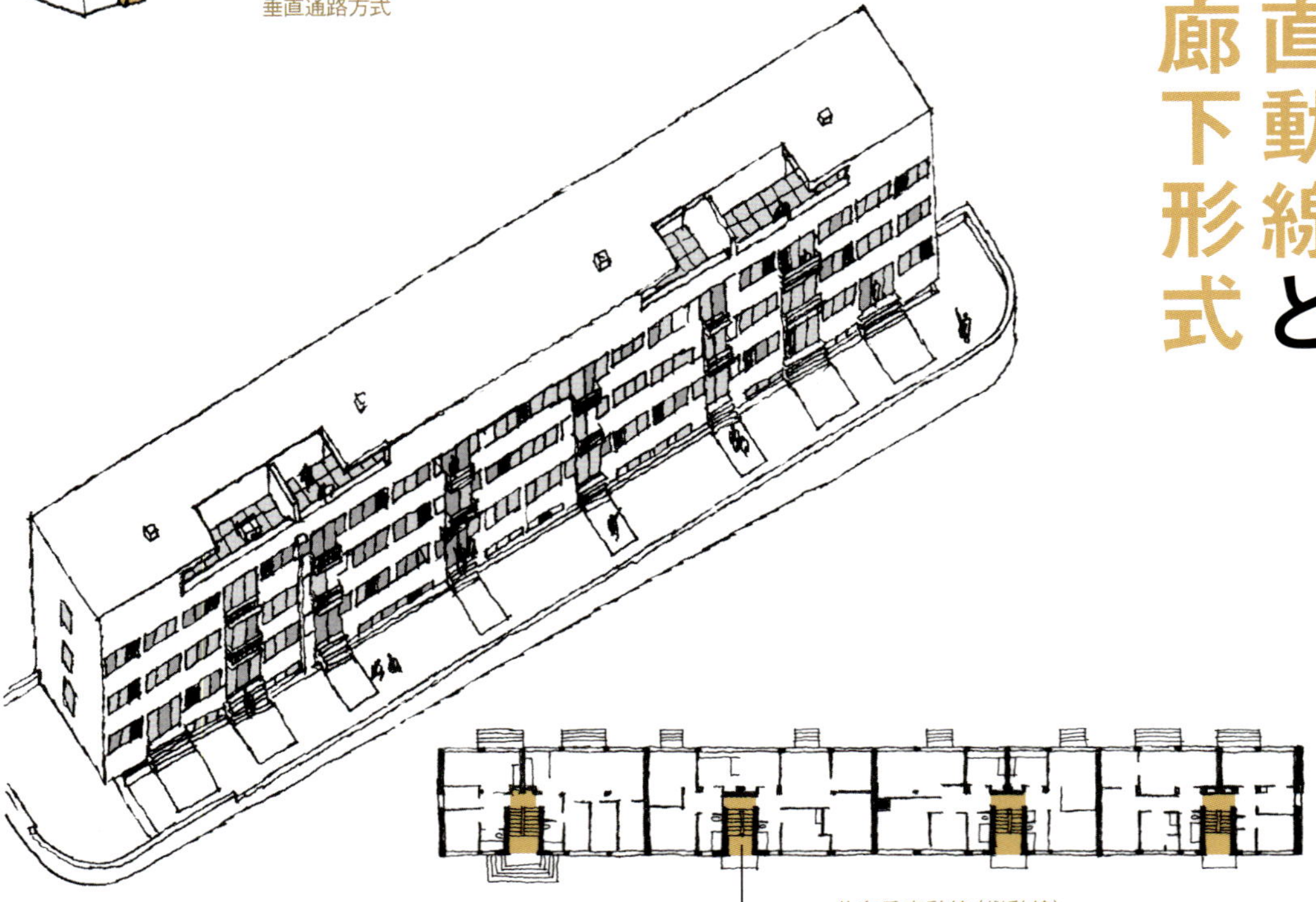

**ヴォイセンホーフ・ジードルンク
(1927年)／シュトゥットガルト(ドイツ)
ミース・ファン・デル・ローエ**

1層につき2つのユニットが階段を共有しているまとまりが4つ並んでいる4階建て集合住宅。(4階は共有のユティリティスペースや屋上庭園）階段の左右のユニットで異なった大きさのユニットが配置されている

共通動線を介してユニットに入る方式である。1階の住戸以外は地面に接しておらず、多層に積み重なっている「重ねる」で使われる。

共有垂直動線

縦動線からユニットへ廊下を介さずに直結している形式。いくつかのユニットが集まったグループが専用の縦動線を共有する。1つの縦動線を共有するユニットの数が限られるため、廊下型よりプライバシーが高いが、縦動線が頻繁に必要なため、経済効率は下がる。縦動線には階段だけでなく、エレベーターを使用する場合もあるが、あまり多層の住宅には不向きで、主に低層〜中層住宅で使われる。

上図のヴァイセンホーフの例以外に、住戸ユニットを階段状に並べ、段に沿って住戸の入り口に直接アクセスできる外階段設ける方法などもある。

廊下型方式

縦動線から廊下を介して各住戸につながる形式で、住戸数の多い高層集合住宅において最も合理的な方法といえ

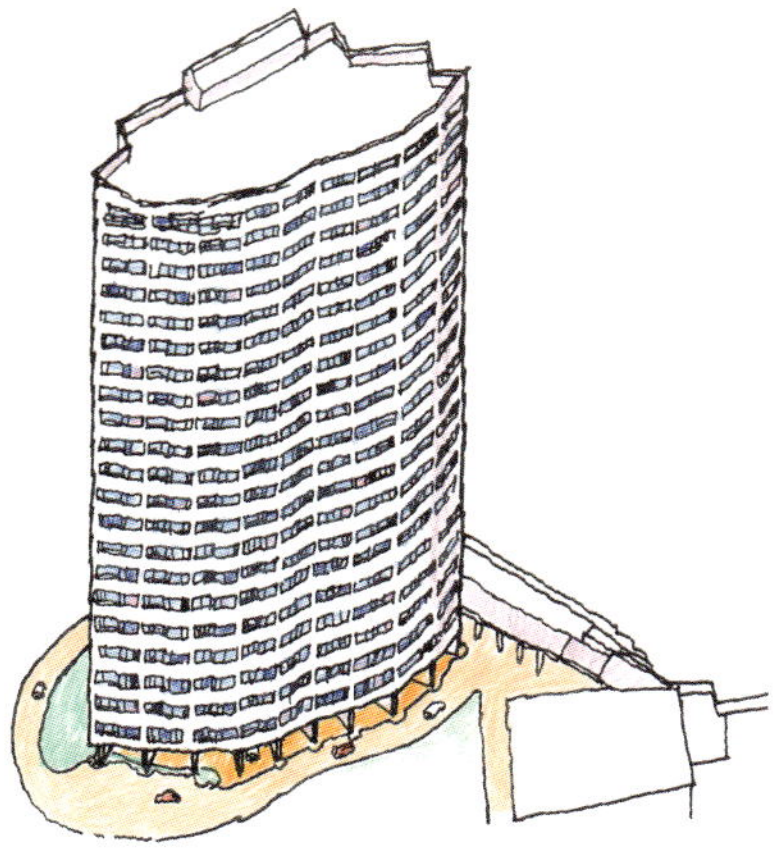

廊下型方式―片廊下タイプ

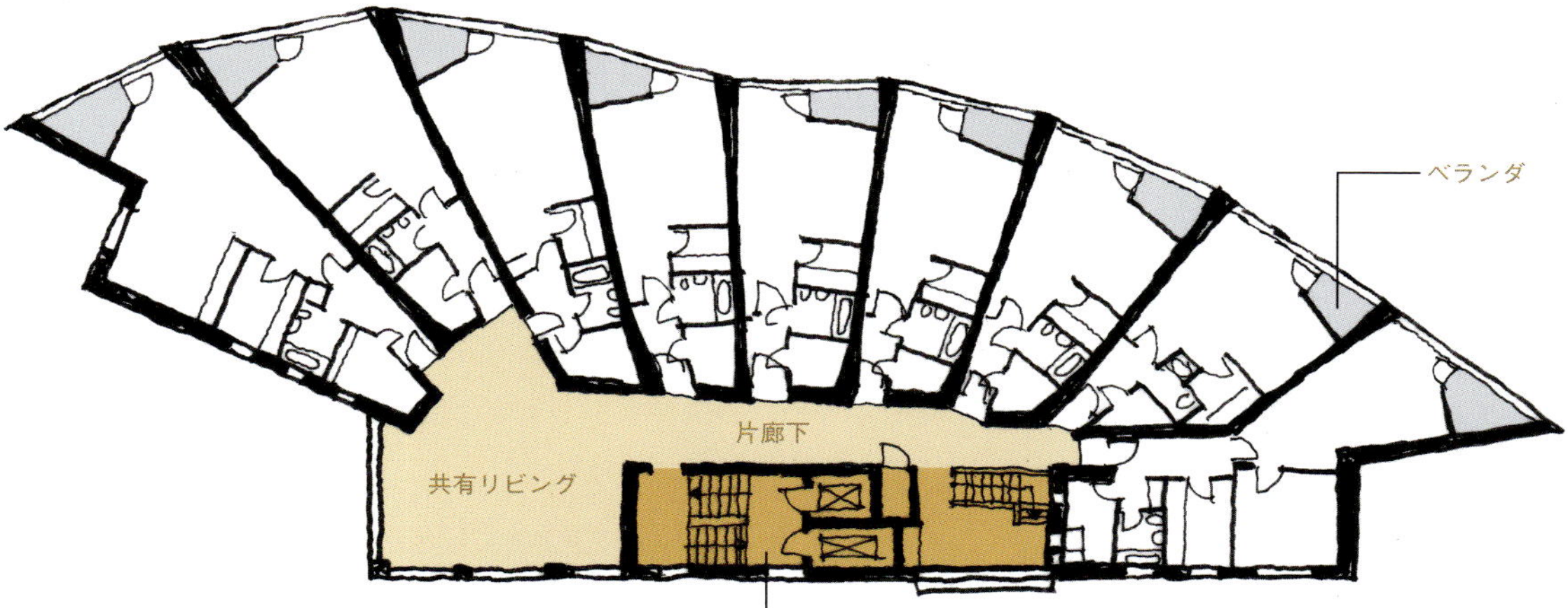

ブレーメンのアパートメントハウス（1962年）／ブレーメン（ドイツ）アルヴァ・アールト

通常このタイプは長方形の平面を持っているものが多いが、このアパートメントハウスは扇形のような不定形な形をしていることが特徴的である。この形状により、廊下の長さを合理的に短くできる。廊下が太くなっている部分は共有のリビングのようなスペースになっている

る。高層住宅の場合、縦動線にはエレベーターと階段が必要であり、またその他設備配管などを含めたものを「コア」と呼ぶ。廊下型の場合は建築物の中のコアの位置と廊下との関係が重要である。

片廊下タイプ

縦動線から建築物の片側に寄った廊下を通って各ユニットに入る。廊下は屋内の場合と屋外の場合があり、屋外廊下の場合は地上の歩行者路に似たデッキのように作ることもできる。廊下を開放できれば、各ユニットに2方向からの採光や通風が確保しやすい。この方式ではユニットは通常同じ方向を向いて建てられるので、条件が均等化されやすい傾向がある。

片廊下タイプの集合住宅は長方形の平面のものが多いが、ブレーメンのアパートメントハウスは扇形のような不定形な形をしている。広がっている部分に住戸を設け、狭まっている部分に共有動線を集約することで、合理的に廊下を短くできる。廊下はほぼ屋内化されているが、開閉可能な窓によって換気できるようになっている。

9

共通通路のバリエーション
中廊下形式

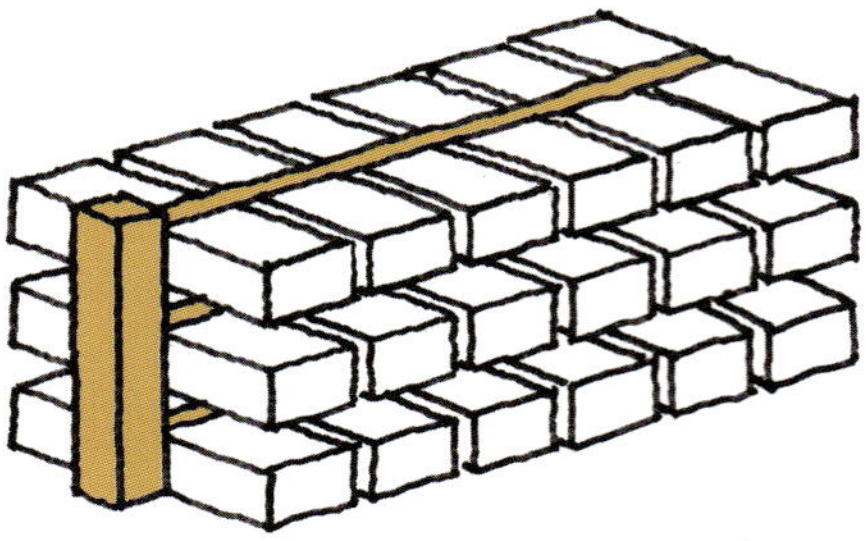

廊下型方式─中廊下タイプ

マルセイユのユニテ・ダビタシオン
(1952年)／マルセイユ(フランス)
ル・コルビュジエ

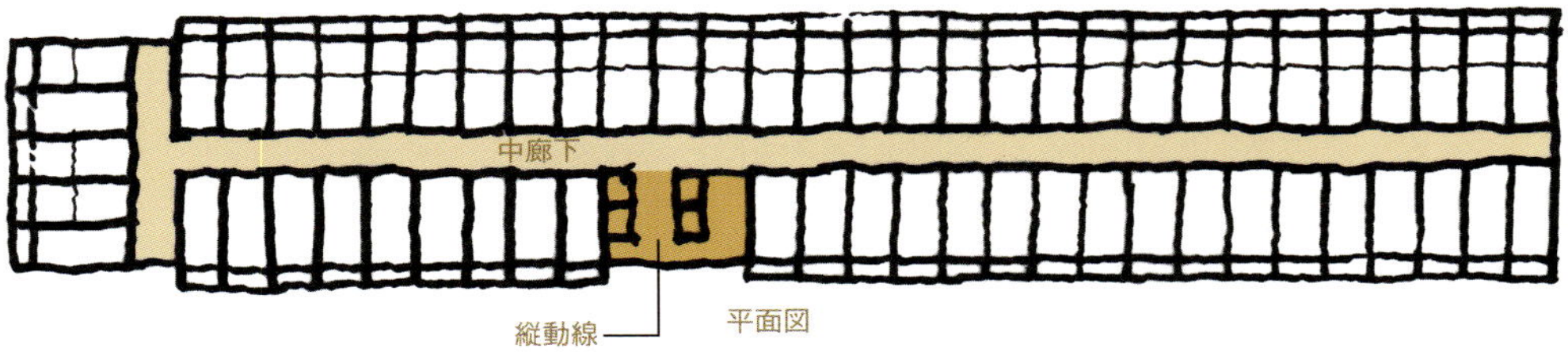

平面図

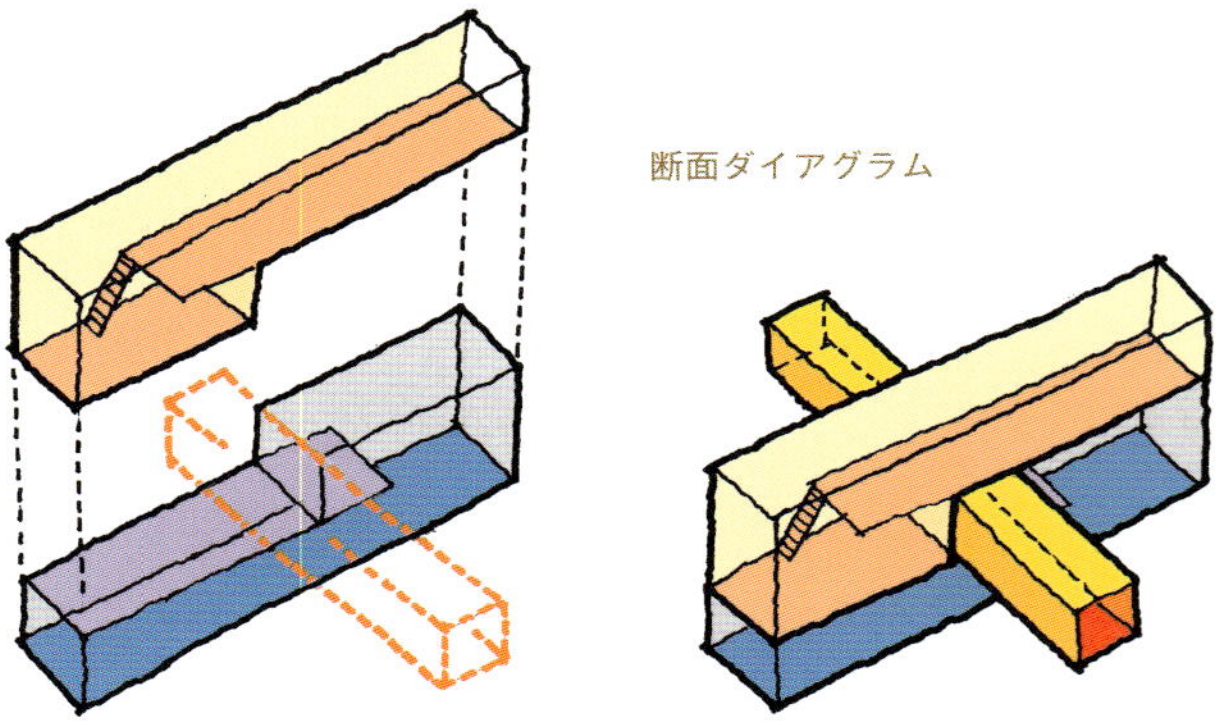

断面ダイアグラム

ユニテの中廊下は、住戸ユニットに平面的に挟まれているだけでなく、断面的にも上下に挟まれた構成になっている。そのため、中廊下は3階ごとにしかなく、他の階では廊下の部分が住戸ユニットに当てられるので、効率的な仕組みといえよう

中廊下タイプとは

中廊下タイプは、縦動線から各ユニットに至る廊下の両側に住戸が配置されている形式。ユニットは通常1面しか窓が取れず、自然採光や通風を確保しにくいのが難点である。廊下は端部しか窓がとれないため、室内化されることが多く、暗い空間にならないような配慮が必要。

住戸ユニットは廊下を挟んで180度反対方向に面するので、採光や景観などの条件が向きによって異なってしまう。また、中廊下に隣接した部屋は窓が取れないため、住環境が悪くなりがちで、継続的に使われる部屋（居室）にはできない。

その弱点を補うために、中廊下を2階または3階ごとに設けて、ユニットが中廊下を包むように配置することで、窓を2面とる方法がある。コルビュジエのマルセイユのユニテ・ダビタシオンはこの方式で、ユニットの両端を開放し、自然通風と採光を確保している。

ミースが好んだ中廊下

中廊下タイプのメリットは、ユニッ

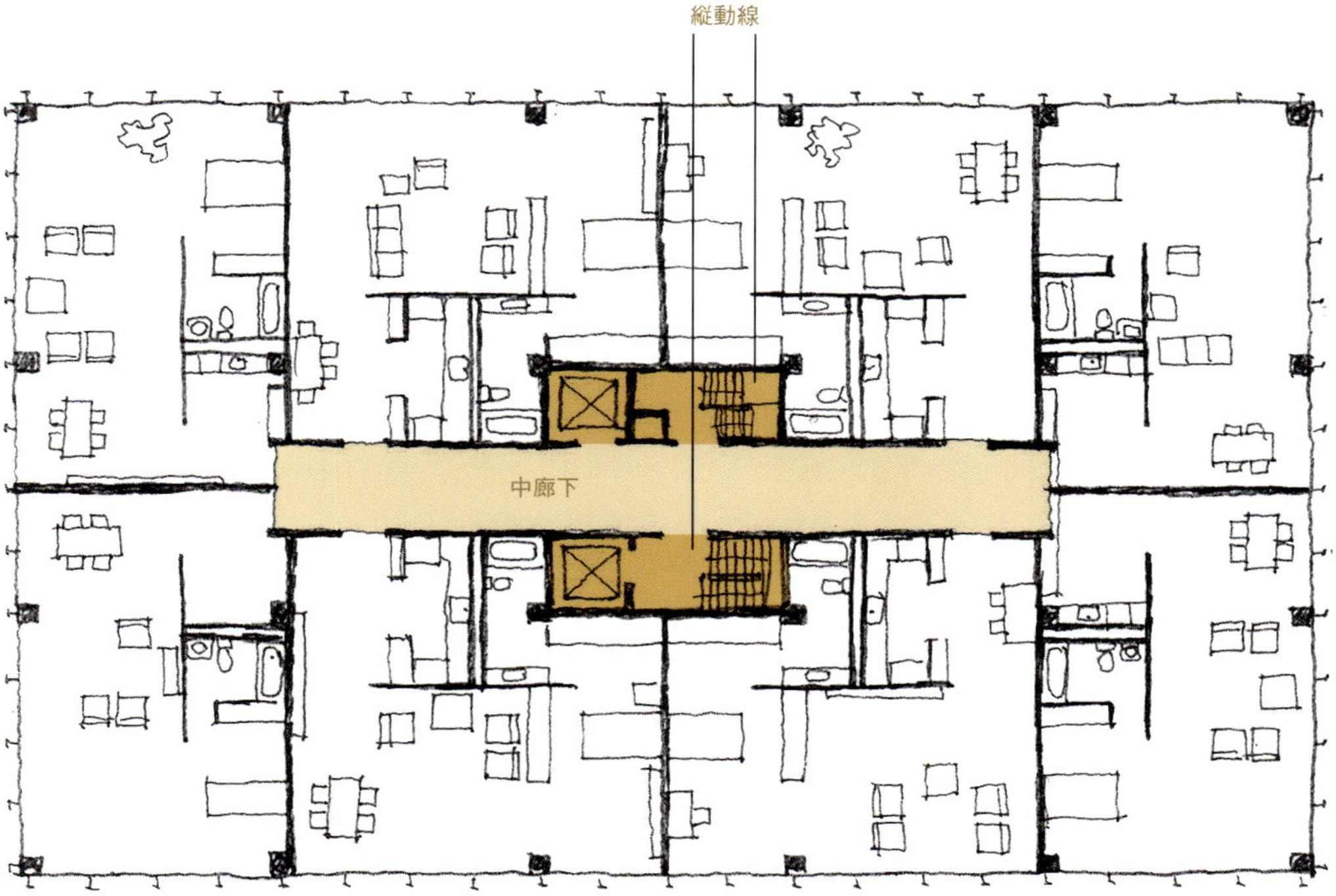

レイクショアドライブ・アパートメント(1951年)／イリノイ州シカゴ(アメリカ)ミース・ファン・デル・ローエ

建築物の中心にコアがあり、その真中を通る廊下から各ユニットに繋がるタイプ。廊下の端部にもユニットが配置されているため、ユニットの数に対して廊下が短くてすみ、効率的な計画である。縦動線や廊下を中央にまとめることによって、4周すべての面が均一にガラスのカーテンウォールで覆われたデザインになった

トが廊下の両側に配置されることで、ひとつの廊下を多くのユニットが共有でき、動線計画上効率がいいことである。ミースの集合住宅ではよくこの形式が使われた。レイクショアドライブ・アパートメントの中廊下はすべての方向をユニットに囲まれており、自然採光が全く取れないが、そのため廊下の距離はとても短くてすみ、合理的に考えられている。比較的1フロア当たりのユニット数が少ないこの計画に適している。また、コアを建物の中心に配置することで構造上安定しやすい。しかし、ミースが中廊下を好んだ一番の理由はコアや廊下を中央にまとめることによって、建物の四周すべての面を均一にガラスのカーテンウォールで覆った、長方形のガラスの箱のようなデザインができるからだろう。

中廊下タイプは、共有廊下が外に面していないため、開放型の片廊下タイプより、セキュリティー面が優れている。現在でも、廊下を外部化しにくい高層マンションでよく採用される形式である。

10

南向き？　2面開放？　住戸ユニットの開き方

①1面開放

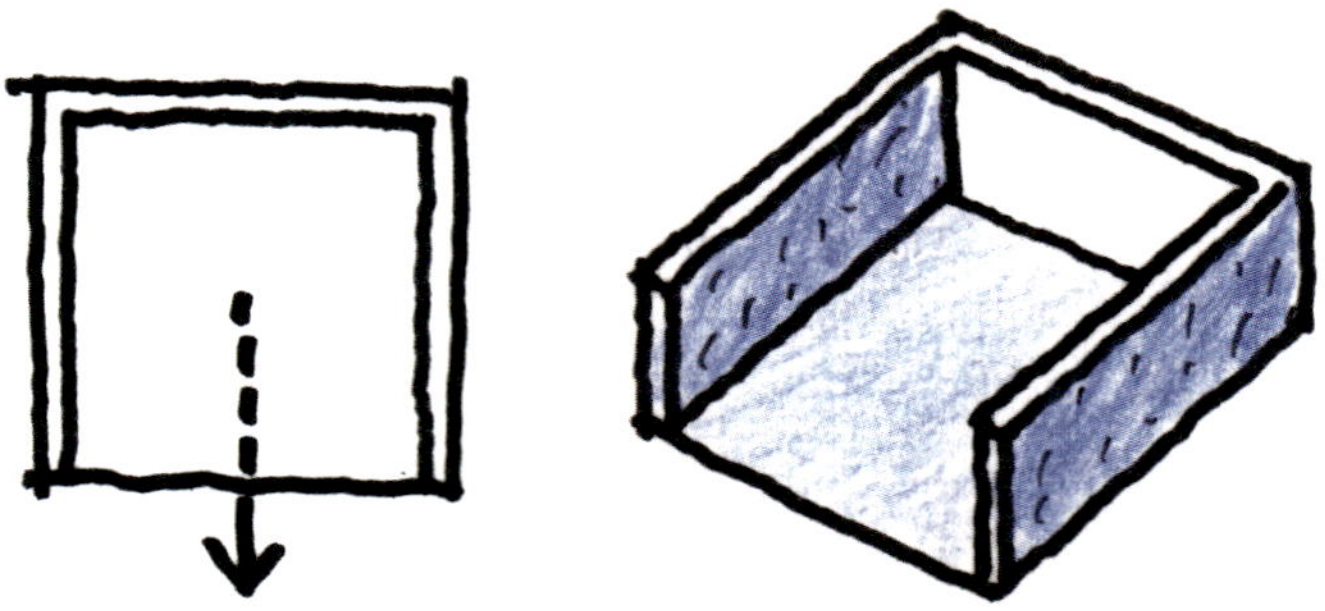

メリット：住戸割のプランニングが楽に。

デメリット：採光・通風に不利な部屋ができやすい。

②2面が90度の角度で開放

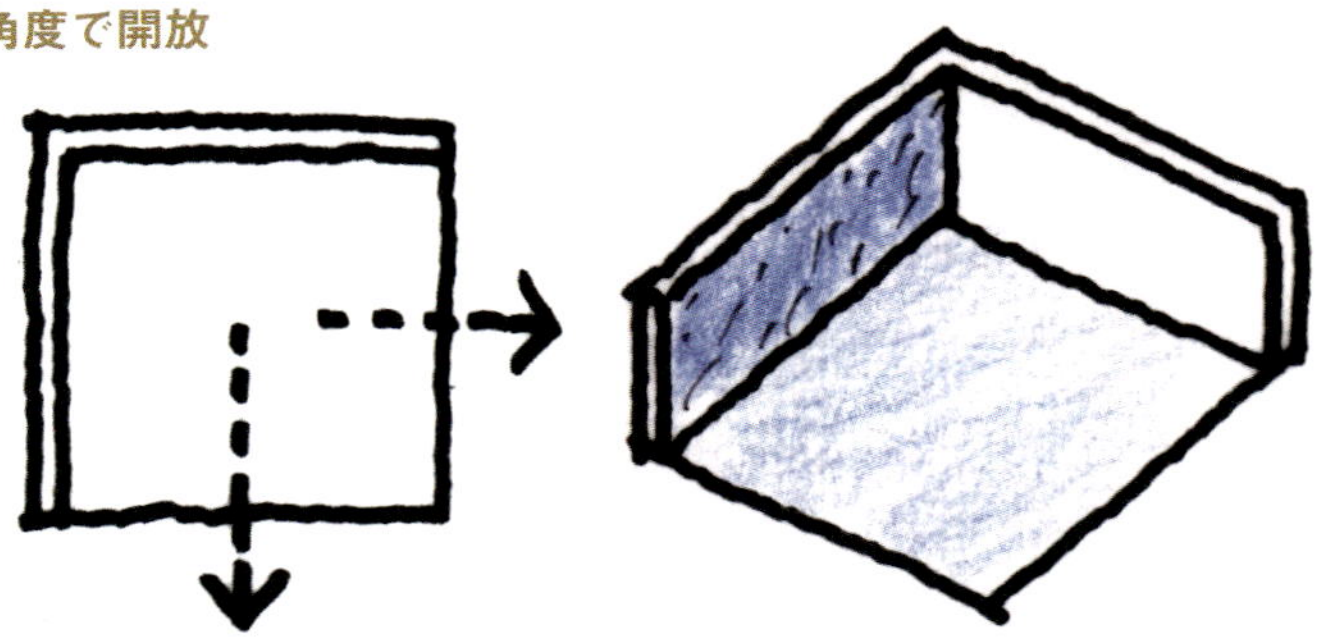

メリット：パノラマの眺望が得られる。

デメリット：ユニットの数がとりにくい。

③端部の2面が開放

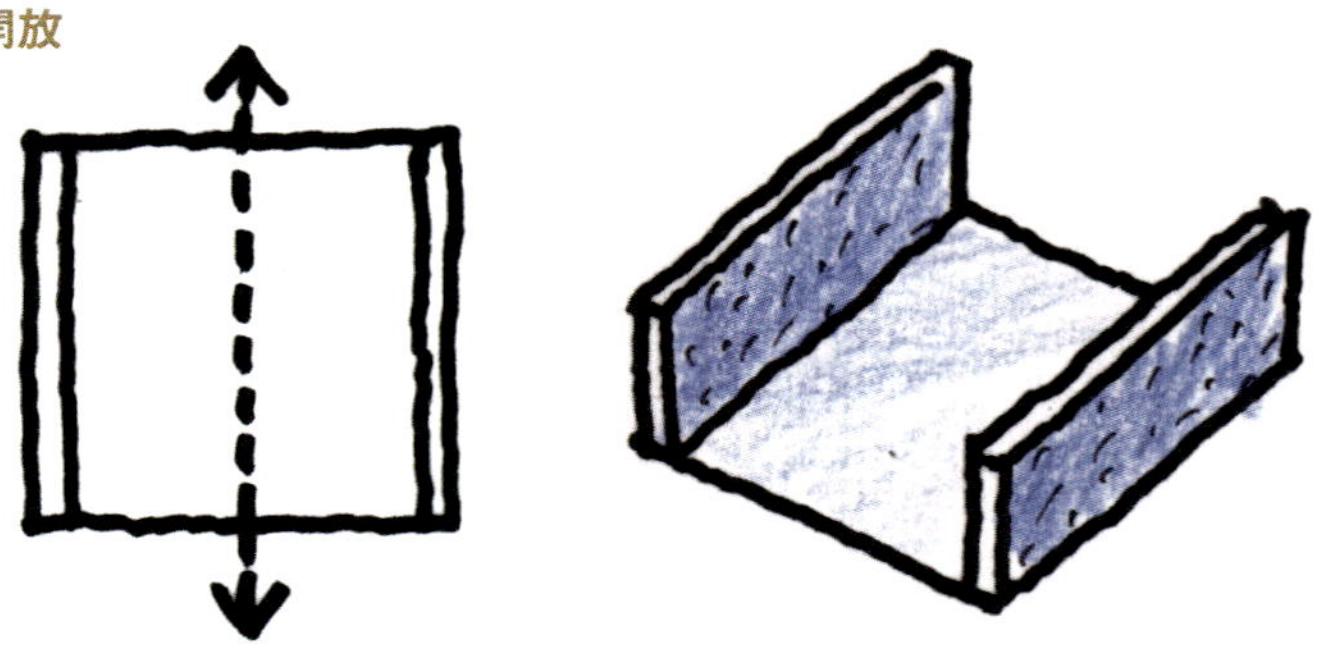

メリット：採光・通風に有利。

デメリット：廊下・階段の方法に工夫を要する。

集合住宅は住戸ユニットの集まりであるが、一般に集合住宅は設計時に入居者が決まっていない場合が多く、不特定多数を対象に設計されるため、ユニットの内部は通常、入居者の家族構成などのタイプを類型化して計画する。わが国ではnLDK（n数の寝室とリビング、ダイニング・キッチン）のように独立した部屋の数でタイプを表すことが多いが、ここでは別の視点から住戸ユニットを類型化してみたい。

開放面の向き

マンションの宣伝文句に「南向き」と書かれていることがよくある。確かに南を向いている窓があれば日当たりは良いことが多いが、それだけで良いのだろうか？　採光や通風に対しては一般的に外部に面している面が多いほうが良いが、集合住宅では1つのユニットの四周全部の面が外部に開放できることはまずない。外部に開放できる限られた面がどのように確保されているか、そしてそれらから各部屋の距離がユニット内の居住環境を左右する。

11 1面開放は間取りにも工夫が必要

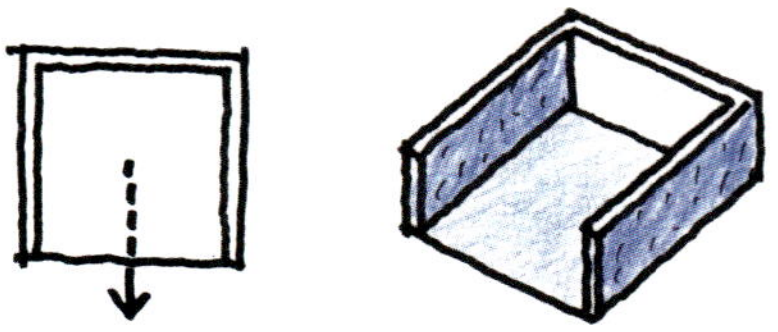

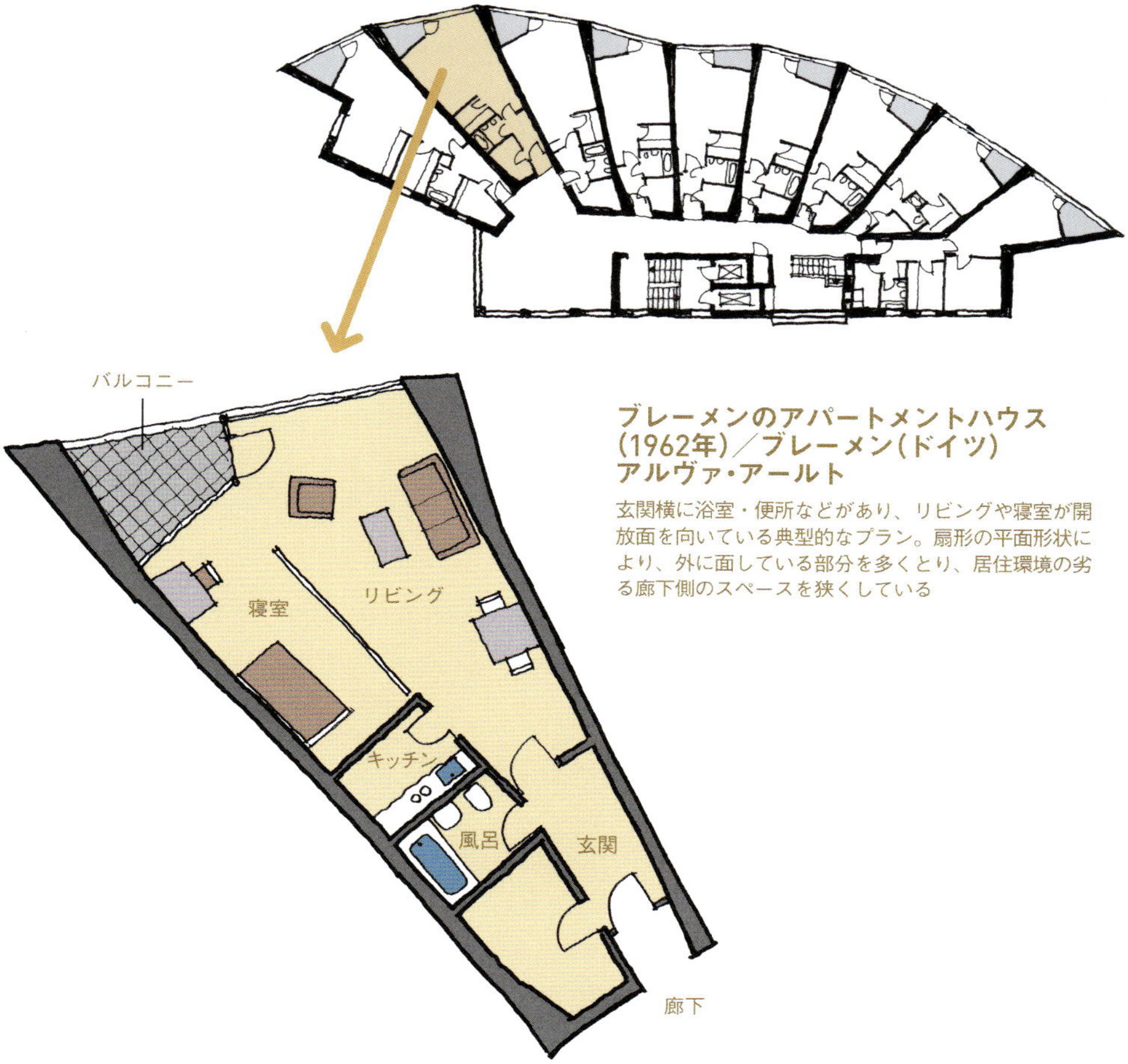

**ブレーメンのアパートメントハウス（1962年）／ブレーメン（ドイツ）
アルヴァ・アールト**

玄関横に浴室・便所などがあり、リビングや寝室が開放面を向いている典型的なプラン。扇形の平面形状により、外に面している部分を多くとり、居住環境の劣る廊下側のスペースを狭くしている

共通通路方式・廊下タイプでは、最も一般的に使われている形式である。1面のみが開放されているため、開放面の向きによって室内環境が左右されやすい特徴がある。奥行きが深いユニットの場合、廊下側には採光が届かないので、継続的に使われる部屋（居室）には不向きで風呂や便所が配置されることが多い。また、開放されている面に窓が複数開いていても、同じ方向を向いているため、通風がとりにくいので、工夫が必要である。

ブレーメンのアパートメントハウスのユニットは1面開放の面をできるだけ大きく確保し、居住環境の劣る廊下側のスペースを最小限にするために、奥に広がった形態をしている。通常の長方形の平面ではどのユニットでも同じ向きに面してしまうが、この扇状プランの場合、外に面している面が広がって大きくなっているだけでなく、各ユニットの窓の向きが少しずつ違うため、異なる風景が望める。開放面には小さなバルコニーが設置されていて、開口部に変化をつけ、開放感を高めている。

12 開放感の高い 2面が90度の角度で開放

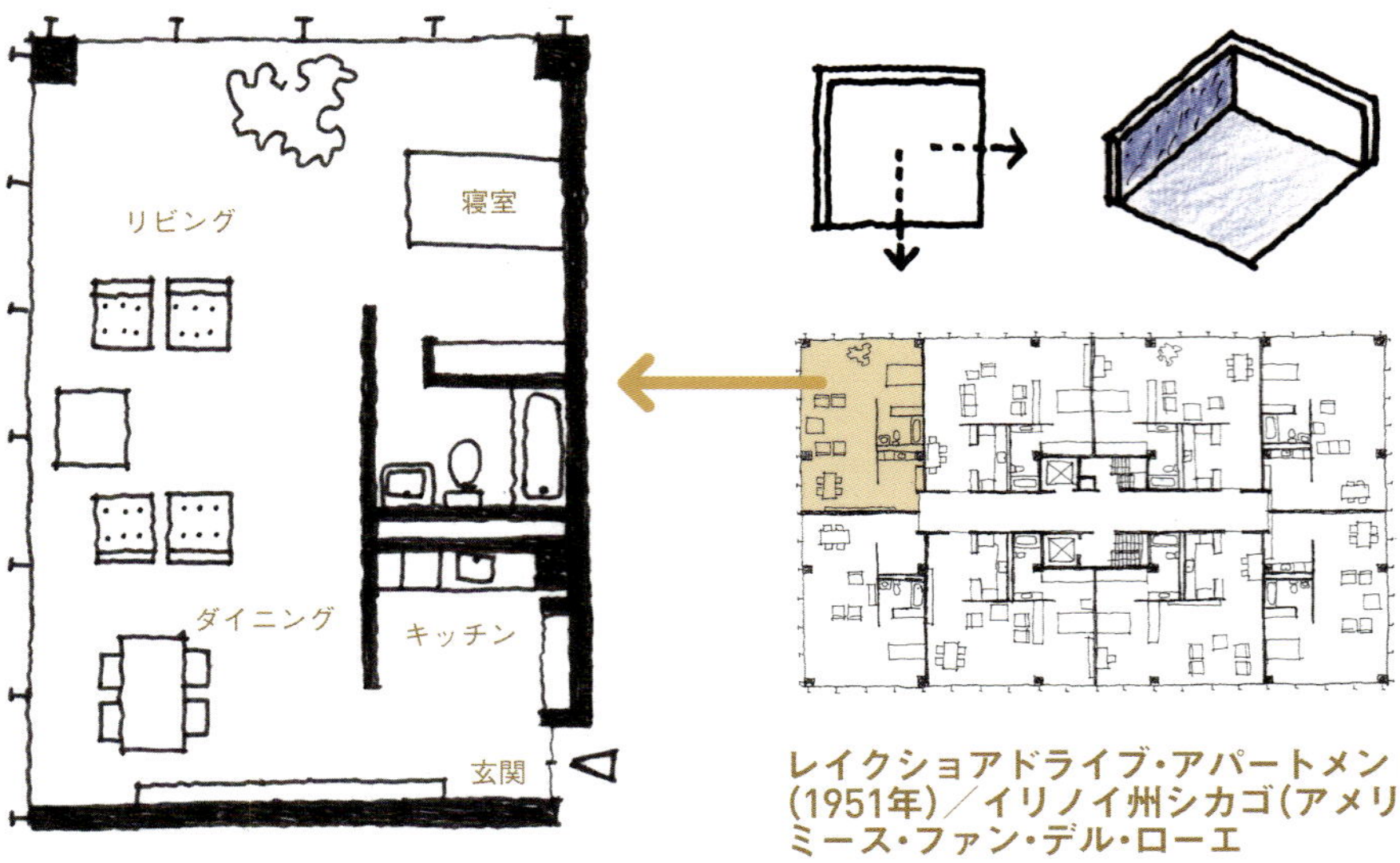

レイクショアドライブ・アパートメント
(1951年)／イリノイ州シカゴ(アメリカ)
ミース・ファン・デル・ローエ

高層集合住宅の角部屋。このアパートは比較的細いので、角部屋が1層につき4戸取れる。開放面は床から天井までガラス窓で、広々とした眺望が得られる。中央の4戸は一面のみ開放

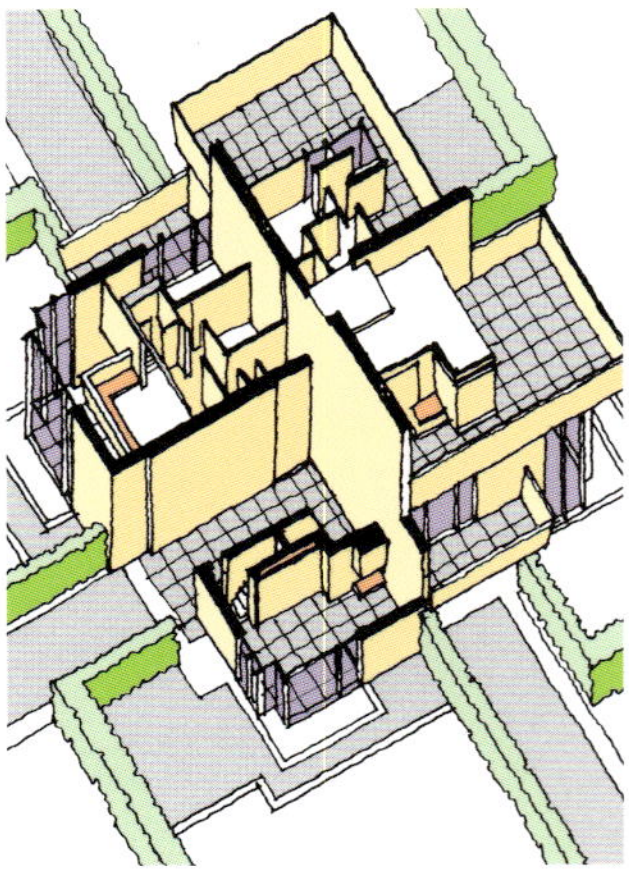

サントップ・ホームズ
(1931年)／ペンシルベニア州アードモア(アメリカ)
フランク・ロイド・ライト

2面はほかの住戸に接していながら、専用庭の眺望が広がり、戸建てのような環境になっている

ユニットの2面が90度の角度で開放している形式。いわゆる「角部屋」。2方向に面しているので自然採光や通風もとりやすい。中高層集合住宅の場合は、レイクショアドライブ・アパートメントのように細い塔状の建築物の方が総ユニット数に対して角部屋の割合を高くできる。

ユニット内の平面計画としては、できるだけ2面開放の長所を生かすように、閉じた部屋を壁側に寄せて開放面にリビング・ダイニングのような大きな部屋を配置し、窓面を大きくとれるようにしたい。窓際に細かい部屋を配置してしまうと、せっかくの2方向通風が確保できなくなる。また、床から天井までがガラス窓のレイクショアドライブ・アパートメントのように、窓面が多いユニットの場合は特に2面開放だと、パノラマ的な眺望を得ることができるので開放感がある。

サントップホームズは4戸のユニットのそれぞれ2面の壁が90度の角度で隣ユニットと接しているため、専用庭に面している反対側の2面を開放することができる。

13 通風・採光には有利な端部の2面が開放

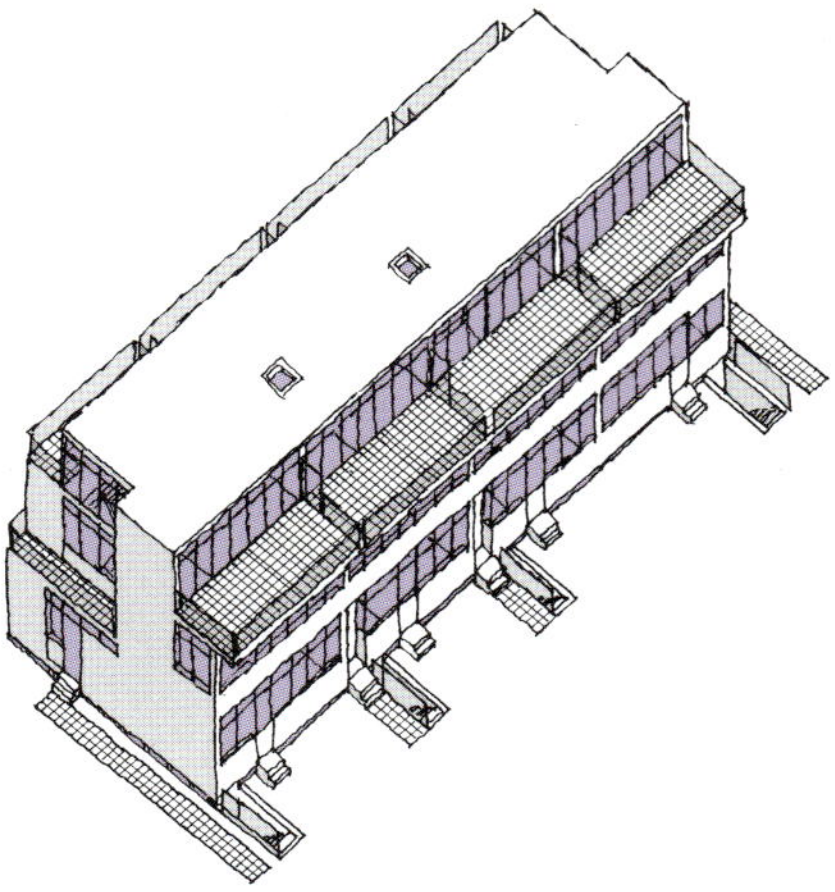

エラスムスラーン低層集合住宅
(1931年)／ユトレヒト(オランダ)
ヘリット・トーマス・リートフェルト

タウンハウス（長屋）の形式で建てられているので、境界壁以外の2面は開放されている。開放面には窓だけでなく、バルコニーなどが付き、専用庭を眺められるようになっている

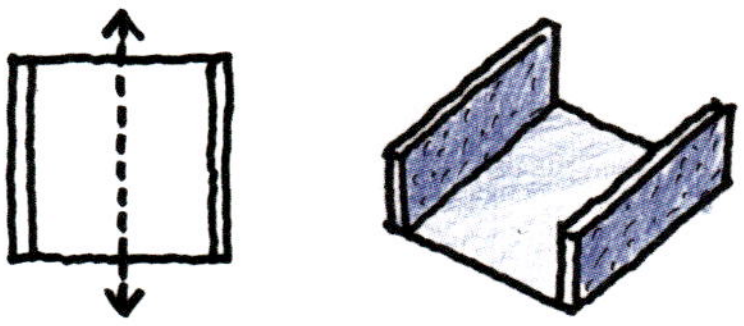

ユニットの両端が開放されているタイプで、主にタウンハウスや外部化された片廊下型住宅で見られる形式。ユニット全体を自然通風するには一番都合が良く、採光も取りやすいが、ユニットの奥行きが長くなると、中の方に日が届かなくなる問題がある。この問題には中庭をとるなどの解決方があるが高層集合住宅だとそれも難しいので、ユニットの奥行きや幅は慎重に検討したい。ユニットの両端に採光が取れるため、通常水廻りや階段が光の届きにくい中央部に、継続的に使われる部屋（居室）が窓側に配置されるが、端部の部屋を閉鎖的にしてしまうと、せっかくの2面採光や通風が途切れてしまうので、工夫が必要である。

エラスムスラーン低層集合住宅はこのタイプの好例である。各ユニットに北西と南東の専用庭に向いた開口やバルコニーが設置されている。1階は2方向通風と採光を確保するため、リビング・ダイニングと書斎がワンルームになっており、必要に応じて可動間仕切りで分割できるように考えられている。

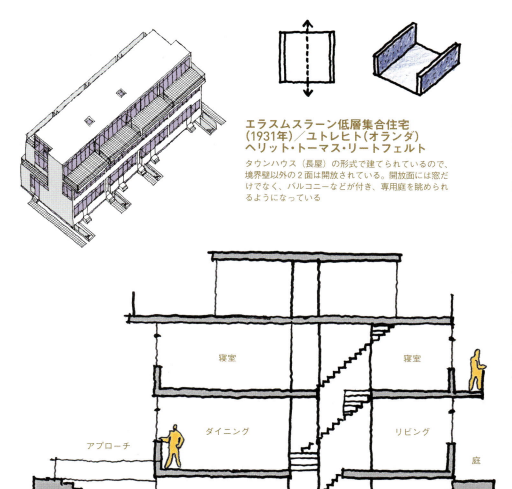

14 平屋とは限らないユニット内の縦のつながり

**スーホルム集合住宅（1950年）／クラペンボー（デンマーク）
アルネ・ヤコブセン**

1階のダイニングと2階のリビングが吹き抜けを介してつながっている。また、勾配屋根にハイサイドライトを設けるなど、戸建住宅に近い断面構成が可能なのも、タウンハウスの長所である

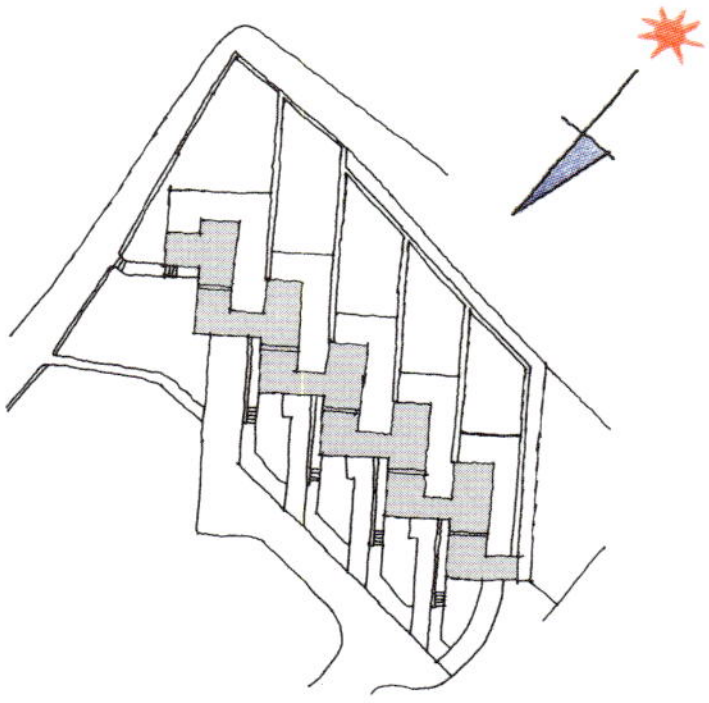

5戸のユニットが雁行して並んでいる配置

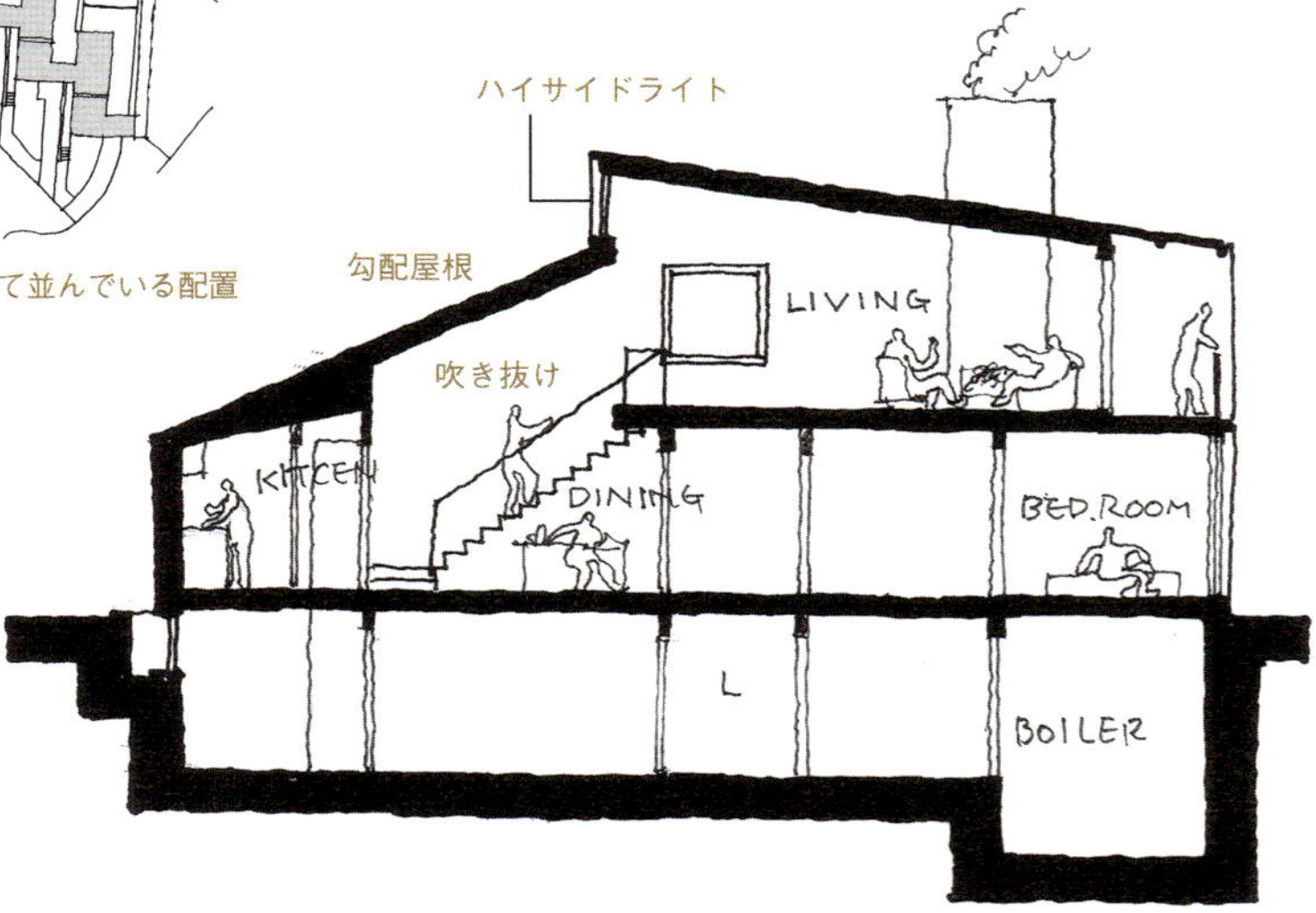

長手断面図

集合住宅でも各ユニットが平屋とは限らない。「6章住宅」で見たように、吹き抜けなどは住環境をより豊かにする要素の1つなので、集合住宅にも取り込まれている例がある。「並べる」タイプのタウンハウスの場合は、上階から下階まで1つの世帯のユニットなので、戸建住宅に似ており、自由な断面構成をとりやすい。スーホルム集合住宅の長手断面図を見ると、吹き抜け、勾配屋根、ハイサイドライトと戸建住宅で使われるような要素がつまっている。

ユニットが重なった多層住宅では自由度は低いが、断面構成を考えることが、単調になりがちな計画を考え直すきっかけになることもある。例えば、ユニテ・ダビタシオンでは、2面からの自然採光や通風が取れない通常の中廊下タイプの問題を、各ユニットをL字型断面の2層にすることで解決している。吹き抜けがあるリビングに面した2層分の高さの窓から、自然光がユニットの奥まで射しこむ。高層集合住宅でも、縦のつながりを考えることで、これだけ豊かな居住空間が生まれることを示す例である。

マルセイユのユニテ・ダビタシオン(1952年)/マルセイユ(フランス) ル・コルビュジエ

共有中廊下が3層ごとに配置されて、向かい合う2つのユニットの玄関につながるシステム。これにより、各ユニットはL字型断面の2層になるだけでなく、中廊下では通常不可能な2面開放を実現している

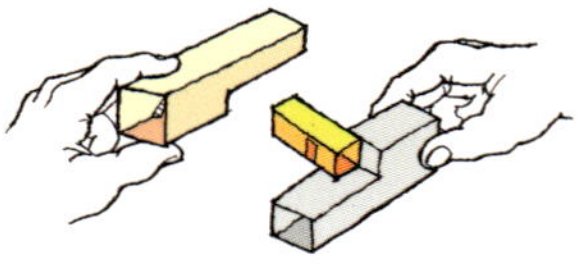

2つのユニットが中廊下をはさんでいる

全体の断面図
青色部分が住戸ユニット

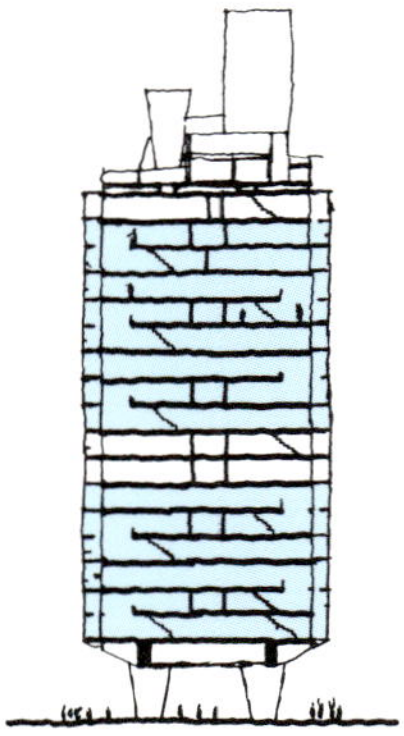

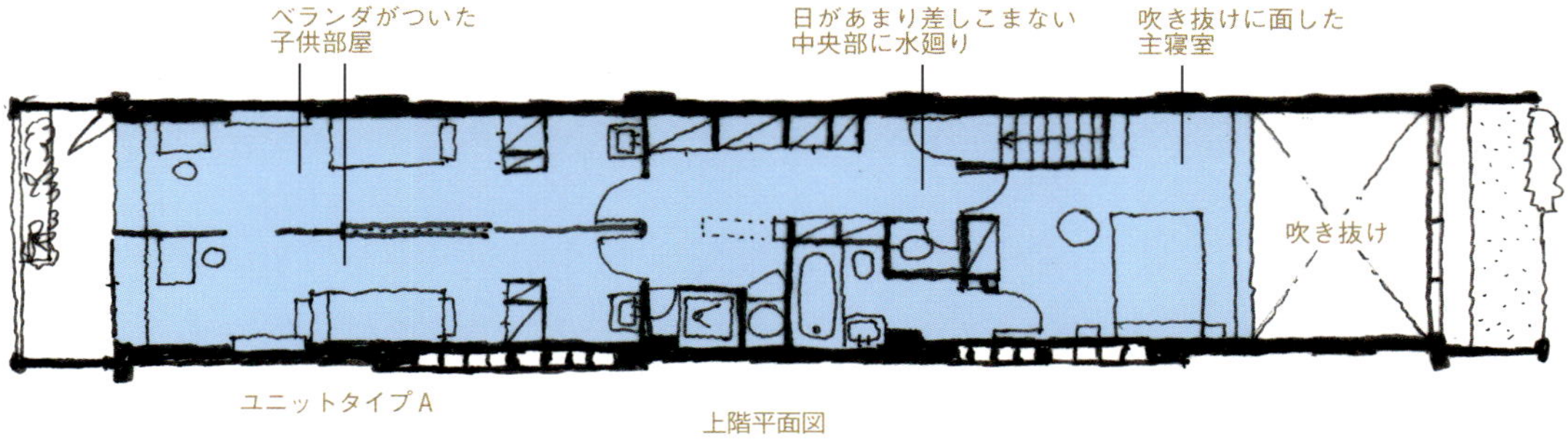

上階平面図

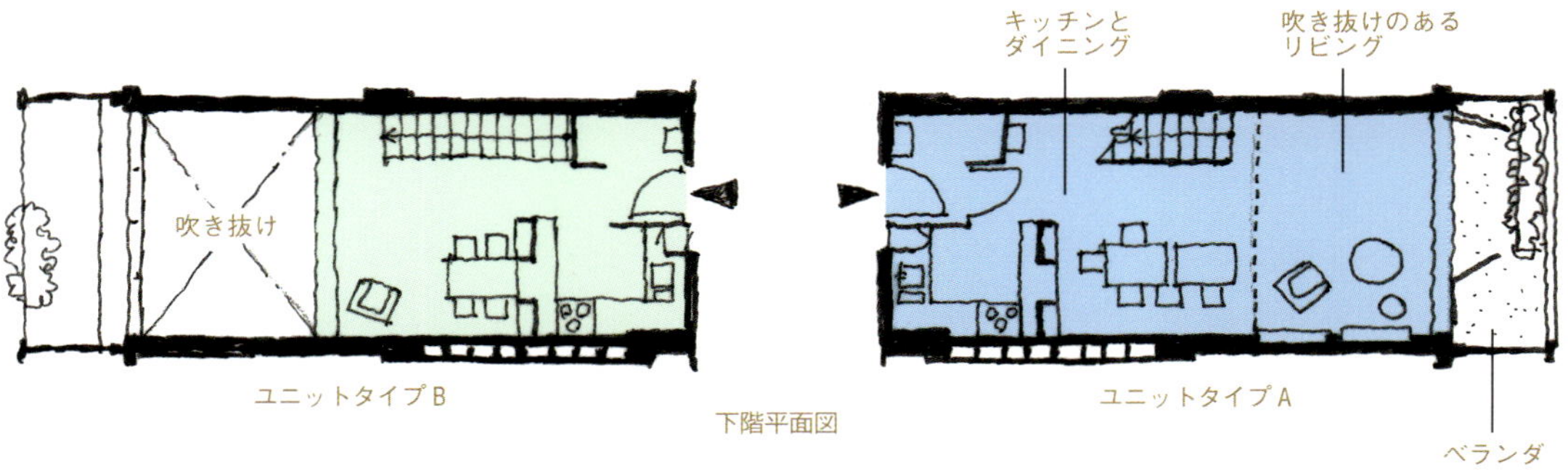

下階平面図

15

コミュニティーをつくる 住人がシェアする空間

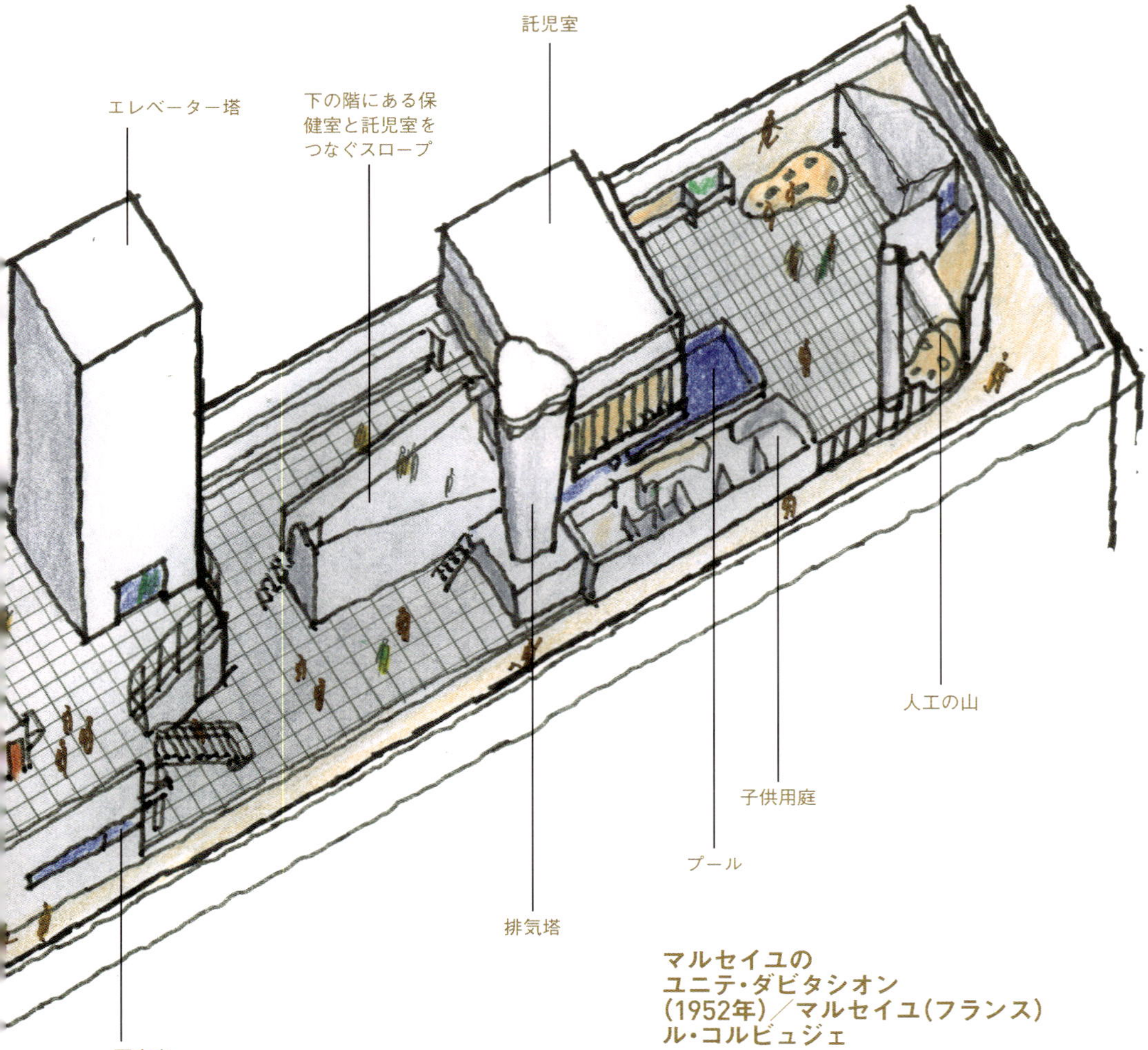

マルセイユのユニテ・ダビタシオン
(1952年)／マルセイユ(フランス)
ル・コルビュジェ

戸建住宅にはない、集合住宅の特徴は共有空間である。多くの人が同じ屋根の下に集まって住むからこそ可能になるアメニティなのである。通常共有空間というと共通の玄関口であるエントランス・ロビーや共有の庭などを指すが、それ以外にも集合住宅に住むコミュニティーのために、さまざまなタイプの共有空間が考えられる。

ユニテ・ダビタシオンには多様な共有空間がある。１つの建物に１６００人もの住人が想定されているので、建築物の中はまるで都市のように考えられているのである。住民が集合住宅の外に出なくても生活が成り立つように、中間階には商店や共同の洗濯室が並んでいる。また、最上階と屋上には体育室や託児室などの施設があり、建築物の長い平面形を利用した３００ｍ走行コースまで用意されている。空に近い屋上で、爽快に走ることができるのも、共有空間ならではである。これらの施設を共有することで住民の間の交流が自然に生まれ、コミュニティーが形成されるように考えられている。

最上階の屋上庭園―住まいの延長

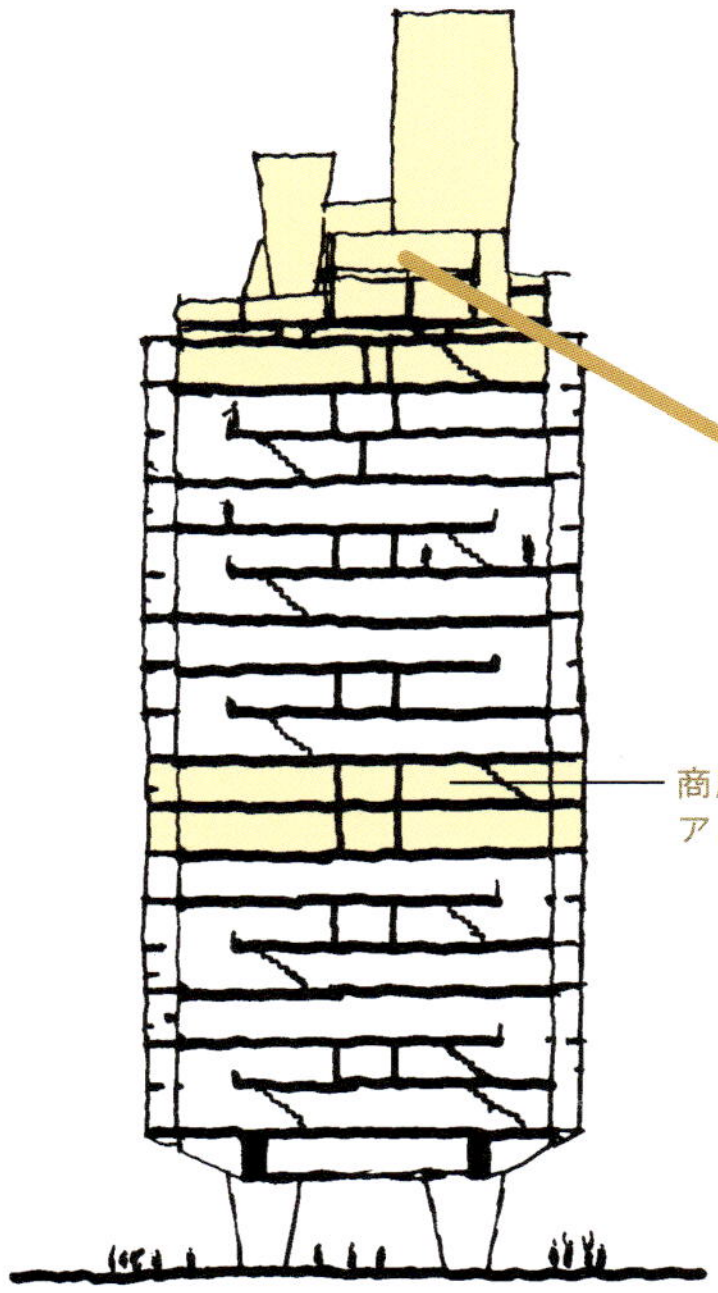

7・8階には商店以外に、洗濯室、住民のための
のクラブ室、アトリエなどが配置されている

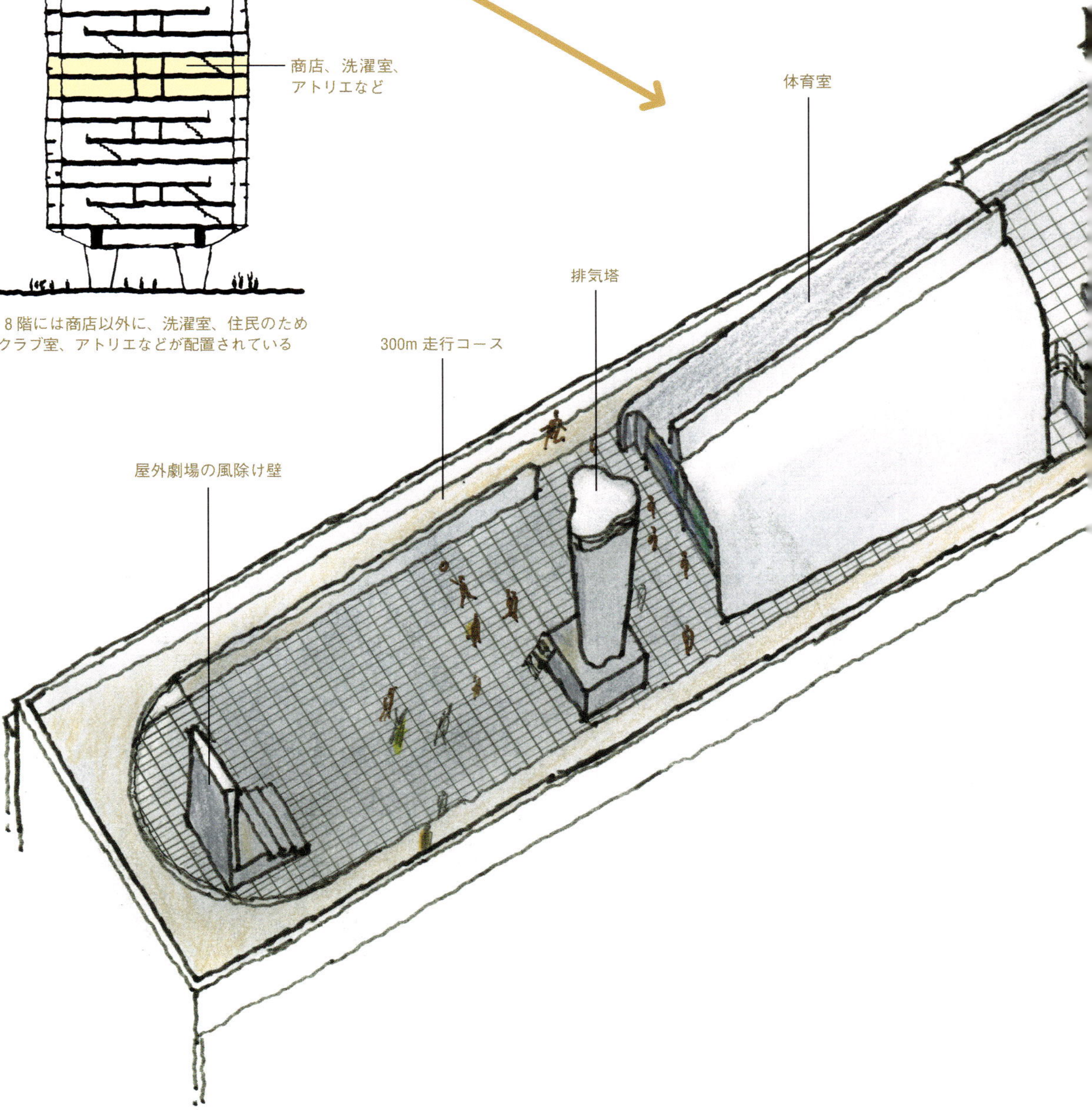

COLUMN

あなたはファンズワース邸に住めるか？

建築界でこれほど有名になった女性の外科医はいないだろう。名前はエディス・ファンズワース。彼女はミース・ファン・デル・ローエの名作ファンズワース邸のクライアントである。

彼女はこの名作と言われる週末住宅に愛着をもって住むことはできなかった。なぜなら、工事期間が大幅に伸び、予算が倍増したことへの不満もあったが、何よりも、彼女はこの週末住宅の中に安らげる空間を何処にも見いだすことができなかったからである。そのため、設計者のミースに対して訴訟を起こすが、結局彼女は敗訴し、この住宅を手放すことになる。

この名作といわれる週末住宅については、さまざまな見解があるだろう。

考えてみれば、機能的な面でも空間的にも、技術や芸術の面でも十分にそれらを満足した建築が、名作、傑作と言われるはずである。しかし、ファンズワース邸に関しては、評価は人により大きく異なる。「住めない」、「週末ぐらいなら住んでもいい」、「こんな空間の中で一生過ごしてみたい」、などなど。そこが建築の難しい点である。

住みやすいだけが名作住宅ではないし、美しいだけでも傑作になり得ないからである。言えることは、ファンズワース邸は従来の建築の概念を変え、後の建築に大きな影響を与えた建築であることである。

そして結果はどうあれ、ファンズワースという女医が、ミースに出会い、設計を依頼しなければ、この名作は現存し得なかったことも事実である。

そういった意味で、ファンズワース女史は建築界に貢献した功績で、「ファンズワース」という名を永遠に残すことになった。

（中山繁信）

ファンズワース邸の東側が寝室になっている　（撮影：栗原宏光）

8章 美しい街並みに住む

1 美しい街に住む

アメリカ・シカゴの住宅地。歩道と車道の間にグリーンベルトが設けられたオークパークの街路風景

街は美しくなければならない

これまで、7人の建築家の設計した住まいについてさまざまなことを学んできた。それらは、住まいのライフスタイルも、平面計画も空間のスケールも、また機能性や安全性など、どれ一つとして欠かすことができない大切なことばかりである。

そして、それ以上に、重要なのが住まいを取り巻く環境なのである。優れた住宅もそれが置かれた環境が悪ければ、住宅として成立しえない。

ここで言う環境とは、外構ともよばれ、家並みと自然が調和し、私たちが快適な生活を営める美しい住環境のことである。それは、道路と敷地の良好な関係、建築物と庭の在り方、そして、住人たちの高い共同体意識が育まれていなければならない。

この章ではここで取り上げた建築家たちが、住宅の周囲の環境をどのように考えて設計していたかを学ぶ。上図はシカゴの高級住宅地をイメージして描かれたものである。並木が植えられたグリーンベルト、車歩道が明確に分けられている。

② 道と住まいの程良い関係

ジェイコブス邸（1936年）／フランク・ロイド・ライト

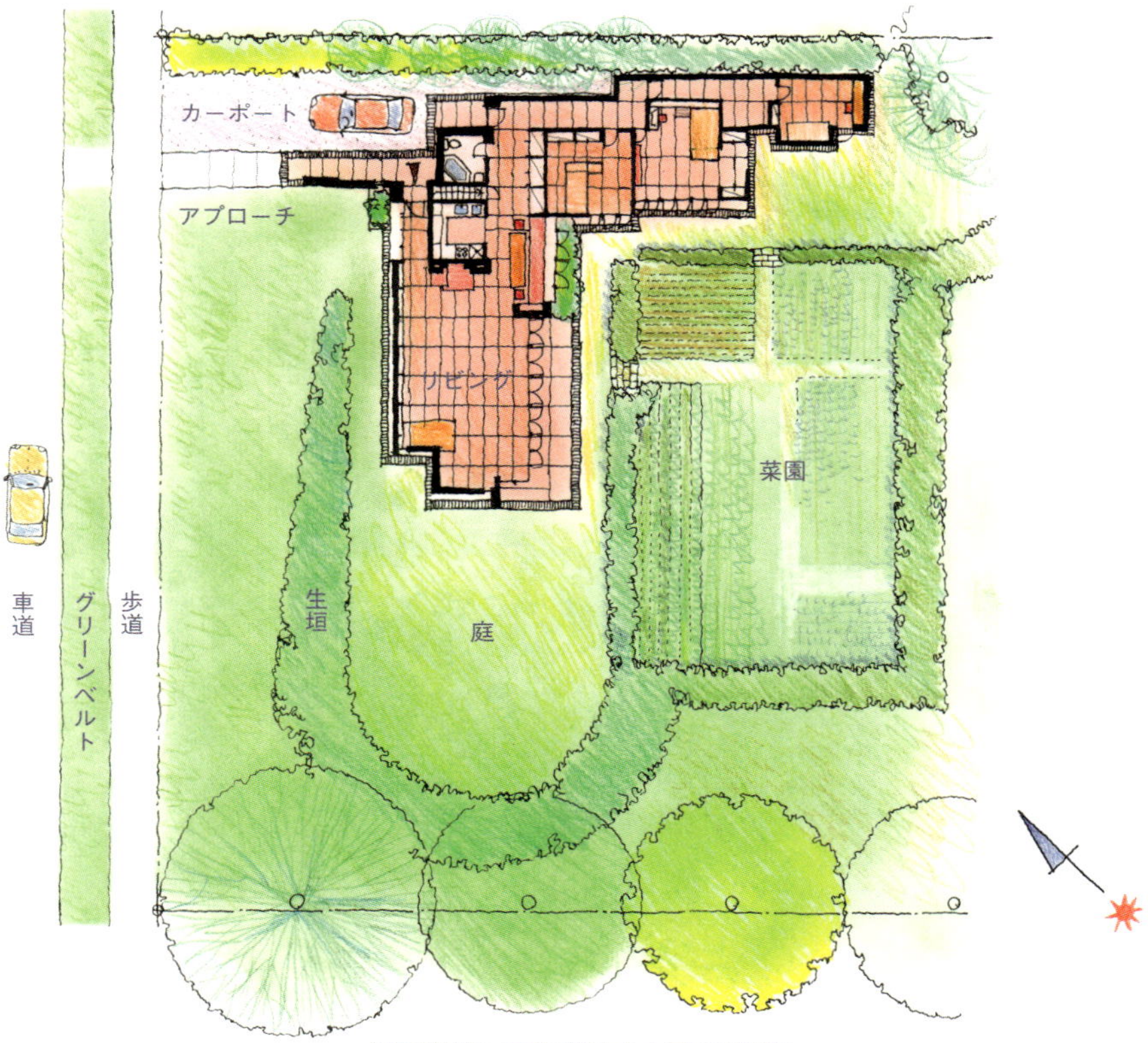

半円状に低い灌木で囲われた庭での生活と歩道を歩く人との会話が楽しそうである

公的エリアである車道と歩道と、私的エリアのアプローチ、庭のゆるやかな関係が重要である

「公」と「私」の領域の関係

建築を建てる敷地は、必ず道路に面していなければならない。一般的に道路は地方自治体などが維持管理するエリアで、それに接続される個人の敷地は所有者の責任で管理するスペースである。住環境の善し悪しは、この道路環境と個人の宅地環境の2つのエリアの良好な関係と調和で決定される。敷地は個人の所有だが、それは快適な周辺環境を構成する、大切な要素でもあるという意識をもたなければ良い住環境はできない。

ジェイコブス邸の外部空間

私たちはジェイコブス邸の外構計画から、多くの教訓を学ぶことができる。道路から緩く下がった敷地を巧みに使い、敷地境界には塀などを設けていない。西側のリビングに面した庭は低い灌木で半円状に囲われ、落ち着いた外部空間をつくっている。そして、敷地の最も低い場所の菜園は、趣味と実益を兼ねた実用的なエリアである。「公」から「私」へのゆるやかな流れが、良い住環境には大切である。

3 プライバシーとセキュリティを守るには

ロビー邸（1906年）／フランク・ロイド・ライト

ロビー邸は歩道に沿って低い塀がある。1階がビリヤードやカードをするプレイルームのため、プライバシーがそれほど必要とされないためである

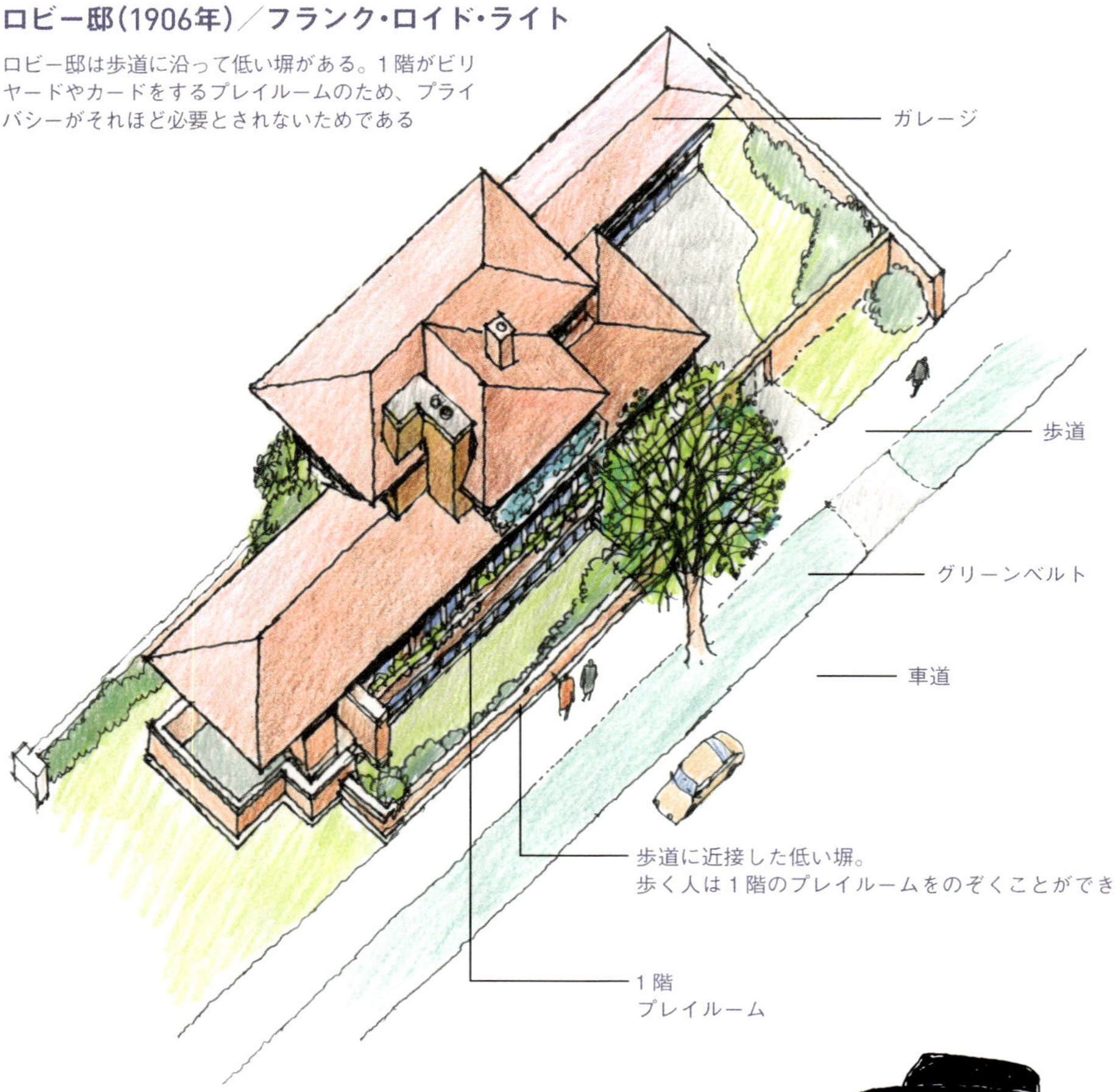

ロビー邸俯瞰図

アメリカのシカゴにあるシカゴ大学に隣接して、ロビー邸はたっている。

ロビー邸の塀が低いわけ

アメリカのシカゴにはオークパークやハイドパークといった緑豊かで美しい住宅地がある。その一つのハイドパークという住宅地の一角にシカゴ大学があるが、その敷地に隣接してロビー邸は建っている。

このロビー邸はライトの設計した住宅の中でも、最もよく知られている住宅であろう。

このロビー邸を見ると、意外にも建築物が道路に迫って建てられているのに驚かされる。通常、街並みや環境に配慮した住宅は、敷地いっぱいに建物を建てることも、塀を造ることもしない。しかし、このロビー邸は歩道ぎりぎりに低い塀が造られているため、塀越しに1階の内部を見通せてしまうし、塀を超えることも難しくない。

これはロビー邸の住まいの機能とゾーニングに関係がある。1階はビリヤードやカードなどを楽しむプレイルームで、2階が主人の暮らす居住スペースになっている。そのためプライバシーやセキュリティーをさほど必要としないため低い塀で十分なのである。

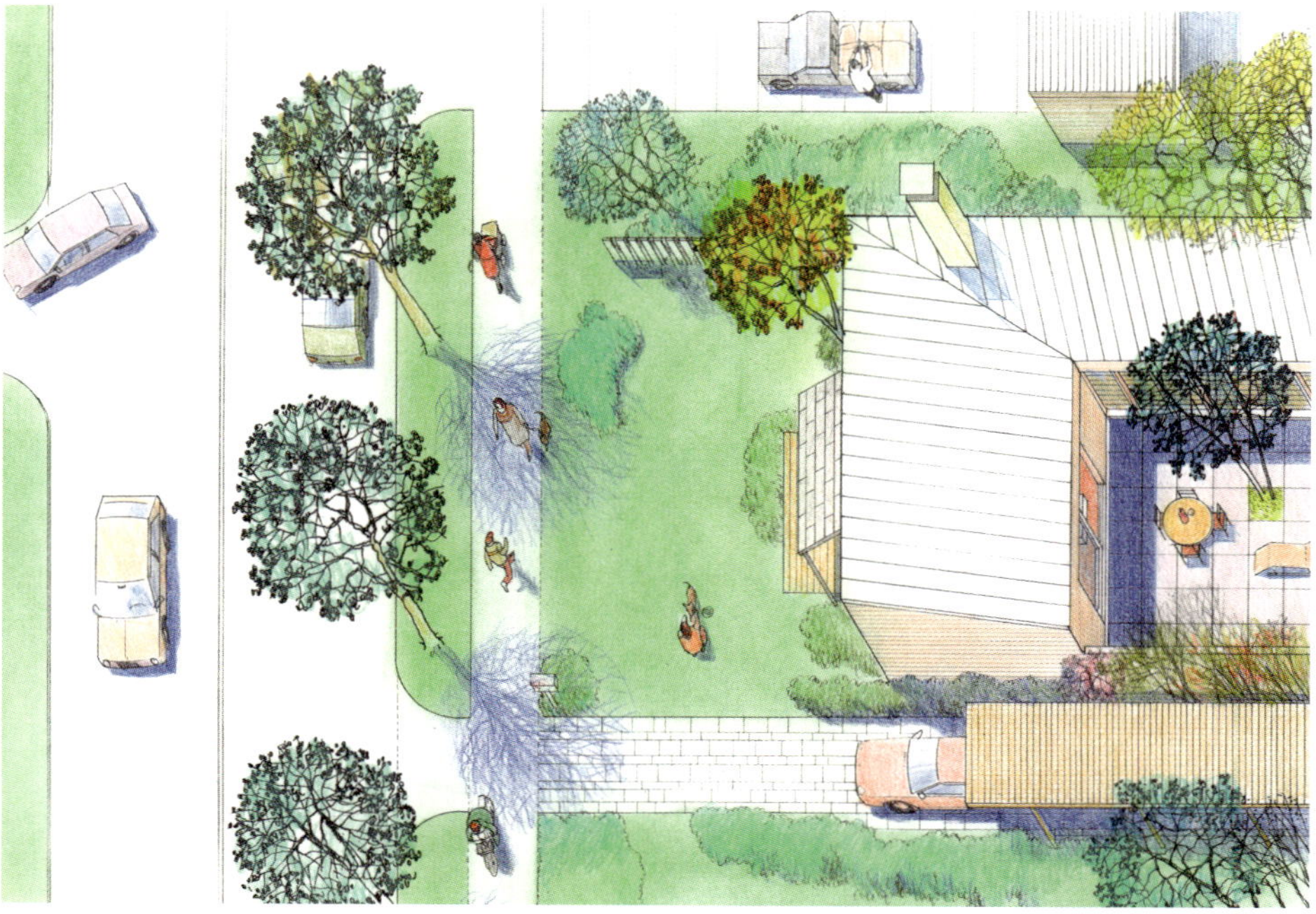

アメリカの典型的な高級住宅地の例

車歩道が分離され、パークという庭を介して住宅がある

住宅の断面図

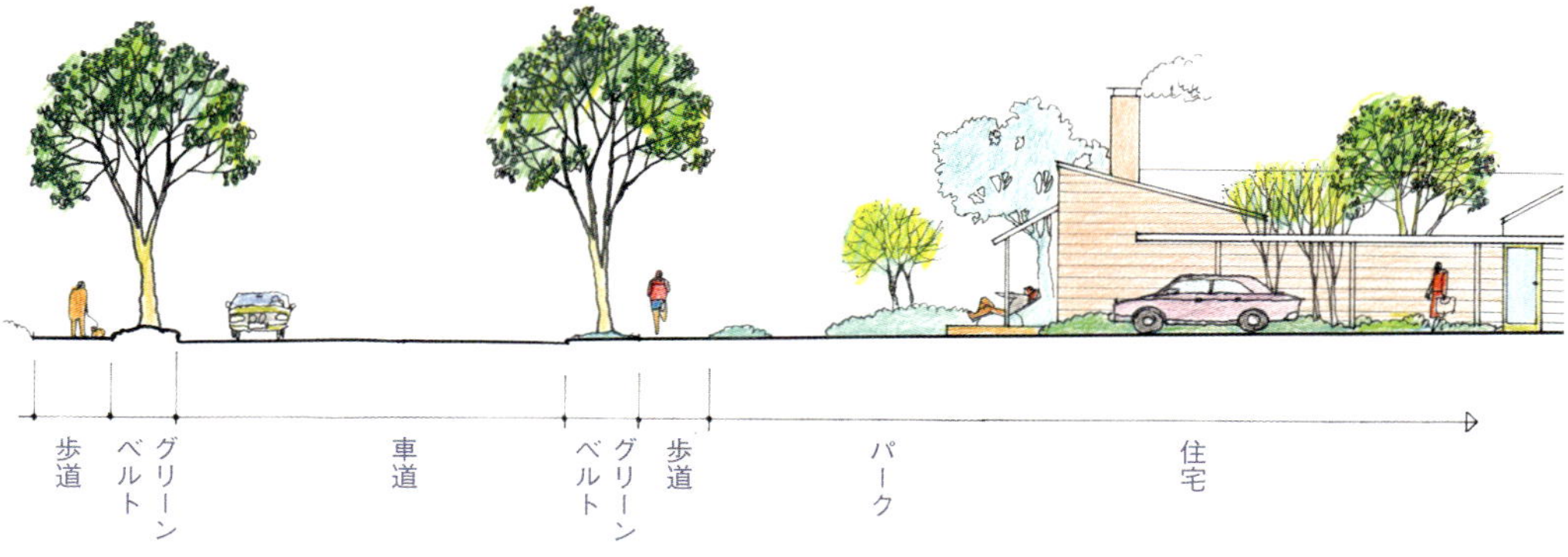

パークをもった美しい住環境

住み心地の良い住宅地の条件は、街路が美しく、緑化率が高いこと、境界には塀を設けず、広い敷地に質の高い建物があることなどが挙げられる。こうした高級住宅地と言われる住宅地は、前にも述べたオークパークやビバリーヒルズなどである。

その典型的な街並みを整理してみると、あまり広すぎない適当な幅の車道、その両側に街路樹が植えられたグリーンベルトが走り、そして、それに沿って人がゆっくり散策できる歩道があり、この歩道には街路樹の緑陰が落ちていて、歩く人を強い日差しから守っている。ここまでが公有地である。それに続いて私有地が続き、手入れの行き届いた芝のエリアのパークがある。その奥に上品な住宅が樹木に抱かれるように建てられている。そこに住む住民たちは周囲の景観を強く意識し、美しい環境をつくろうという意識が存在している。

そうした住民一人ひとりの環境に対する高い意識の連帯がプライバシーとセキュリティを守っているのである。

4 コミュニティーは住み心地の源

**CEロバーツのための4棟集合住宅(1903年)
フランク・ロイド・ライト**

4戸の専有の庭が集まって、共有の庭を形成し、さらに、道路側に各戸のパークをもつ。それらを分ける低い塀は4戸の家を密接に結んでいるようにも見える。幾つかの案の中で初期には自家用の自動車が一般的でなかったため下の図では自動車の置くスペースを考えていなかった。

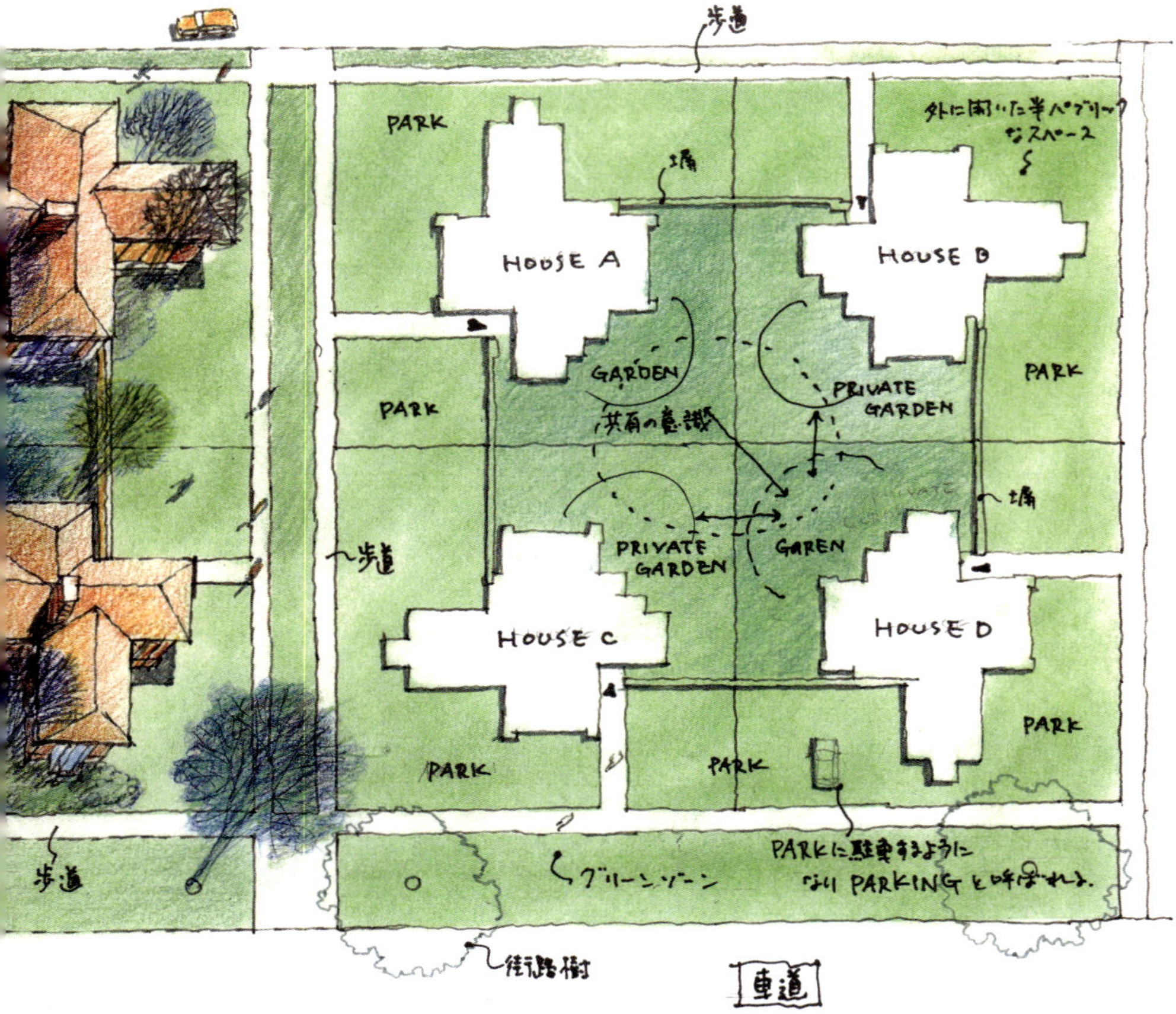

たとえ美しい住環境であっても、そこに住む人たちの間に良好な関係が存在しなければ、真の快適な住環境とは言えないだろう。住むということは、個人や一家族の問題だけではなく、地域コミュニティーを形成する社会的責任があるということである。それは、安全な暮らしが保障され、喜びを共有でき、さらには、子どもたちを安心して養育できる健康的な環境を共につくることなのである。

「ライトの集合住宅」は住宅地のお手本

すでに20世紀初頭、ライトは理想的な住宅地を「CEロバーツのための4棟集合住宅」として計画した。4家族をワンユニットにした宅地計画だが、現在でも十分通用する計画案である。道路は自動車道と歩行者専用の道が明確に分離され、その間には街路樹が植えられ、車道、並木、歩道で構成されている。

4戸の住宅は個々に専有の庭を持っているが、それらは低い塀で4戸の住宅を縫うように囲われていて、その塀

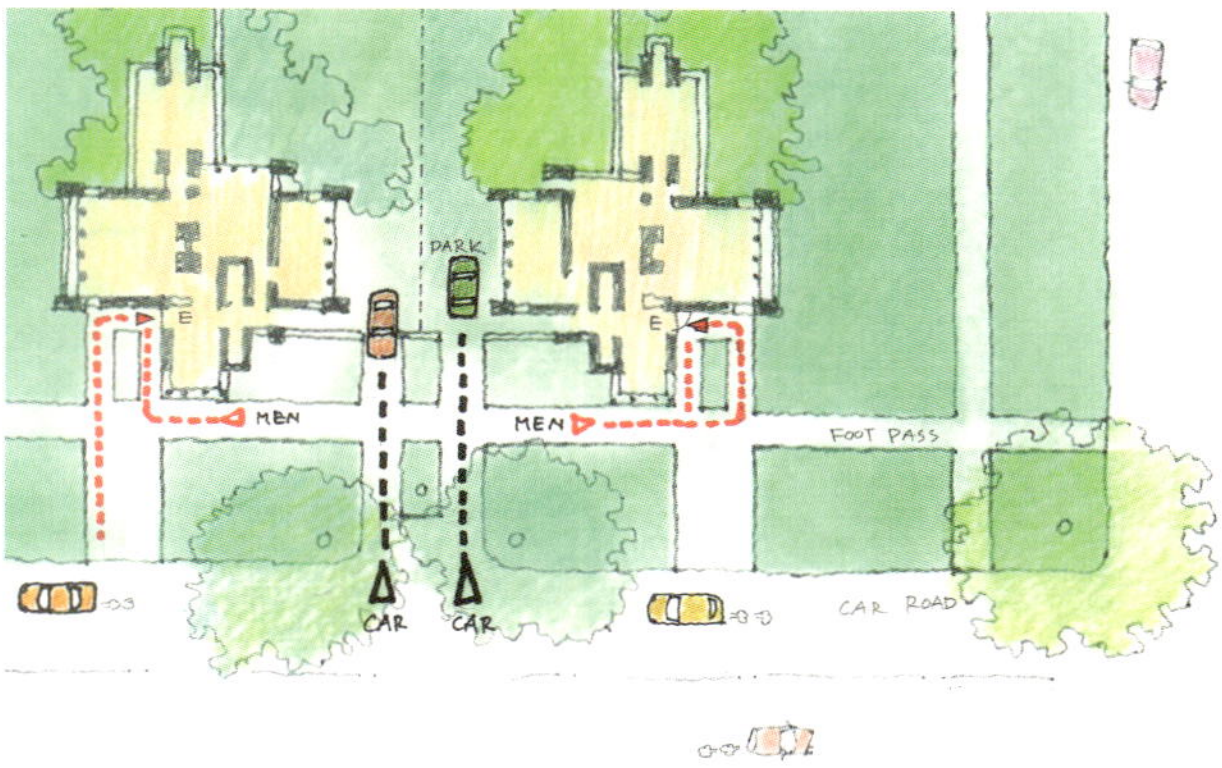

自動車を置くスペースを考えた案

人間と自動車の入口が別々になっている

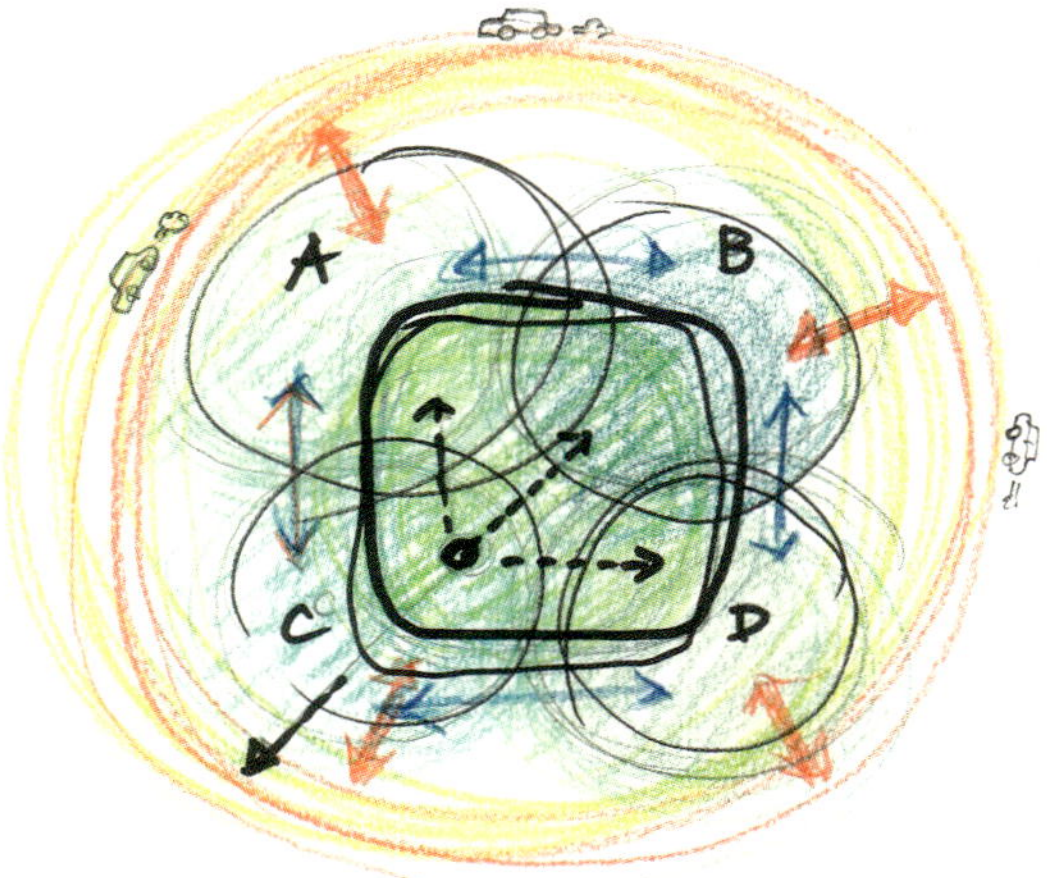

ライトの提案する集住の公共空間と私有空間との概念図

の内側は4戸が共有する庭になっている。自分の庭は各人が好きなように植栽し管理するが、境界には仕切りはないため庭の作業時にはお互いに行き来もでき、日常的な交流が生まれる。庭に花が咲き、畑の実りの収穫時には、4家族がテーブルを出し、楽しい団らんが生まれるに違いない。

その塀の外側の私有地は歩道に面していて、ここはパークと言われる半公共空間である。このパークは、歩道を通る人々と、住民とが交流する機会をもつ場でもある。

私的空間（塀で囲まれた庭）半公共空間（パーク）、公的空間（歩道、車道）という緩やかな関係が優れた住環境をつくっている。

このいくつかの案には、20世紀の初めには自家用車がまだ一般的でなかったのか、ガレージが計画されていない。しかし、後の計画ではガレージの入口と、住宅のアプローチが分離されて計画された案も見られる。ガレージ、カーポートという概念がなかった時代、パークというエリアに自動車を置いたことから駐車場をパーキングというようになった。

5 境界線を考える

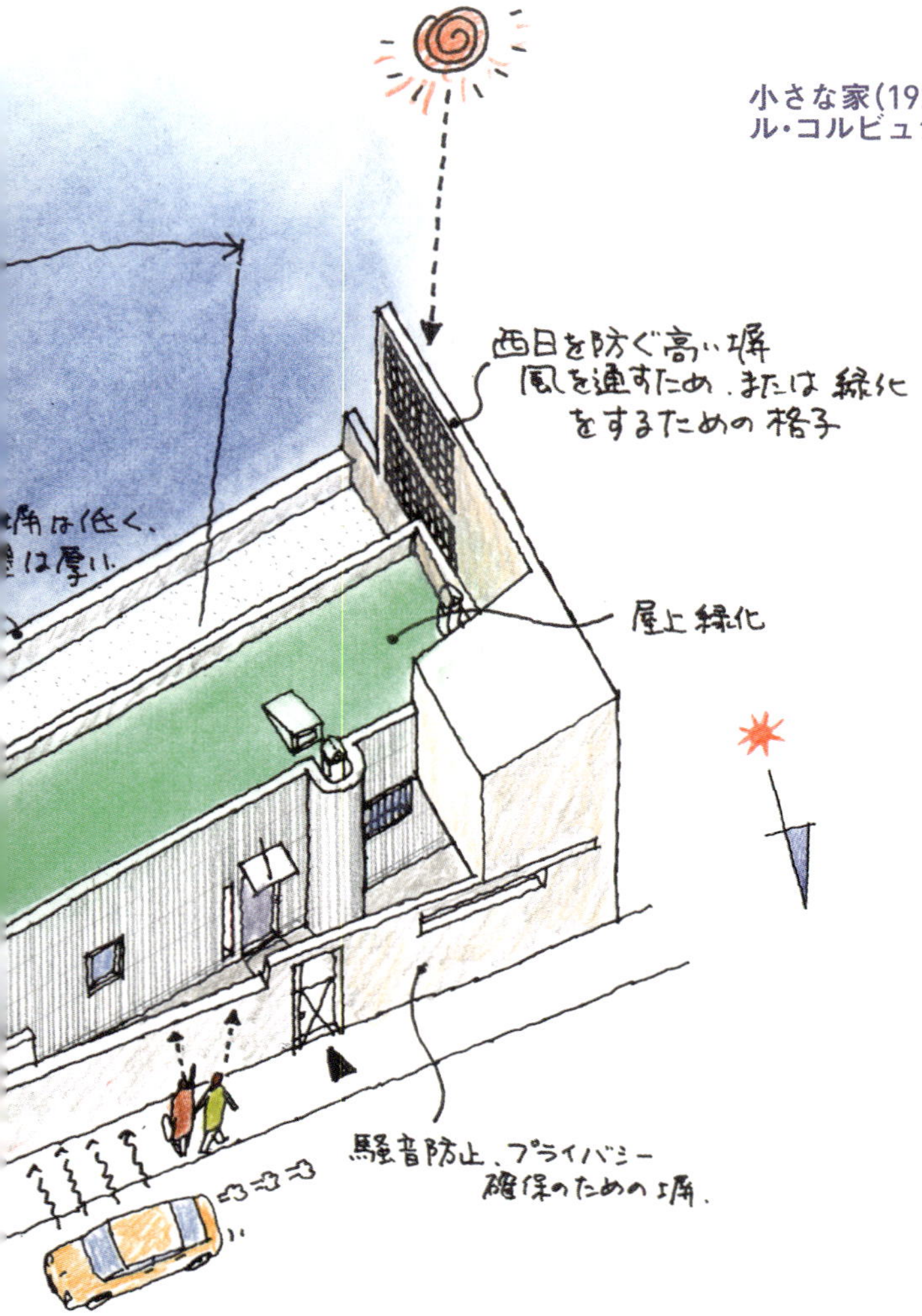

小さな家(1925年)
ル・コルビュジエ

コルビュジエのお母さん

ピアノの教師をしていたお母さんは、息子の設計した家で幸せな余生を過ごした

宅地に面する隣地は、大きく2つに分けられるのではないだろうか。1つは道路などの公共地、もう1つはお隣さんと言われる私有地である。その境界線は所有関係を明らかにするためにつくる仕切りと、個人の住環境を守るためにつくる仕切りである。この仕切りが目的に応じて、生垣であったり、コンクリートの塀であったりする。防犯やプライバシーだけを考えるのではなく、周囲の景観をも考慮しなくてはならない。

コルビュジエの眼にかなった敷地

この「小さな家」はコルビュジエが両親のために建てた家である。この住宅にはコルビュジエが後に発表する「近代建築の五原則」のいくつかを試みた様子が見てとれる。リボンウインドウといわれる横長の窓や屋上庭園などであろう。

そのためか、通常の設計のプロセスは、敷地が決まってから、住宅を設計するという手順を踏むが、コルビュジエはすでにこの住宅の設計図ができていて、それに適合した敷地を探したの

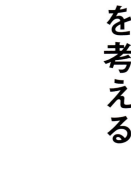

小さな家を囲っている5種類の塀の断面

北側の道路に面した塀

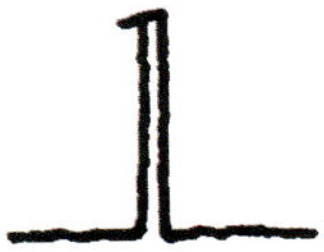
東側、隣地との境界の塀

東南のピクチュアウインドウのある塀

南側の低い塀

西側のスクリーン状の高い塀

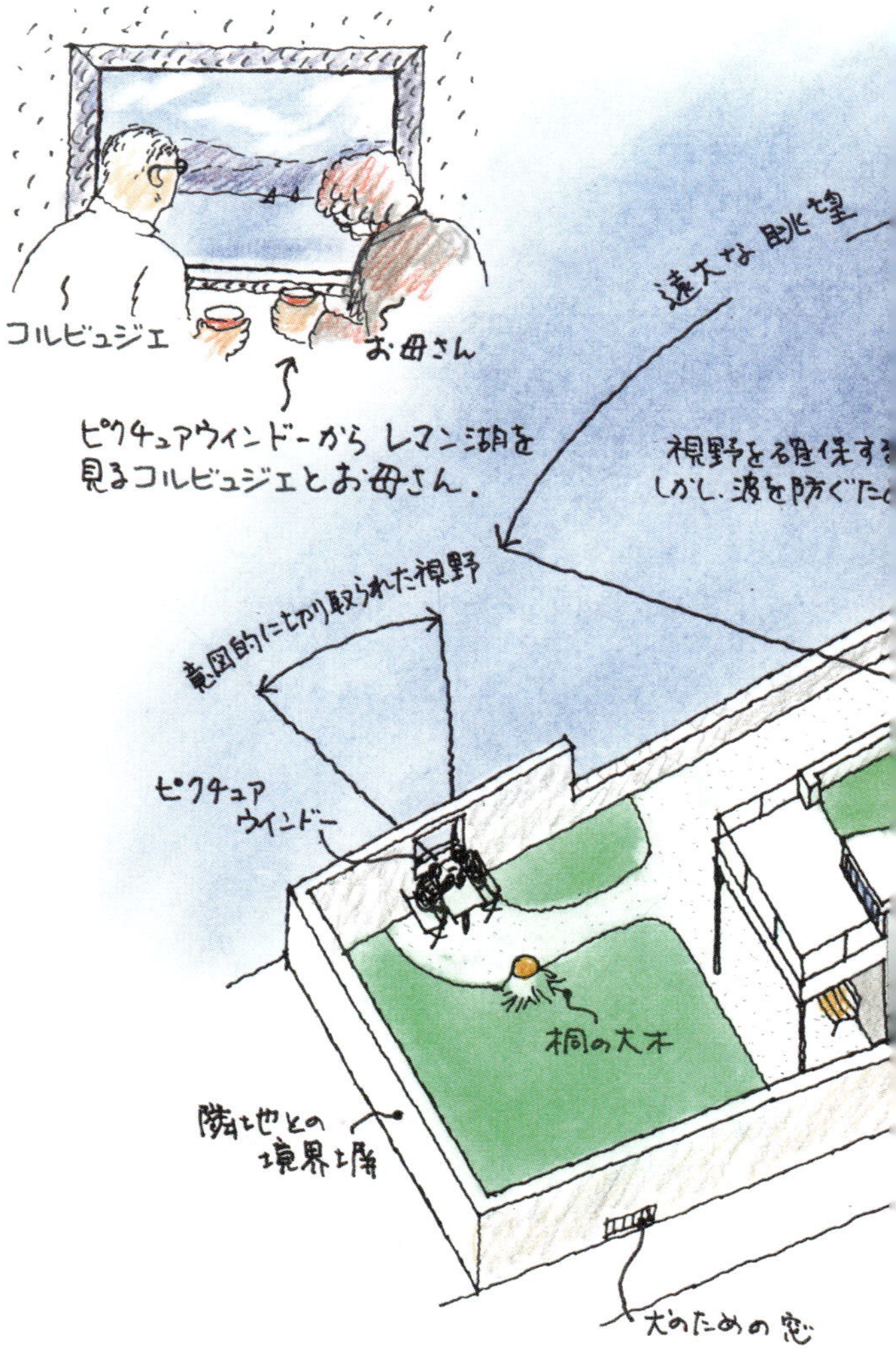

である。

小さな家の敷地は美しい風景に囲まれている。南面はレマン湖に面し、湖越しにはアルプスの美しい山々が眺望できるのである。現在では高級リゾート地になっているが、コルビュジエが訪れた1920年ごろは、後ろの敷地は一面ブドウ畑で覆われていた。

小さな家は5種類の塀で守られている

この小さな家から学ぶことはたくさんあるが、ここでは東西南北の面の塀に着目してみよう。ただ無機的な高い塀を建てては、住環境を壊してしまう。目的に応じて形や素材を選ばなければならない。

北側は道路との境界だが、この塀は、交通などの騒音を防ぎ、通行人からの視線を遮る役目をしている。東側は隣家と仕切る塀である。反対側の西の塀は建築と一体となっている高い壁で、一部がスクリーンになっている。この高い塀は強い西日を遮り、格子は風を通し、ツタを這わせるのに役立つ。南側には眺望のための低い塀とピクチュアウインドウのある高い塀がある。

6 庭、中庭、屋上庭園は外のリビング

夏の家コエ・タロ（1953年）アルヴァ・アールト

居住スペースと寝室スペースがＬ字型に配置されたプランの中に、建築と一体となった中庭がある。自然と適度につながり、ほど良く分節されている

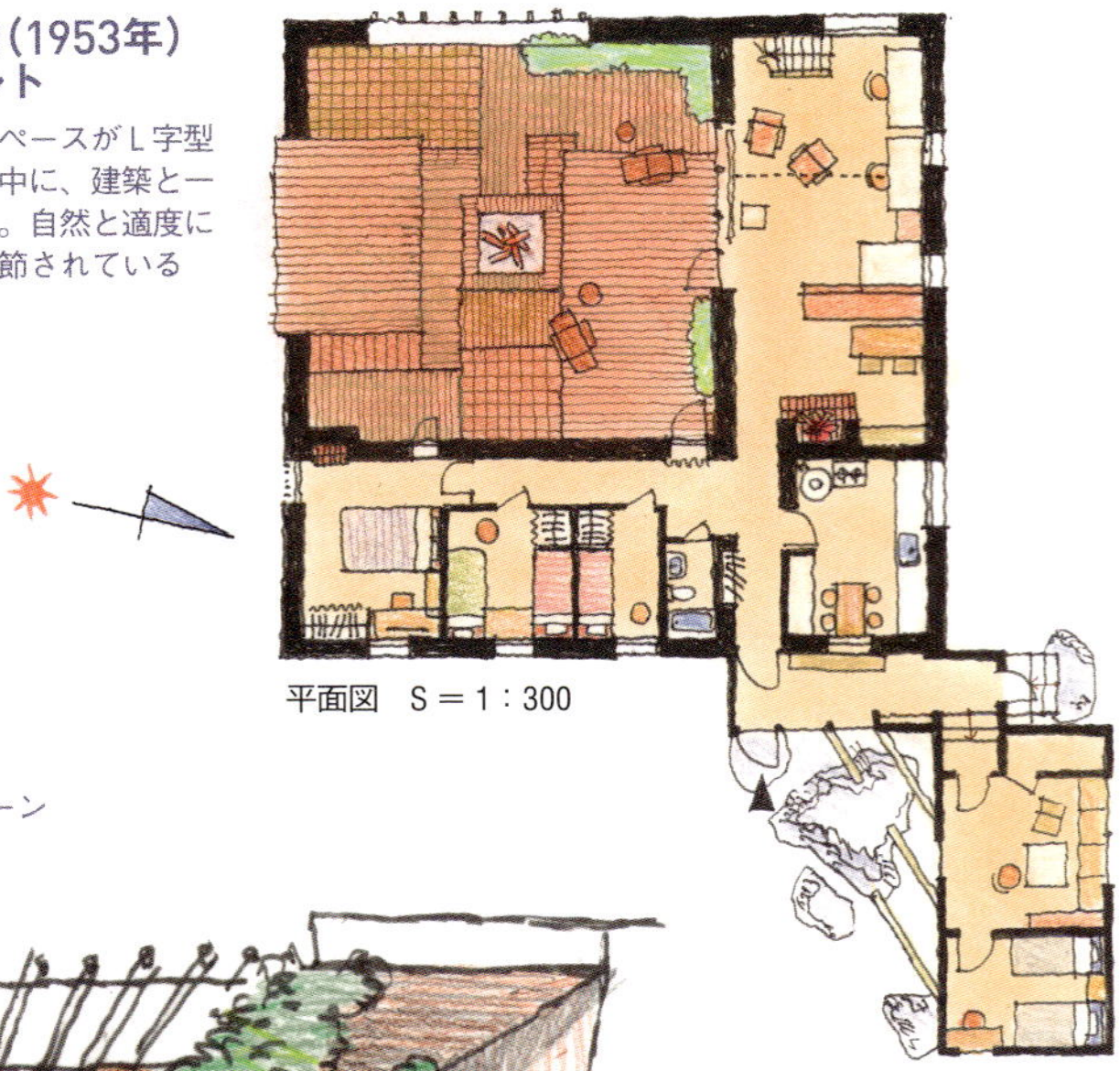

平面図　S＝1：300

中庭の俯瞰図

中央に炉が切られ、さまざまなパターンのレンガが敷かれている

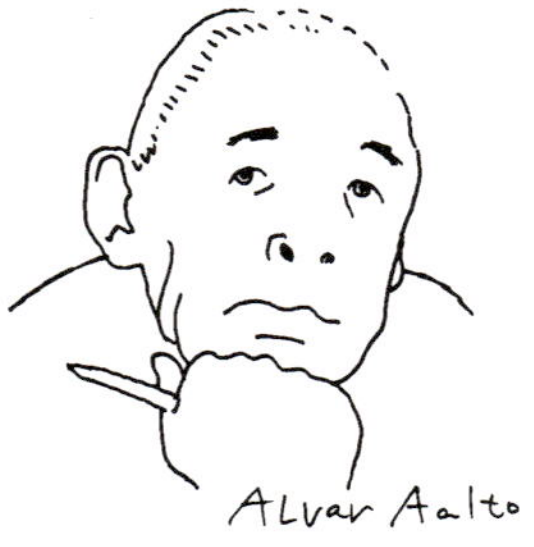

アルヴァ・アールト

中庭は多くの機能をもった空間である。採光と通風の面では、部屋の隅々まで光や風を取り入れる役目を果たす。また、空間的には室内から見れば、中庭は外部空間だが、視覚的に内部空間の延長として意識され、空間を広く感じさせる効果を持つと同時に、外部のリビングとして多目的に生活を楽しめる空間である。

夏の家には中庭が不可欠

アールトのセカンドハウス「夏の家コエ・タロ」は、北欧フィンランドに建っている。北欧の短い夏を有意義に過ごすためには、この夏の家のような中庭は無くてはならない存在であろう。

L字型のプランをした建築物の2つの面の壁と、高い格子のある南側の壁面、そして、大きく解放された東側の塀に囲まれた中庭は、さまざまな大きさのレンガとパターンで埋め尽くされている。アールトもこの家でレンガの質感や張り方を試しながら、休暇を過ごしたのである。中央に切られた炉はパーティの時には人々の心を温めたにちがいない。

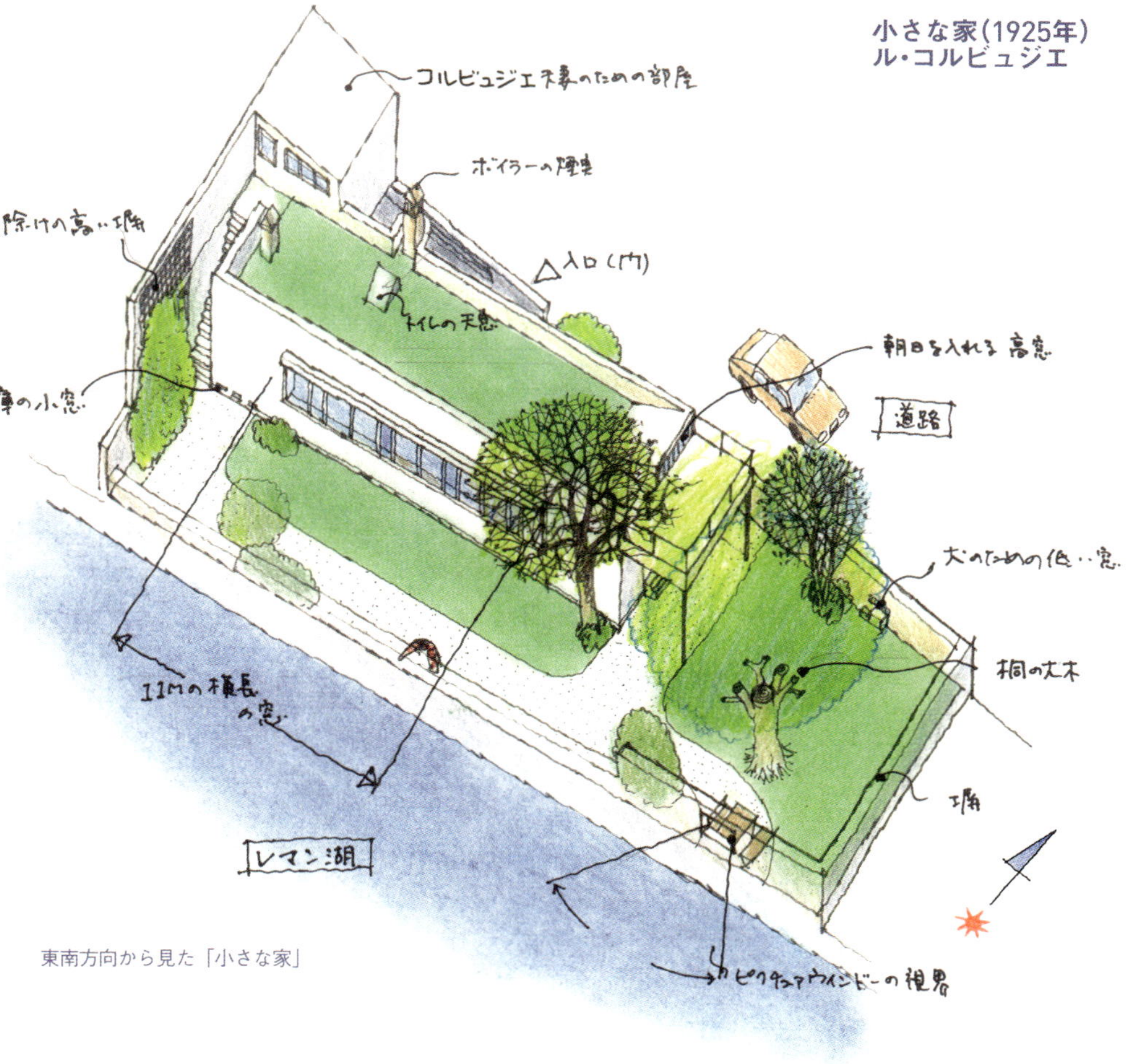

東南方向から見た「小さな家」

屋上庭園の魅力

コルビュジエは屋根をフラットにして、屋上を庭にする提案をした。多くの作品で屋上庭園をつくってきたが、都市化による敷地の狭小化、そして地球環境悪化の一つであるヒートアイランドに対する屋上緑化の解決策は、現在私たちが直面している課題である。コルビュジエはすでにこうした課題を先取りし、具現化していたのである。

そうした提案に対する実験例がこの「小さな家」の屋上庭園といえる。サヴォア邸やマルセイユのユニテ・ダビタシオンなど、他の作品では屋上全面に土を載せ草を生やしている事例は見ることができないが、この小さな家の屋上庭園は、一面草を植え夏の強い日差しから内部の環境を守ろうとしたのである。

コルビュジエのお母さんは、時にはこの屋上に上がり、パノラマのように広がるアルプスの美しい景色を楽しんだに違いない。

現在では屋上緑化は珍しくないが、小さな家が建てられた当時（1925年）としては画期的な提案であった。

7 サヴォア邸の屋上は外のリビング・ダイニング

サヴォア邸(1931年)
ル・コルビュジエ

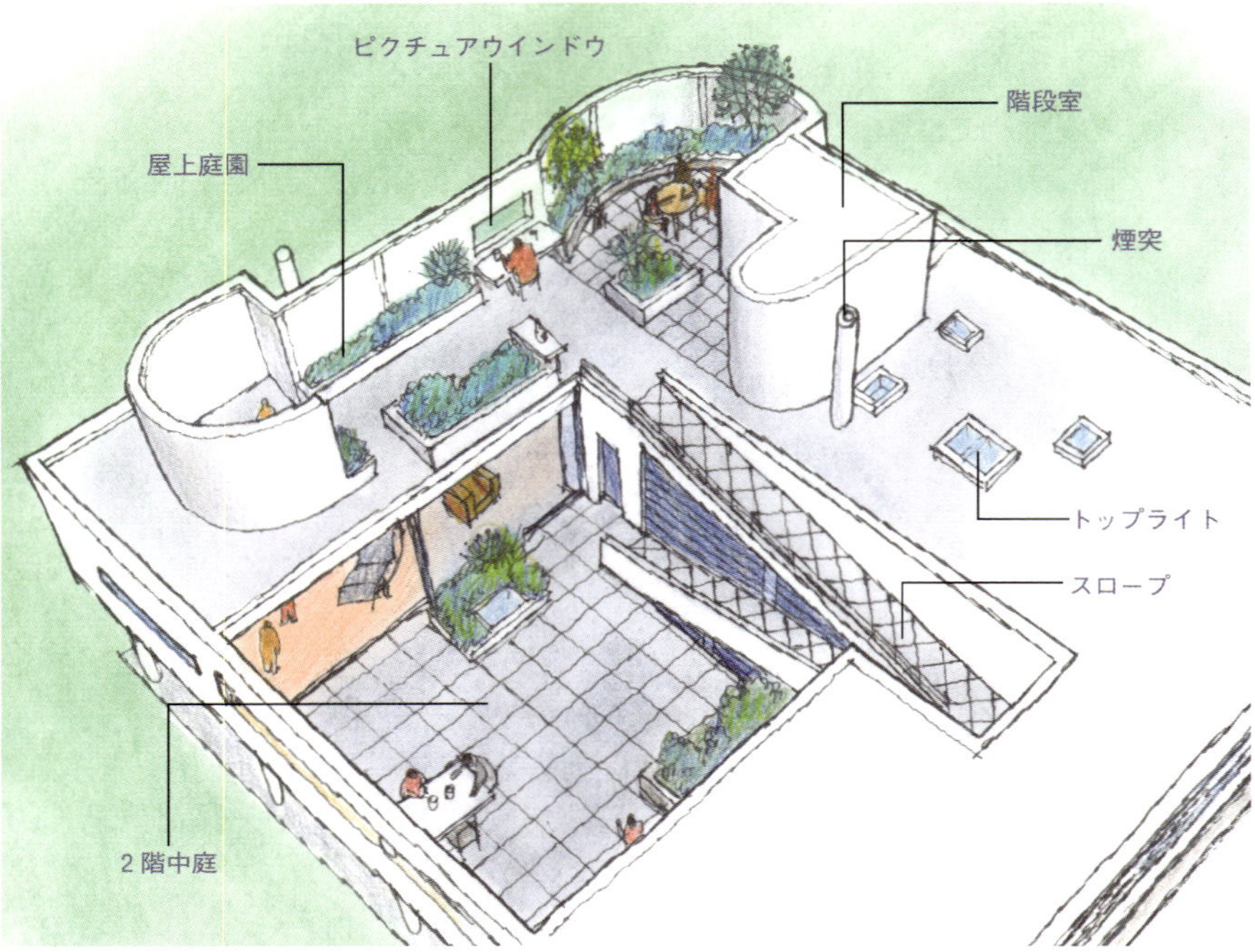

サヴォア邸俯瞰図

2階の中庭からスロープで屋上に上がると、正面にピクチュアウインドウがある。また、2つの半円型の壁で囲まれた空間は風や視線をさえぎり落ち着きを与えている

屋上は単なる屋根の上ではない

コルビュジエは、このサヴォア邸で屋上庭園を理想的な形で具現化した。2階のリビングに面した中庭には外のリビングにふさわしいテーブルがつくられている。そして、夫人室の横の屋根のある半屋外空間と中庭、リビングという3つの異なった空間では、季節によってさまざまな生活を楽しむことができる。

さらに中庭から、緩やかな斜路を上ると、二つの半円形の壁で囲われた屋上庭園があり、植え込みが庭園らしい雰囲気をつくっている。壁にはピクチュアウインドウが切られ、その前にはテーブルが造り付けられていて、あたかも屋外のダイニングか書斎をイメージさせる。

豊かな生活とは、ただ時間を享楽するのではなく、静かに景色を眺め、知的思考することであり、それを可能にする空間が真の豊かな空間である。このサヴォア邸は室内ばかりでなく、中庭や屋上という外部が豊かであるため、それを体現できるのである。

屋上庭園

右側に北向きのピクチュアウインドウが開けられ、その前に机が造り付けられている。奥は半円の壁で囲われたアルコーブがある

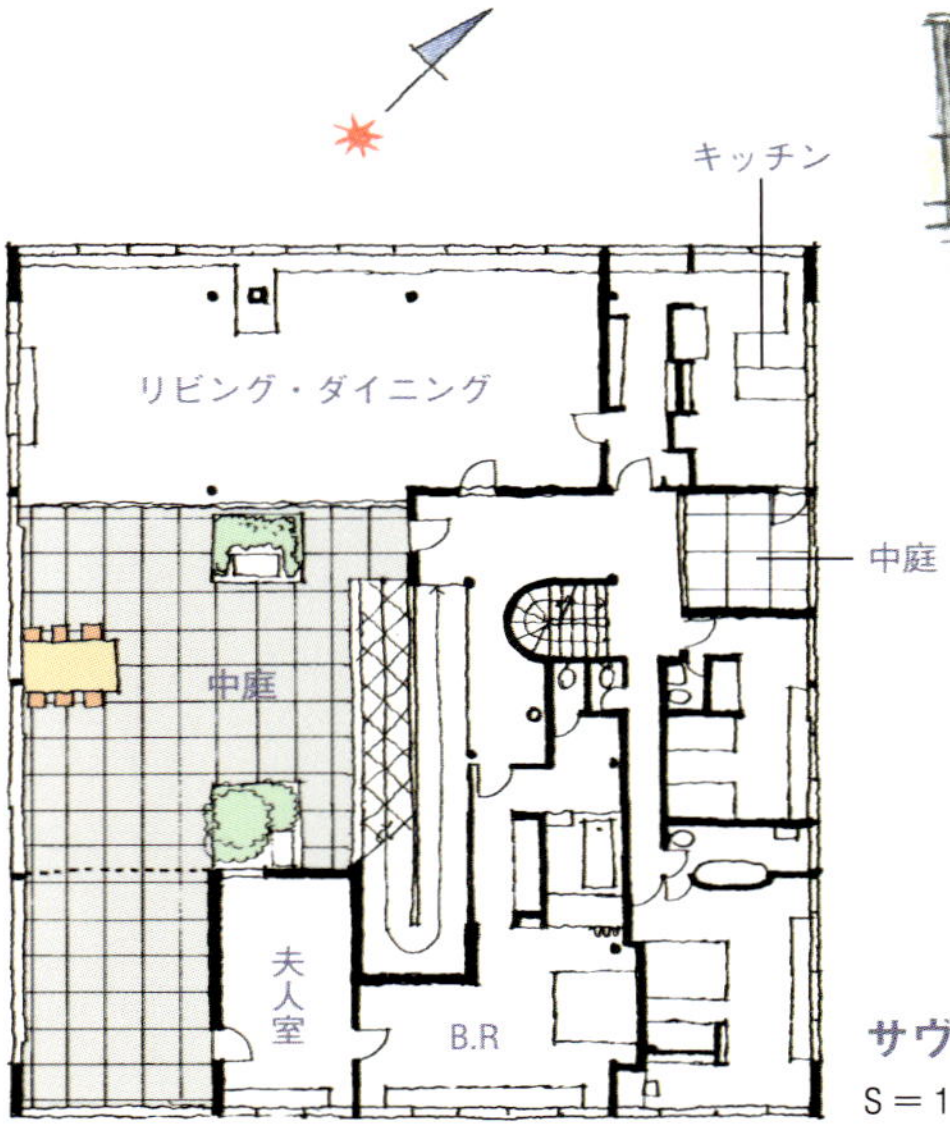

サヴォア邸　2階平面図
S＝1：350

リビングから見た中庭

中庭にも造付けのテーブルがあり、あたかも外のリビング、またはダイニングのようである。奥の夫人室の横の屋根付きの半屋外空間も、日差しや風を防ぐため、悪天候でも屋外の生活が楽しめる

サヴォア邸の西側から見た外観

2階のリボンウインドウを通して屋上庭園へのぼるスロープが見える

8 アプローチとカーポートは家への花道

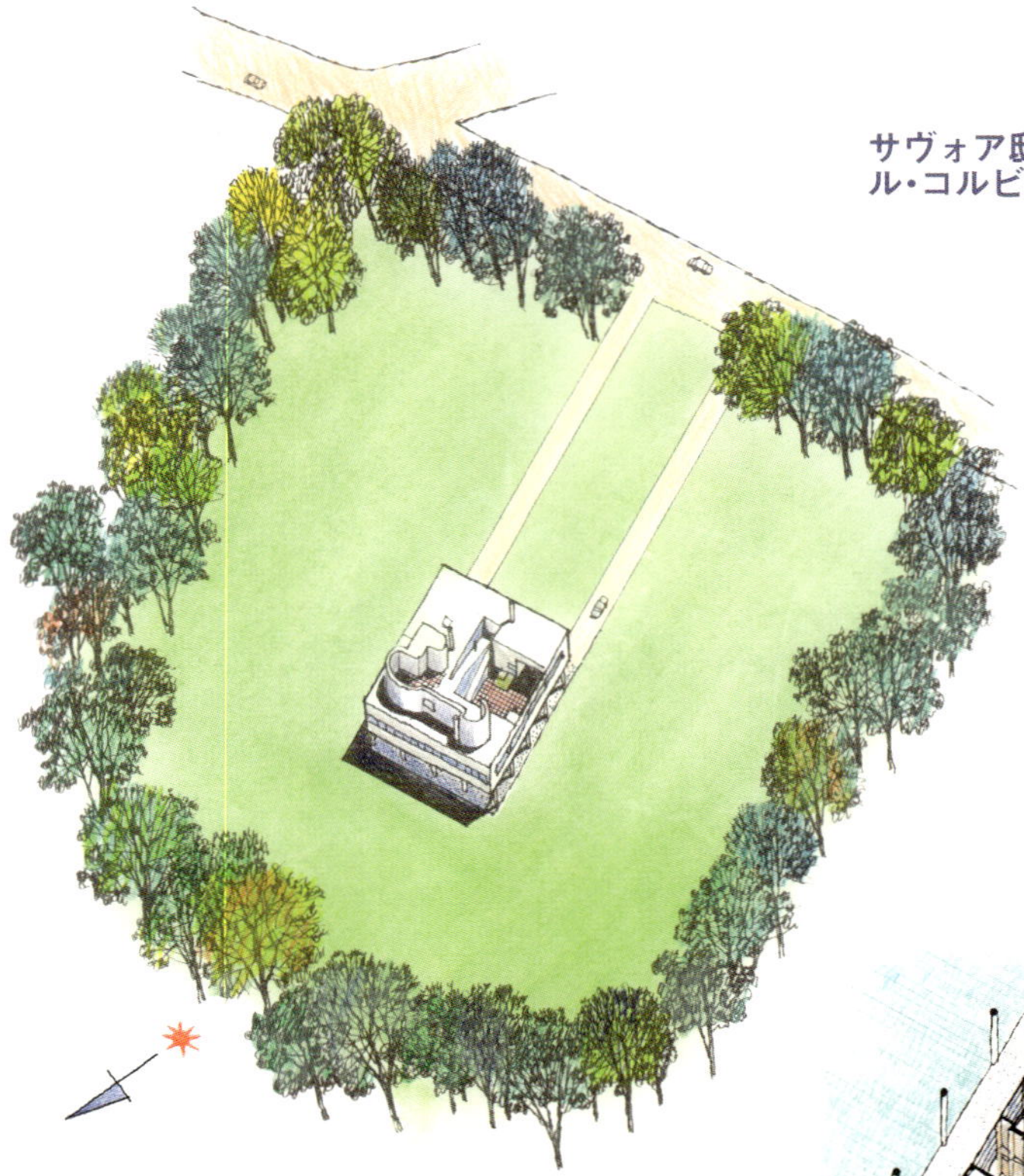

サヴォア邸の俯瞰図

樹々で囲まれたグリーンの庭の中央にサヴォア邸は配置されている。2本のアプローチは自動車での出入りを前提にしている

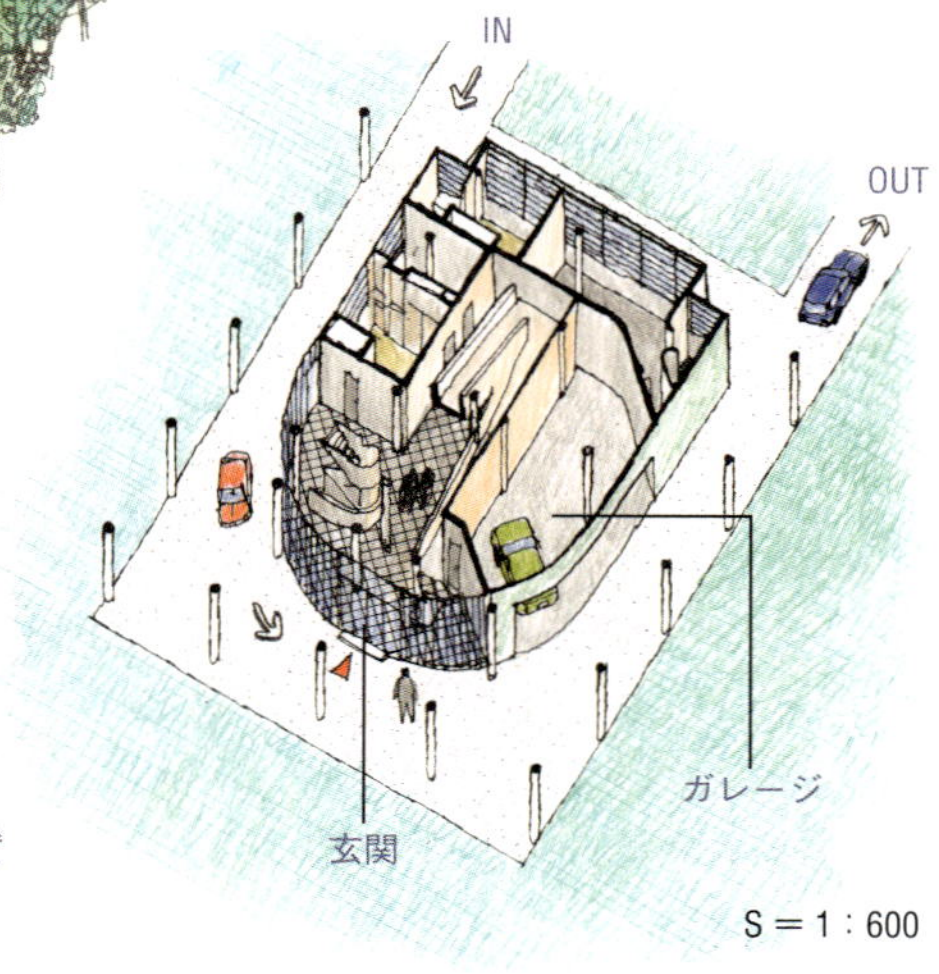

サヴォア邸の玄関とガレージ

道路から入ってきた自動車が左に回り込んだ位置に玄関があり、主人を降ろしてから、ガレージに入る

たとえ、住みやすい住宅をつくっても、それが美しい街並みの景観を壊すようなことになっては意味がない。だから、道路から敷地内を通って住宅の入口に至るアプローチは機能的でなければならないのと同時に、美しい街並みを形成する大きな役割をもっている。アプローチは主に人間と自動車の出入りのためのものである。アプローチは、セキュリティーやプライバシーも重要だが、日々の生活のうえでも出入りがしやすいと同時に、大切な来客を迎えるための心温まる空間でなければならない。

サヴォア邸には、なぜ二本のアプローチがあるのか

コルビュジエのサヴォア邸は、芝生で覆われた敷地の中央に凛としてたたずんでいる。

道路に接した二本のアプローチは建築物に向かって右側が入り方向で、建築物の側面のピロティを通って裏側へ回り込んだ正面が玄関になっている。そして、出かけるときは左側のアプローチから出て行く。通常、玄関は道路に面するか、側面に設ける場合が多い

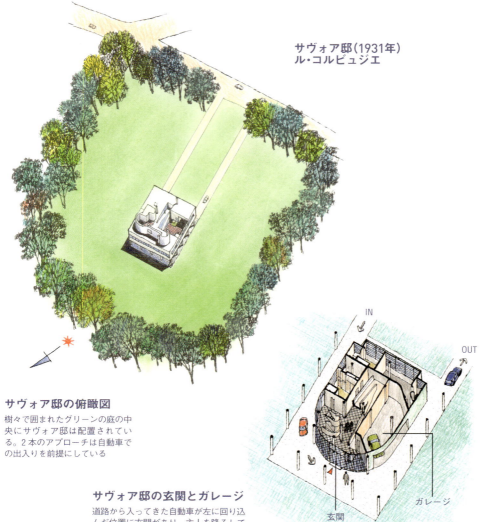

ジェイコブス邸(1936年)
フランク・ロイド・ライト

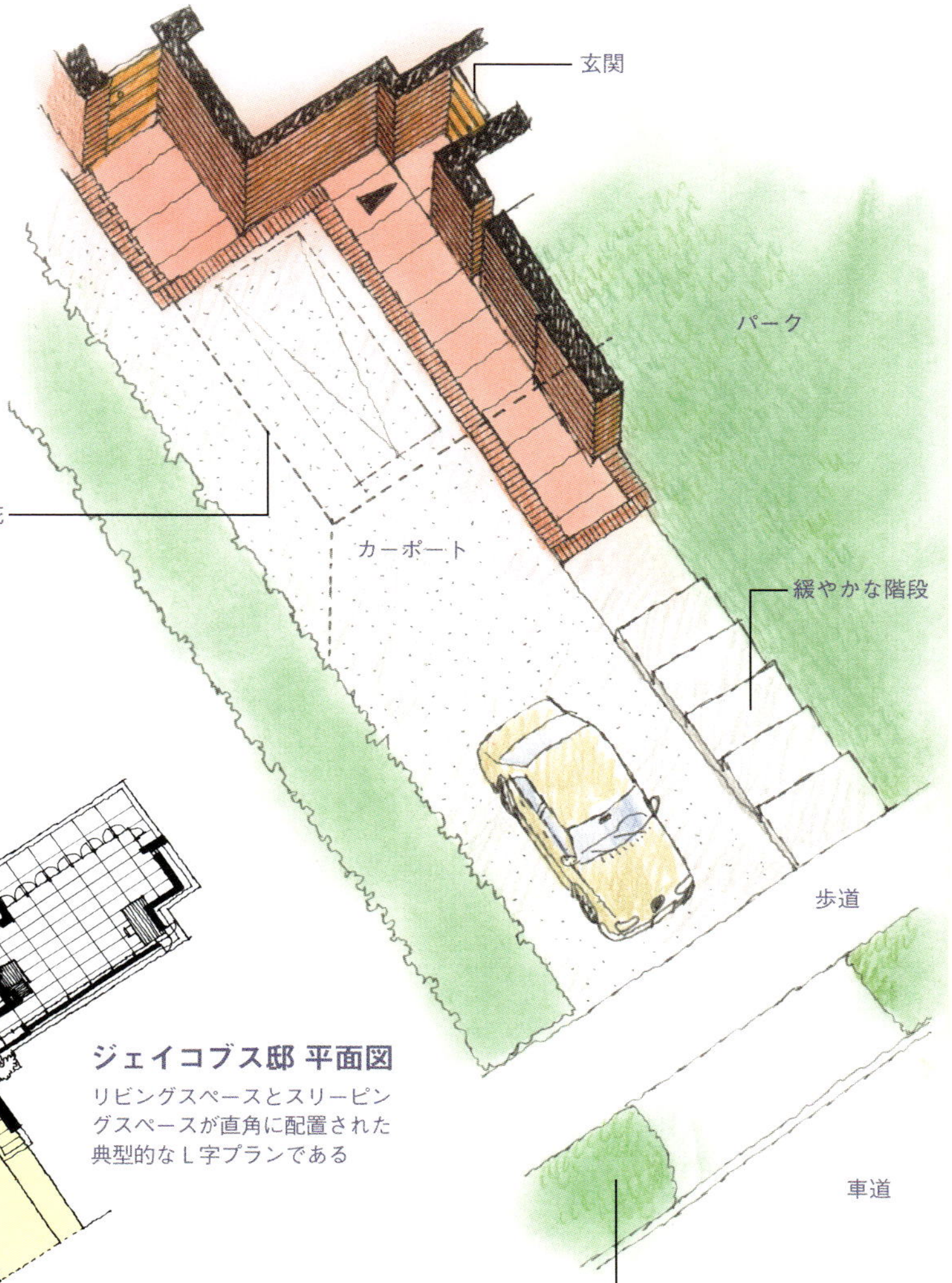

ジェイコブス邸のカーポート

建築物から大きく張り出した屋根の下がカーポートと玄関へのアプローチになっている

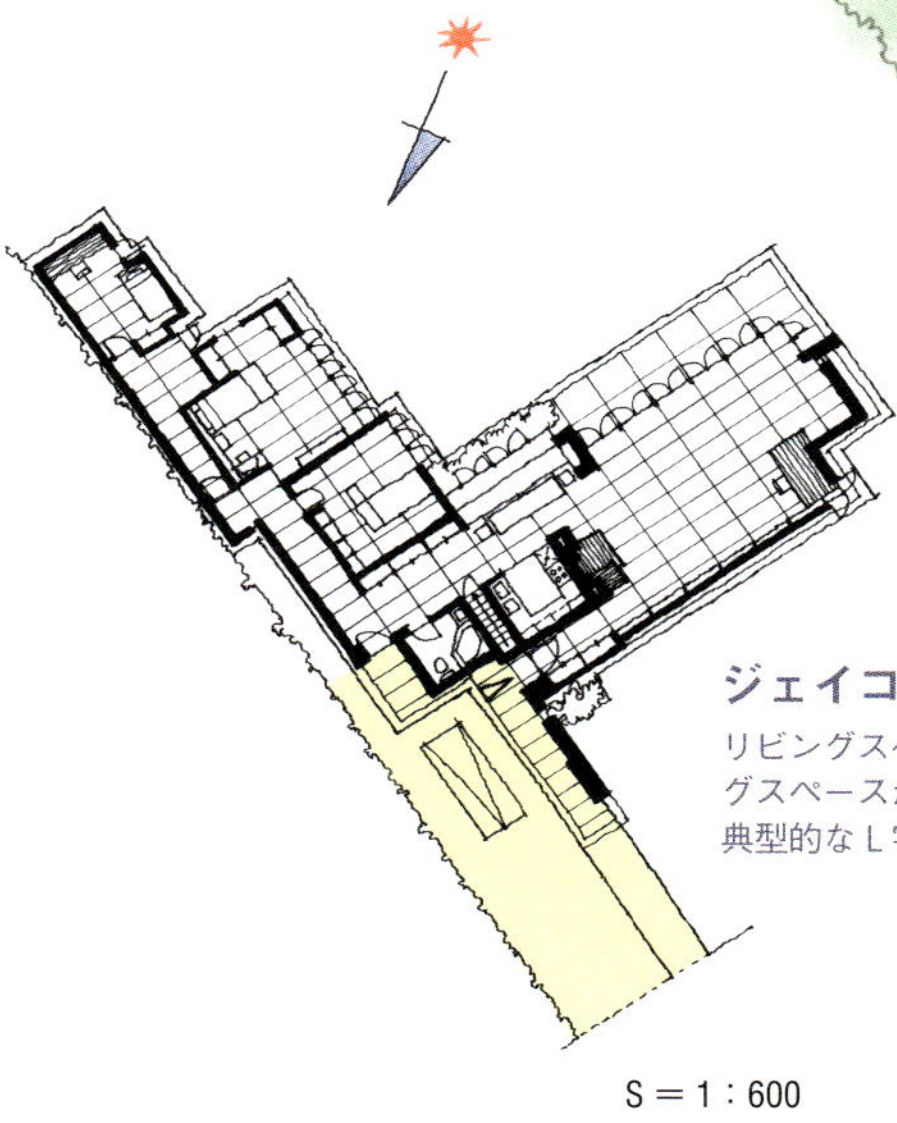

ジェイコブス邸 平面図

リビングスペースとスリーピングスペースが直角に配置された典型的なL字プランである

が、建築物の後ろに回り込んだ位置に玄関がある点がユニークである。ガレージの位置も建築物正面からは見えない位置に配置されている。

サヴォア邸は自動車での出入りを前提として設計されている点では特殊解といえるが、アプローチと玄関ポーチの部分はピロティになっているため機能的なアプローチ空間である。

シンプルなジェイコブス邸のアプローチ

ライトの設計によるジェイコブス邸のアプローチは、ごく普通の住まいの良い参考例である。緩い階段を下りていくと、レンガ壁に突き当たり、その右手が玄関になっている。道からは直接内部を見通すことはできないから、ドアーを解放しておけば風がよく通る。一方車は大きく突き出した屋根の下に置けるため、風雨から自動車を守ると同時に、雨天時にも濡れずに乗り降りができるという、基本的な機能をもったアプローチである。

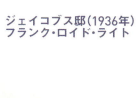

9 心やさしく迎える空間 アプローチとカーポート

トゥーゲンハット邸(1930年)
ミース・ファン・デル・ローエ
エントランス俯瞰図

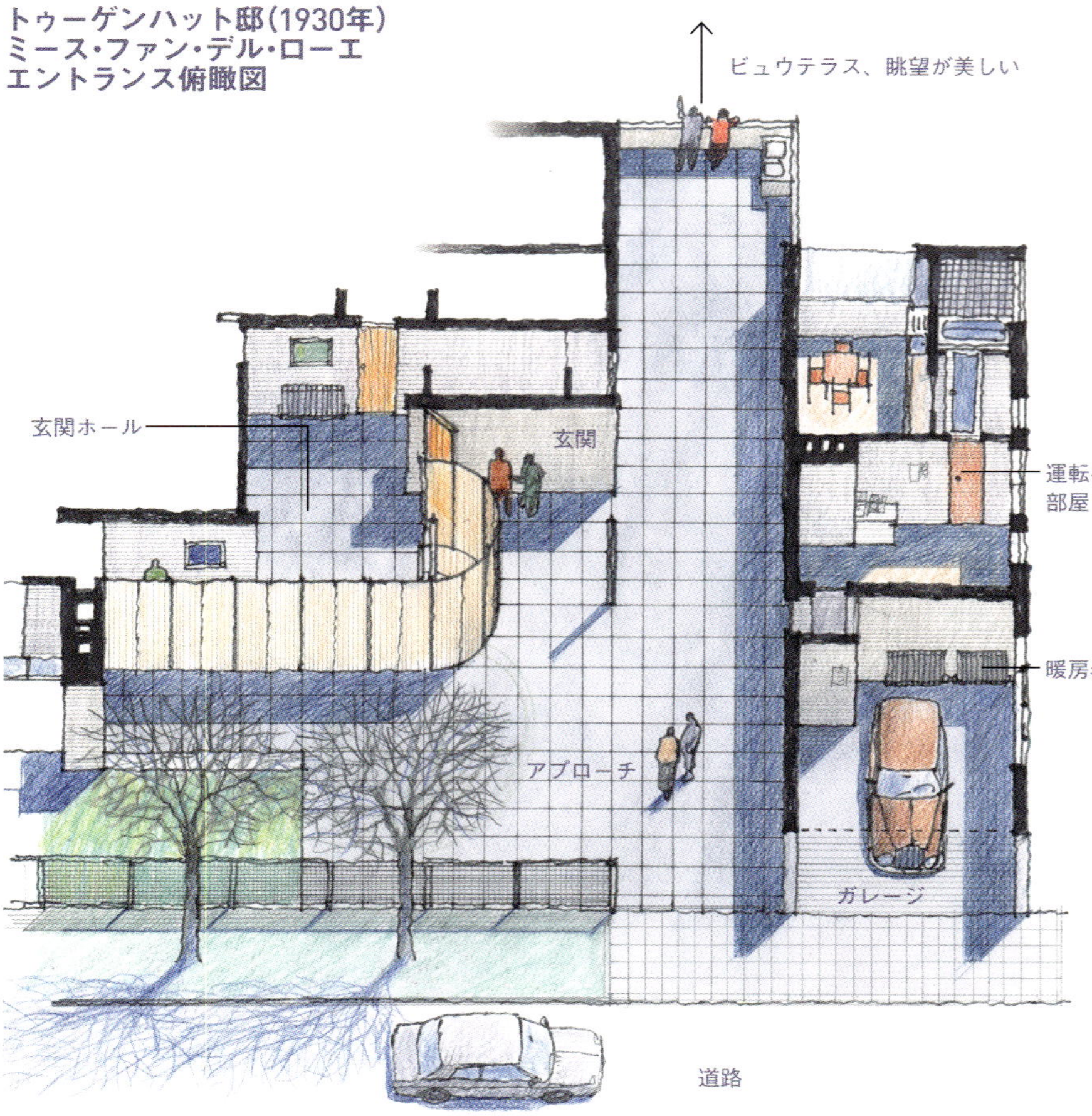

トゥーゲンハット邸は 2001 年にチェコスロバキア（現・チェコ共和国）の 11 番目の世界遺産として登録された

カーポートは自動車のすまい

ベッドの大きさによって寝室の広さが決まるように、カーポートやガレージも自動車の大きさと大きく関係する。

トゥーゲンハット邸のアプローチは見事である。豪邸だからと敬遠せずに是非学んでほしいファサードとアプローチである。道路に面して広いオープンスペースがあり、その右側にシャッター付きのガレージがある。正面からアプローチすると、突き当たりはテラスになっていて、高台に建つこの邸宅から美しい景色が展望できるのである。ガラスの曲面壁を回り込んだ位置に隠れるように玄関ドアが取り付けられている。訪問客は広いオープンスペースと眺望という素晴らしい歓迎を受けるのである。ガレージはシャッターが取り付けられているが、現在の私たちのシャッター付きのガレージとは意味が違うようである。ガレージの奥には暖房設備が付けられているが、冬の寒い時期、当時の自動車はエンジンがかかりにくかったので、暖気を逃がさないためにシャッターが必要だったのである。

さまざまなアプローチとカーポート

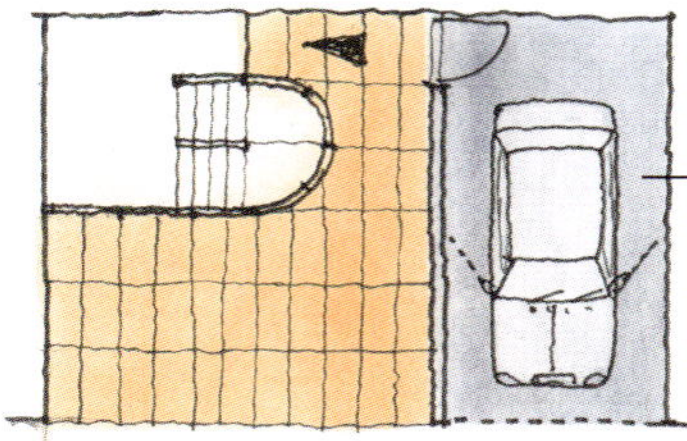

トゥーゲンハット邸タイプのアプローチとガレージ

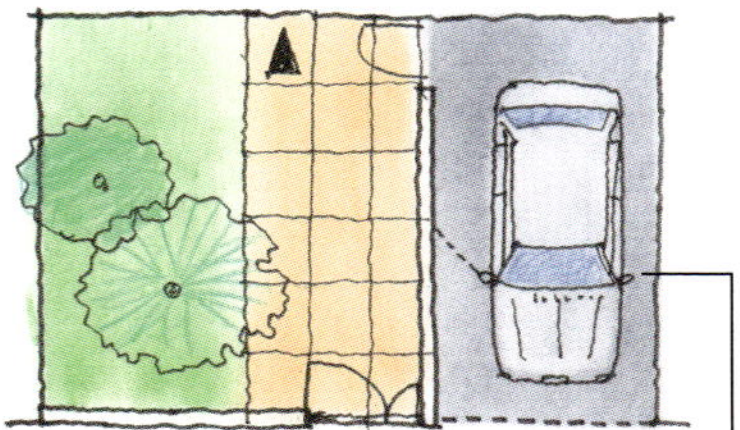

門扉とシャッターのファサード

植栽と池のあるオープンなアプローチ

樹木のあるアプローチ

S＝1：200

自転車の寸法

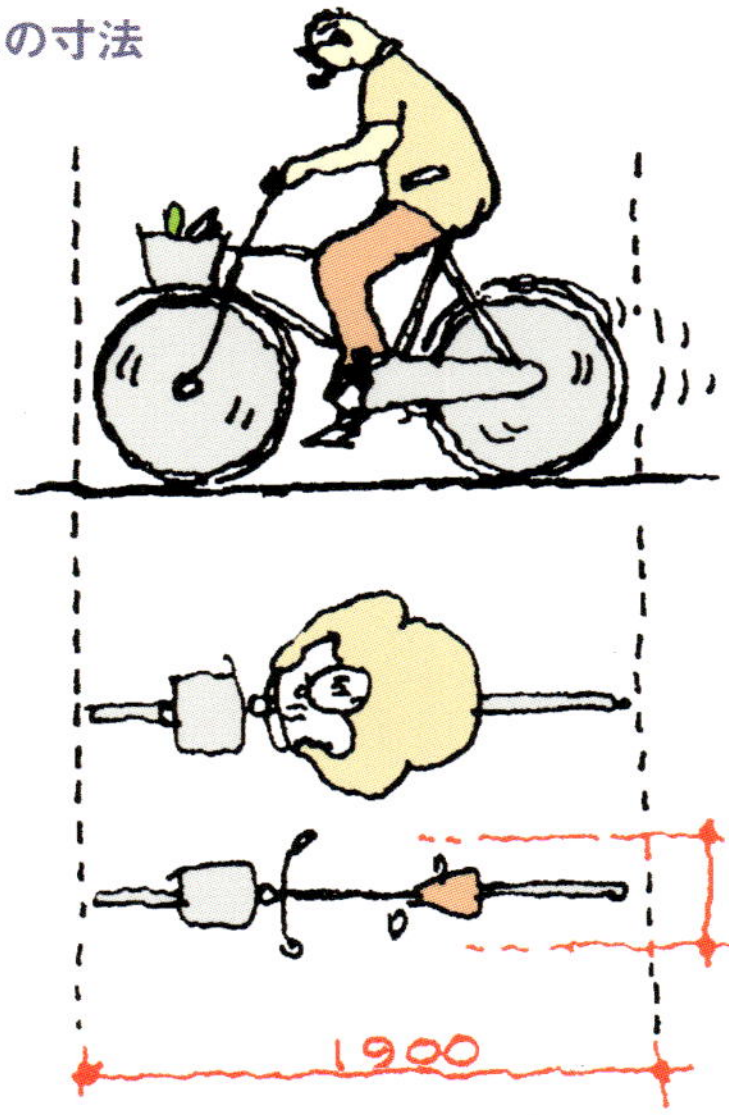

S＝1：50

自転車はエコな乗り物として見直されている

カーポートの寸法

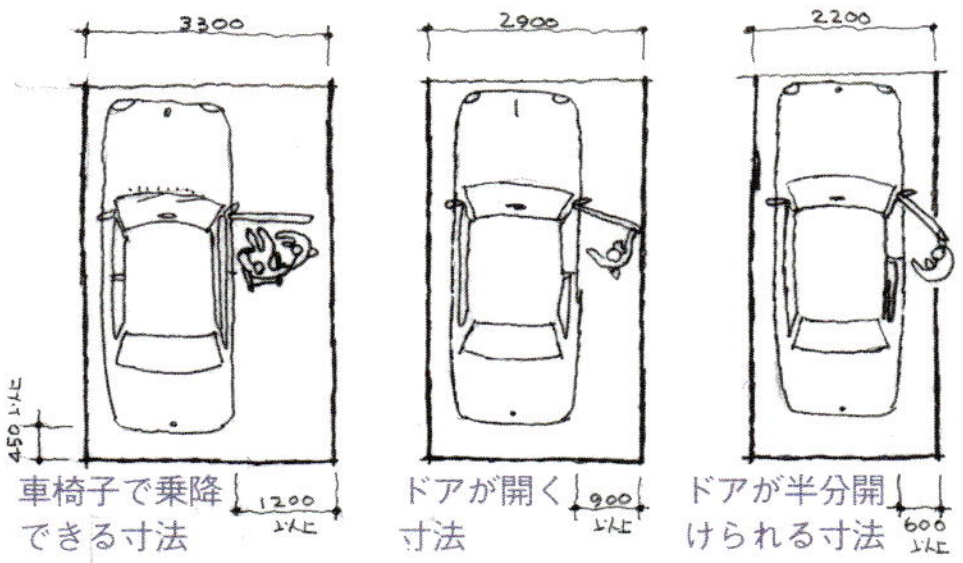

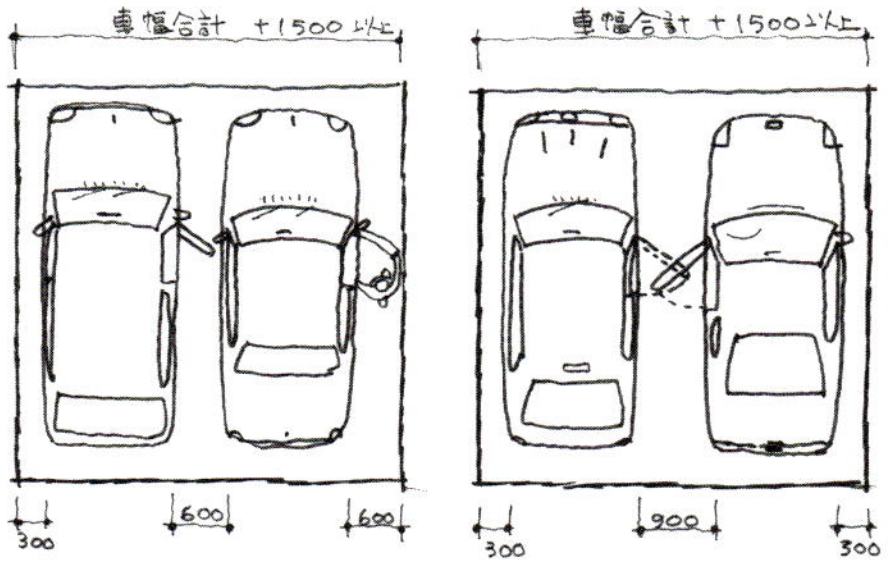

2台駐車の場合の寸法　S＝1：200

未来の家(1929年)／アルネ・ヤコブセン

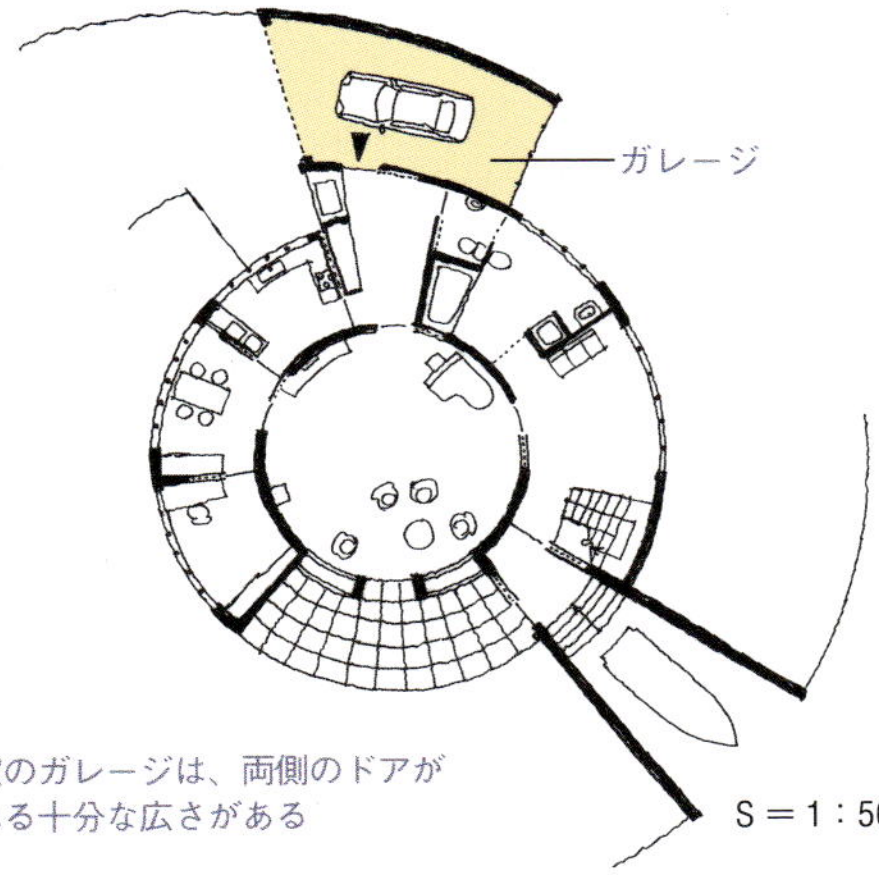

未来の家のガレージは、両側のドアが開けられる十分な広さがある

S＝1：500

乗用車の大きさ

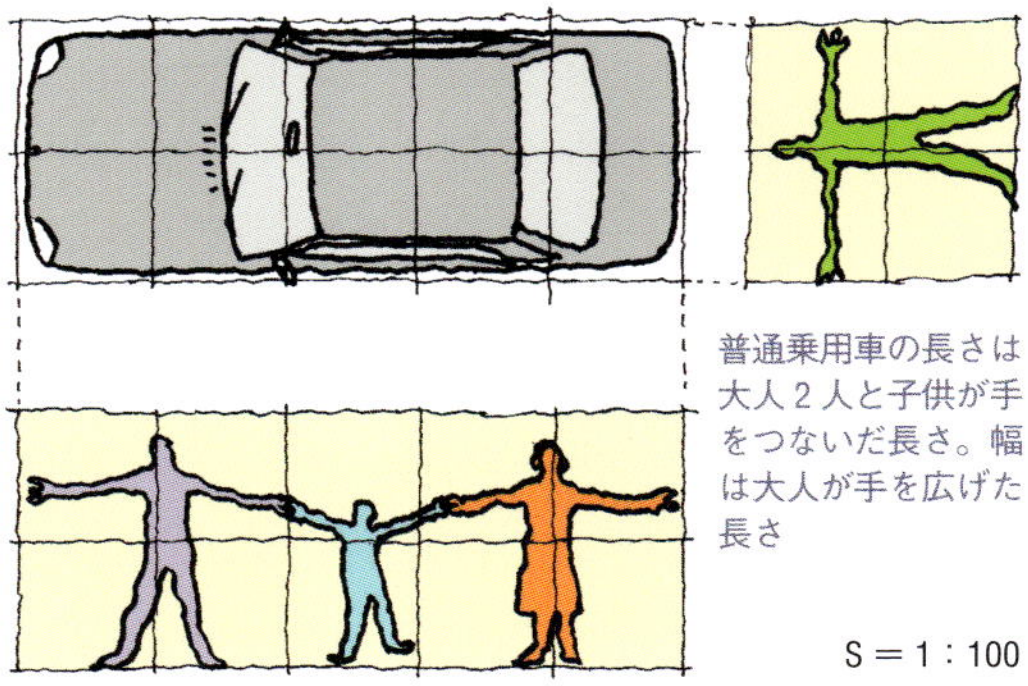
普通乗用車の長さは大人2人と子供が手をつないだ長さ。幅は大人が手を広げた長さ

S＝1：100

参考図書

フランク・ロイド・ライト

- 「フランク・ロイド・ライト全集」2巻　二川幸夫編、A.D.A.Edita、1987年
- 「巨匠フランク・ロイド・ライト」デヴィッド・ラーキン＋ブルース・ブルックス・ファイヤー編、大木順子訳、鹿島出版会、1995年
- 「ユーソニアン・ハウスーGAトラベラー005」フランク・ロイド・ライト、菊池泰子訳、A.D.A.Edita、2002年

ミース・ファン・デル・ローエ

- 「GA ディテールNo.1〈ミース・ファン・デル・ローエ〉ファンズワース邸1945-1950」、ダーク・ローハン、安藤正雄訳、A.D.A.Edita、1976年
- 「現代の家具シリーズ5　ミースの家具」ワーナー・ブレイザー、長尾重武訳、A.D.A. EDITA、1981年
- 「評伝ミース・ファン・デル・ローエ」Fシュルツ、澤村明訳、鹿島出版会1985年
- Weissenhof 1927 and the Modern Movement in Architecture, Richard Pommer & Christian F. Otto, The University of Chicago Press, 1991
- Mies van der Rohe at work, Peter Carter, PHAIDON, 1999
- Ludwig Mies van der Rohe & Lilly Reich Furniture and Interiors, Christiane Lange, Hatje Cantz, 2007
- Mies van der Rohe at work, Peter Carter, PHAIDON, 1999

ル・コルビュジエ

- 「モデュロールⅠ、Ⅱ」ル・コルビュジエ、吉阪隆正訳、鹿島出版会、1976年
- 「ル・コルビュジエ全作品集　第1巻～第7巻」ウィリ・ボジガー、O.ストノロフ編、吉坂隆正訳、A.D.A. EDITA、1978年
- 「現代の家具シリーズ5　ル・コルビュジエの家具」レナード・デ・フスコ、横山正訳、A.D.A. EDITA、1978年
- 「四つの交通路」ル・コルビュジエ、井田安弘訳、鹿島出版会、1978年
- 「プレシジョン（下）」ル・コルビュジエ、井田安弘＋芝優子共訳、鹿島出版会、1984年
- 「ル・コルビュジエ　カップ・マルタンの休暇」中村好文監修、石川さなえ＋青山マミ共訳、TOTO出版、1997年
- 「ル・コルビュジエ　建築とアート、その創造の軌跡」森美術館編、リミックスポイント、2007年
- 「マルセイユのユニテ・ダビタシオン」ル・コルビュジエ、山名善之＋戸田穣訳、ちくま文芸文庫、2010年

ヘリット・トーマス・リートフェルト

- 「現代の家具シリーズ5　リートフェルトの家具」ダニエーレ・バローニ、石上申八郎訳、A.D.A. EDITA 1979年
- 「リートフェルトの建築」奥佳弥、キム・ズワルツ写、TOTO出版、2009年
- Gerrit Reitveld, Ida van Ziji, Phaidon, 2010年
- 「リートフェルト・シュレーダー邸―夫人が語るユトレヒトの小住宅」、イダ・ファン・ザイル＋ベルタス・ムルダー編著、田井幹夫訳、彰国社、2010年

アルヴァ・アールト

- Alver Aalto Volume 1-3, Les Esitions d'Architecture Artemis Zurich, 1963
- 「白い机―モダンタイムス」ヨーラン・シルツ、田中雅美＋田中智子共訳、鹿島出版会、1986年
- Alver Aalto architettura e tecnica, Renato Iovino & Fravia Fascia, Clean Edizoni, 1992
- Alter Aalto-The Complete Catalogue of Arhictecture, Design, and Art, Goran Schildt, Ernst & Sohn, 1994
- Objects and Furniture Design Alver Aalto, Sandra Dachs, Patricia de Muga and Laura Garcia Hintze, Ediciones Poligrafa, 2007
- 「特集＝アルヴァ・アアルト」Space Design 1977年1月2月号

ジャン・プルーヴェ

- Jean PROUVE / Furniture, Jan van Geest, Taschen, 1991
- 「[コンパクト・デザイン・ポートフォリオ］ジャン・プルーヴェ」ペネロピー・ローランズ、旦敬介訳、（株）フレックス・ファーム、2001年
- 「Jean Prouve The poetics of technical objects」企画:ヴィトラ・デザイン・ミュージアム/慶応義塾大学DMF、監修:カトリーヌ・デュモン・ダヨ/ブルーノ・ライシュリン、日本語版監修:山名善之、TOTO出版、2004年

アルネ・ヤコブセン

- Arne Jacobsen, Carsten Thau & Kjeld Vindum, Arkitektens Forlag / The Danish Architectural Pres, 2001
- Room 606 The SAS House and the Work of Arne Jacobsen, Phaidon, 2003
- Objects and Furniture Design Arne Jacobsen, Sandra Dachs, Patricia de Muga and Laura Garcia Hintze, Ediciones Poligrafa, 2010
- 「アルネ・ヤコブセン　時代を超えた造形美」和田菜穂子、学芸出版社、2010年

その他

- 「近代・時代の中の住居」黒沢隆、メディアファクトリー、1993年
- 「Space Design Series 1 住宅」編集代表船越徹、新日本法規出版株式会社、1994年
- 「住宅巡礼」中村好文、新潮社、2000年
- 「眼を養い手を練れ」宮脇壇塾講師室編著、彰国社、2003年
- 「集合住宅をユニットから考える」渡辺真理＋木下庸子、新建築社、2006年
- 「断面パースで読む　住宅の居心地」山本圭介＋堀越英嗣＋堀啓二編著、彰国社、2010年
- 「超実践的［住宅照明］マニュアル」福多佳子、エクスナレッジ、2011年
- 「現代集合住宅」ロジャー・シャーウッド編　A＋U臨時増刊号、1975年
- 「20世紀のモダン・ハウス:理想の実現Ⅰ＆Ⅱ」ケン・タダシ・オオシマ＆木下壽子　A＋U臨時増刊号　2000年
- 「建築設計資料集成　建築―生活」日本建築学会編、丸善

用語事典

アプローチ	門から玄関にかけての総称。
スロープ	傾斜路。通常自転車や車椅子利用者が通りやすいように設けられる。
ピロティ	1階部分の壁をなくし柱だけを残して吹き放しとした建築構造。1階は上階の床を屋根とした半屋外空間になる。
ピクチュアウインドウ	外の景色を眺めることを目的とした開口部。
テラス	屋外に向かって張り出した床。
ベランダ	建物の外壁から突き出した屋根と手のついた廊下状の部分。
トップライト	通風や採光のために屋根面に設置される窓。「天窓」とも呼ばれる。
ハイサイドライト	天井付近の高い位置に鉛直方向に設けた窓。
吹き抜け	2階以上の建物で、階をまたいで上下に連続している空間。
ゾーニング	区分するという意味で、都市計画においては
パーキング	駐車場。
ガレージ	少数の車を収容する車庫。
エントランス	入り口、玄関。
ヒエラルキー	段階的な階層による秩序立て。
私的空間	個人的な空間。街並みの単位では個人の敷地内の空間。「プライベートスペース」。
公的空間	公共の空間。「パブリックスペース」。
ゲストハウス	来客の宿泊のための母屋とは別の建物。
中間領域	外部と内部の間の空間。
フットパス	歩行者専用の道。
グリッド	一定間隔の格子。
キャンティレバー	スラブや梁を一端で固定・支持している状態のもの。「方持ち」ともいう。
ルーフテラス	屋上を屋外の床面として用いるもの。
蹴上げ	階段の一段の高さ
踏み面	階段の足をのせる踏み板のこと。
踊り場	階段の途中に、方向転換・休息・危険防止のために設けられた、やや広く平らな所。
テクスチャ	材料の質感。
スケール	縮尺のこと。
ルーフガーデン	建物の屋上に設けた庭。屋上庭園。
建築主	建築工事の注文者。「建て主」ともいう。
施工業者	工事を実際に行う事業者。
ヒューマン・スケール	人間の身体や動きに適した空間の規模や物の大きさのこと。
コンクリート打放し	コンクリート表面に他の素材で仕上げをせずに、打ち込んだ面をそのまま仕上げとする方法。
ヘッドレスト	椅子や座席などの頭を支える部分。
ロココ調様式	1720－60年ごろ流行した美術様式。優美で繊細な曲線を用いたデザインが特徴。
プレイリースタイル	周辺の草原に溶け込むような水平を強調した建築様式。「草原様式」ともいう。
ハイバック・チェア	背もたれが高い椅子。
ギャラリー	細長いものや回廊状となっており、建物内の歩行に主眼をおいた空間。

ユニバーサルスペース	用途を限定せず、自由に使えるように考えられた内部空間。
衛生機器	トイレ、洗面など水周りの機器。
成型合板	成形合板とは、薄い木の板を接着剤であわせ、型に入れてさまざまな形状に成形した材料のこと。
クラフトマンシップ	職人の技能、技巧。職人芸。
セルフビルド	自分で建築すること。
プリファブリケーション	あらかじめ部材を工場で生産・加工し、建築現場で組み立てる建築工法。
引き戸	扉を左右にスライドして、開閉が出来る戸、または窓。
開き戸	軸を中心に前後に押して開閉する、スイング式の戸。片開き戸・両開き戸・観音開き戸などがある。
すべり出し窓	窓の軸がスライドし、回転するように開閉する窓。縦すべり出し窓と横すべり出し窓がある。
断熱	熱の伝導を防止すること。
遮光	光を遮ること。
ガラスブロック	2枚の角皿状のガラスを溶着して中空とした建築用ブロック。採光・断熱・遮音にすぐれ、壁・床・天井に用いる。
日除け	日光の直射を遮ること、またはそれに用いるもの。
人工照明	太陽光を取り入れる昼光照明に対して人工の光源を用いること。
コンベックス	メジャー、長さを測るのに使う。
ローコスト	費用・経費が多くかからないこと。
フレーム	骨組み。
主階	主に使われる階。
小型昇降機	物を運搬するためのエレベーター。ダムウェイターともいう。
パブリックスペース	公共の空間。住宅内ではリビングなど家族が共有する空間。「公的空間」
プライベートスペース	個人的な空間。住宅内ではプライバシーが求められる寝室などのスペースの総称。「私的空間」
タウンハウス	低層の連棟式住宅で、通常各ユニットが地面に接しており、専用庭を持つ。
コーポラティブ・ハウス	入居希望の数世帯が集まって共同で建てる集合住宅。
町屋	日本の古い街並みに見られる、通りに沿って軒を連ねて建ち並ぶ家屋群。
コミュニティー	人々が共同体意識を持って共同生活を営む一定の地域、およびその人々の集団。
セミ・パブリックスペース	パブリックとプライベートの間の空間。
らせん階段	回転形の階段。上部からみると円形になっており、中心の柱の回りを回転しながら上昇あるいは下降する。
ルーバー	細長い板を平行に組んだもの。風・光・人の目線などを選択的に遮断したり透過したりするために用いられる。

建：建築
プ：プロダクト

ジャン・プルーヴェ

		施工／発表年	掲載頁
プ	シテ・アームチェア	1933	42
プ	ビジター・アームチェア	1942	42
プ	スタンダードチェア	1950	16
プ	スイング・ジブ・ランプ	1950	42、85
プ	テーブル	1950	43
建	ムードンの集合住宅	1952	16、121
建	国民健康保険所	1952	43
建	ナンシーの自邸	1954	16、43、78、94
プ	グレート・ウイング・コンパス・デスク	1958	43
プ	コーヒー・テーブル	1940-1945	42

フランク・ロイド・ライト

		施工／発表年	掲載頁
建	スーザン・ローレンス・ダナ邸	1902	32
建	CE ロバーツのための4棟集合住宅	1903	144
建	ロビー邸	1906	11、142
プ	ロビーチェア	1908	11
プ	タリアセン1	1925	84
プ	タリアセン2	1925	84
建	サントップ・ホームズ	1931	11、121、132
建	ジェイコブス邸	1936	104、106、110、141、153
建	落水荘	1935	60
建	旧帝国ホテル	1922	88

ヘリット・トーマス・リートフェルト

		施工／発表年	掲載頁
プ	吊りランプ	1920	38、84
プ	レッド＆ブルー・チェア	1923	14、38、54、70
プ	ミリタリー・チェア	1923	38
プ	ベルリン・チェア	1923	39
プ	ミリタリー・テーブル	1923	39
建	シュレーダー邸	1924	14、38、70、76、99、105、111
建	エラスムスラーン低層集合住宅	1931	14、119、125、133

建：建築　イ：インテリア
プ：プロダクト

ミース・ファン・デル・ローエ

		施工／発表年	掲載頁
建	ヴォイセンホーフ・ジードルンク	1927	12、126
プ	バルセロナ・チェア	1929	12
プ	アジャスタブル・シェーズロング	1930	34
プ	ソファベッド	1930	34
プ	トゥーゲンハット・チェア	1930	34
プ	コーヒー・テーブル	1930	35
建	トゥーゲンハット邸	1930	154
プ	シーリングライト	1930	85
イ	クロウス・アパートメント	1930	101
建	ファンズワース邸	1951	12、35
建	レイクショアドライブ・アパートメント	1951	117、129

ル・コルビュジエ

		施工／発表年	掲載頁
建	ラ・ロッシュ・ジャンヌレ邸	1925	22
建	小さな家	1925	74、90、97、107、146、149
建	イムーブル・ヴィラ	1925	120
建	ガルシュの家	1927	22
建	シトロエン邸	1927	60
建	スタインード・モンヅィ邸	1927	75
プ	LC4 シェーズ・ロング	1928	13
プ	LC2 ソファ	1928	36
イ	サロン・ドートンヌ「生活調度品」展	1929	30、37
プ	LC1 シリングチェア	1929	36
プ	LC6 ダイニングテーブル	1929	36
プ	LC7 スウィベルチェア	1929	36
建	サヴォア邸	1931	13、20、62、66、68、77、85、113、150、152
建	マルセイユのユニテ・ダビタシオン	1952	13、79、105、123、128、135、136
建	カップマルタンの休暇小屋	1952	24、56、58
建	ロンシャンの礼拝堂	1955	26
プ	カジエ・スタンダール	-	36
建	カルタージュの別荘	(第1案)	22、112
建	ル・コルビュジエ・センター	1967	24
建	チャンディガール都市計画	1965	25

著者プロフィール

鈴木 敏彦（すずき・としひこ）

工学院大学建築学科修士課程修了。黒川紀章建築都市設計事務所、フランス新都市開発公社EPA marne、早稲田大学建築学専攻博士課程を経て、1999-2007年 東北芸術工科大学プロダクトデザイン学科助教授、2007-2010年 首都大学東京システムデザイン学部 准教授、2010-2011年 工学院大学建築都市デザイン学科 教授。

現在、工学院大学 建築学部 教授。首都大学東京 システムデザイン学部 インダストリアルアートコース 客員教授。

株式会社ATELIER OPA 共同主宰。

（1・2・3章担当）

松下 希和（まつした・きわ）

ハーバード大学大学院デザイン・スクール　建築学部修了。槇総合計画事務所を経て、現在、KMKa一級建築士事務所共同主宰。芝浦工業大学システム理工学部環境システム学科教授。

（5・6・7章担当）

中山 繁信（なかやま・しげのぶ）

法政大学大学院工学研究科建設工学修士課程修了。宮脇檀建築研究室、工学院大学伊藤ていじ研究室を経て、2000〜2010年 工学院大学建築学科教授。

現在、TESS計画研究所主宰。

（4・8章担当）

作品リスト

建：建築
プ：プロダクト

		施工／発表年	掲載頁
アルヴァ・アールト			
プ	アルテック 41	1932	15
プ	アルテック 402	1933	41
プ	アルテック 112	1933	41
建	パイミオのサナトリウム	1933	86
プ	アルテック 400	1935	40
建	ヴィープリの図書館	1935	87
プ	Golden bell	1937	82
建	マイレア邸	1938	114
プ	Beehive	1950	40
プ	テーブル X800	1950	40
建	夏の家コエ・タロ	1953	15、102、148
建	自邸	1954	41
プ	玄関取手	1955	40
プ	階段の手摺	1956	40
建	ルイ・カレ邸	1959	100
建	ブレーメンのアパートメントハウス	1962	15、122、127、131、132
建	ヘルシンキ工科大学図書館	1969	80
プ	アルテック・ビルベリー BILBERRY	1950年代後半	82
建	ウォルスブルグの教区センター	1962	40
アルネ・ヤコブセン			
建	未来の家	1929	17、102、155
建	スーホルム集合住宅	1950	17、119、134
プ	アント・チェア	1952	46
プ	Series 3000	1956	44
プ	AJ ロイヤル	1957	83
プ	エッグ・チェア	1958	17、44、51
プ	スワン・チェア	1958	44
プ	AJ テーブルランプ	1958	83
プ	AJ フロアランプ	1958	83
建	SAS ロイヤルホテル	1960	45
プ	時計	-	44
プ	AJ ディスカス	-	44
プ	取手	-	44
プ	カトラリー	-	45
プ	グラスウエア	-	45
プ	客室化粧台	-	45

世界で一番美しい建築デザインの教科書

2018年10月19日　初版第1刷発行
2023年 5 月30日　　　第4刷発行

著者　鈴木敏彦　松下希和　中山繁信

発行者　澤井聖一

発行所　株式会社エクスナレッジ
〒106-0032
東京都港区六本木7-2-26
https://www.xknowledge.co.jp/

問合せ先

編集　Tel 03-3403-1381
Fax 03-3403-1345
info@xknowledge.co.jp

販売　Tel 03-3403-1321
Fax 03-3403-1829